MANDALAS

animales

Primera edición: junio de 2024

Av. Diagonal, 662-664, 08034 Barcelona (España)
Libros Cúpula es marca registrada por Editorial Planeta, S. A.
www.planetadelibros.com

ISBN: 978-84-480-4135-9
D. L: B. 4.921-2024

Impresor: Liberdúplex
Impreso en España – *Printed in Spain*

PEFC
PEFC/14-38-00305
Certificado PEFC
Este libro procede de bosques gestionados de forma sostenible y fuentes controladas
www.pefc.es

MANDALAS
animales

LIBROS CÚPULA

¡Bienvenidos a un viaje de color y conexión con la naturaleza! En este libro, te invitamos a explorar el fascinante mundo de los mandalas de animales, una experiencia que despierta tus sentidos y libera tu creatividad.

Imagina por un momento que te sumerges en las profundidades de los océanos y ríos, donde la vida acuática danza en armonía con las corrientes marinas. Descubre la serenidad y la belleza de los animales acuáticos mientras coloreas mandalas que reflejan la tranquilidad y la fluidez del agua.

Luego, eleva tu espíritu hacia el cielo, donde las aves surcan el aire con elegancia y libertad. En esta sección, encontrarás mandalas que capturan la ligereza y la expansión del vuelo, invitándote a liberar tu mente y dejar volar tu imaginación mientras coloreas estas magníficas criaturas aladas.

Y, finalmente, sumérgete en la tierra fértil, donde los animales terrestres caminan con gracia y fuerza, representando la solidez y la vitalidad que todos llevamos dentro. Desde majestuosos leones hasta ágiles conejos, cada criatura te invita a explorar tu propio poder interior mientras das vida a sus formas en este lienzo de tranquilidad.

Cada página de este libro es más que un simple dibujo para colorear: es una ventana hacia un mundo de serenidad y autodescubrimiento. Deja que tus colores y tu creatividad se unan para dar vida a estos mandalas de animales, y permítenos guiarte en un viaje de relajación y conexión con la naturaleza que te rodea.

¿Estás listo para sumergirte en esta aventura de color y creatividad?
¡Entonces coge tus lápices y comencemos a colorear!

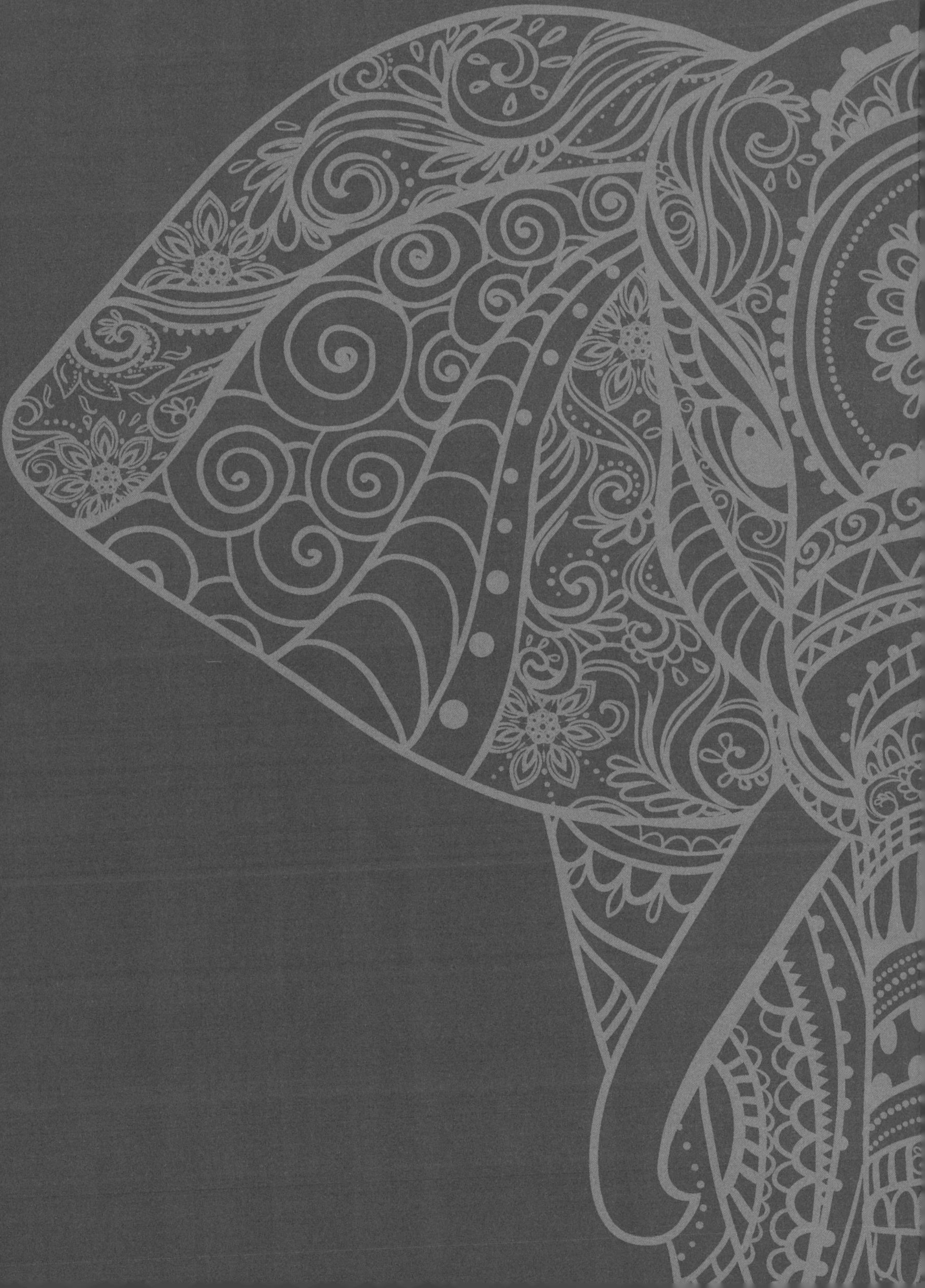

ÍNDICE

PARTE 1: MAR

Te invitamos a sumergirte en el fascinante mundo de los animales acuáticos. Desde los majestuosos tiburones hasta las curiosas medusas, pasando por las gráciles ballenas y los juguetones delfines, cada mandala representa una criatura única y sorprendente del reino marino.

PARTE 2: AIRE

Eleva tu imaginación y explora el mundo de los animales aéreos. Desde las majestuosas águilas hasta las elegantes mariposas, pasando por los curiosos colibríes y los misteriosos murciélagos, cada mandala representa una criatura que surca los cielos con gracia y belleza.

PARTE 3: TIERRA

¿Quieres explorar la diversidad del reino animal en tierra firme? Desde los imponentes leones hasta los cariñosos perros, pasando por los exóticos tigres y los curiosos koalas, cada mandala representa una criatura que camina, corre o gatea sobre la superficie terrestre.

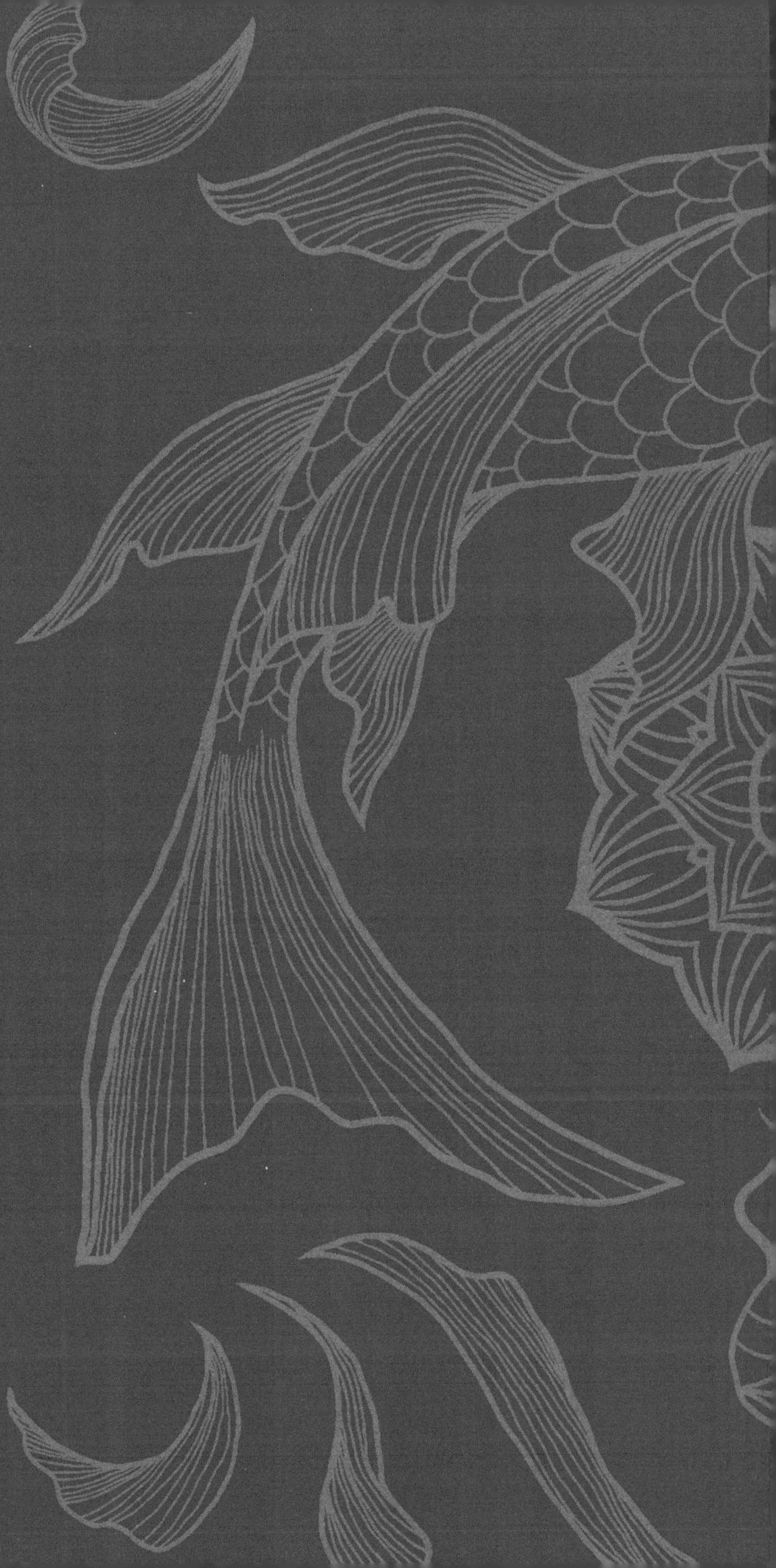

ANIMALES MARINOS

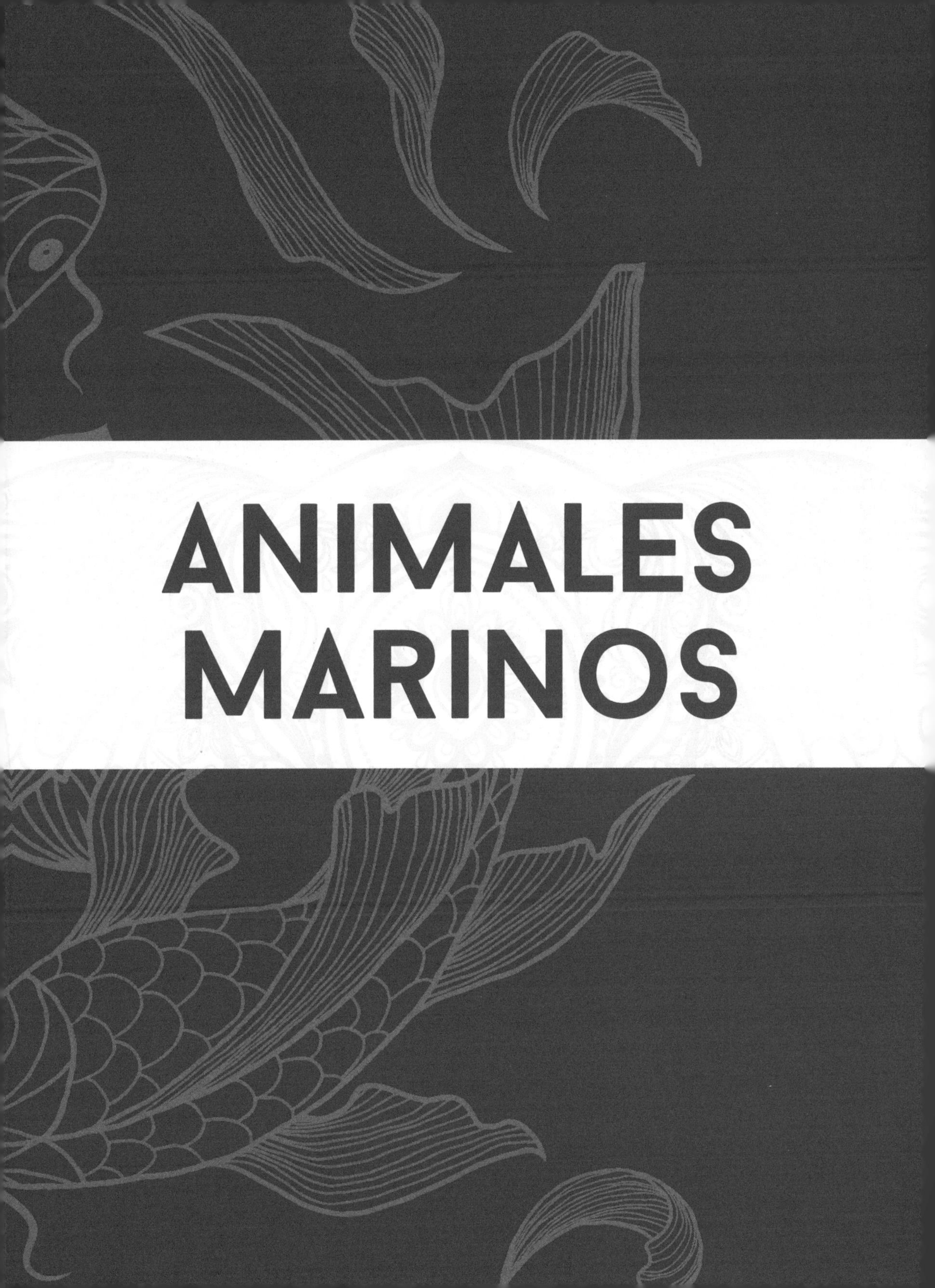

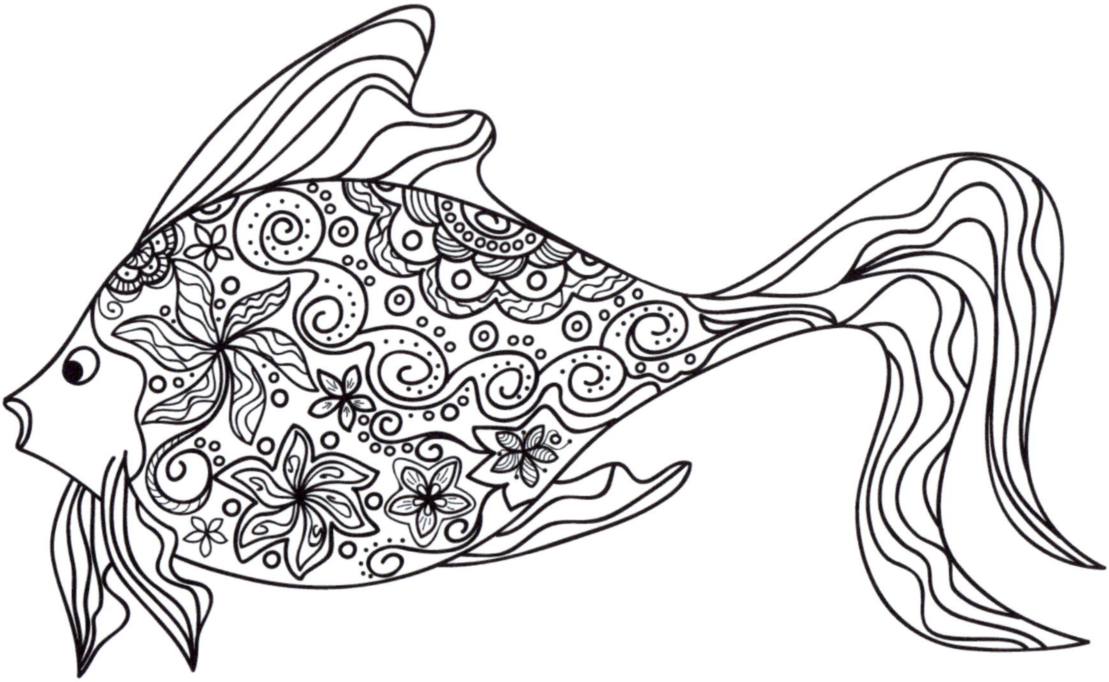

Existen casi treinta mil especies de peces en el mundo.

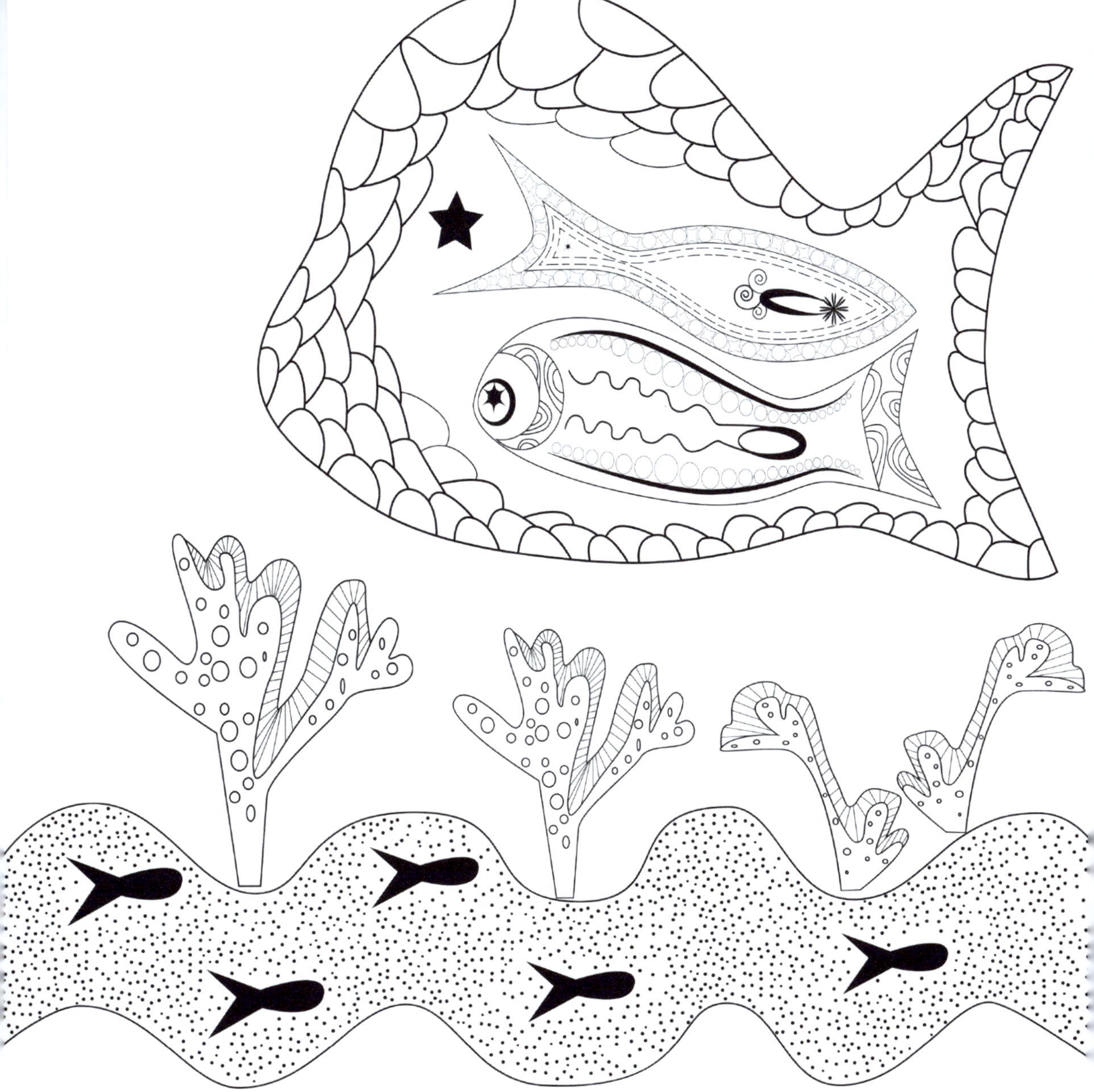

Los peces son capaces de recordar a sus depredadores hasta un año después de haber sido atacados.

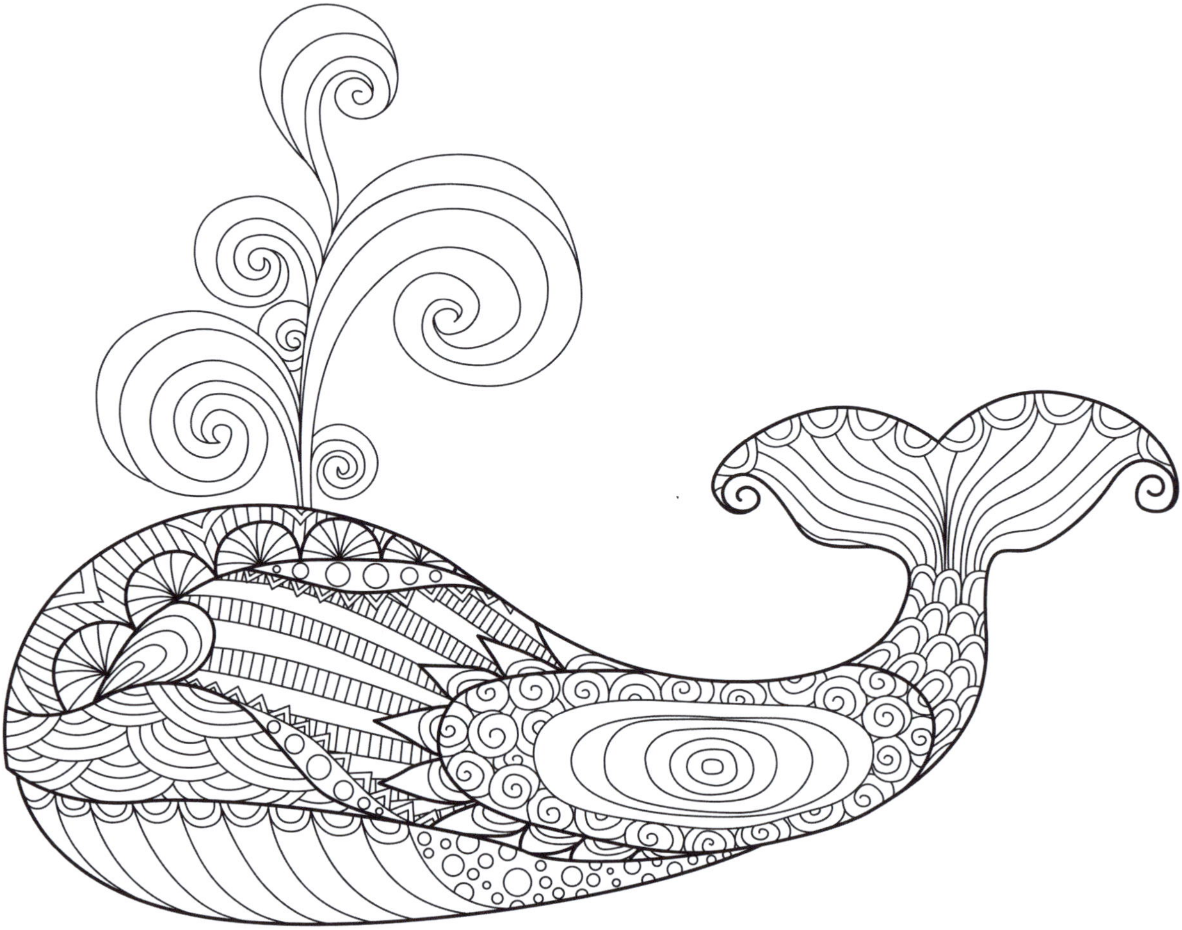

Las ballenas hembras tienen «amigas», se encuentran con otras ballenas hembras con las que se llevan bien.

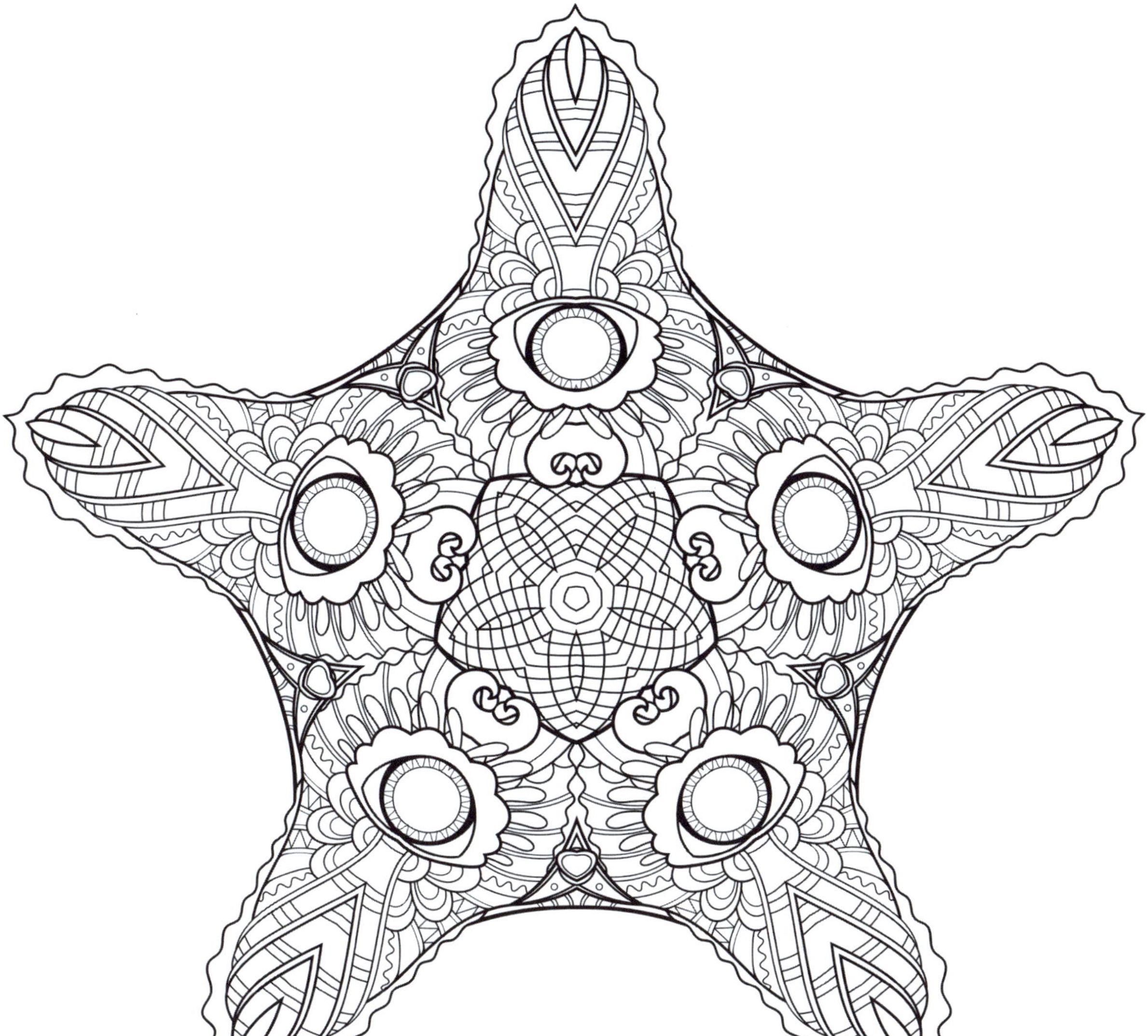

Los brazos de las estrellas de mar se regeneran
si los pierden al ser atacadas por un enemigo.

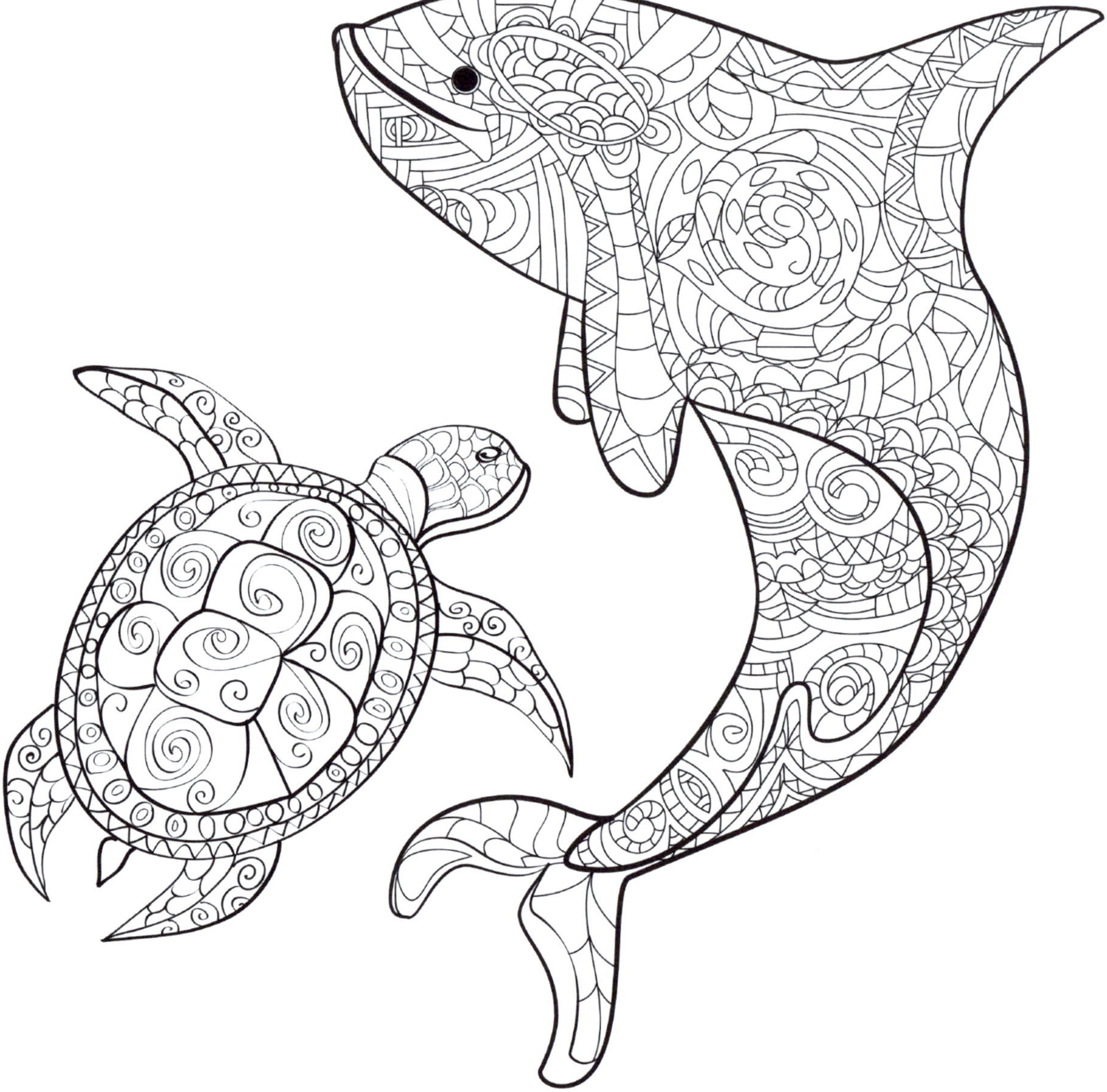

Las tortugas carecen de cuerdas vocales,
pero esto no les impide emitir diferentes sonidos.

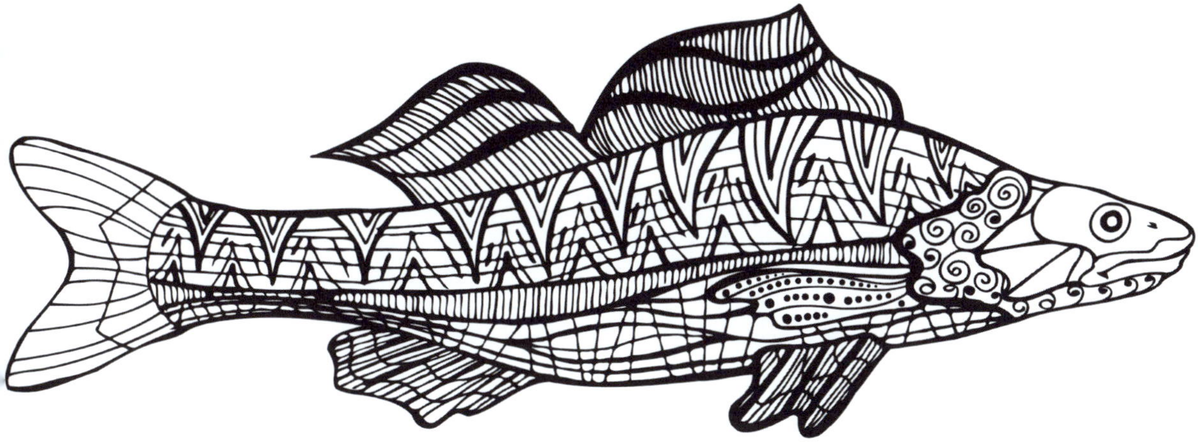

La barracuda es un pez carnívoro de agua salada, que se encuentra, normalmente, en los trópicos y subtrópicos.

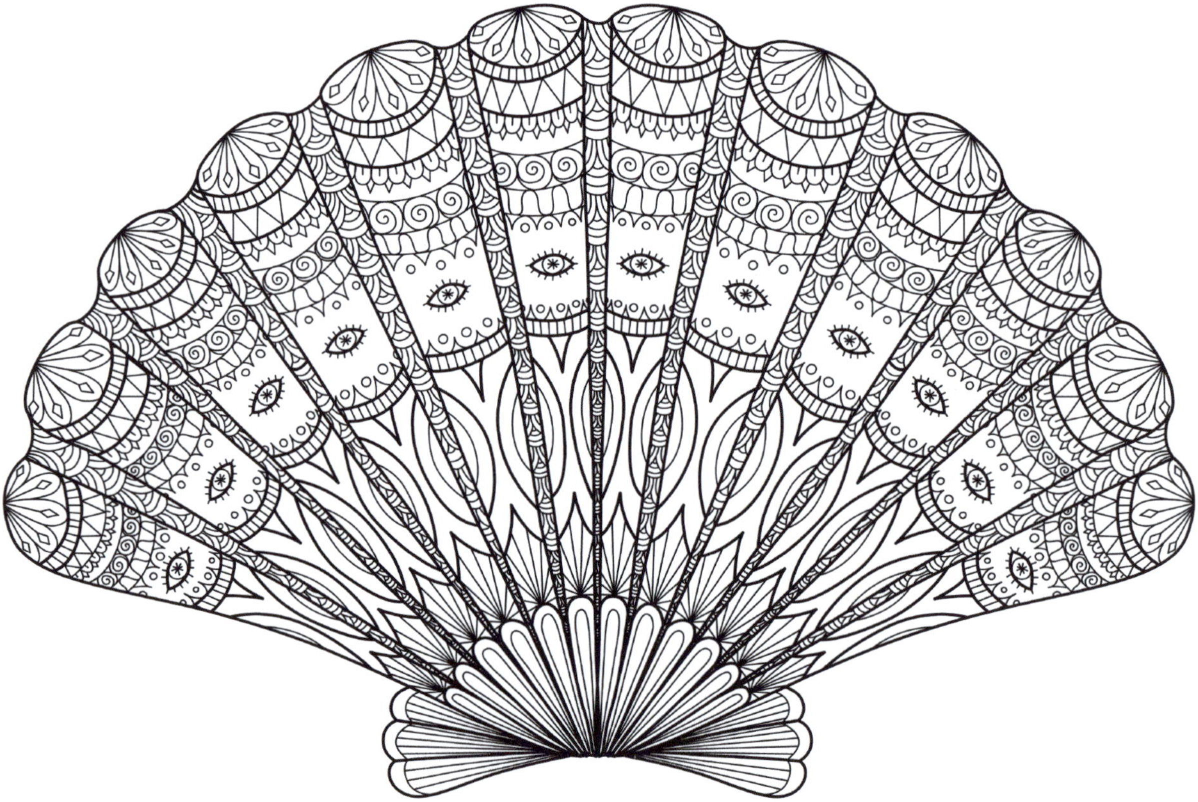

Las conchas de mar adquieren colores vivos debido al entorno en el que viven y los alimentos que consumen los moluscos.

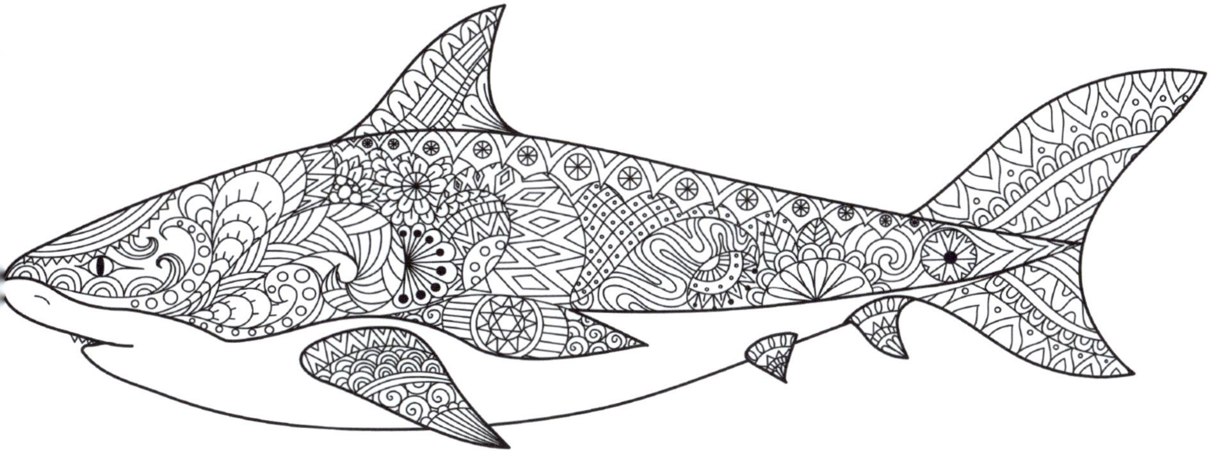

Los tiburones forman parte de los animales
con mejor vista del reino animal.

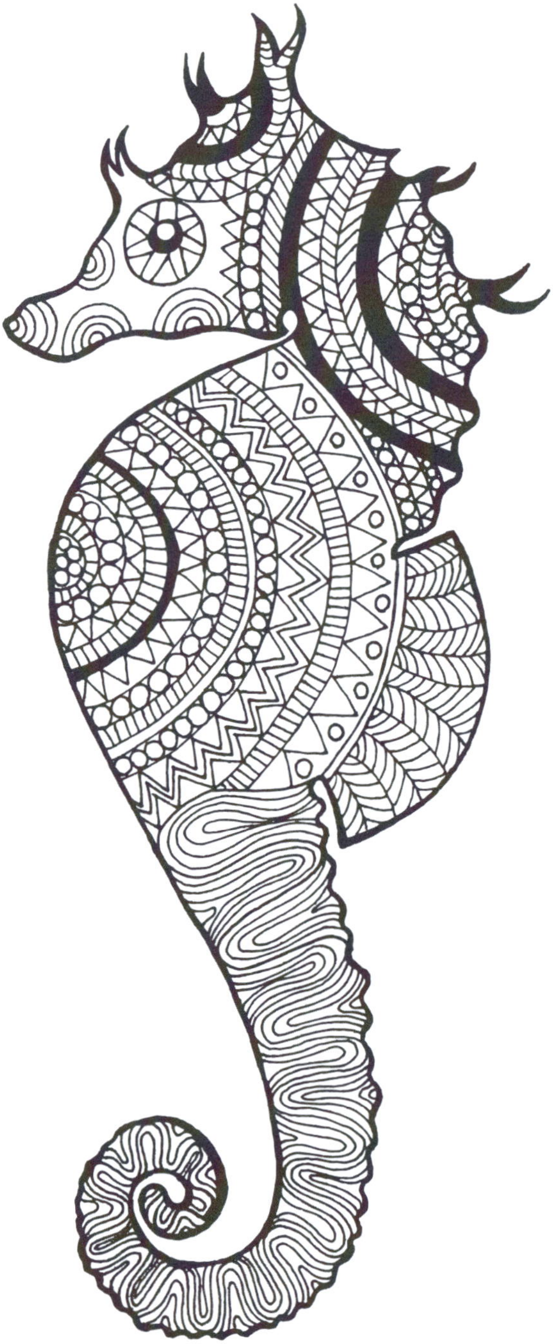

Hay más de cuarenta especies de caballitos de mar de todos los tamaños y colores. La especie más pequeña es el caballo de mar pigmeo y la más grande, el caballito de mar barrigón.

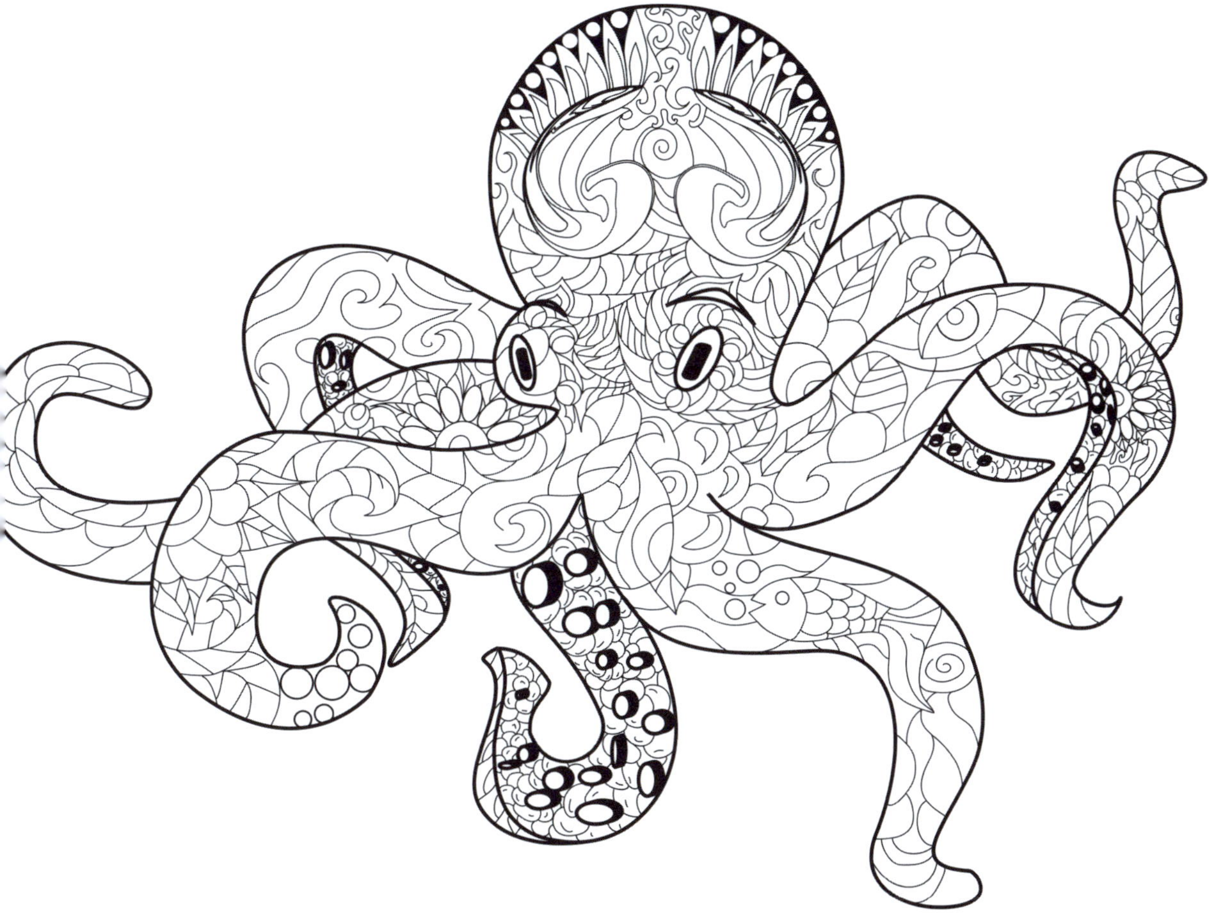

Los pulpos poseen habilidades cognitivas sorprendentes como la resolución de problemas, la capacidad de aprendizaje y una gran memoria.

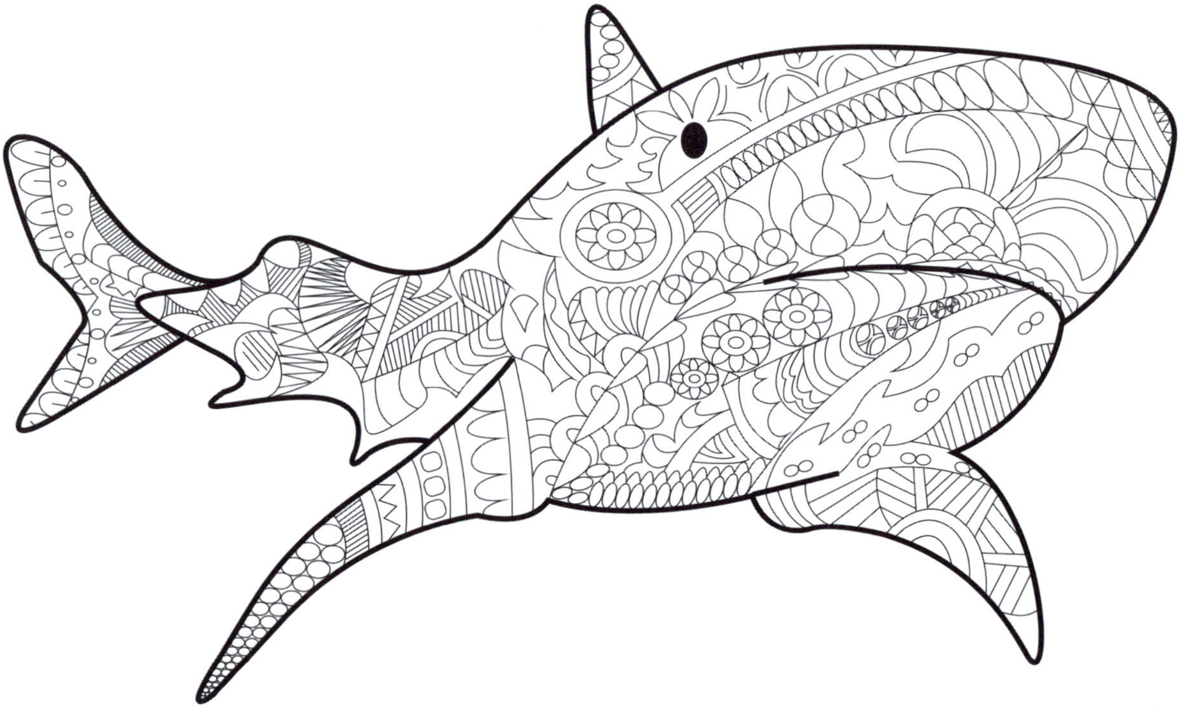

El esqueleto de los tiburones se encuentra compuesto exclusivamente por cartílago.

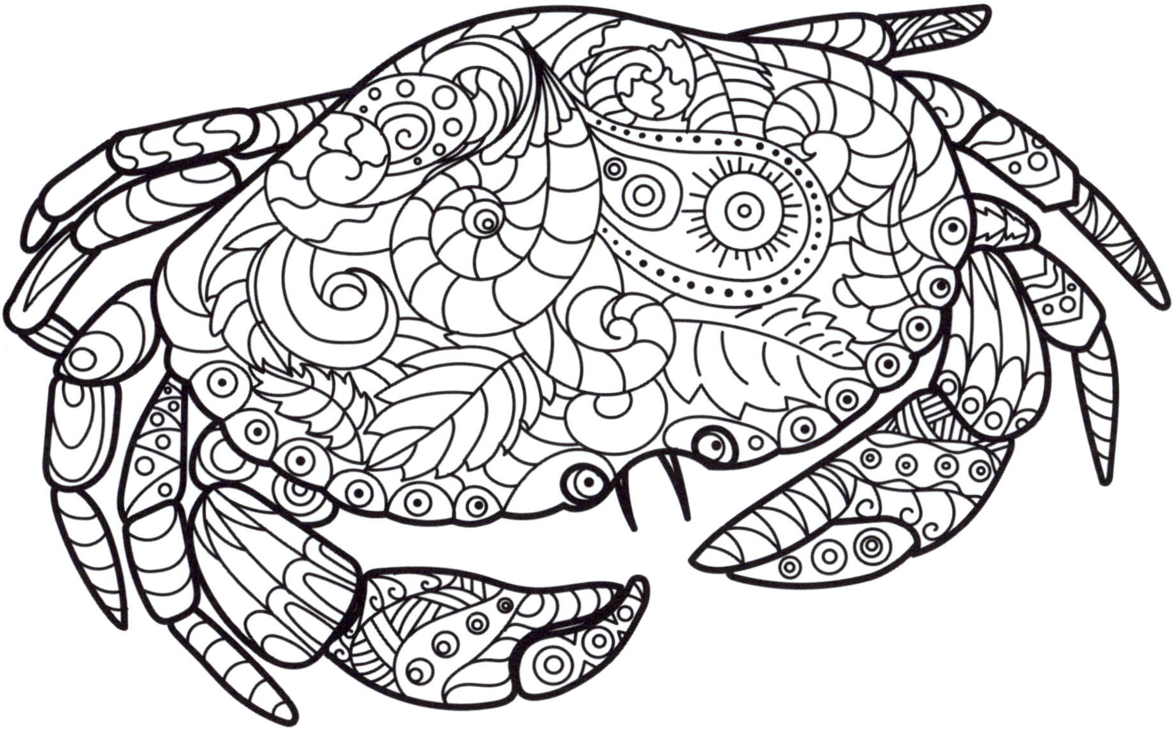

Los cangrejos mudan de caparazón cuando todavía son jóvenes para poder continuar creciendo.

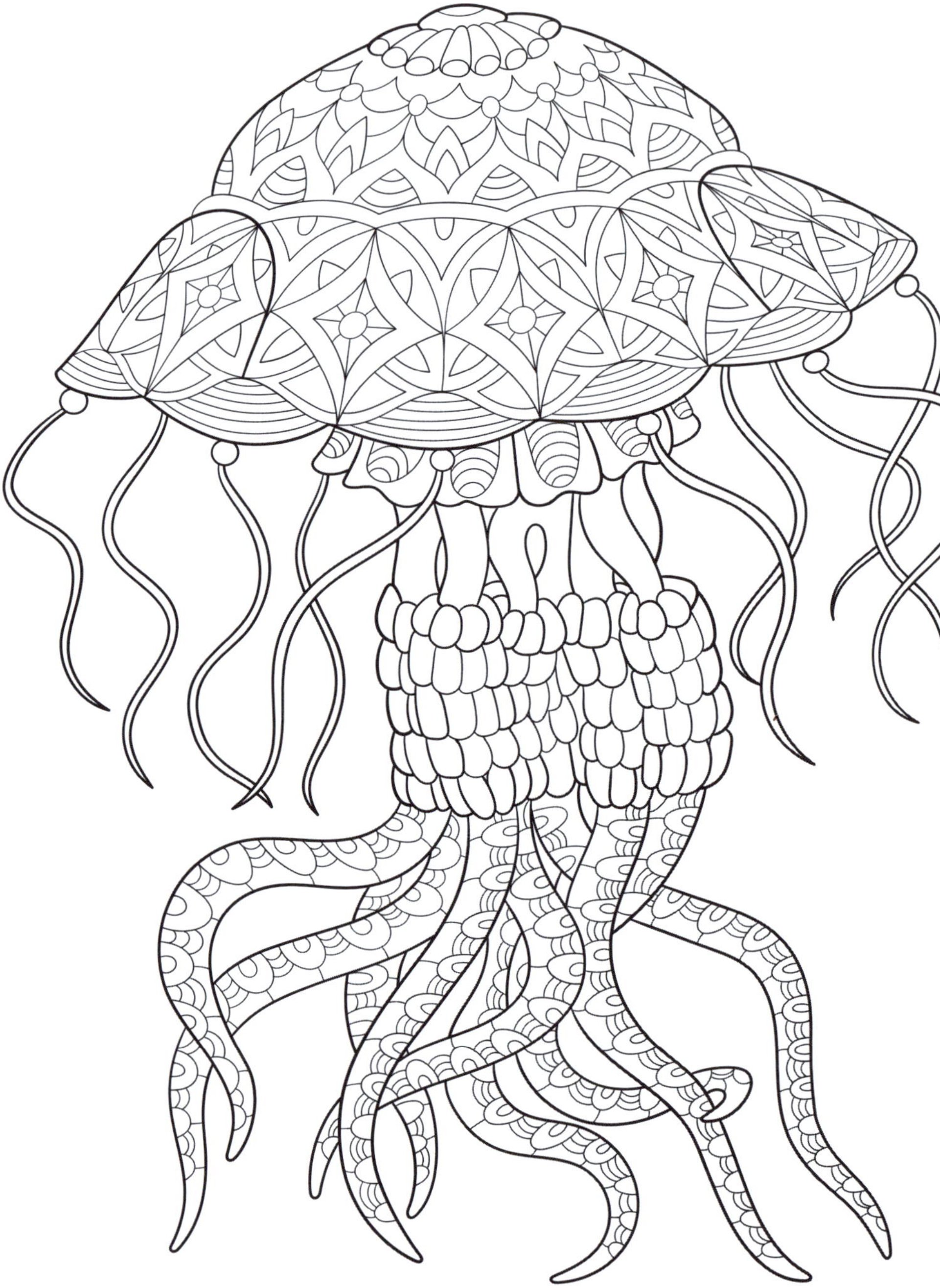

Las medusas se impulsan por el agua mediante la contracción y relajación de sus campanas, lo que resulta eficaz en mares tranquilos.

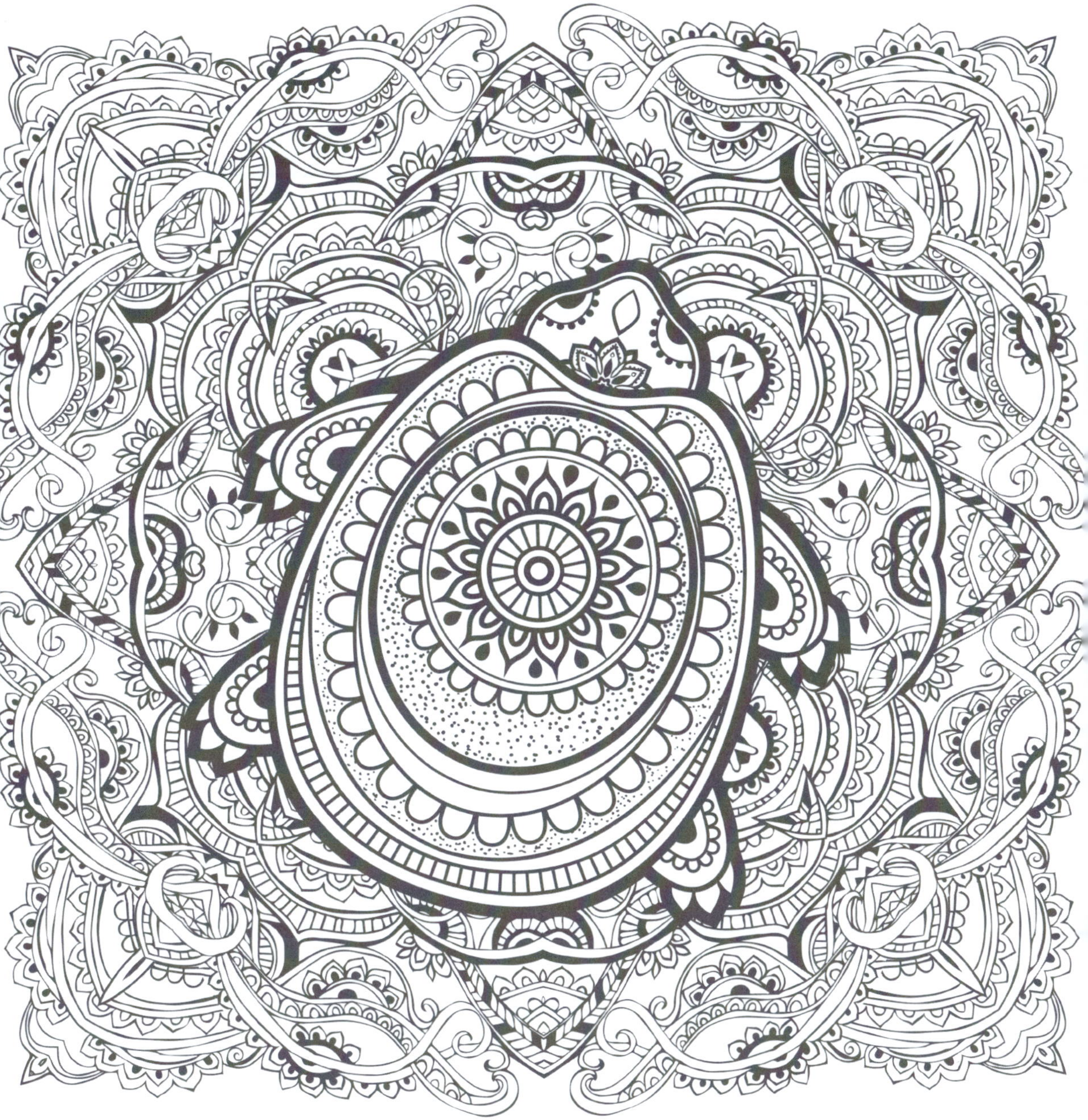

Las tortugas machos nunca abandonan el agua, pero las hembras acuden a las playas de arena para poner sus huevos durante la temporada de anidación.

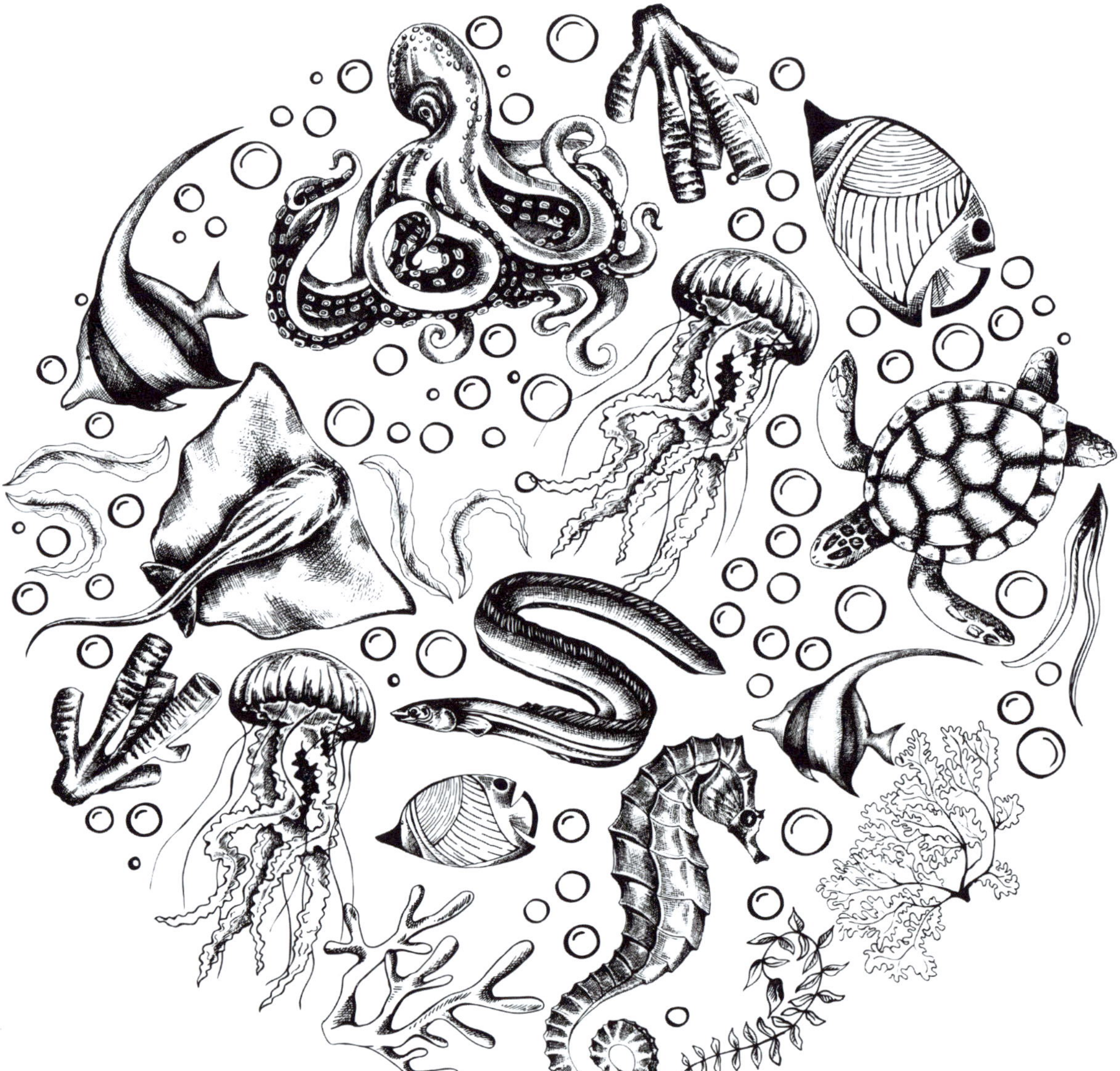

Hay unas cincuenta mil especies de moluscos, desde caracoles hasta calamares gigantes.

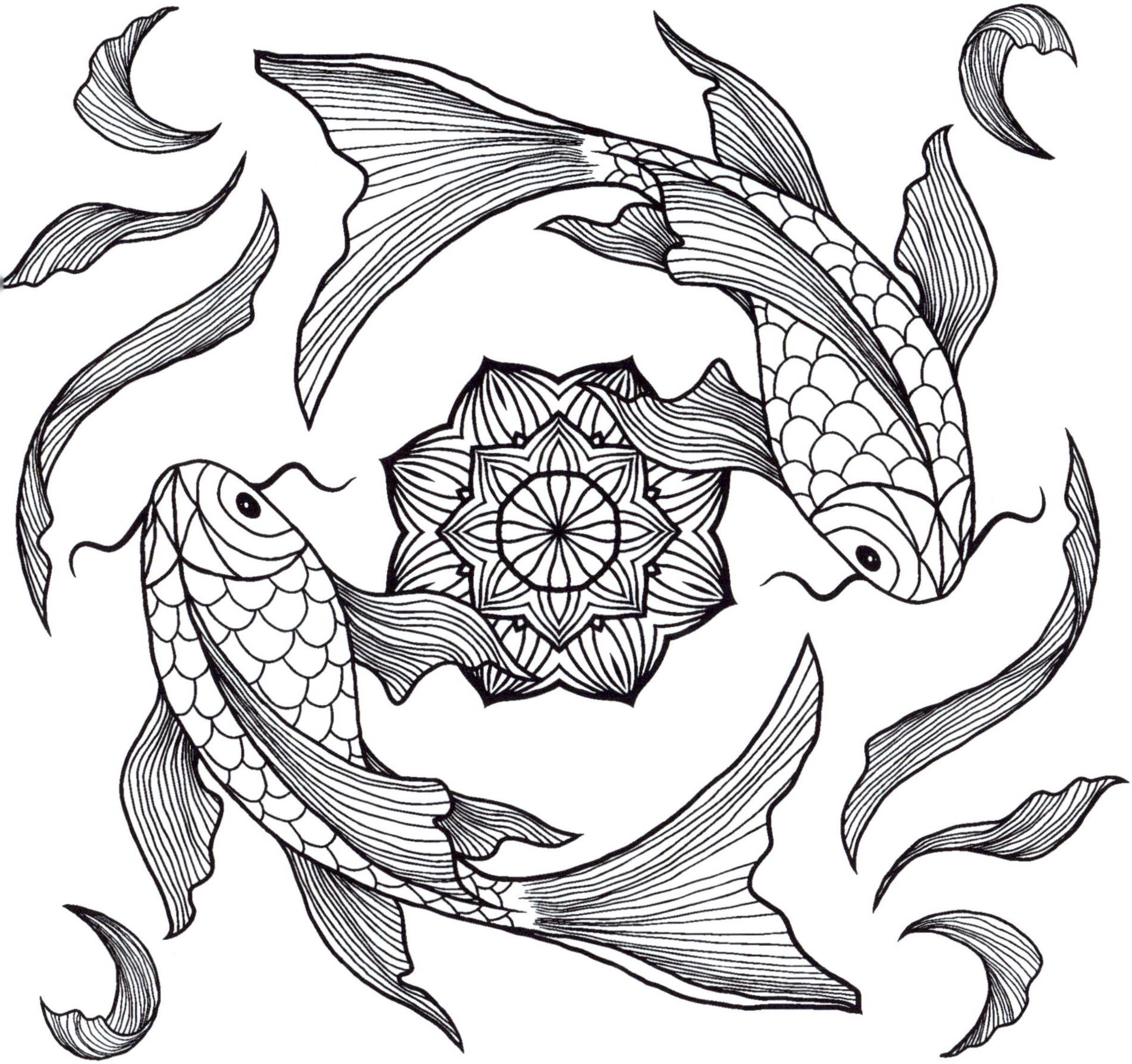

Los peces tienen un sentido del olfato muy agudo, que les permite detectar sustancias químicas del agua.

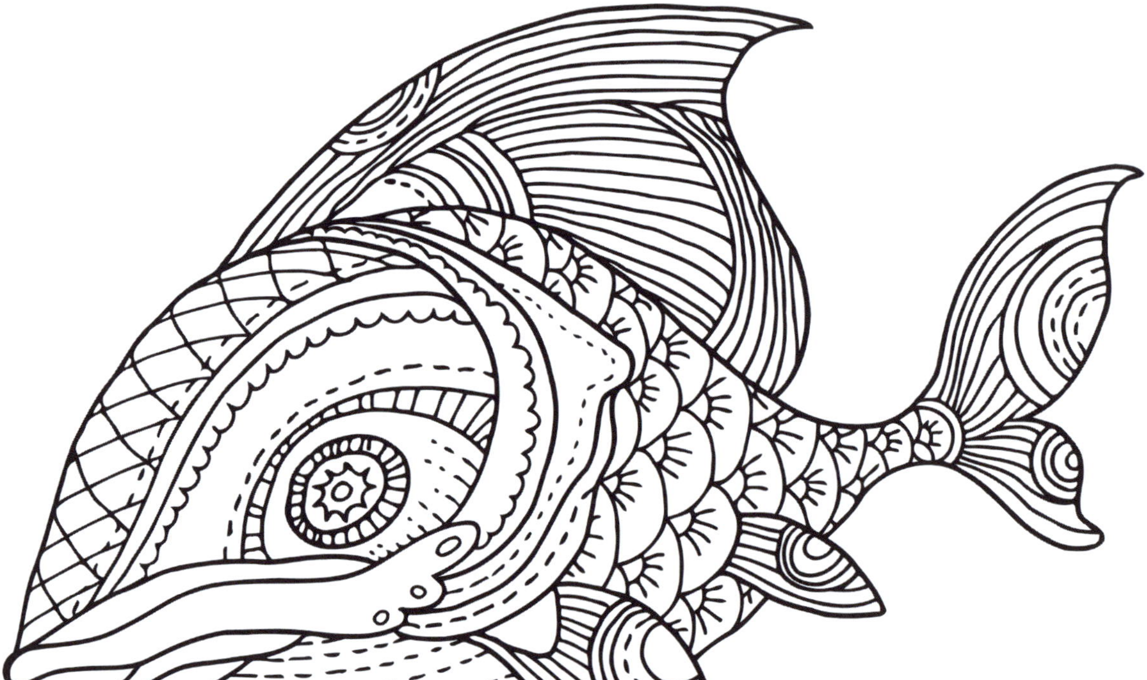

Los tiburones pueden detectar una gota de sangre
en un millón de gotas de agua.

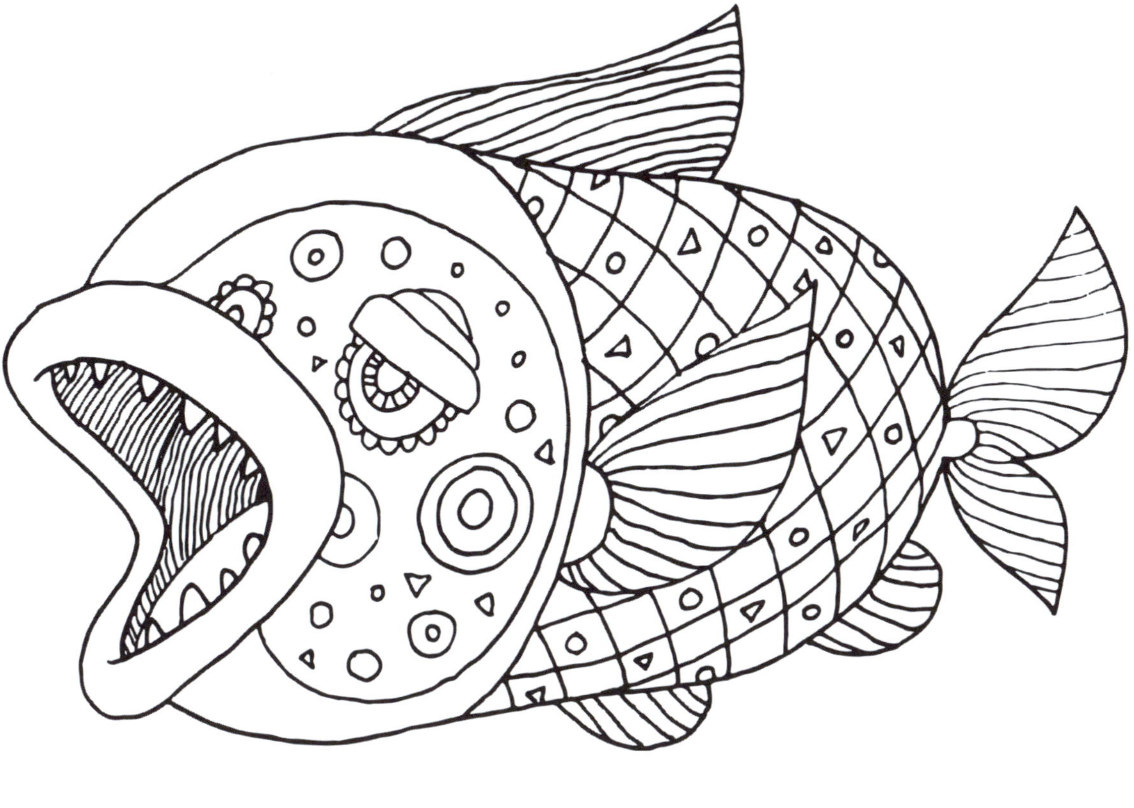

Los peces exhiben una amplia gama de estrategias reproductivas, que van desde la puesta de huevos en el fondo del agua hasta la gestación interna y el cuidado parental.

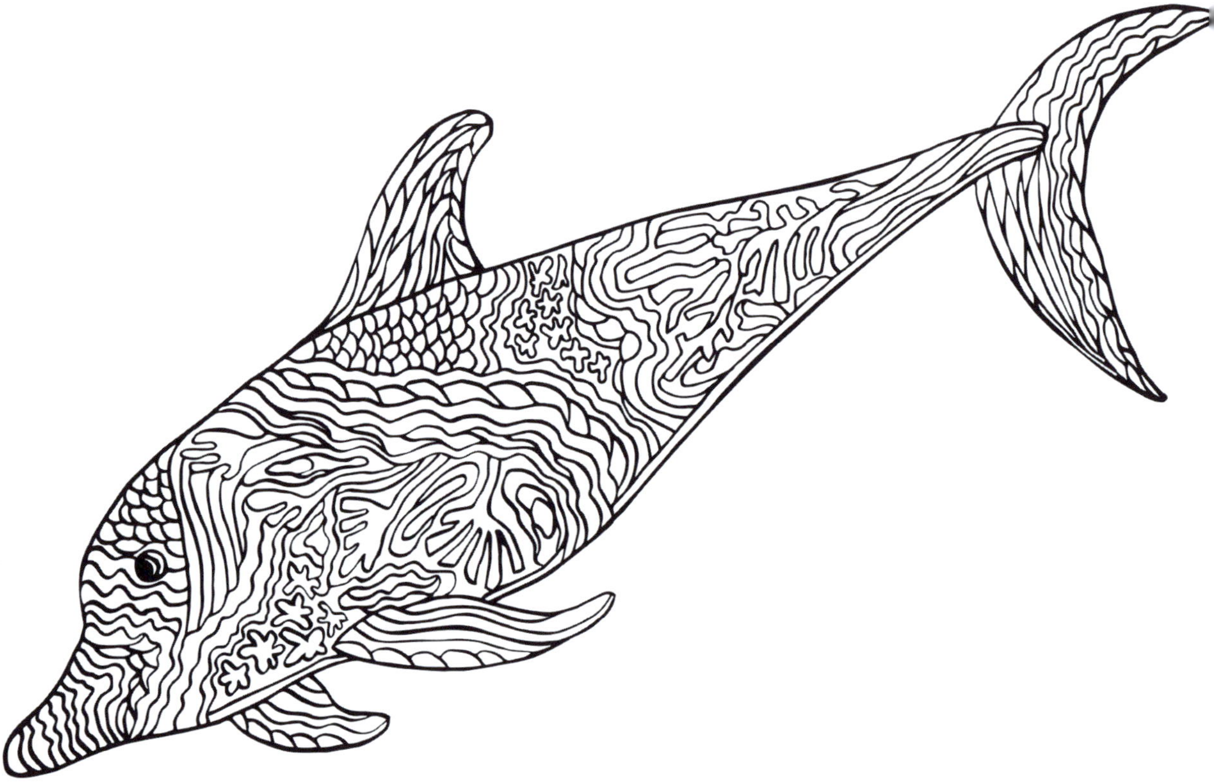

Existen alrededor de cuarenta especies diferentes de delfines que se encuentran en aguas de todo el mundo.

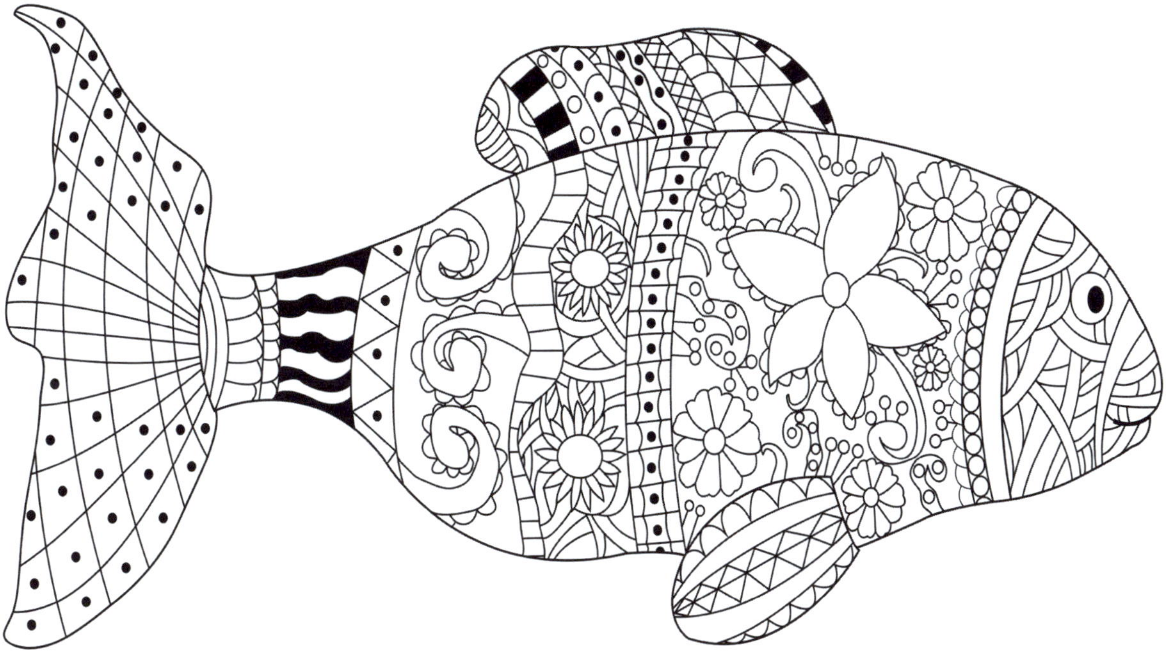

Los peces tienen sentidos altamente desarrollados, que les permiten detectar el movimiento, la luz, los sonidos y los campos eléctricos en su entorno.

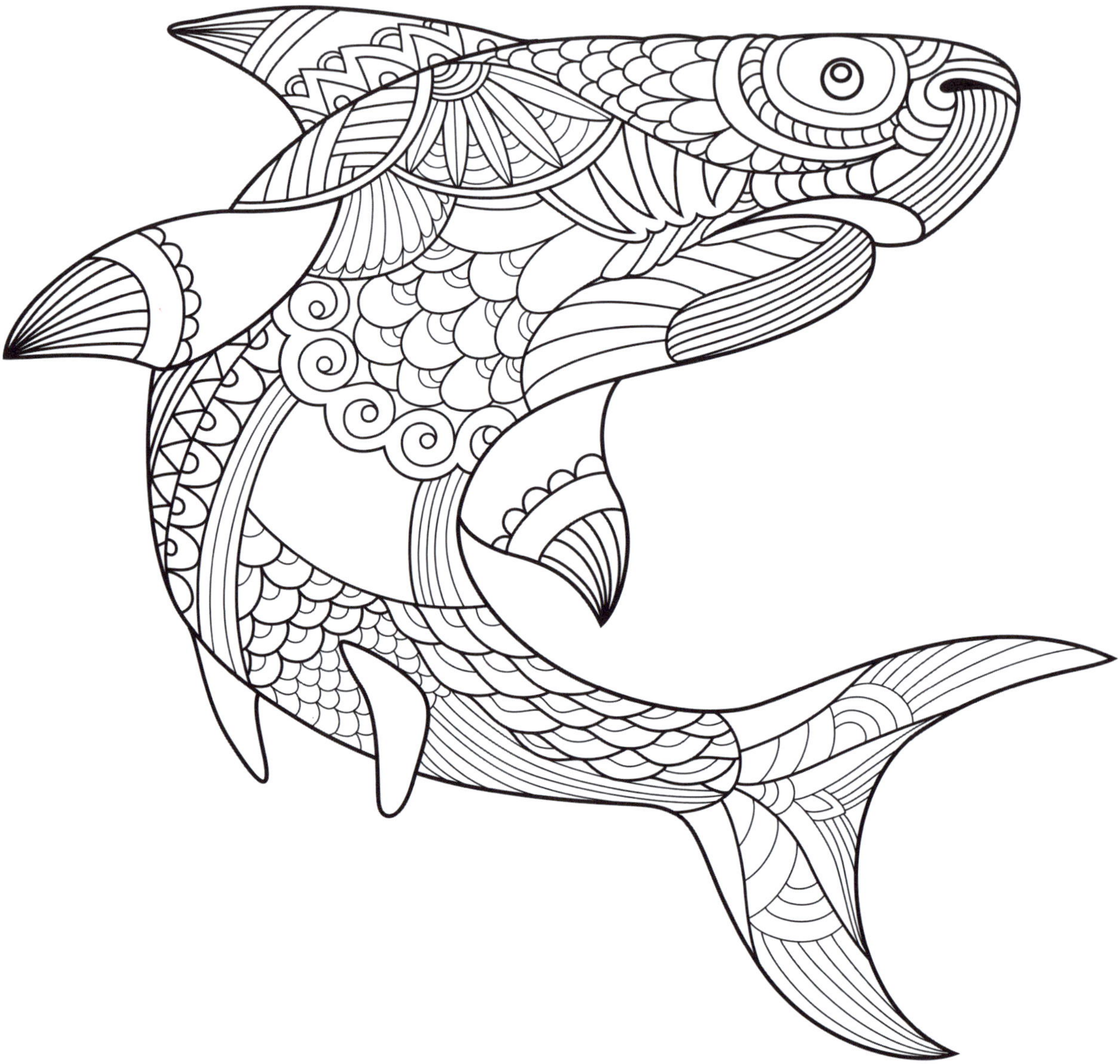

Los tiburones son uno de los depredadores más importantes en el equilibrio de los ecosistemas marinos.

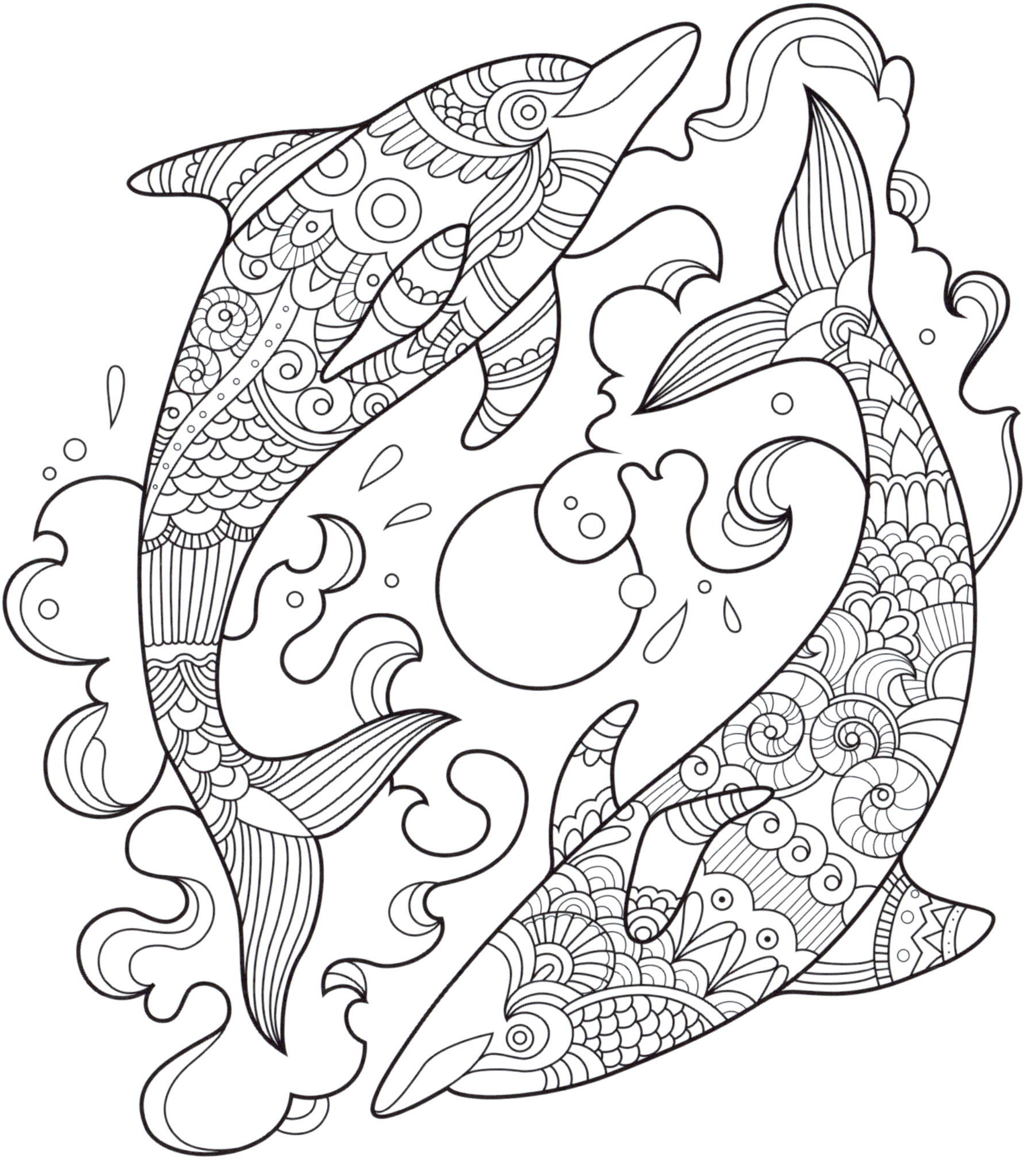

Los delfines son nadadores ágiles y rápidos, capaces de alcanzar velocidades de hasta 40 kilómetros por hora.

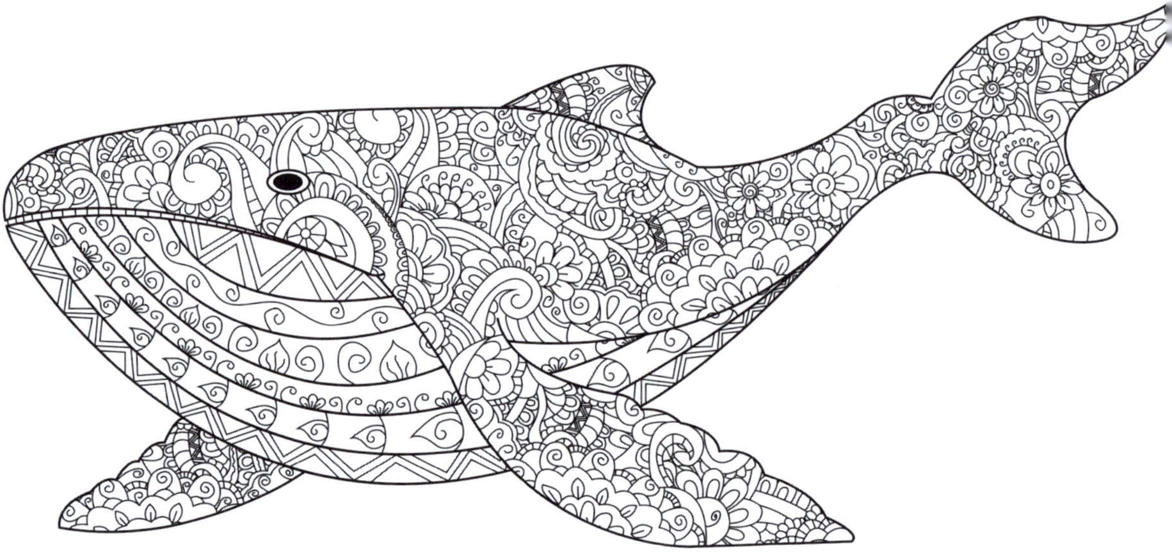

Las ballenas son los mamíferos más grandes del mundo, con especies como la ballena azul que puede alcanzar longitudes de hasta 30 metros y pesar más de 180 toneladas.

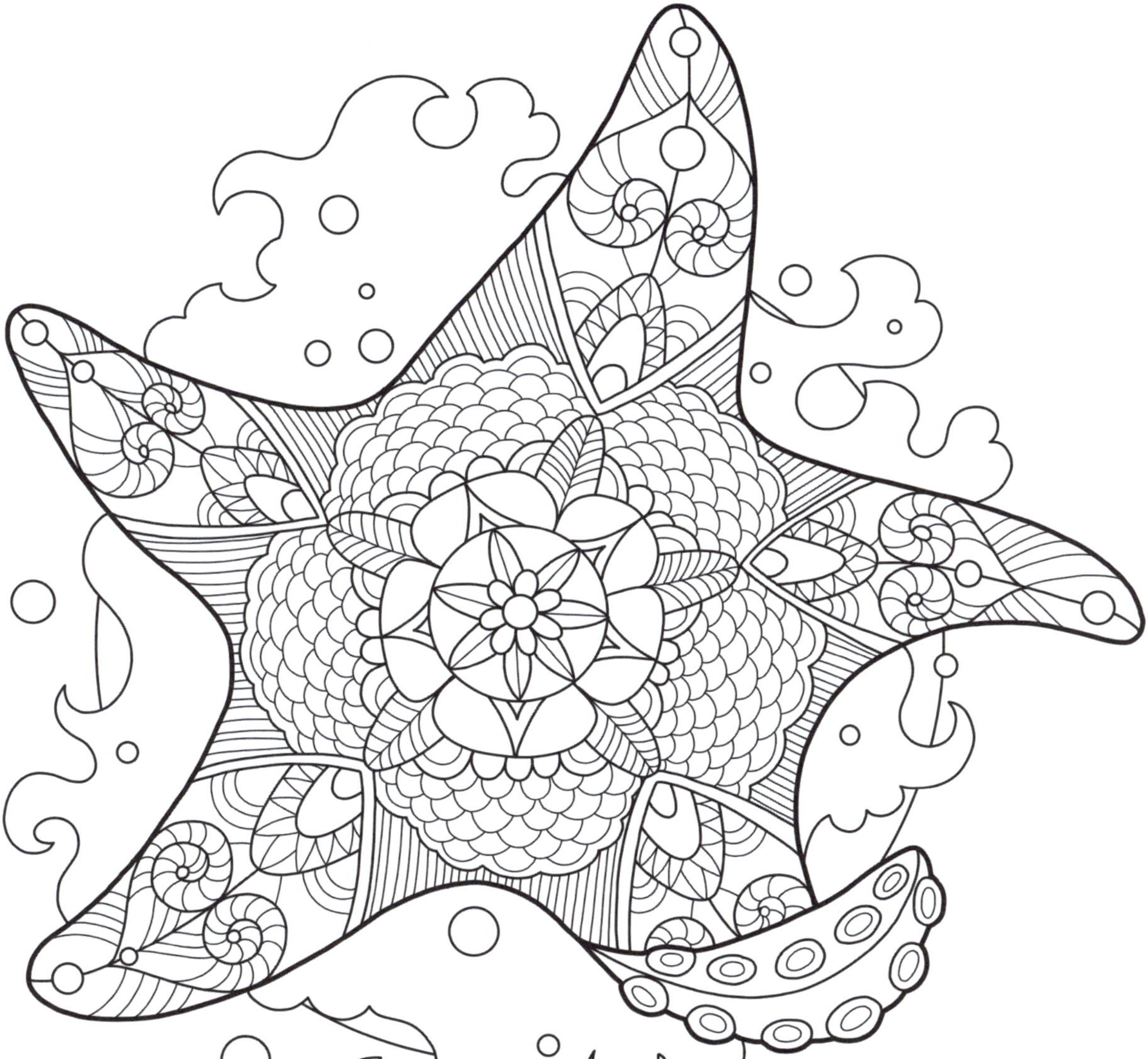

Se han realizado experimentos enviando estrellas de mar al espacio para estudiar los efectos de la microgravedad en su regeneración.

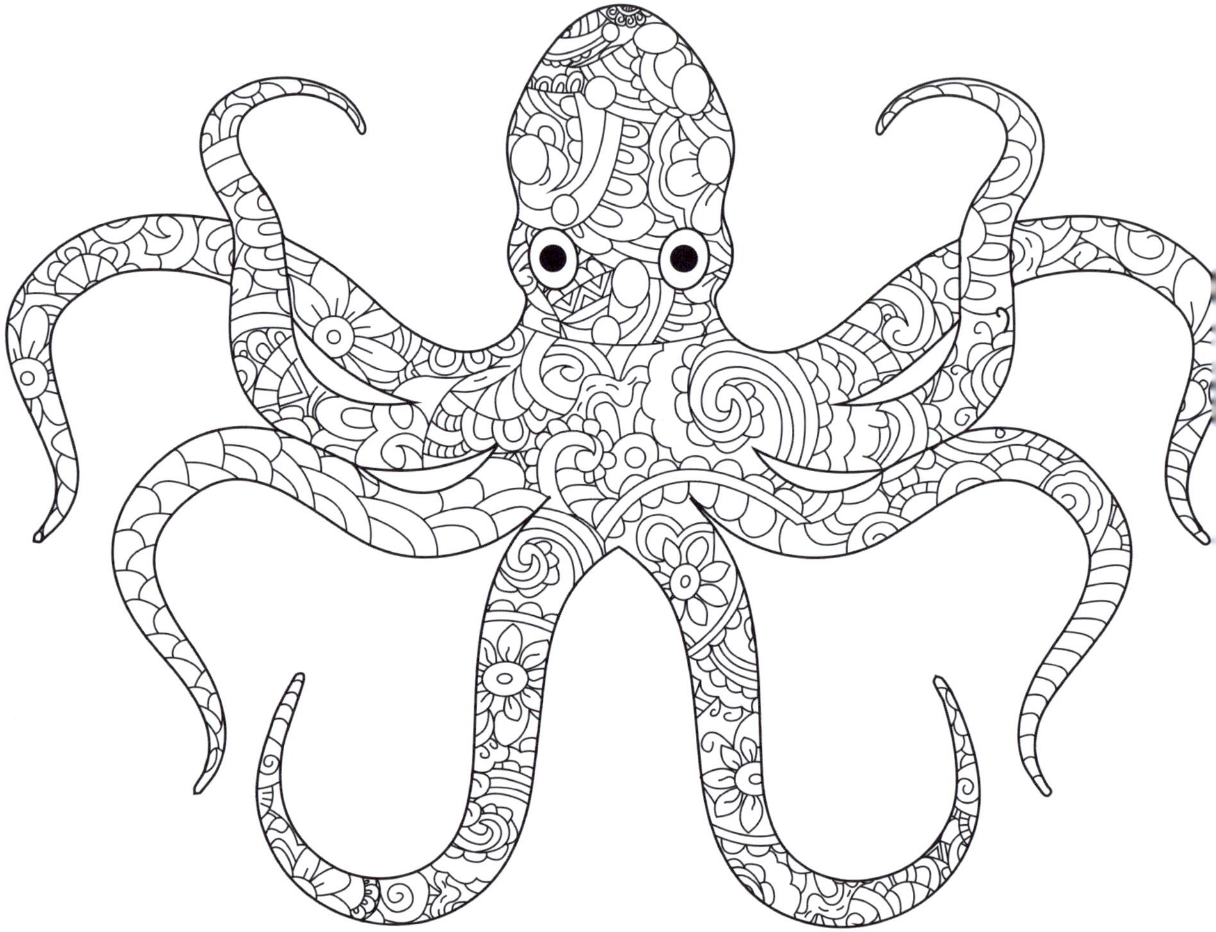

Los pulpos son depredadores ágiles y astutos. Utilizan su camuflaje, su inteligencia y sus tentáculos para acechar y atrapar presas, como crustáceos, peces e incluso otros moluscos.

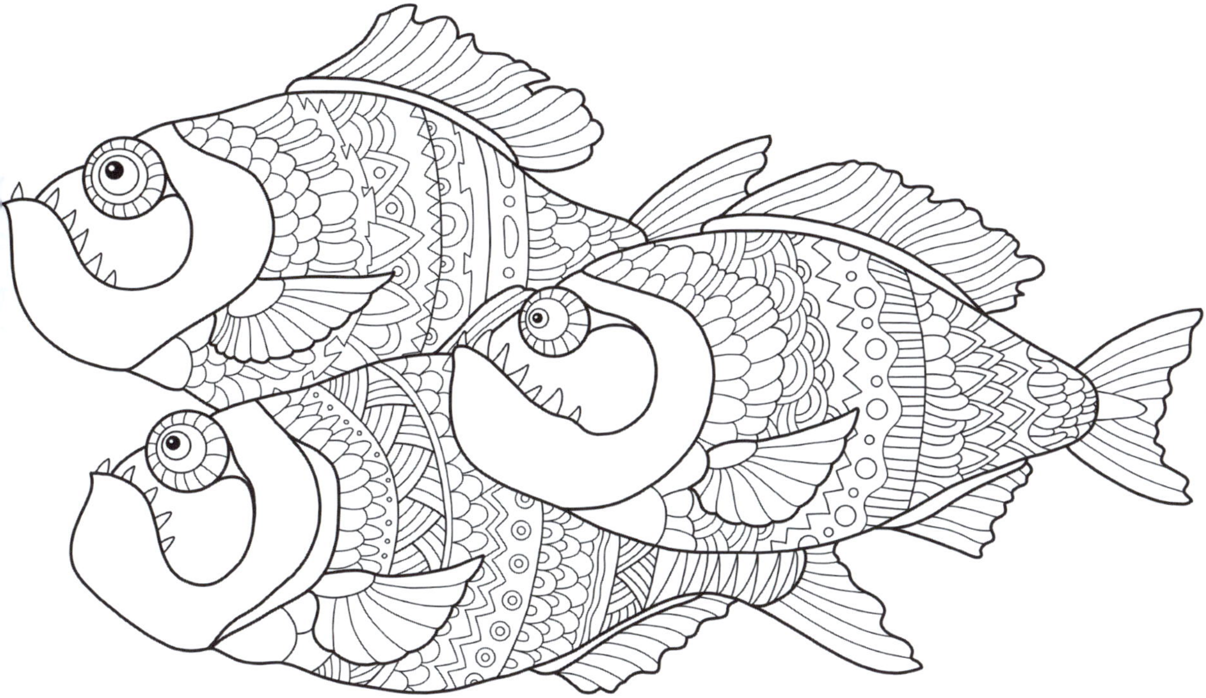

La mayoría de los peces están cubiertos por escamas, que pueden variar en forma, tamaño y textura según la especie.

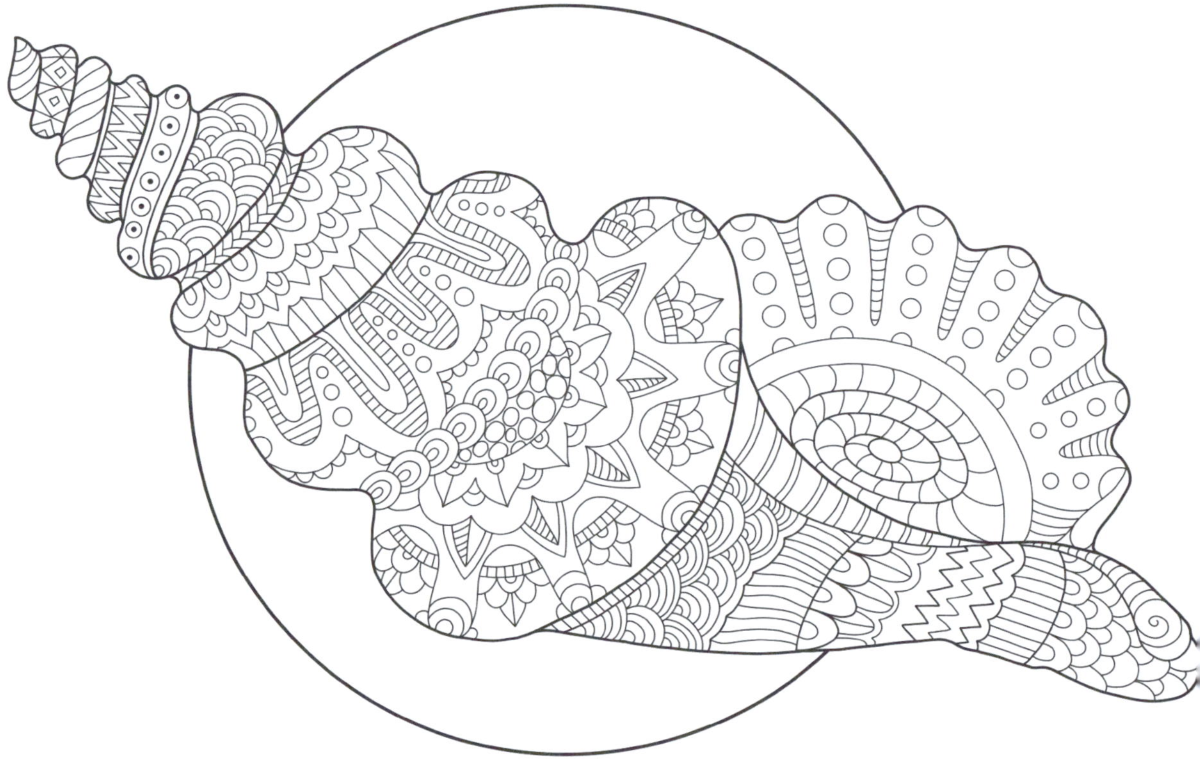

En muchas culturas, las conchas marinas tienen significados simbólicos y espirituales.

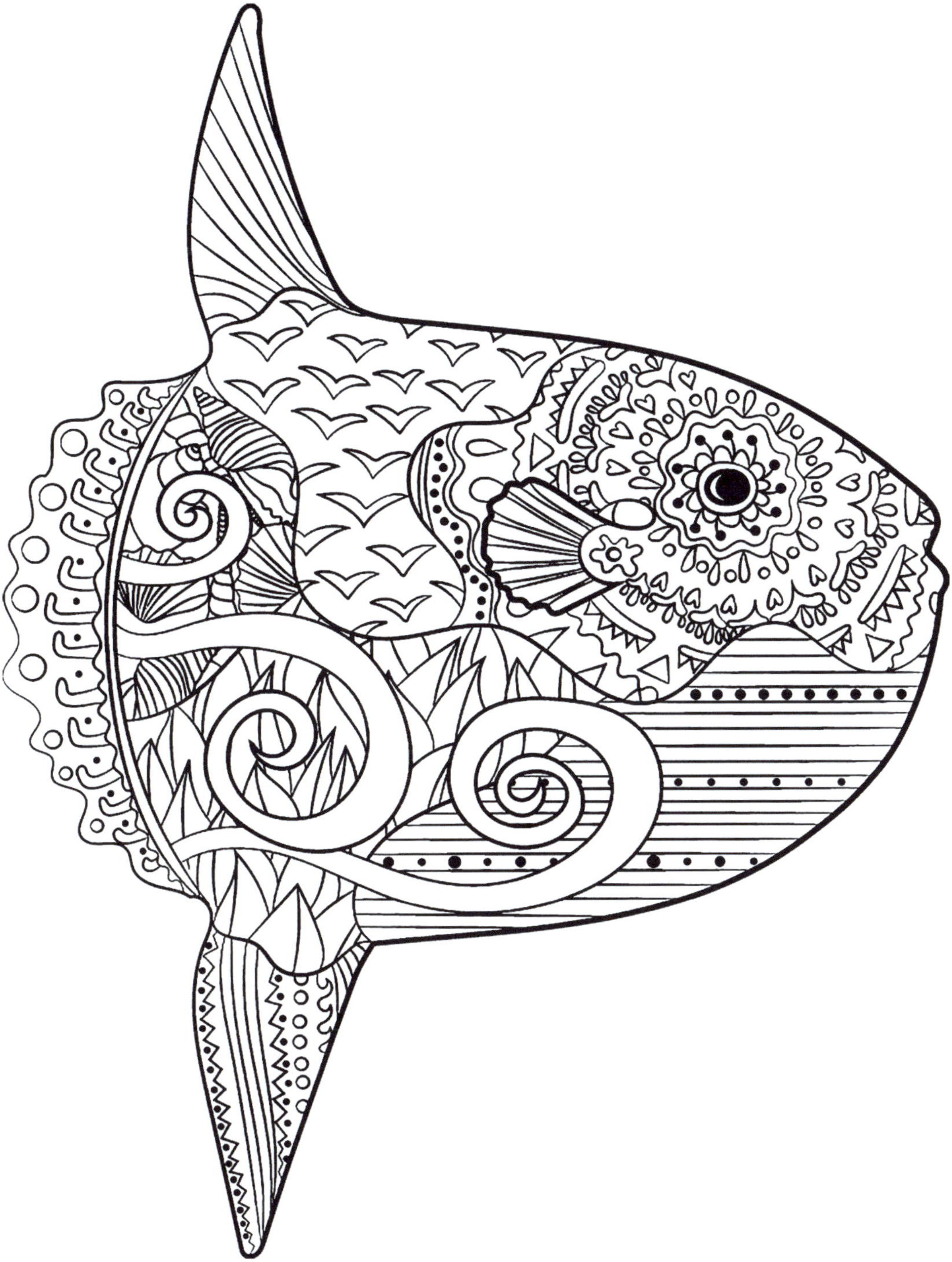

Los peces tienen branquias que les permiten extraer oxígeno del agua y respirar bajo ella.

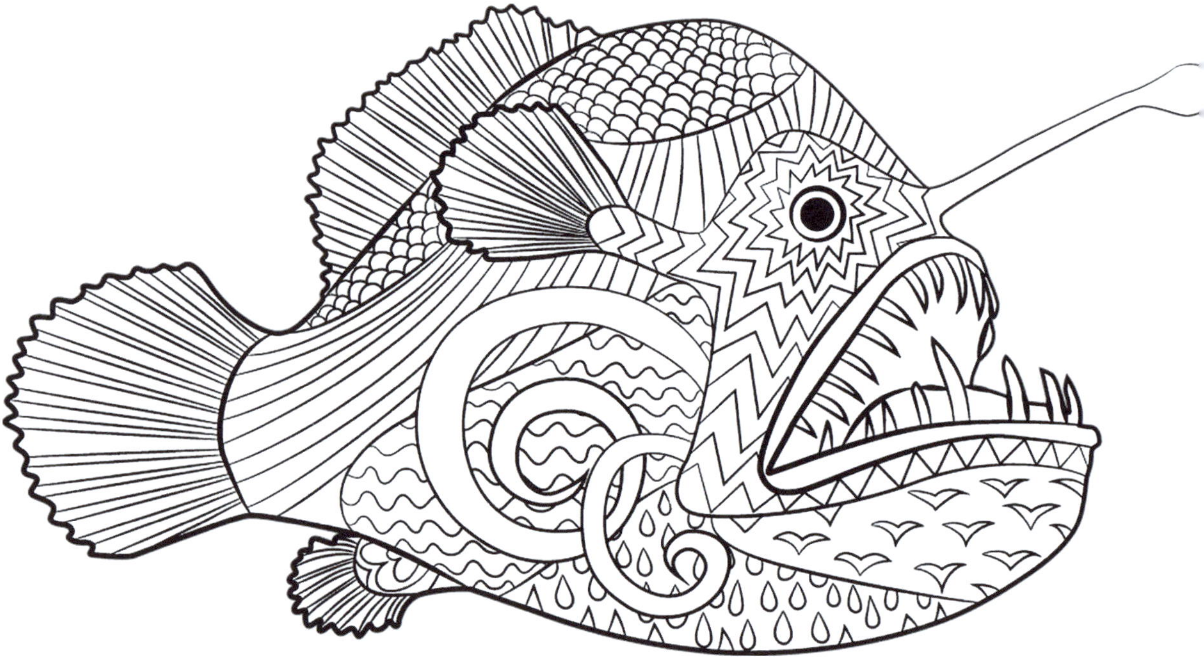

Muchas especies de rapes viven en aguas frías y tienen adaptaciones para sobrevivir en temperaturas extremadamente bajas.

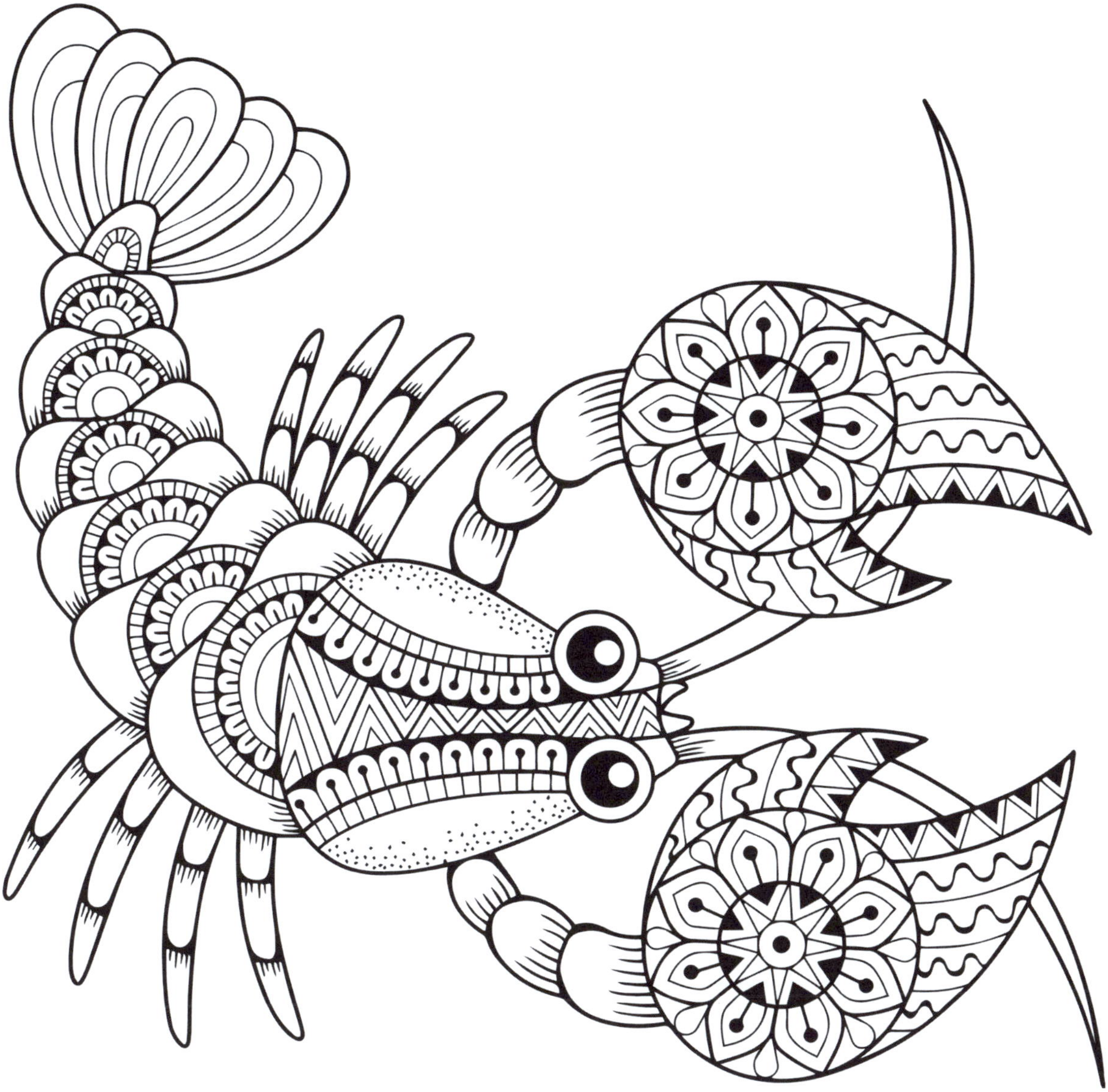

La pesca de langostas está regulada en muchas partes del mundo para garantizar su sostenibilidad y conservación.

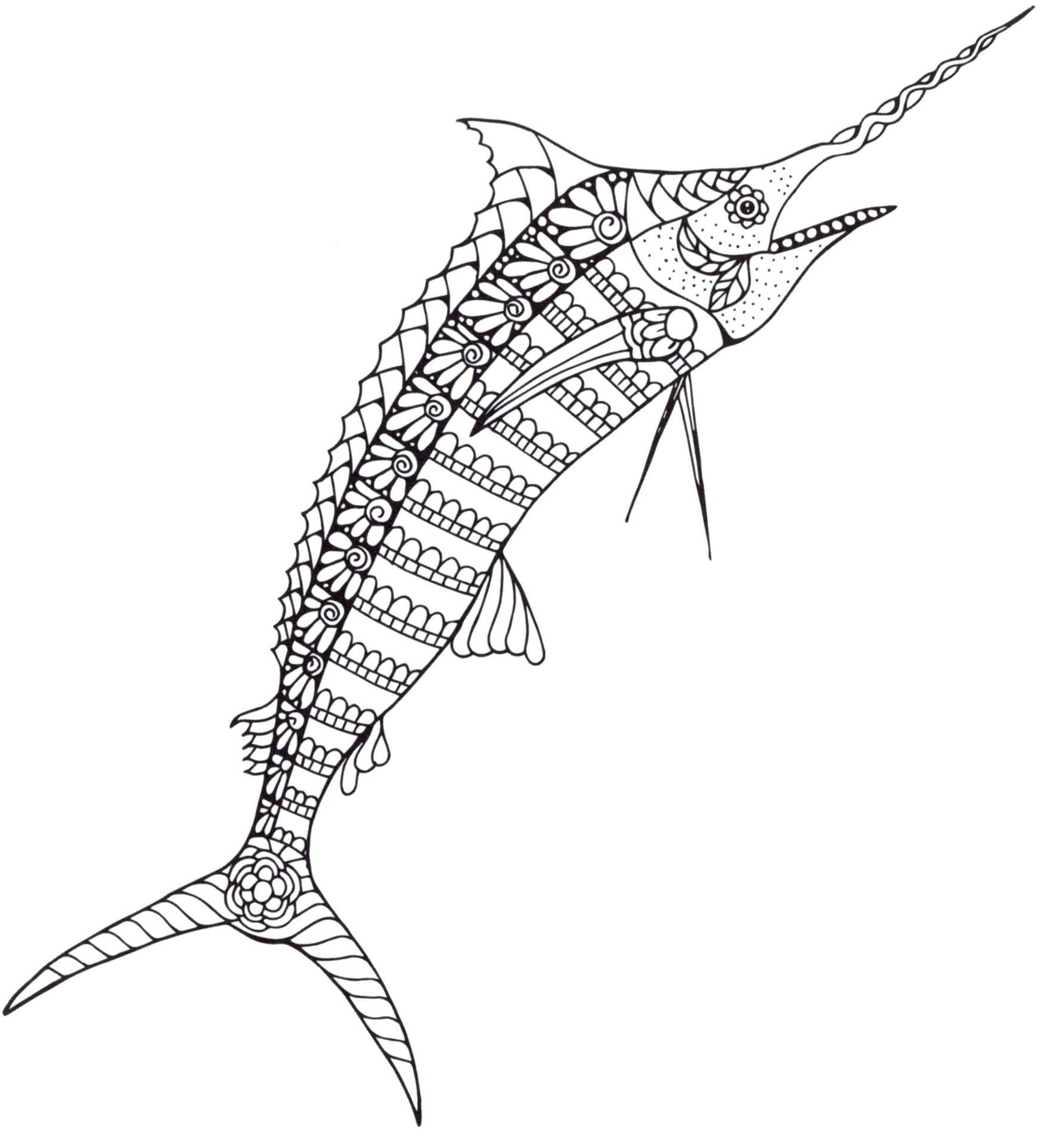

El pez espada recibe su nombre por su característica «espada», que es una prolongación afilada y plana de su mandíbula superior.

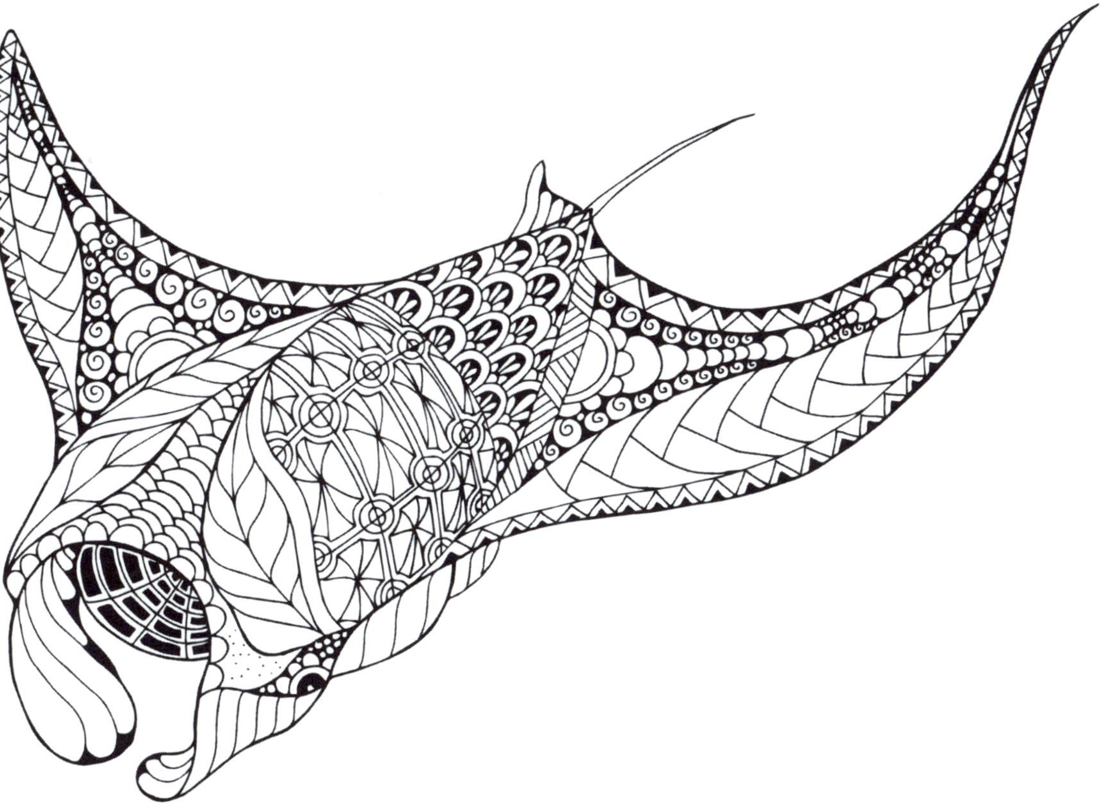

Las mantarrayas se encuentran en aguas tropicales y subtropicales de todo el mundo, desde aguas costeras poco profundas hasta océanos abiertos.

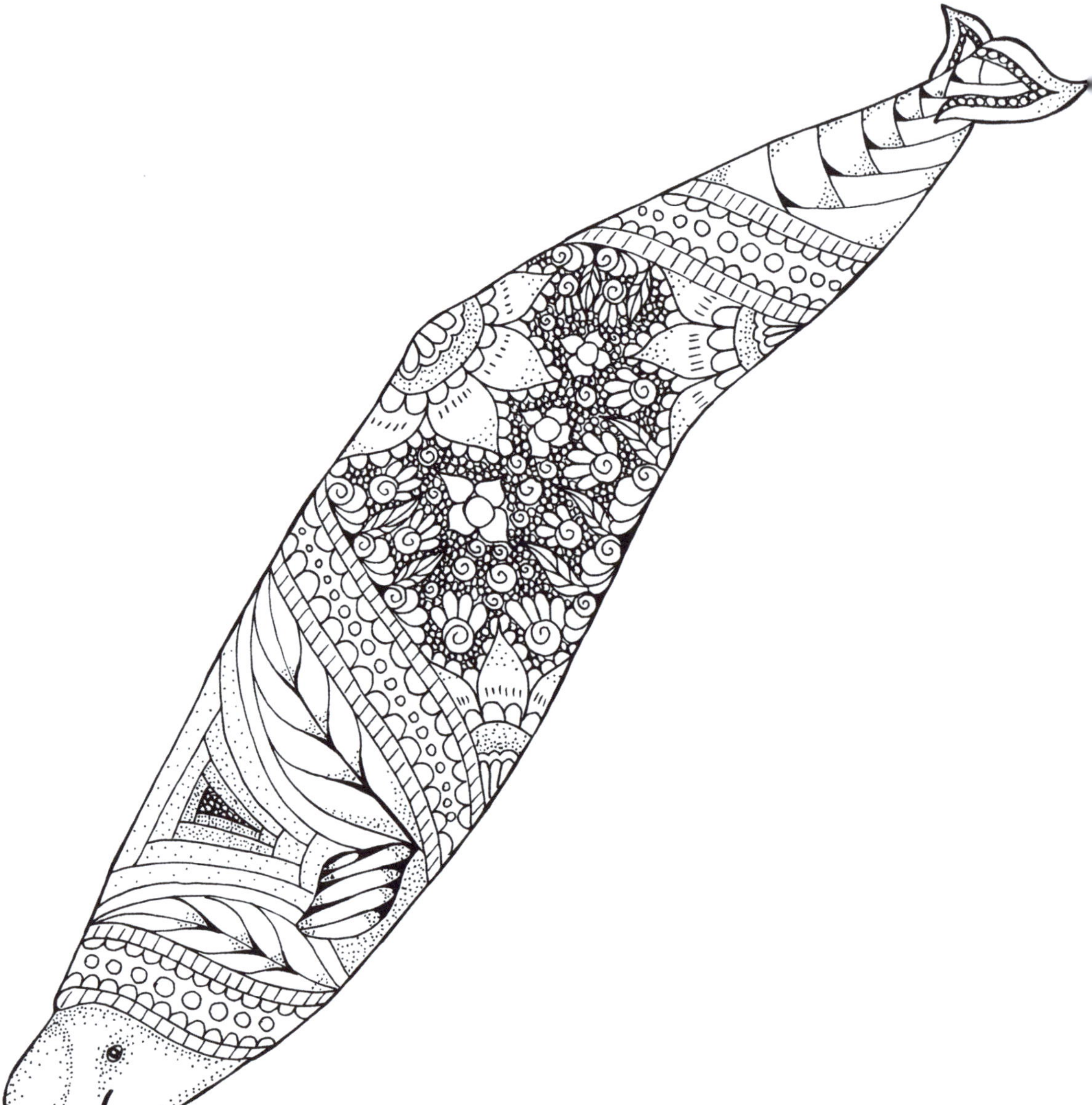

La beluga es conocida por tener una protuberancia en su frente
que se asemeja a una especie de cuerno y se llama «melón».

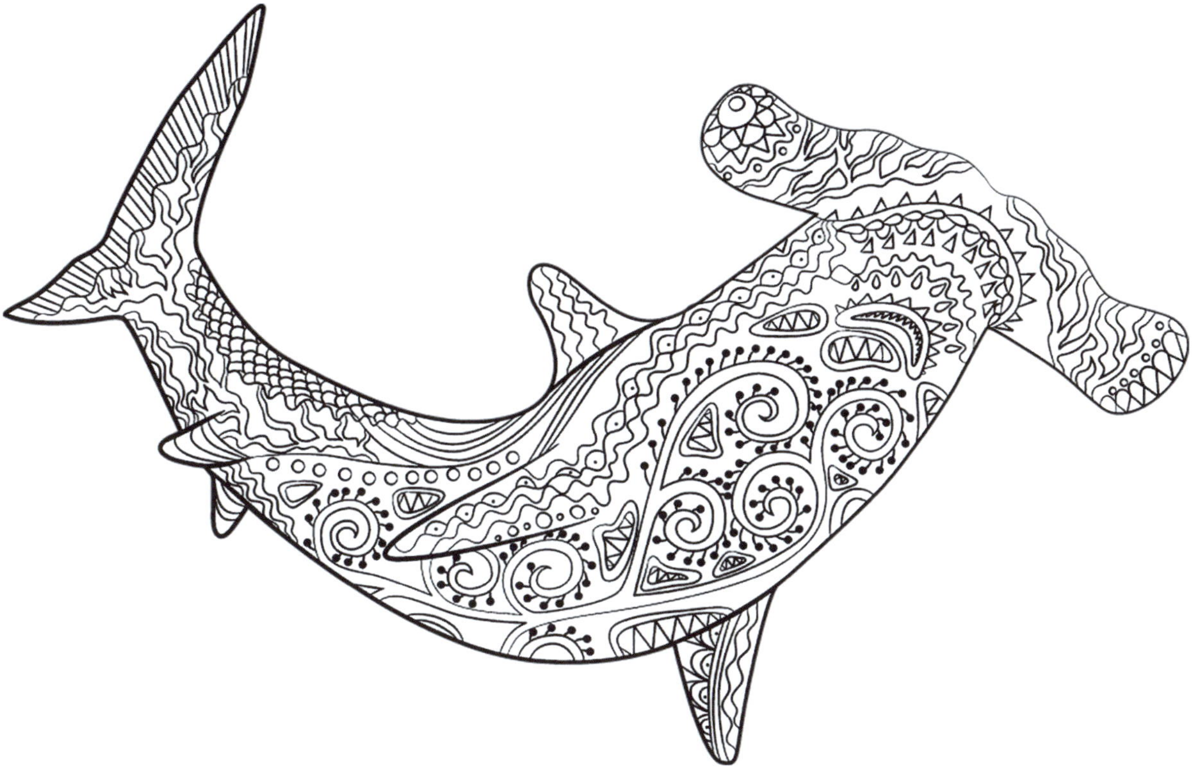

Los tiburones pueden perder y regenerar
miles de dientes durante su vida.

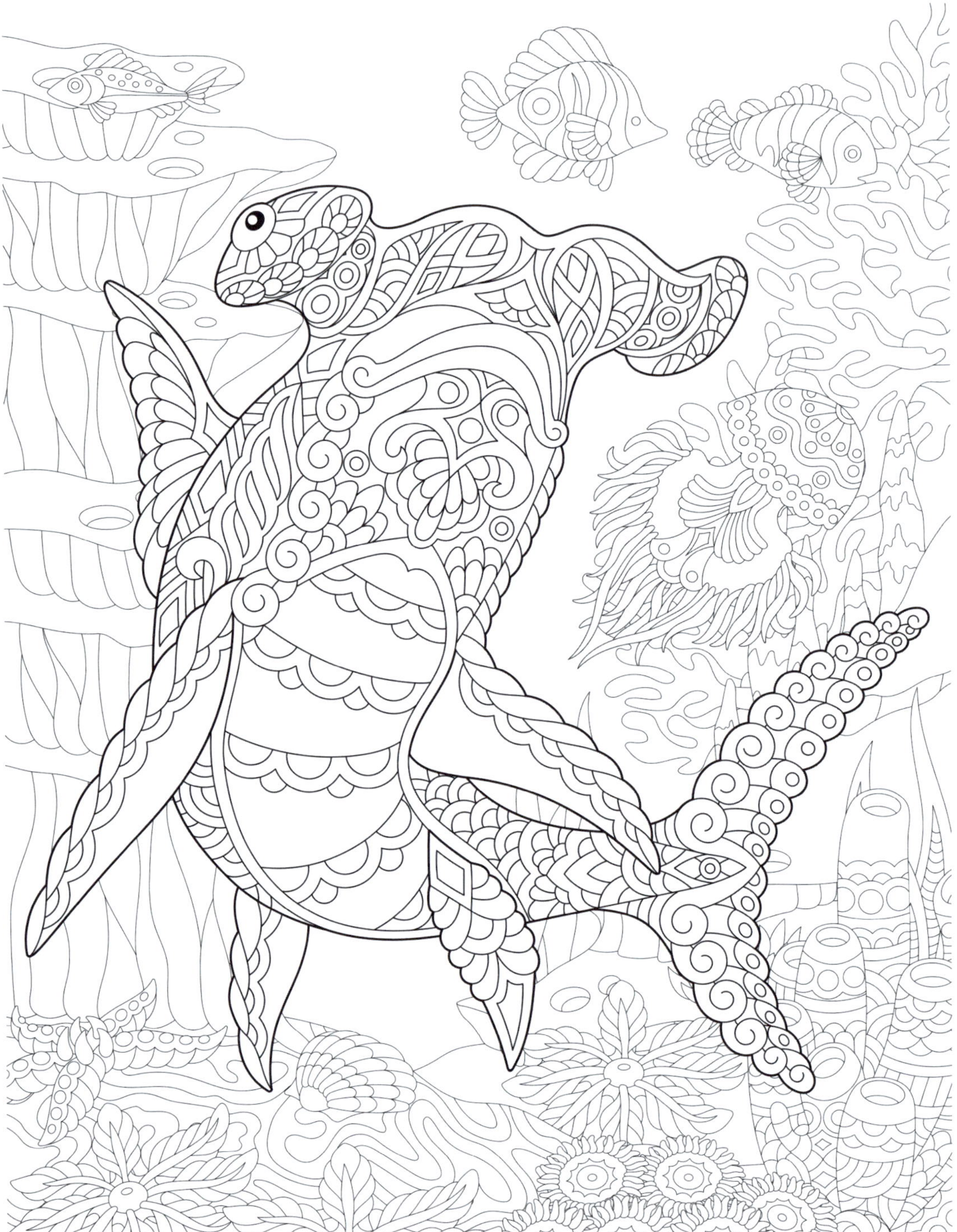

La mayoría de los tiburones son ovovivíparos, lo que significa que los huevos se incuban dentro del cuerpo de la madre y las crías nacen vivas.

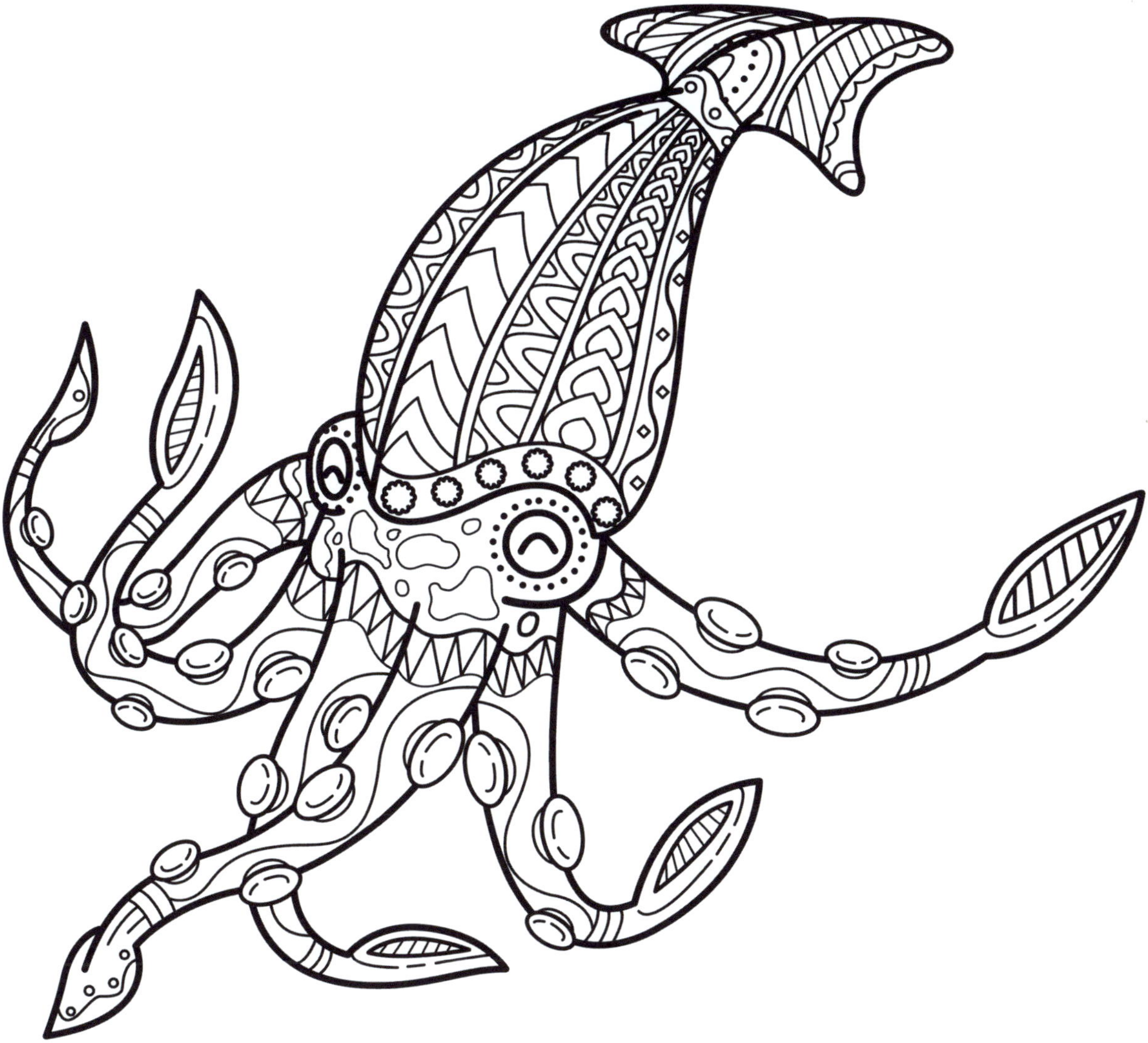

Algunas especies de calamares realizan migraciones estacionales a lo largo de su vida, viajando grandes distancias en busca de mejores condiciones de alimentación y reproducción en el océano.

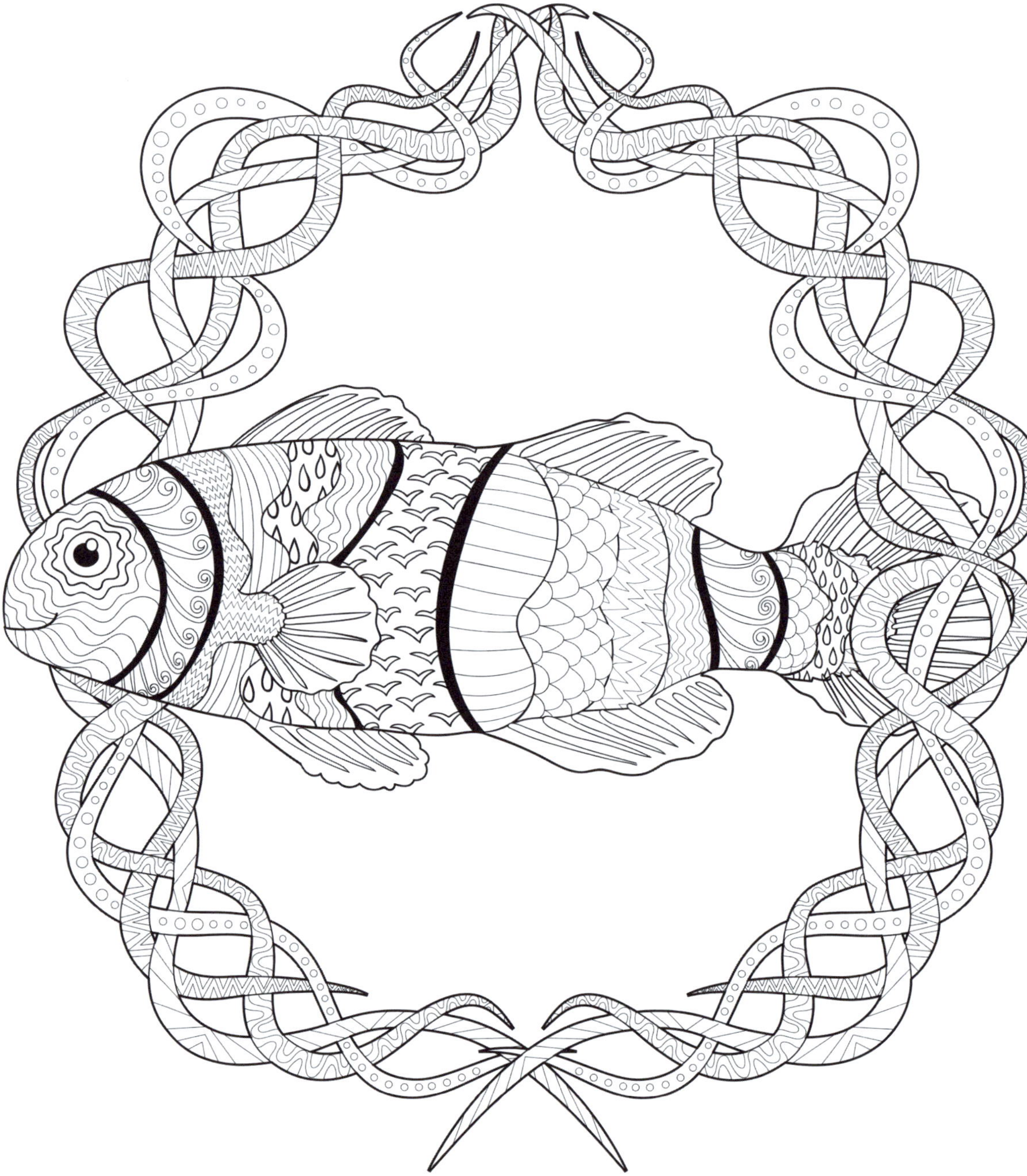

La contaminación de los océanos es una de las principales amenazas para la biodiversidad marina.

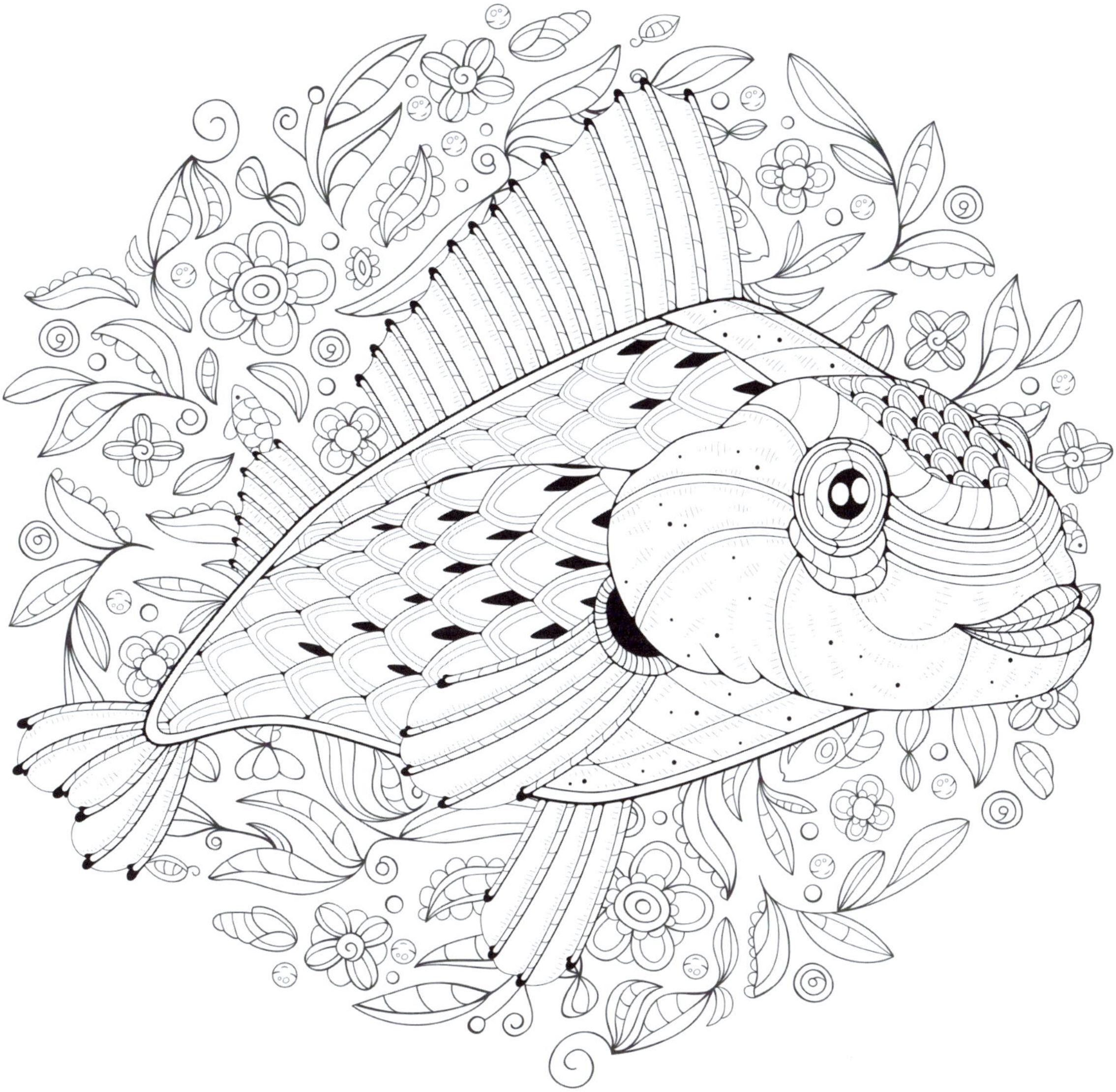

Los vertidos de petróleo y otros derrames de sustancias tóxicas son desastres ambientales que pueden tener consecuencias catastróficas para los ecosistemas marinos y las comunidades costeras.

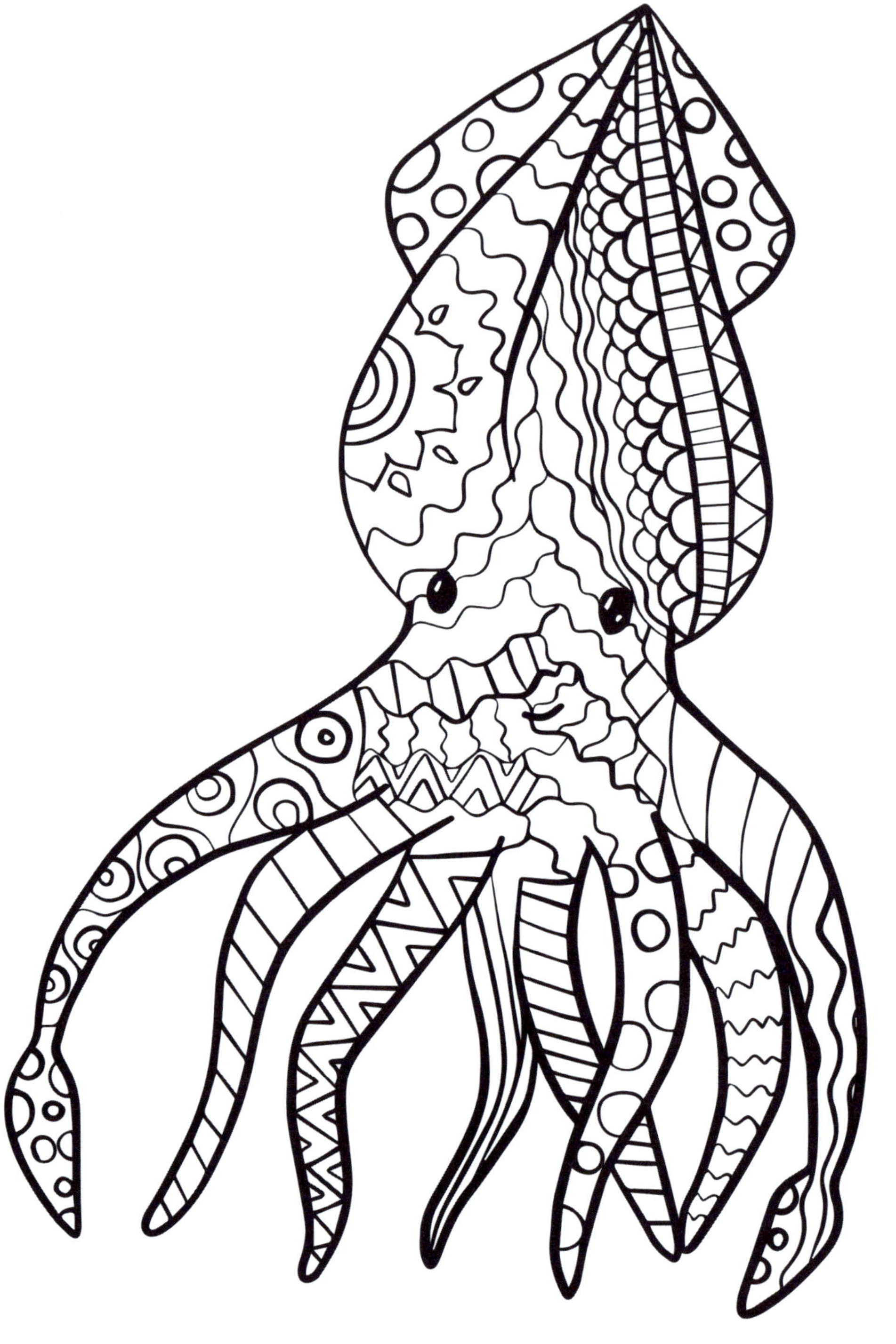

La mayoría de las especies de pulpos tienen vidas relativamente cortas, que van desde unos pocos meses hasta unos pocos años.

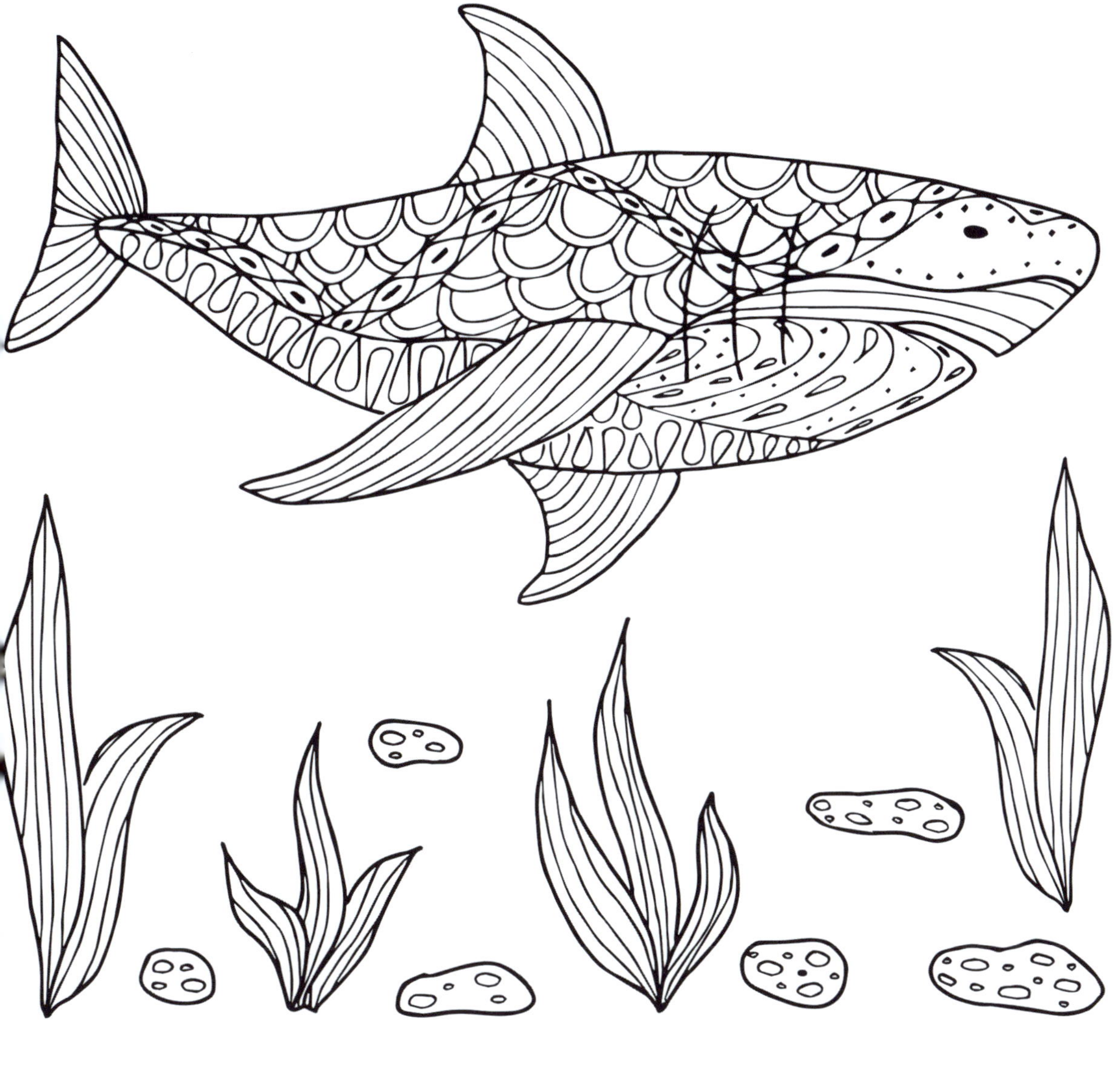

Los científicos estudian la capacidad de los tiburones para regenerar tejidos y cartílagos en busca de posibles tratamientos para lesiones humanas.

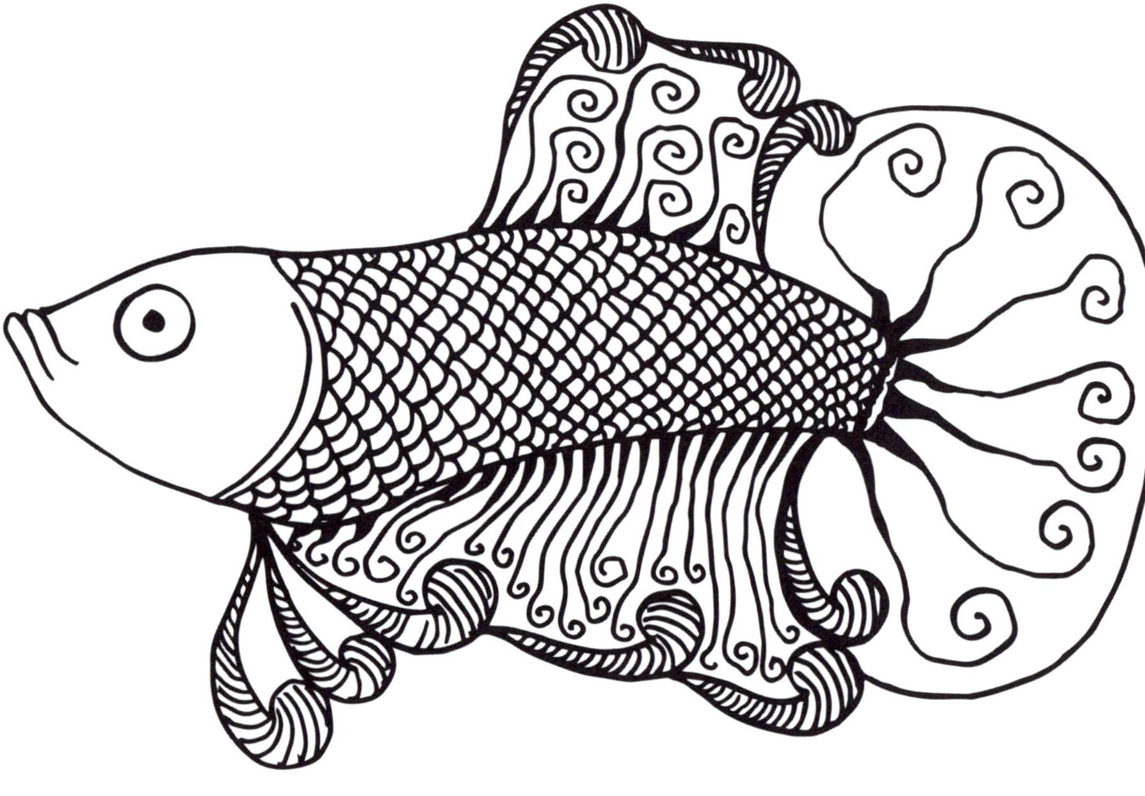

Los desechos plásticos son una de las formas
más visibles de contaminación en los océanos.

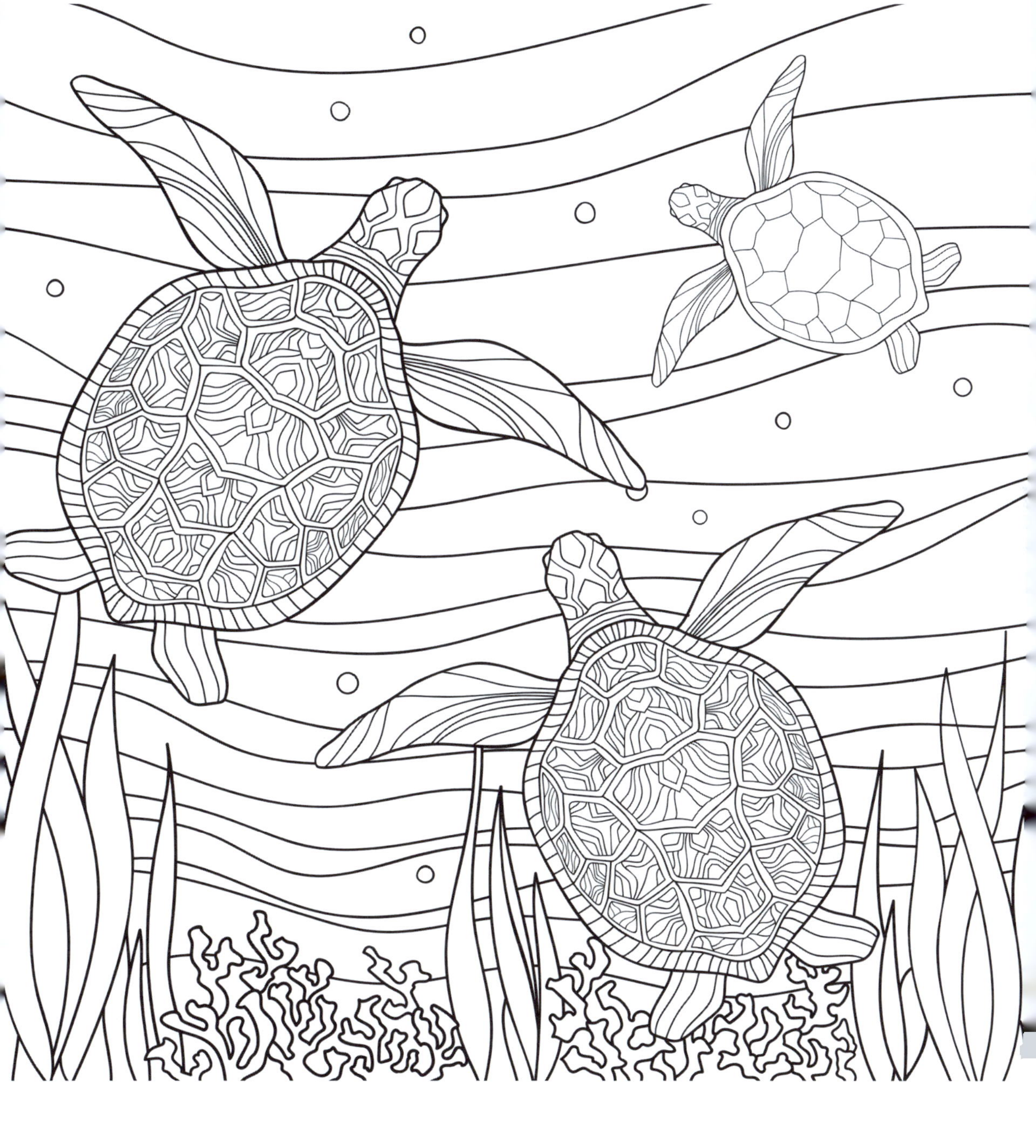

Algunas tortugas marinas poseen una habilidad innata para detectar campos magnéticos y usarlos para orientarse durante sus migraciones.

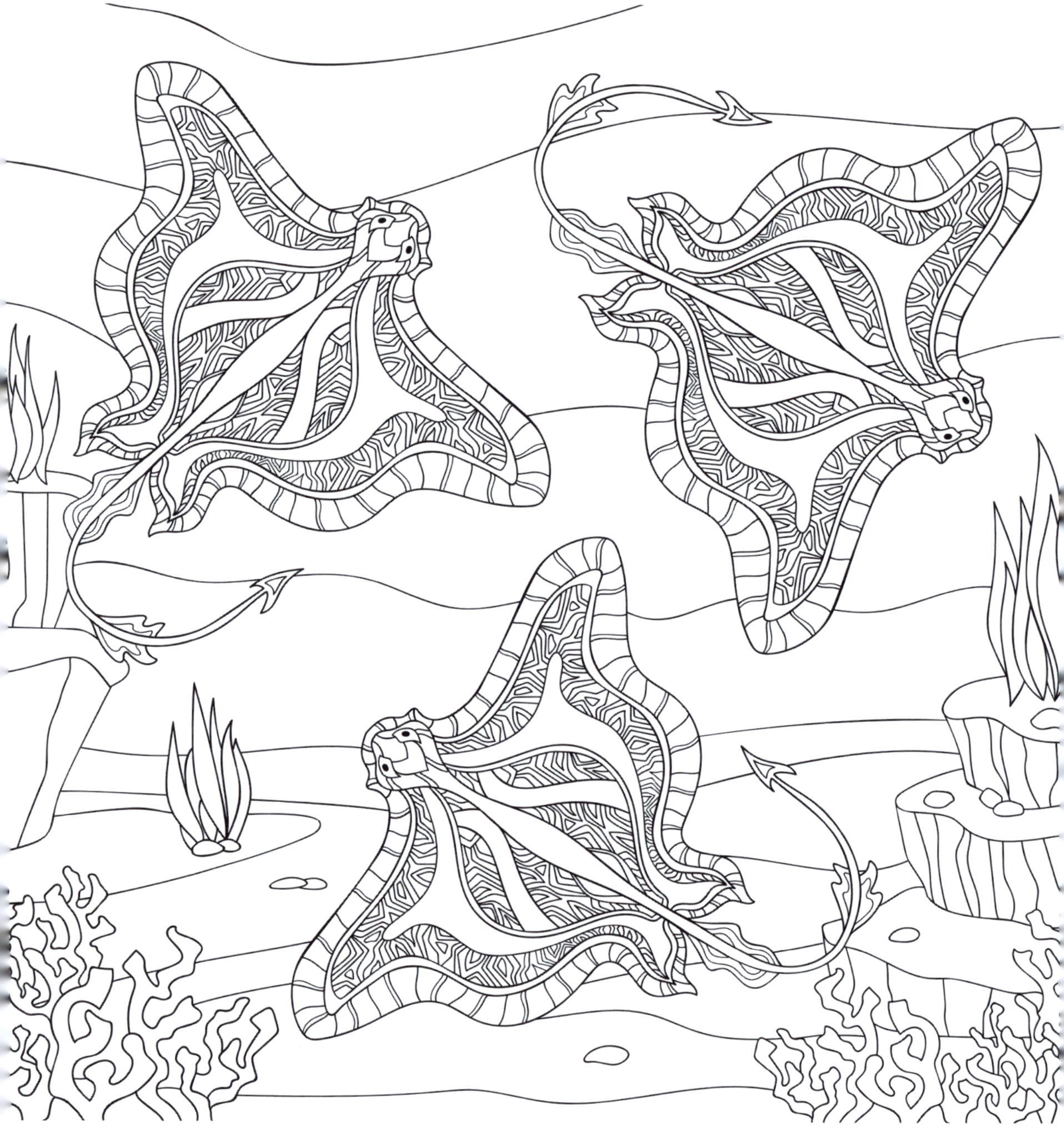

Los ojos de las mantarrayas están ubicados en la parte superior de sus cuerpos, lo que les permite ver a sus presas y depredadores mientras nadan por el fondo del océano.

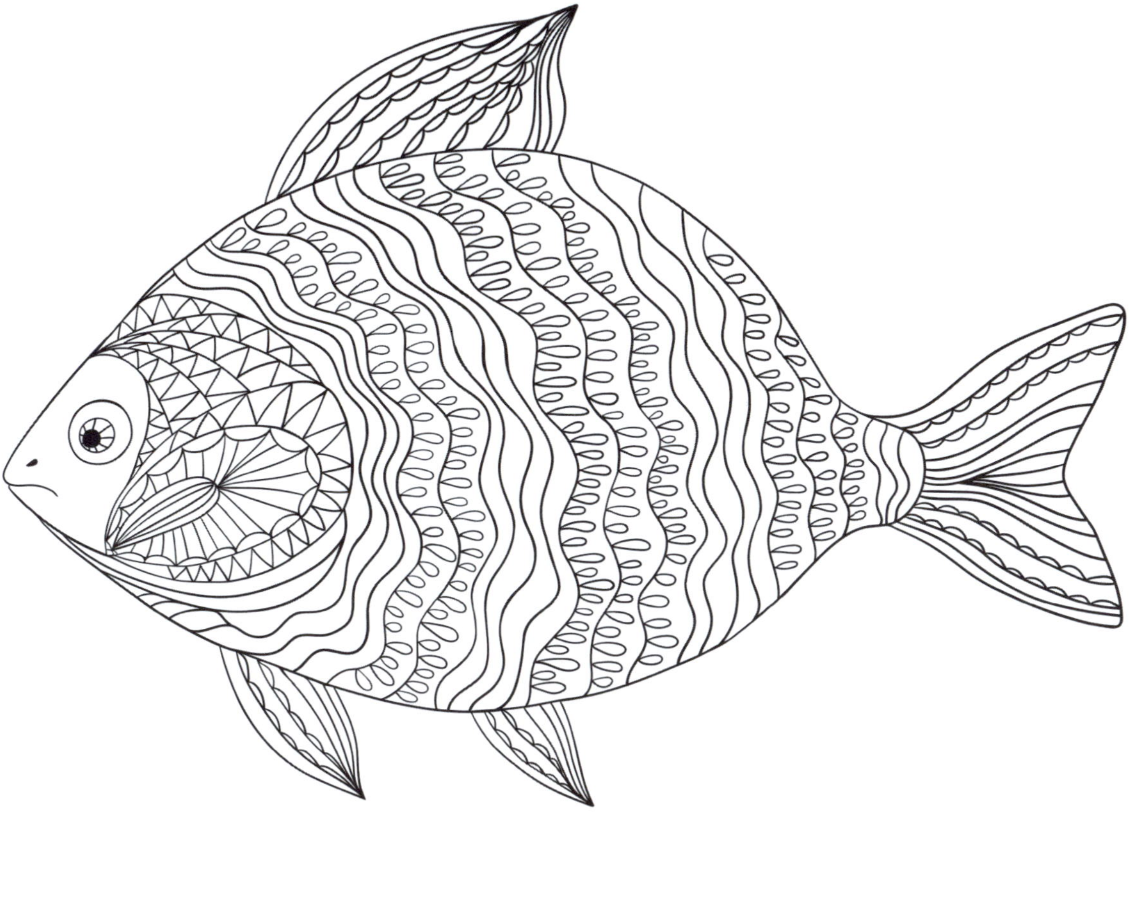

Muchas poblaciones de peces enfrentan amenazas debido a la sobrepesca, la destrucción de hábitats, la contaminación y el cambio climático.

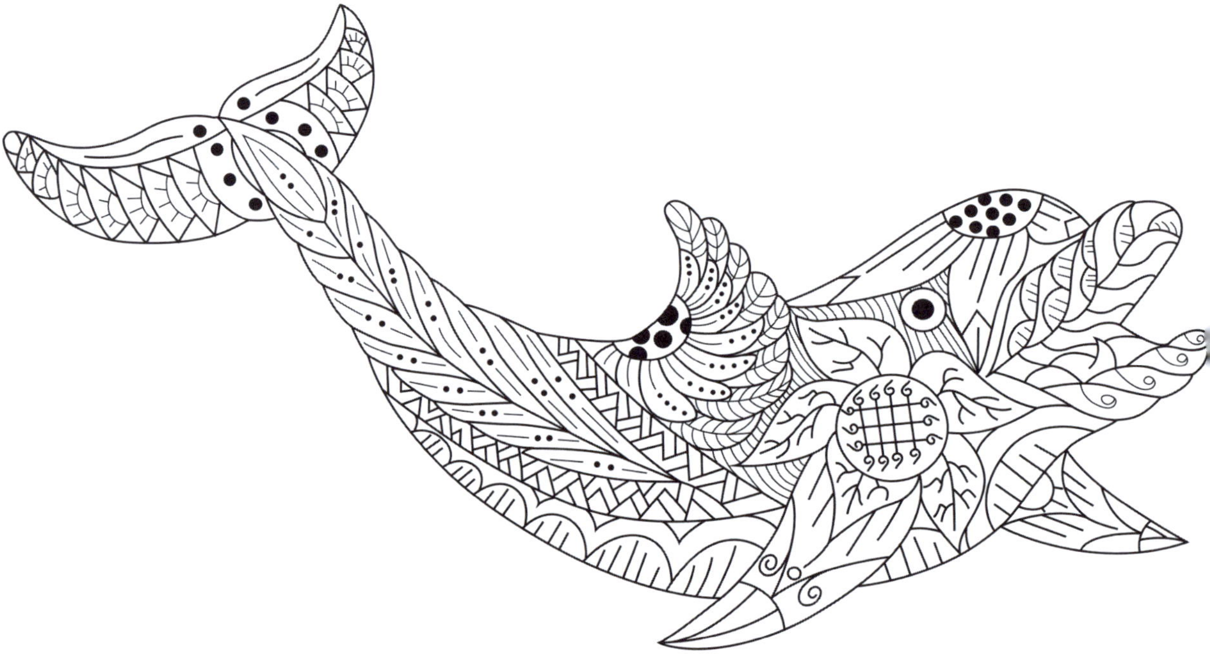

Los delfines utilizan la ecolocalización para detectar objetos y presas en su entorno.

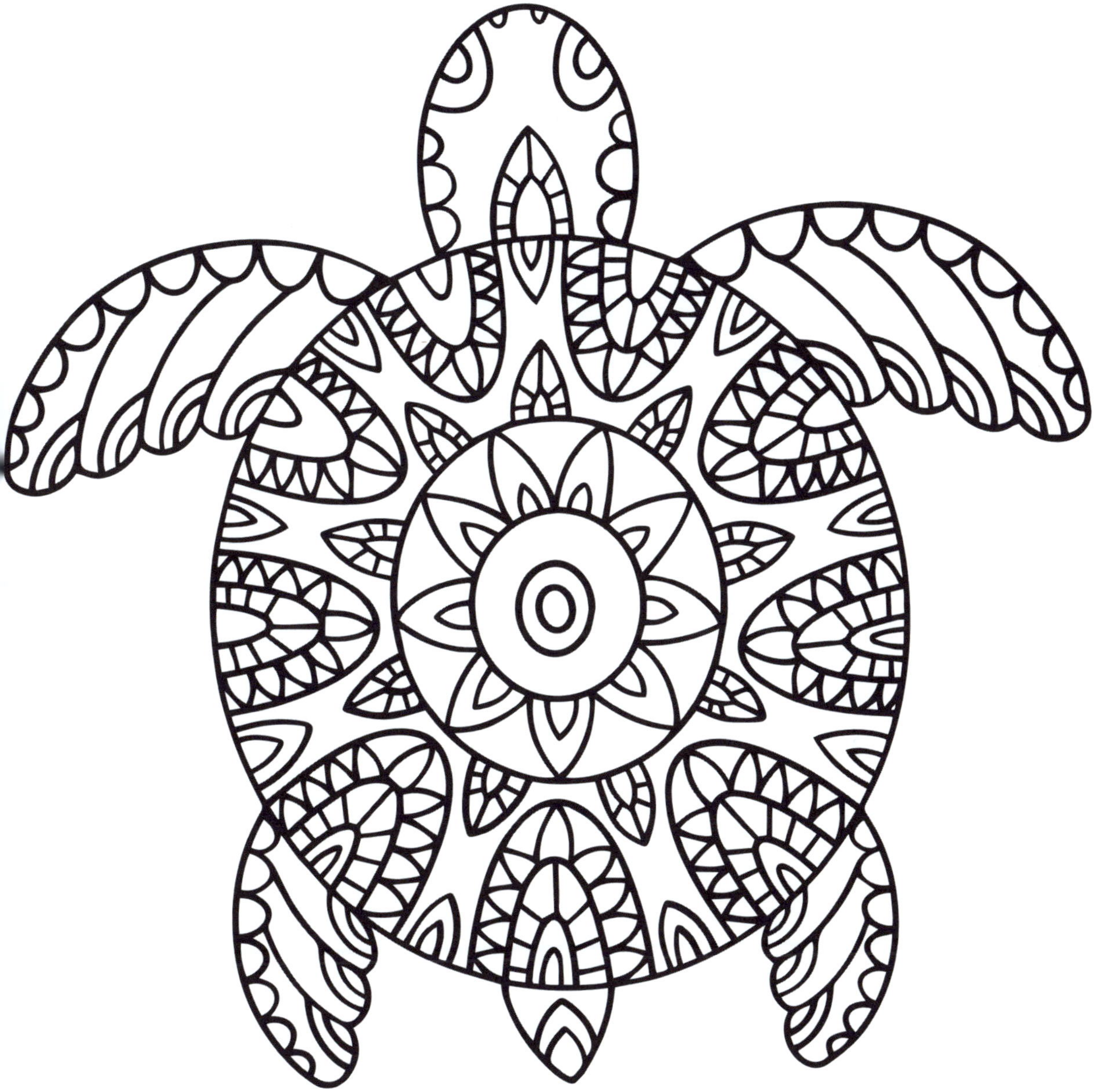

Las tortugas marinas afrontan numerosas amenazas causadas por actividades humanas, como la contaminación del océano, la pesca incidental, la destrucción de hábitats costeros y el cambio climático.

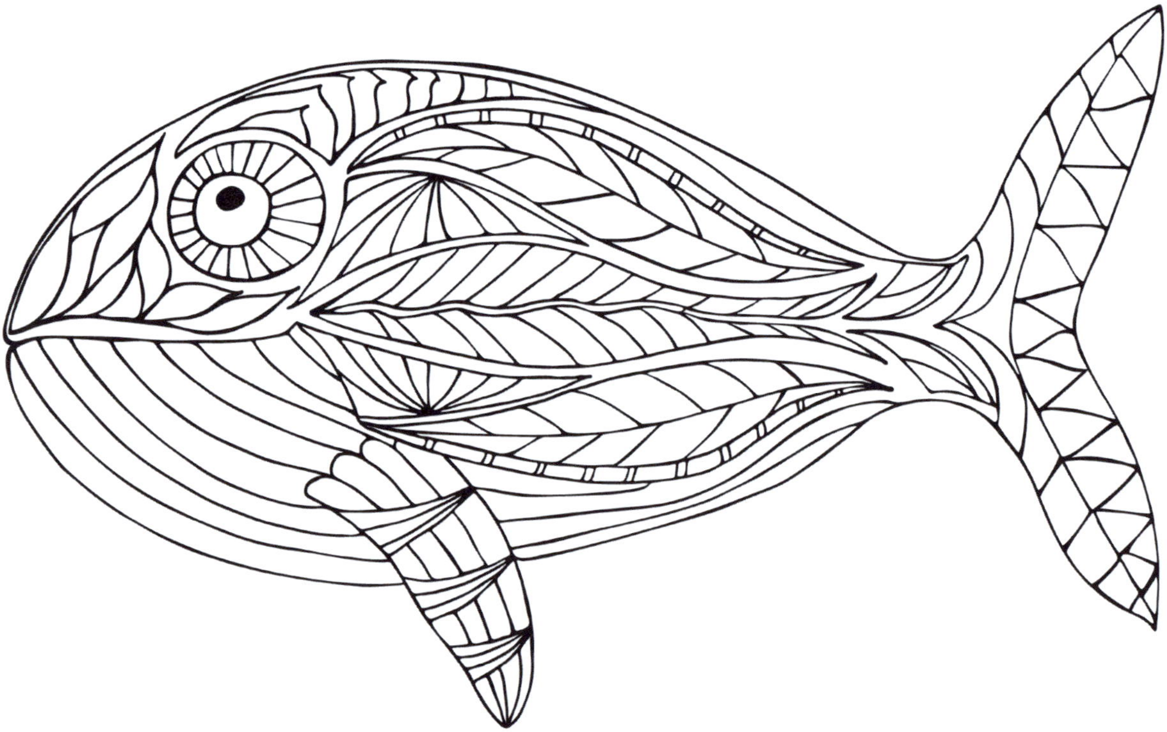

Las ballenas se comunican entre sí utilizando una variedad
de sonidos, incluyendo clics, silbidos y canciones complejas.

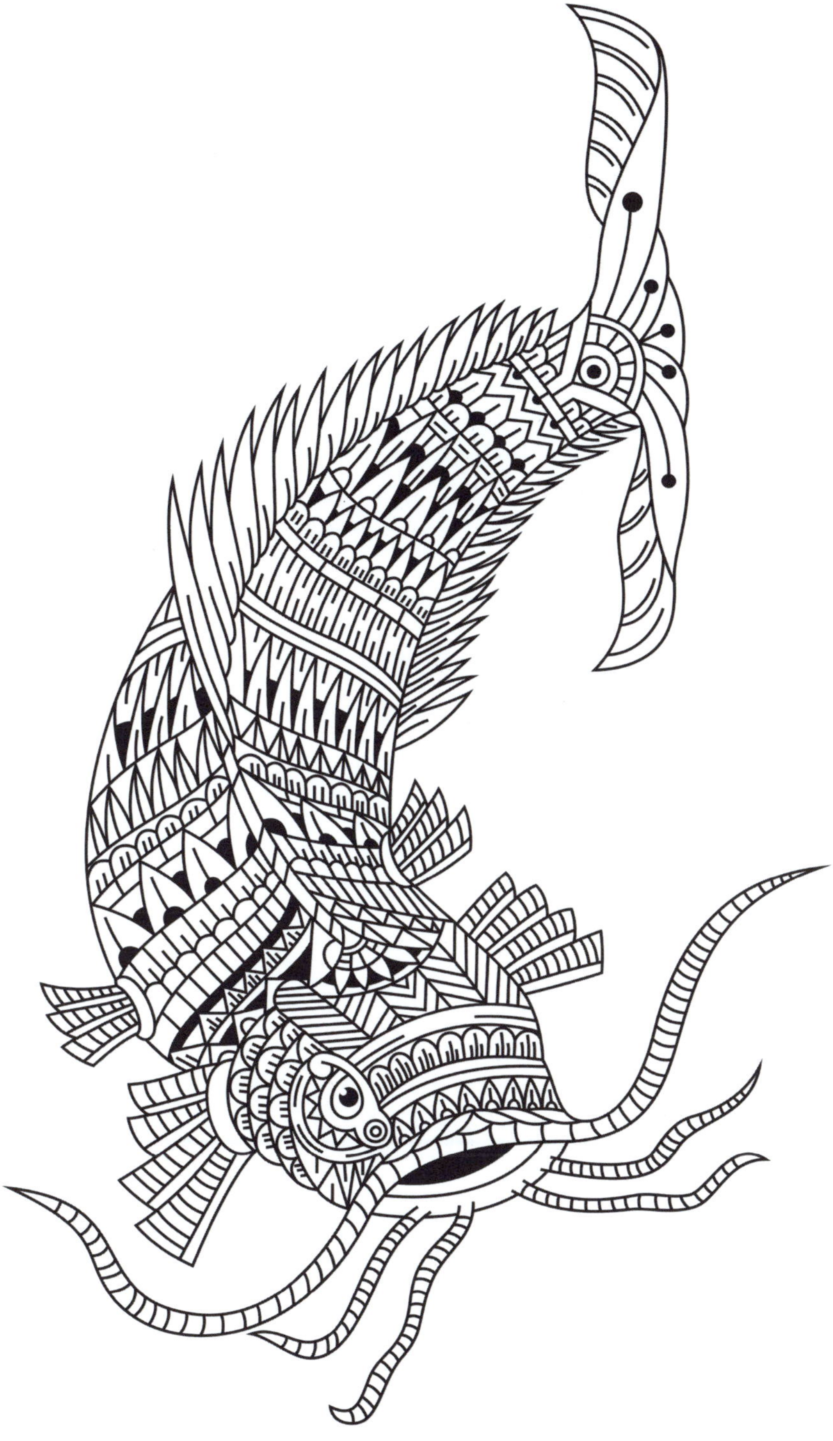

Muchas especies marinas realizan migraciones impresionantes a lo largo de sus vidas, viajando miles de kilómetros entre áreas de alimentación, reproducción y crianza.

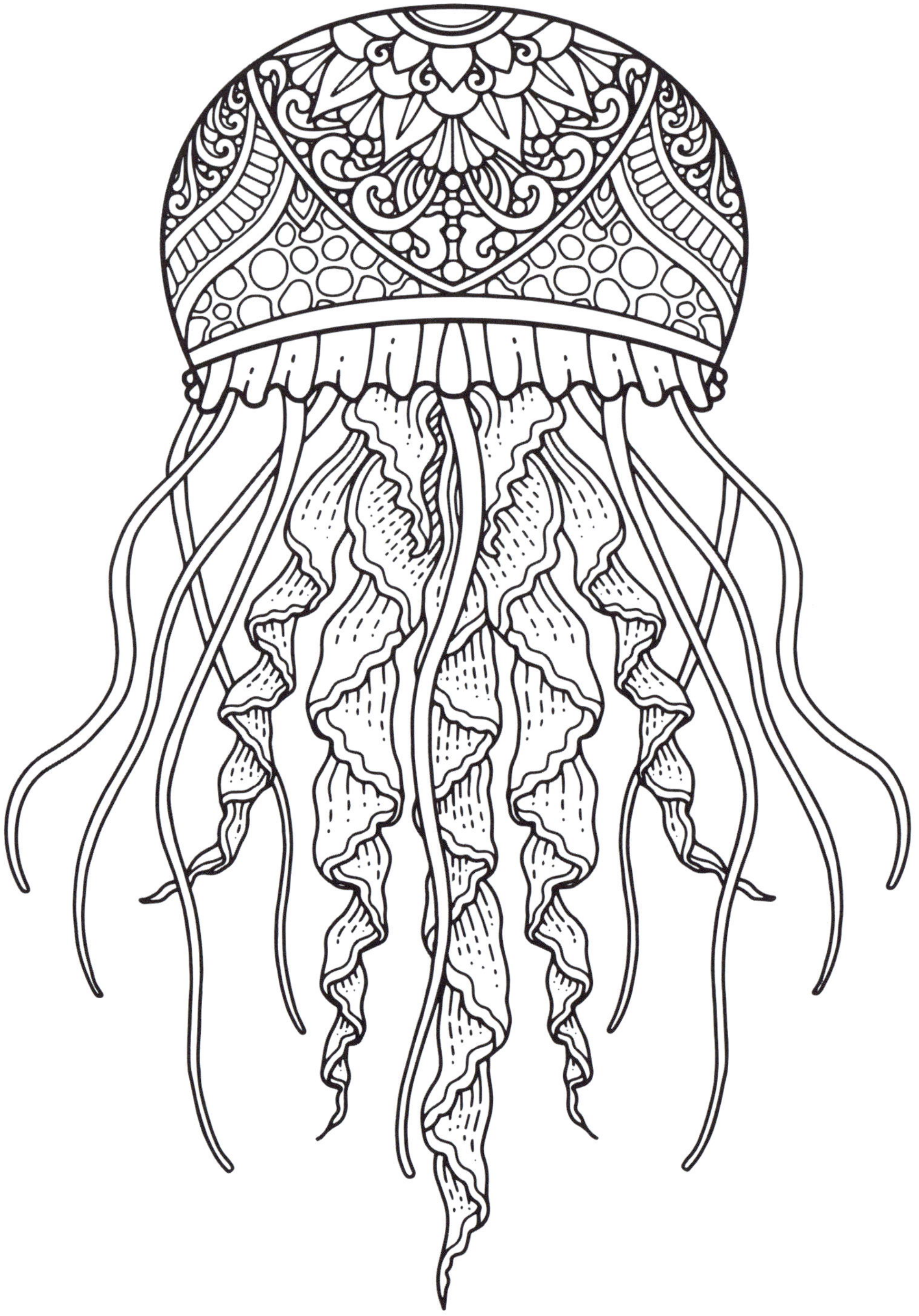

Las medusas tienen tentáculos cubiertos de células urticantes llamadas cnidocitos, que contienen veneno paralizante.

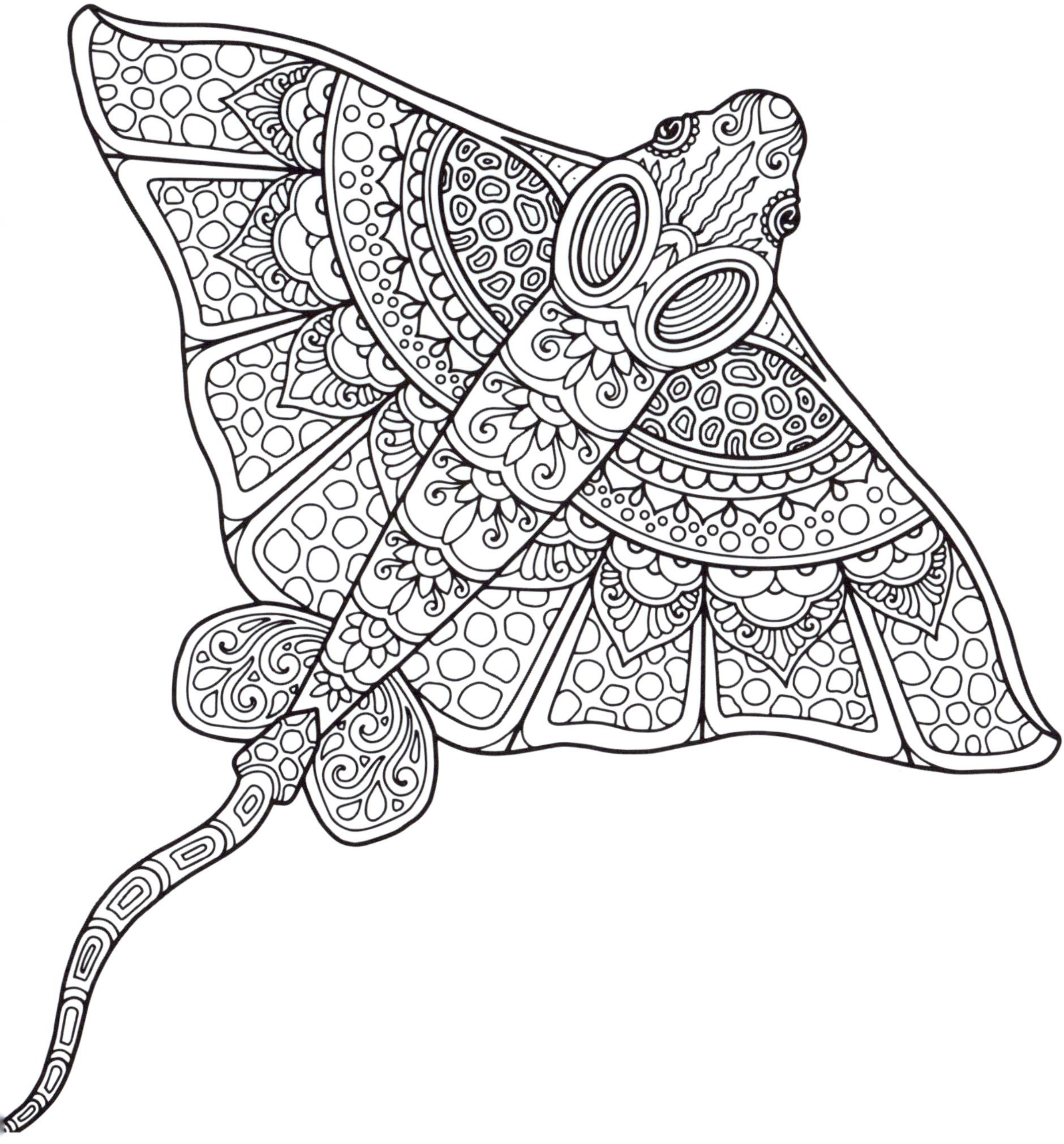

El tamaño de las mantarrayas es enorme, pueden alcanzar casi ocho metros de longitud.

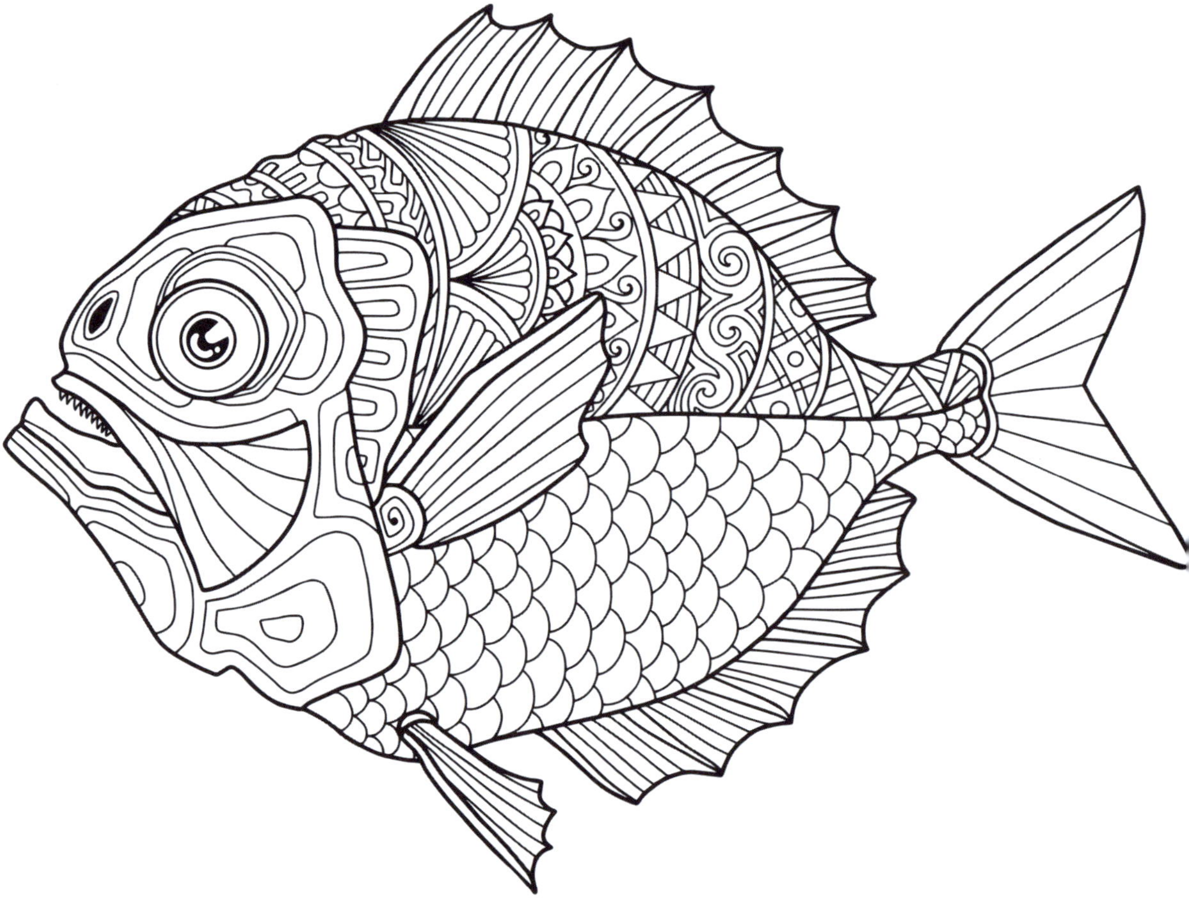

La fauna marina ha desarrollado una variedad de adaptaciones extremas para sobrevivir en diferentes entornos oceánicos.

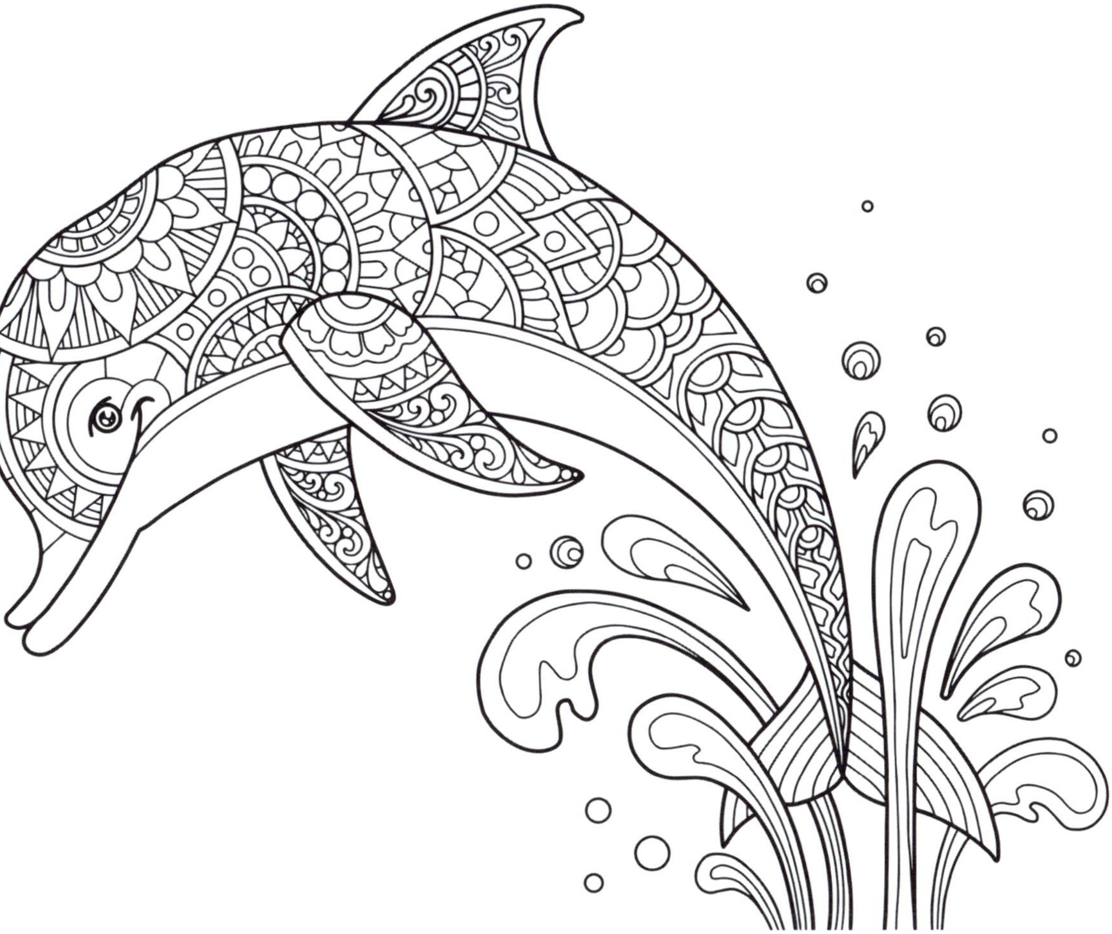

Los delfines pueden comunicarse entre sí mediante silbidos que tienen nombres propios.

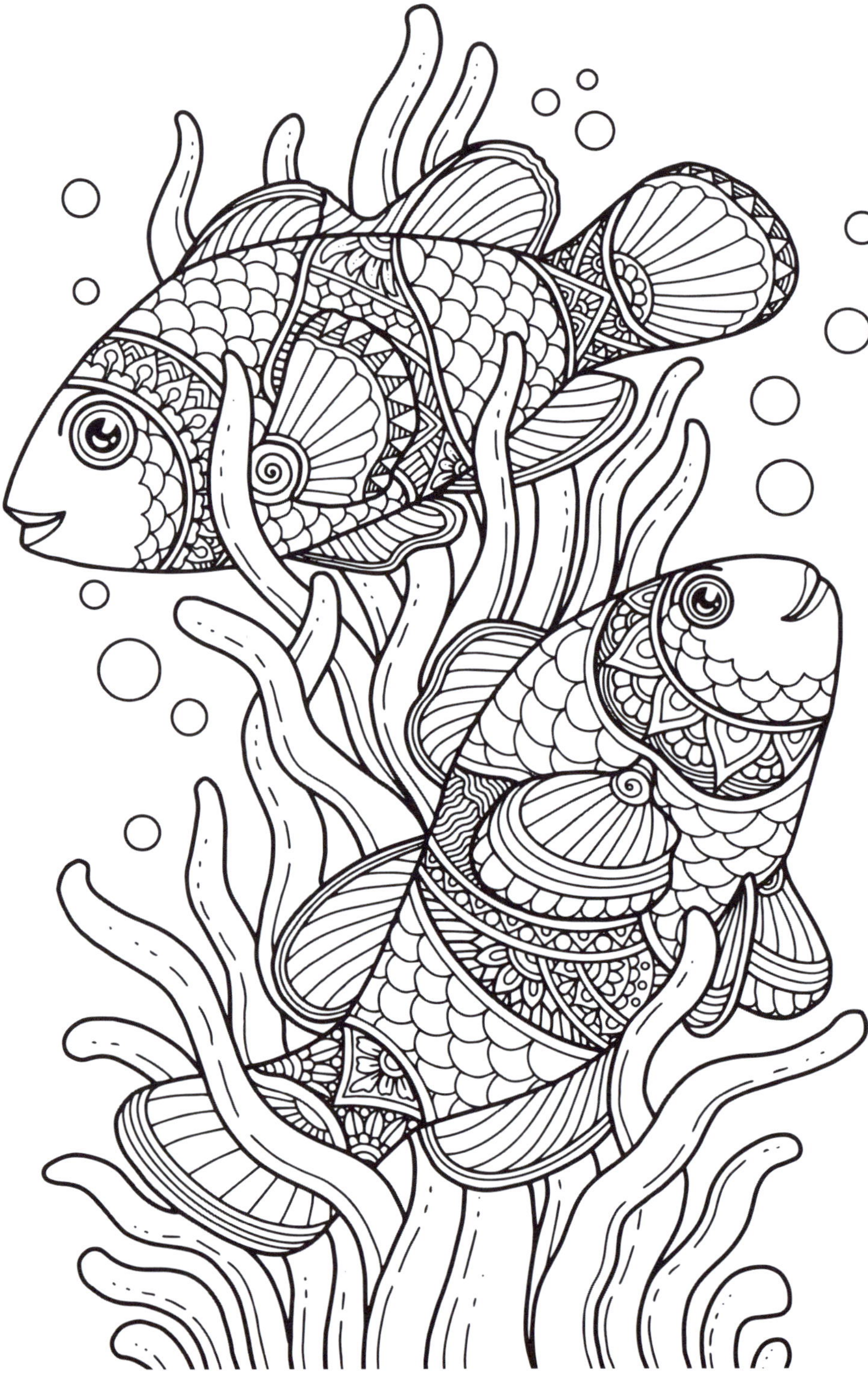

La flora marina que habita en y alrededor de los arrecifes
de coral es increíblemente diversa y colorida.

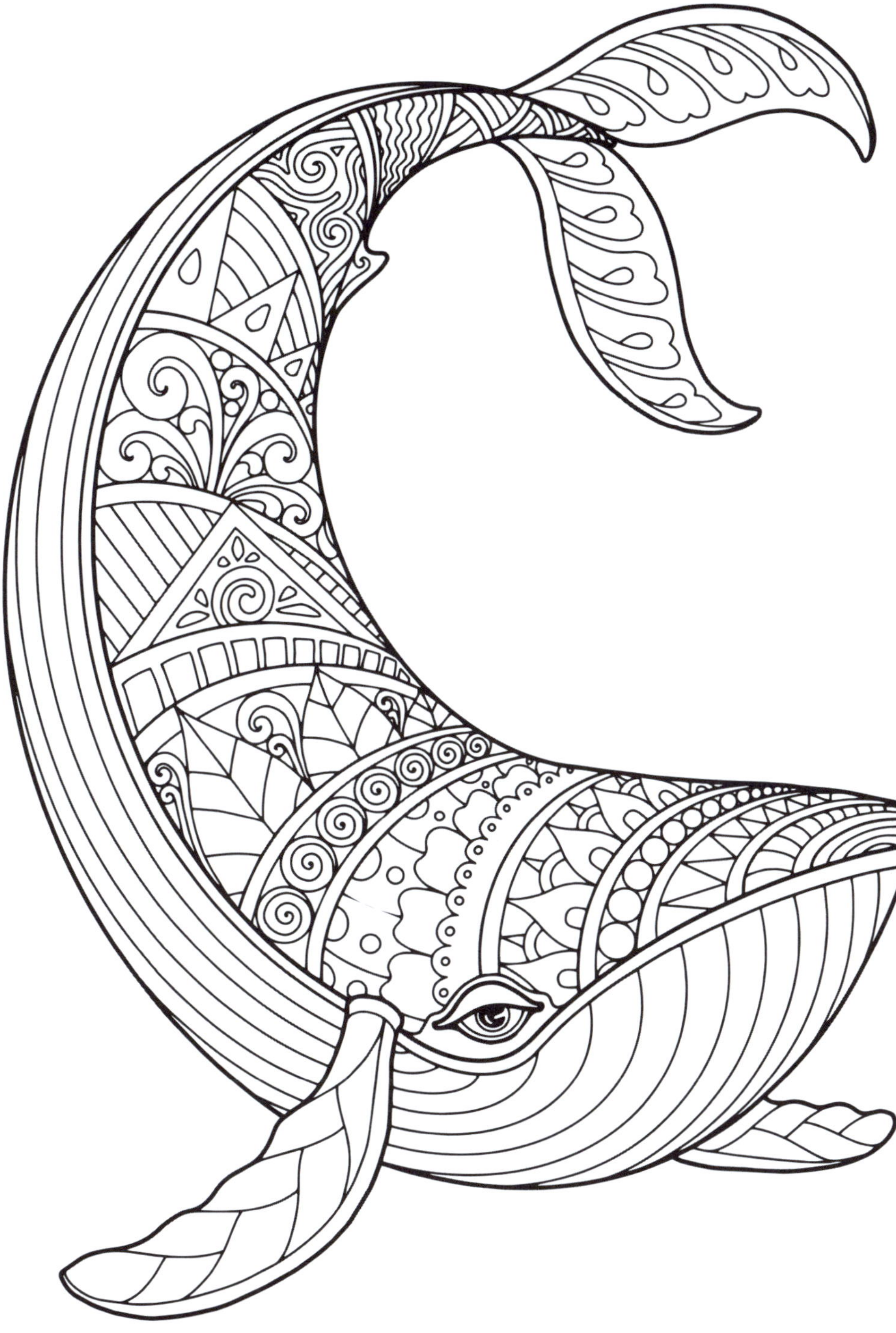

A pesar de su tamaño impresionante, muchas especies de ballenas están en peligro debido a la caza comercial pasada, la contaminación del océano, las colisiones con embarcaciones y otros impactos humanos.

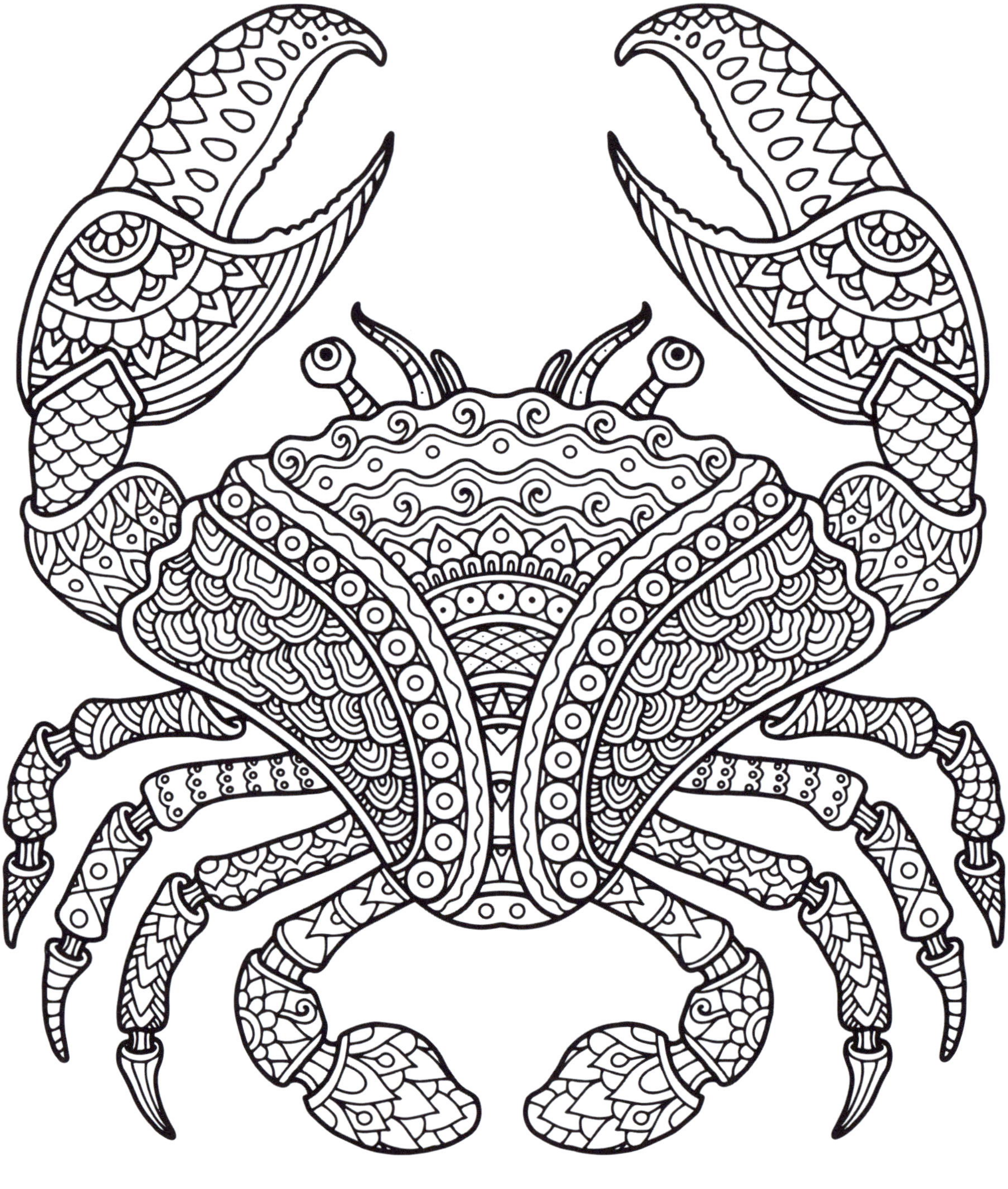

Algunas especies de cangrejos tienen la capacidad de camuflarse con su entorno para evitar ser detectadas por depredadores o para acechar a sus presas.

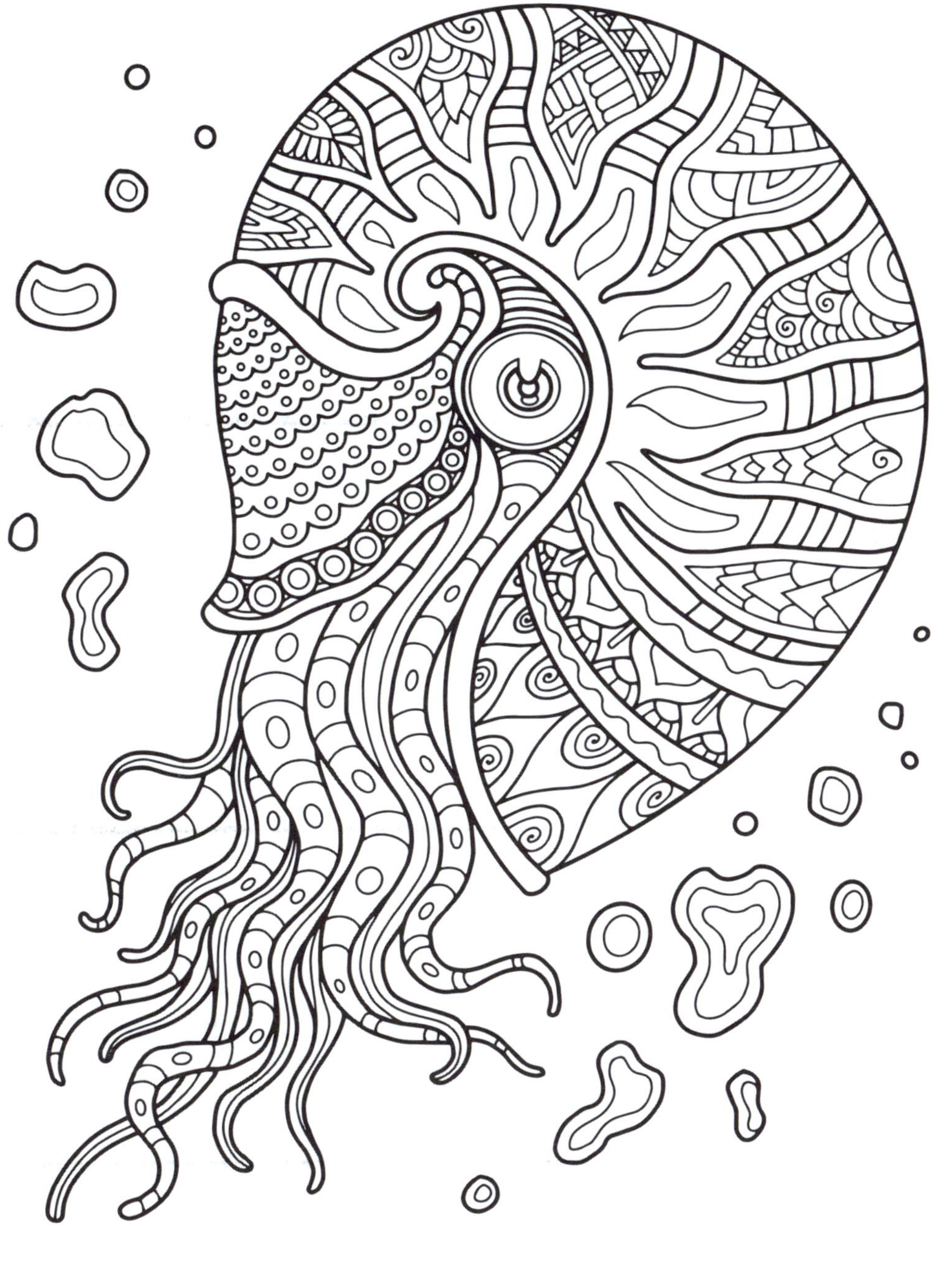

Los calamares tienen un sistema de propulsión a chorro único, que les permite moverse, rápidamente, a través del agua.

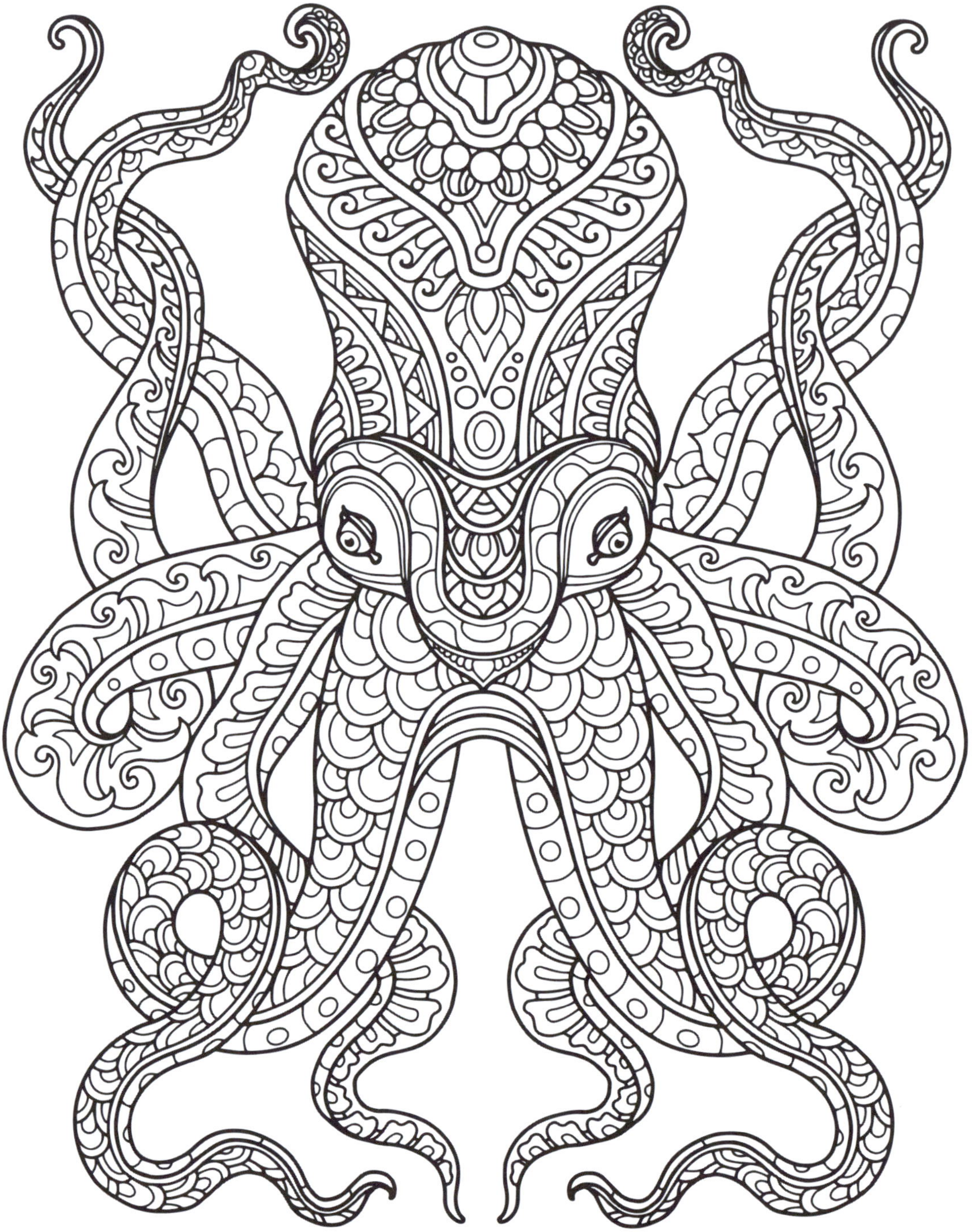

La mayoría de las especies de pulpos tienen vidas relativamente cortas, que van desde unos pocos meses hasta unos pocos años.

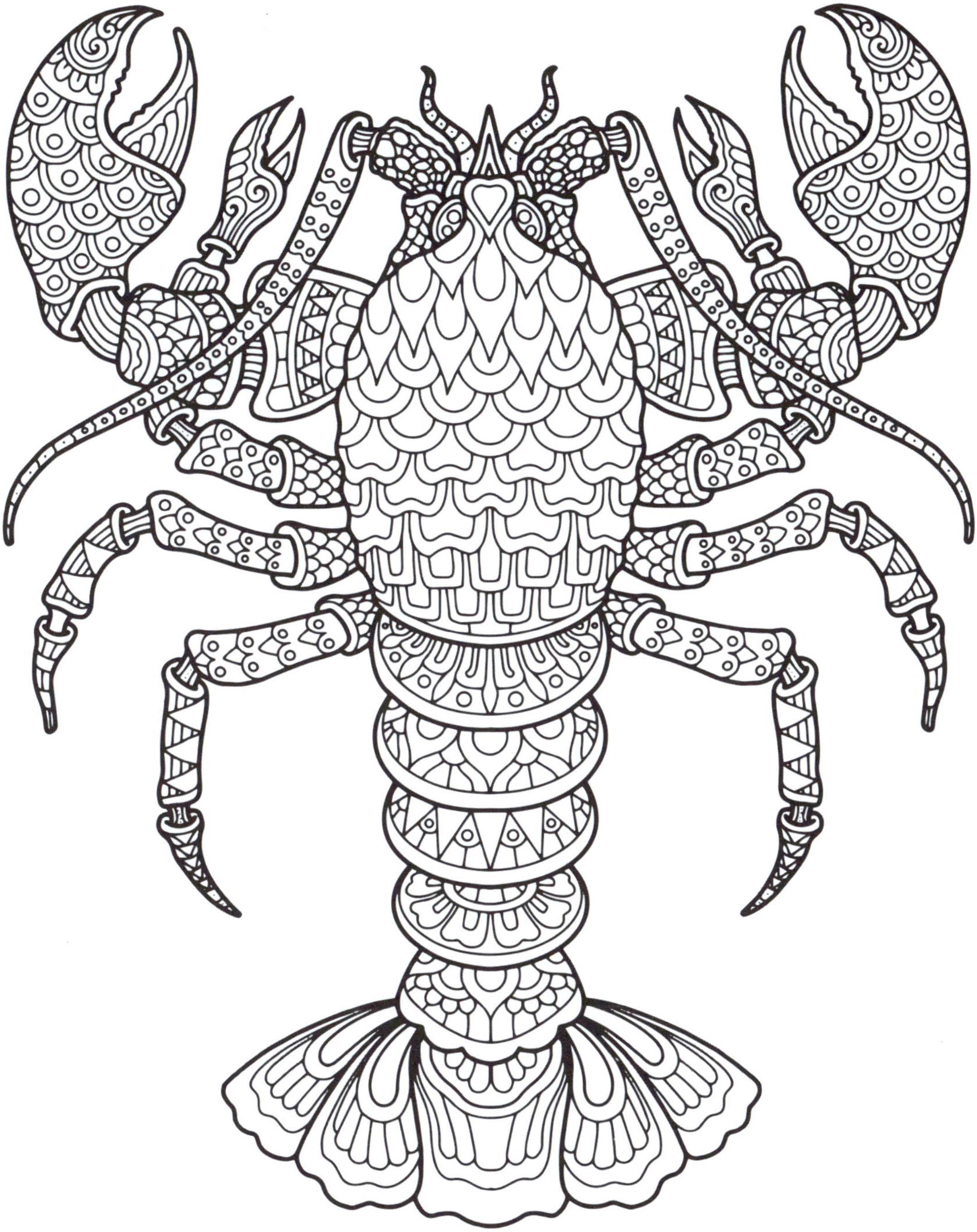

Las langostas utilizan feromonas y señales químicas para comunicarse entre sí y marcar su territorio.

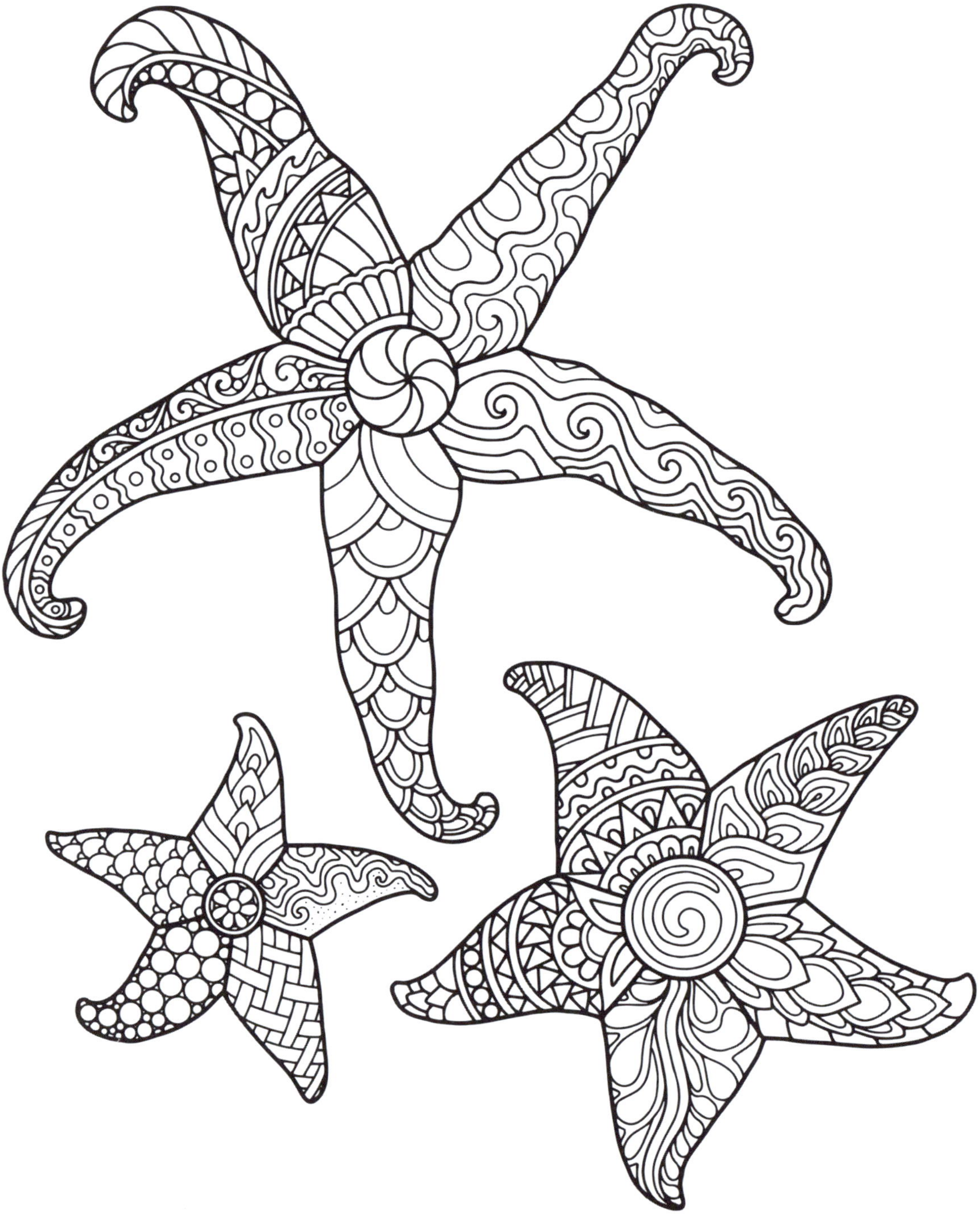

Las estrellas de mar no tienen cerebro ni sangre, poseen un sistema vascular que utiliza agua de mar para circular nutrientes y oxígeno por todo su cuerpo.

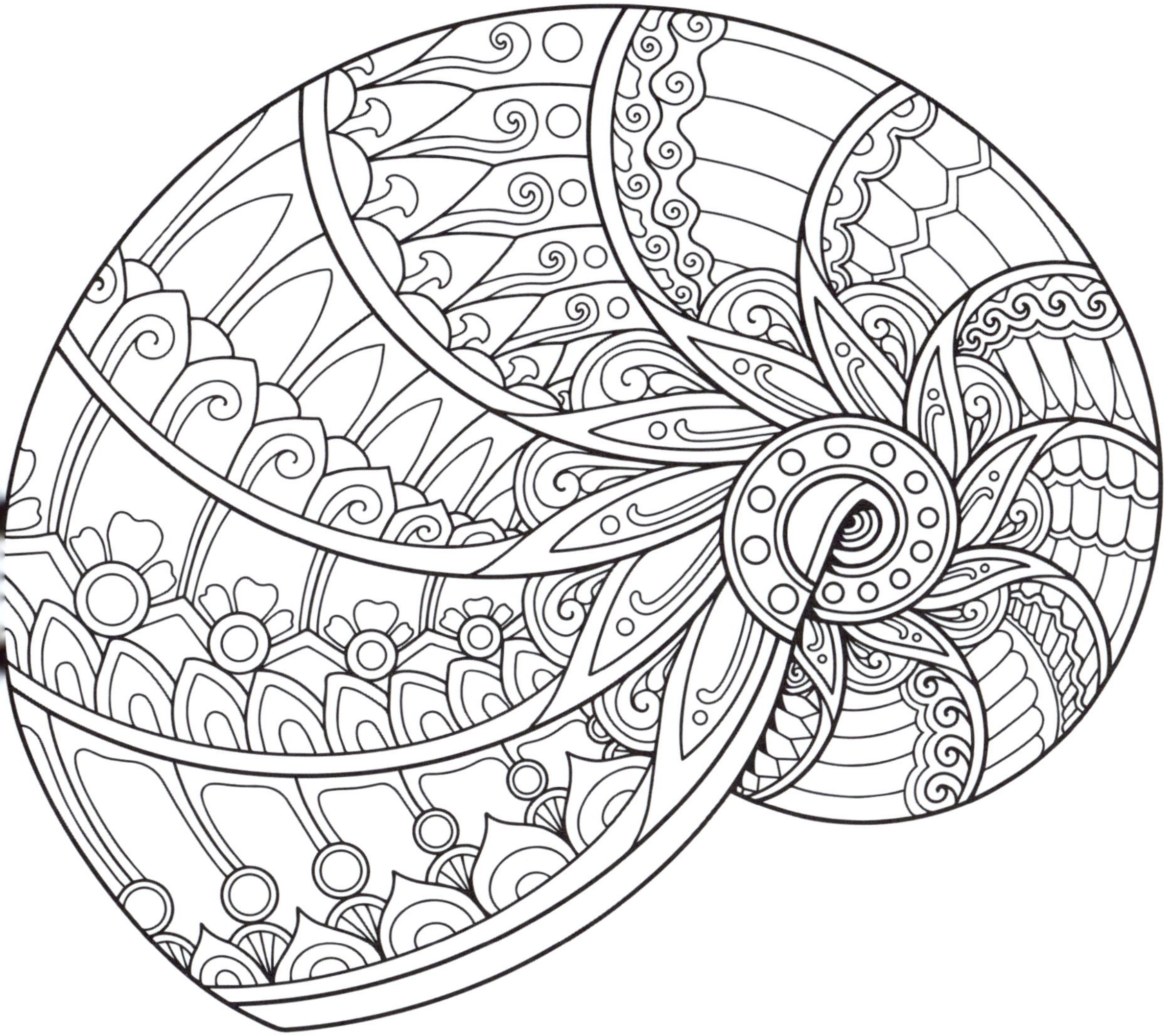

Durante siglos, las conchas marinas han sido apreciadas por su belleza y han sido utilizadas como adornos, joyas y objetos de colección por diversas culturas en todo el mundo.

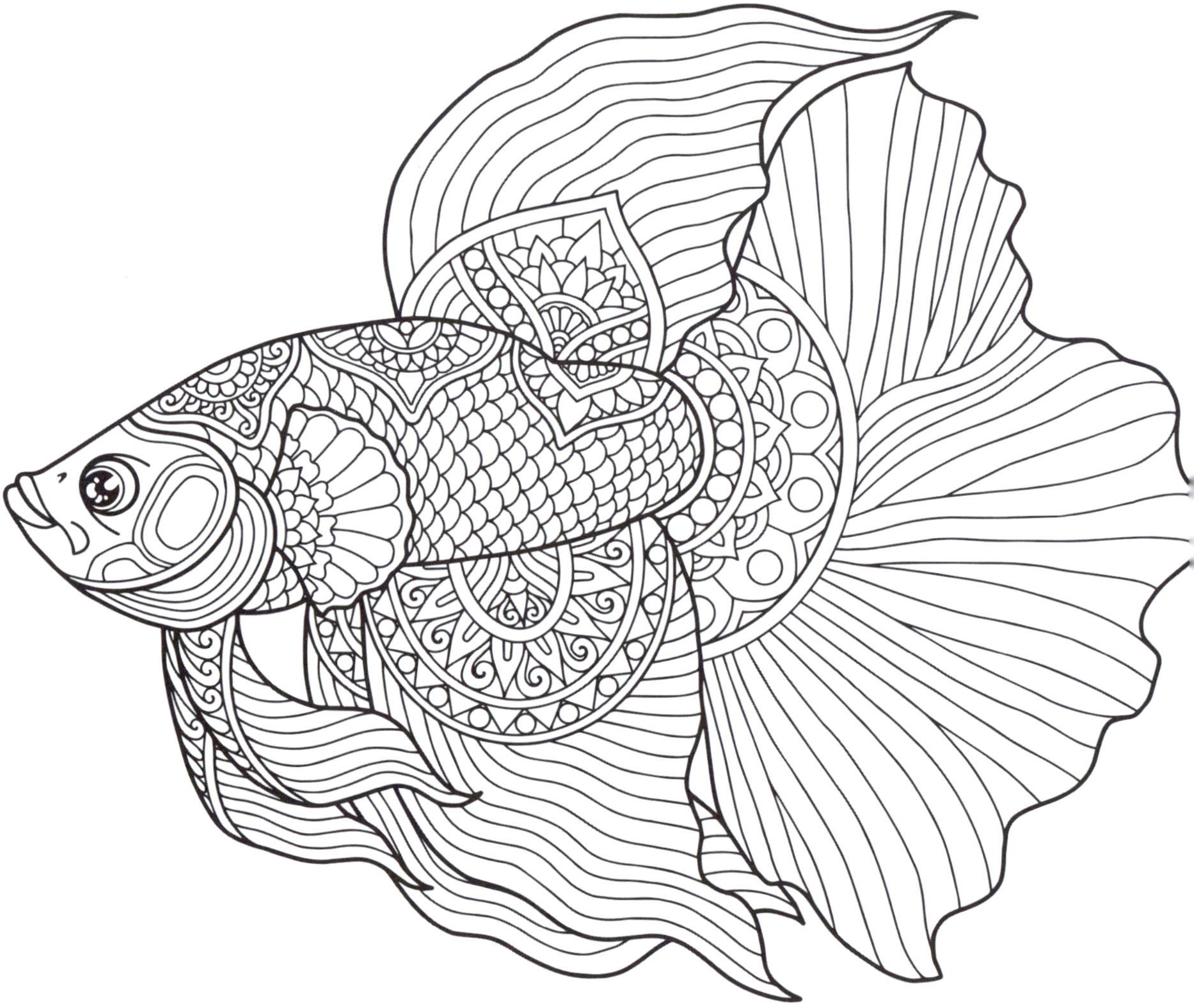

La mayoría de los peces están cubiertos de escamas, que proporcionan protección y ayudan a reducir la fricción en el agua mientras nadan.

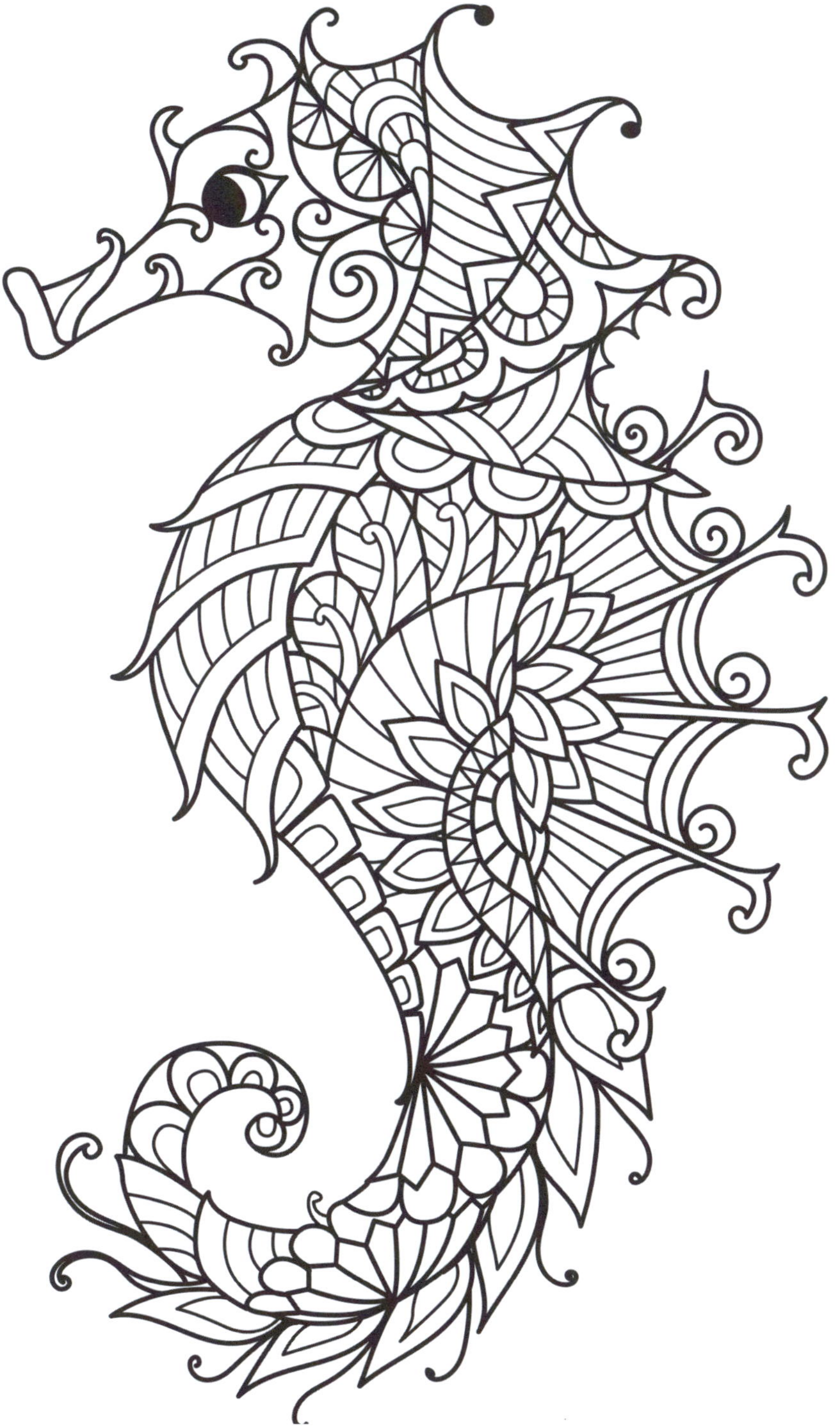

Los caballitos de mar tienen la capacidad de cambiar de color para camuflarse con su entorno y así protegerse de los depredadores.

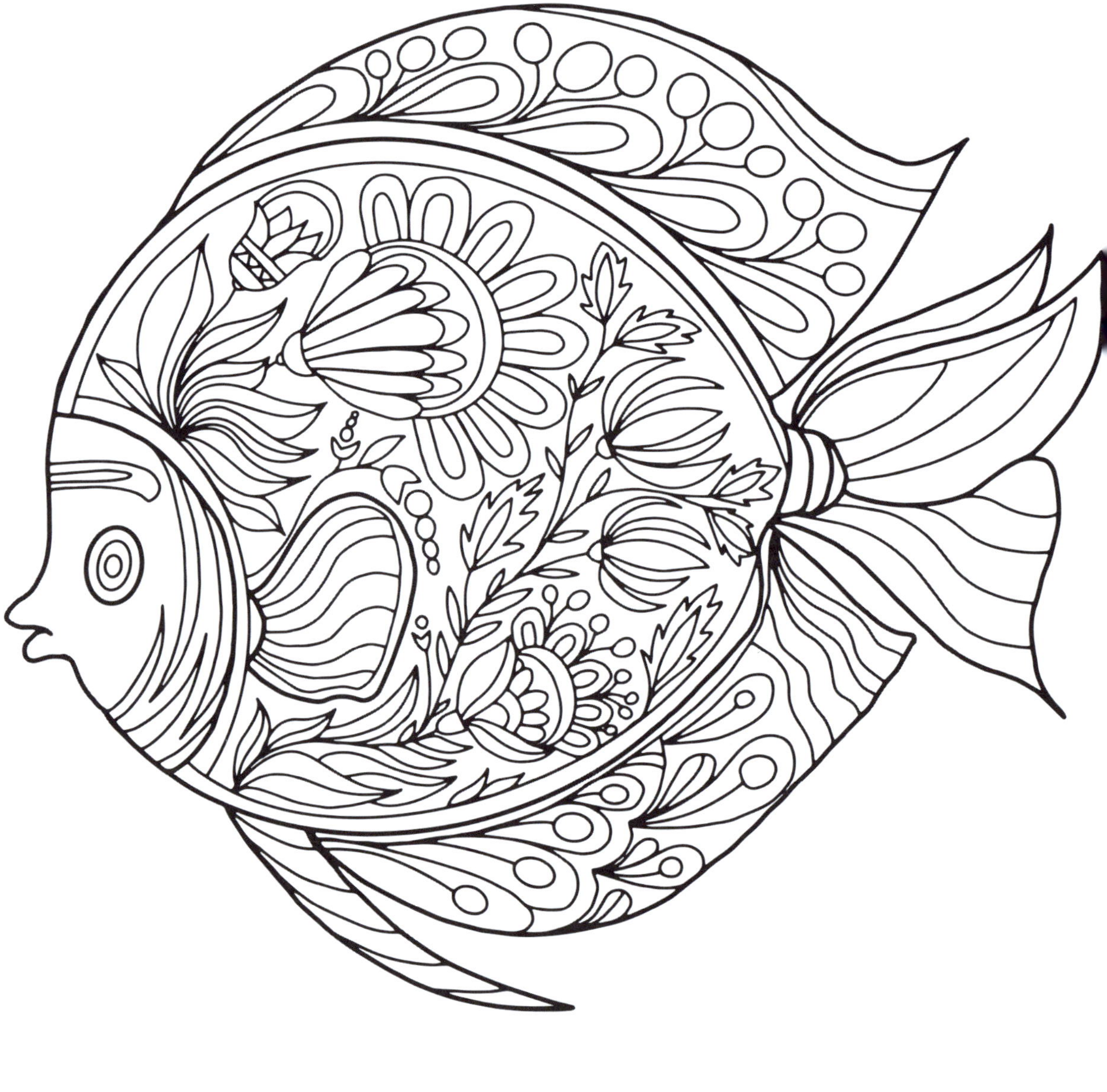

Los peces tienen una amplia variedad de formas de nadar, incluyendo la propulsión mediante aletas, la flexión del cuerpo y la generación de corrientes de agua con movimientos de su cola.

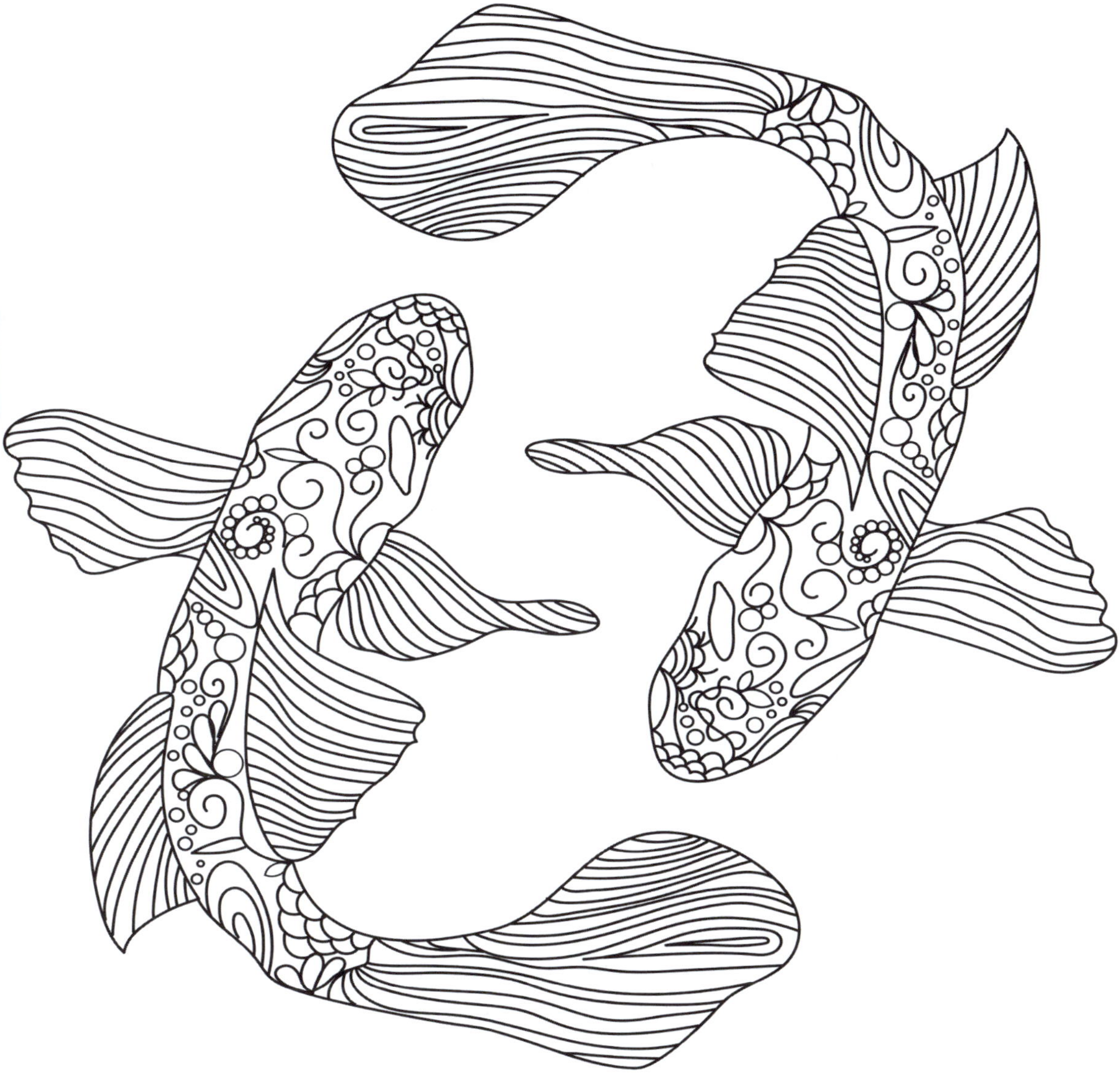

Los océanos desempeñan un papel crucial en la regulación del clima global al absorber grandes cantidades de dióxido de carbono de la atmósfera y actuar como sumideros de calor.

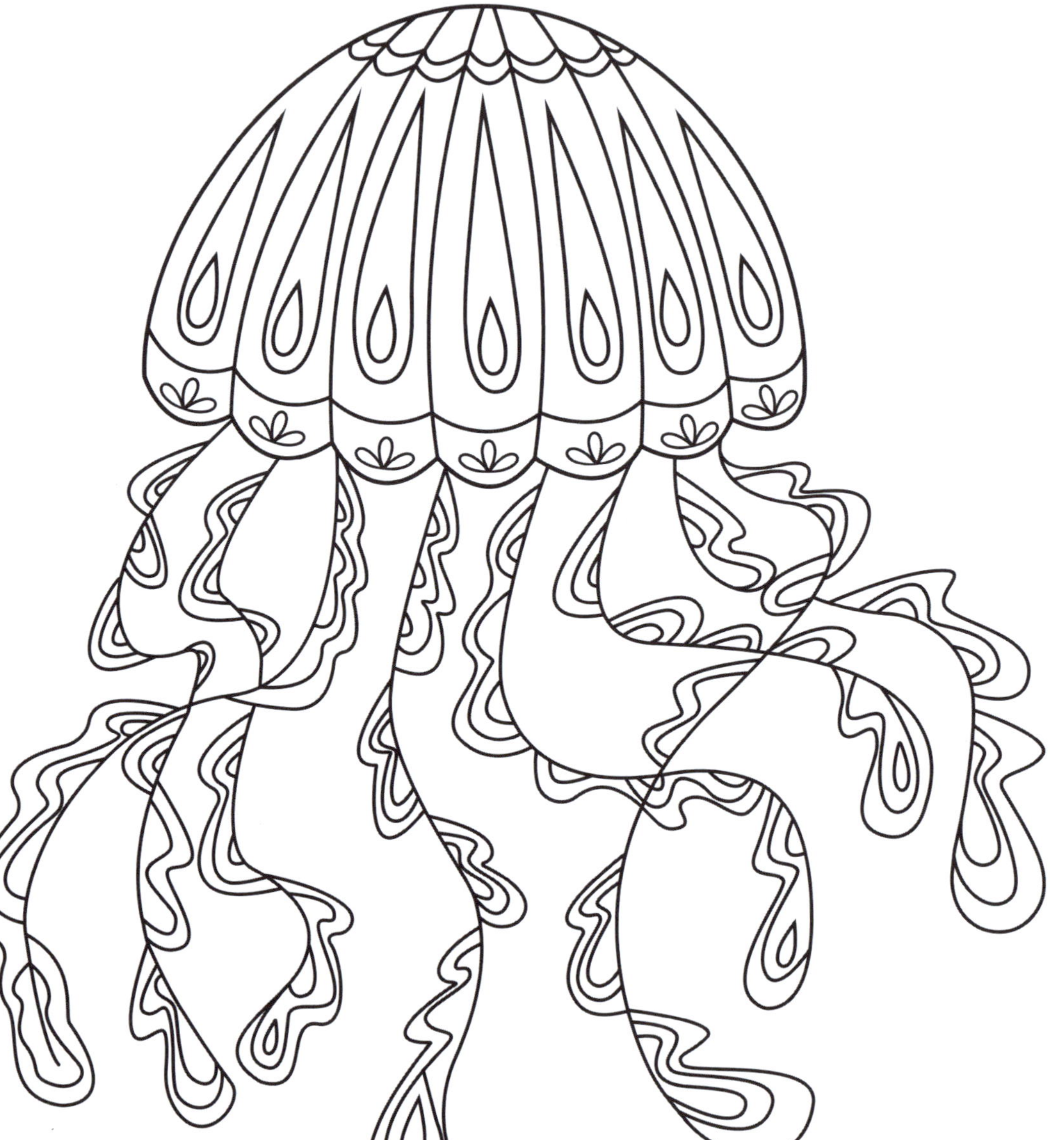

De una medusa cortada por la mitad pueden surgir otras dos medusas idénticas, ya que ambas partes pueden regenerarse.

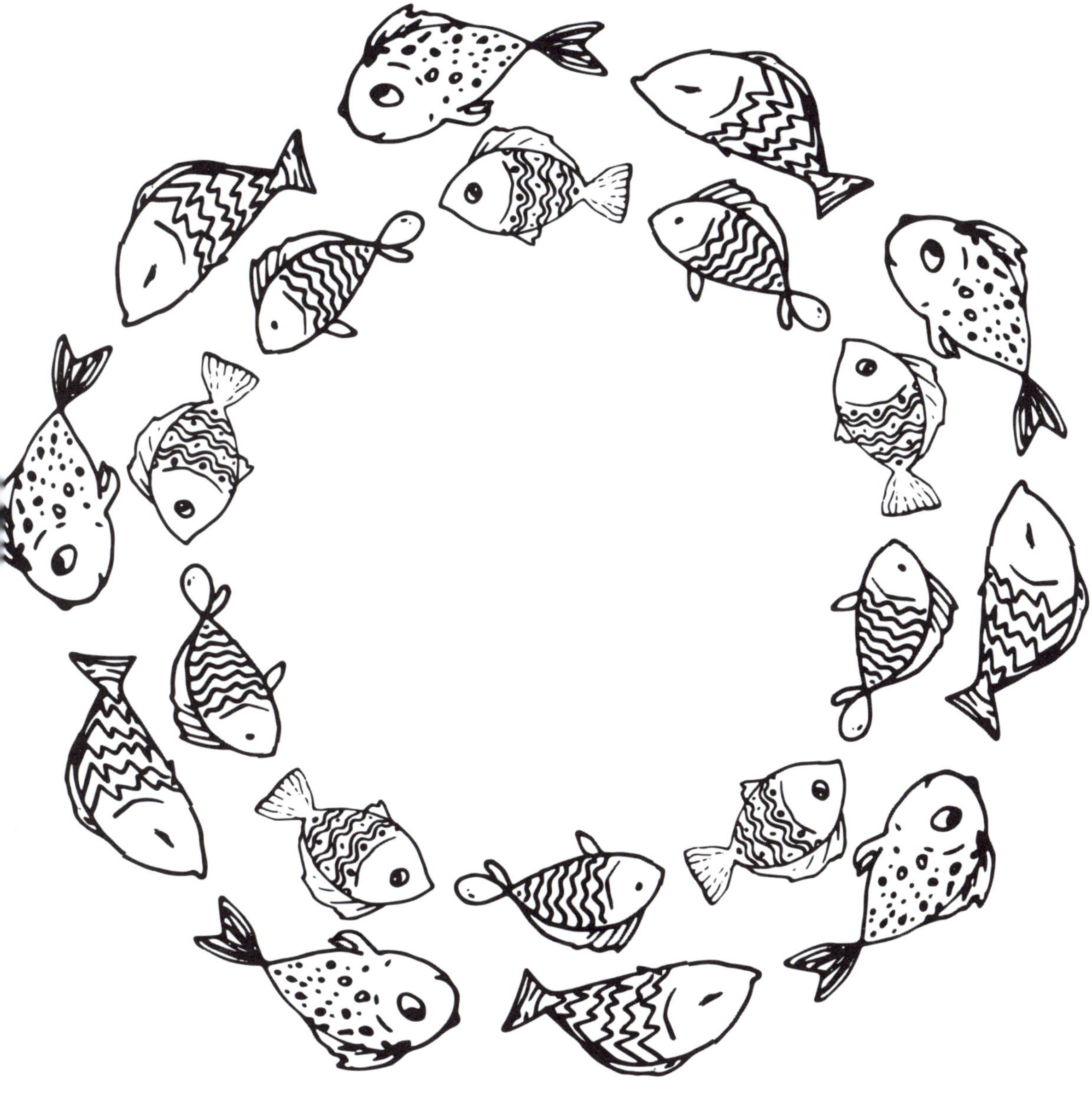

Los océanos también influyen en los patrones climáticos globales y pueden generar fenómenos meteorológicos extremos como huracanes, ciclones y tsunamis.

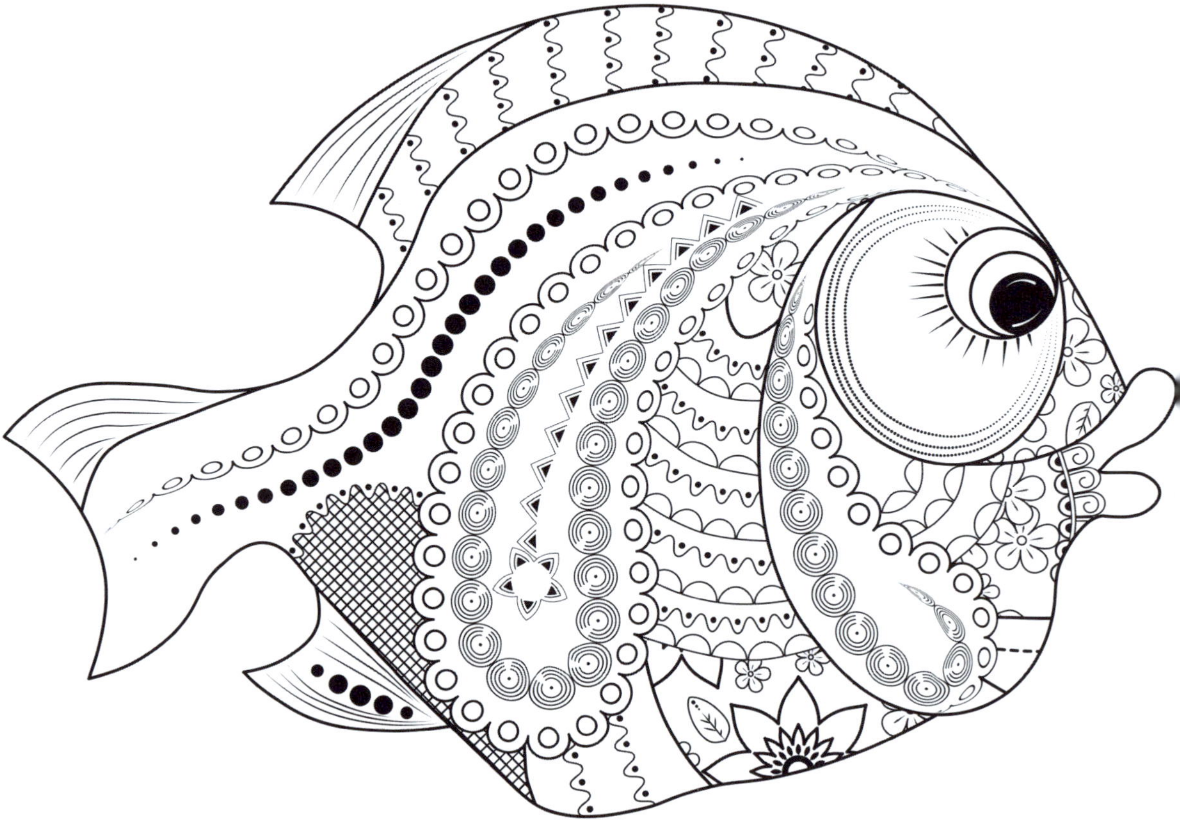

Los océanos son el hogar de una inmensa diversidad de vida, desde microorganismos invisibles hasta mamíferos marinos gigantes.

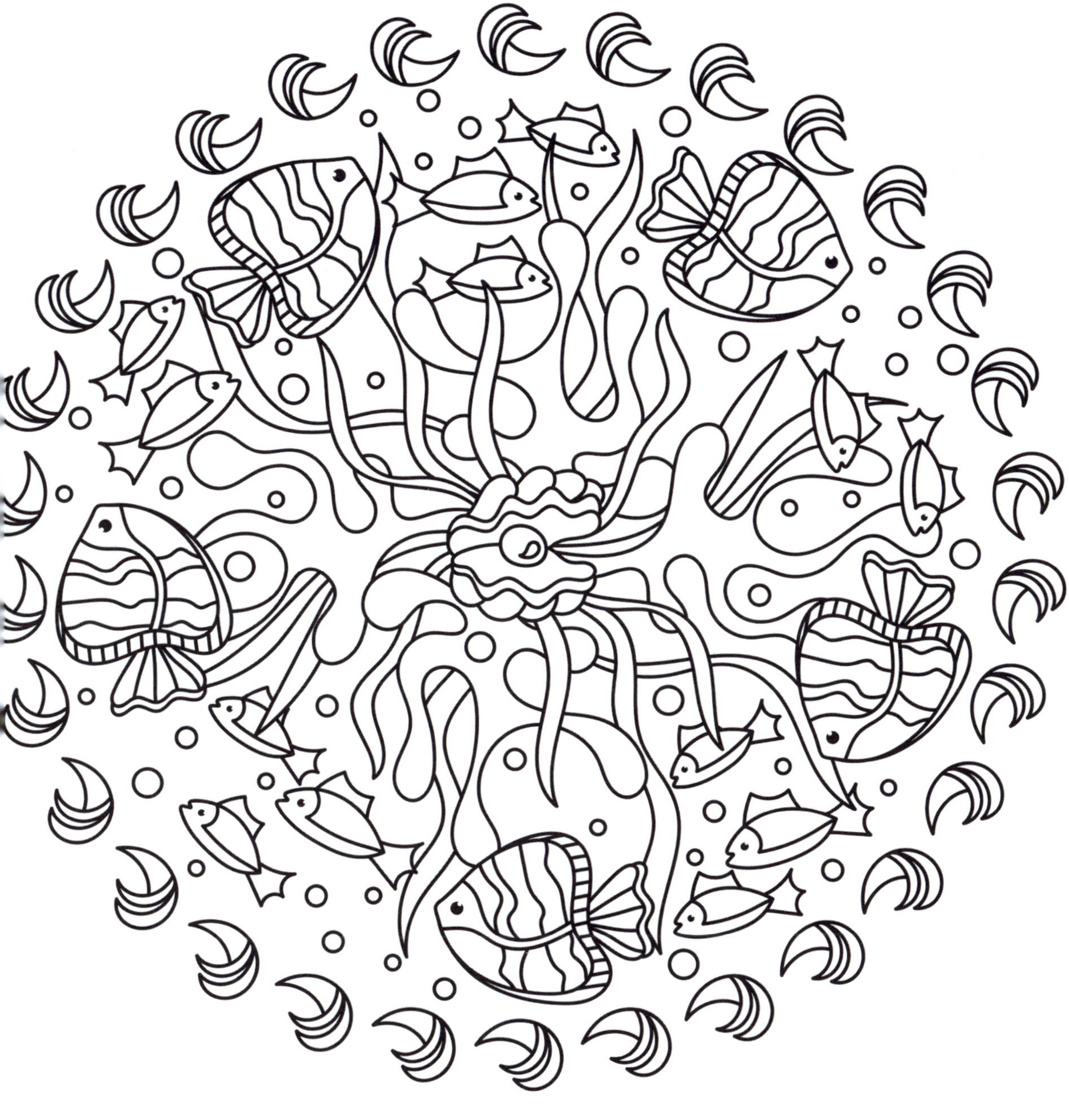

Muchas criaturas marinas, como medusas, peces, calamares y plancton, tienen la capacidad de producir luz propia, un fenómeno conocido como bioluminiscencia.

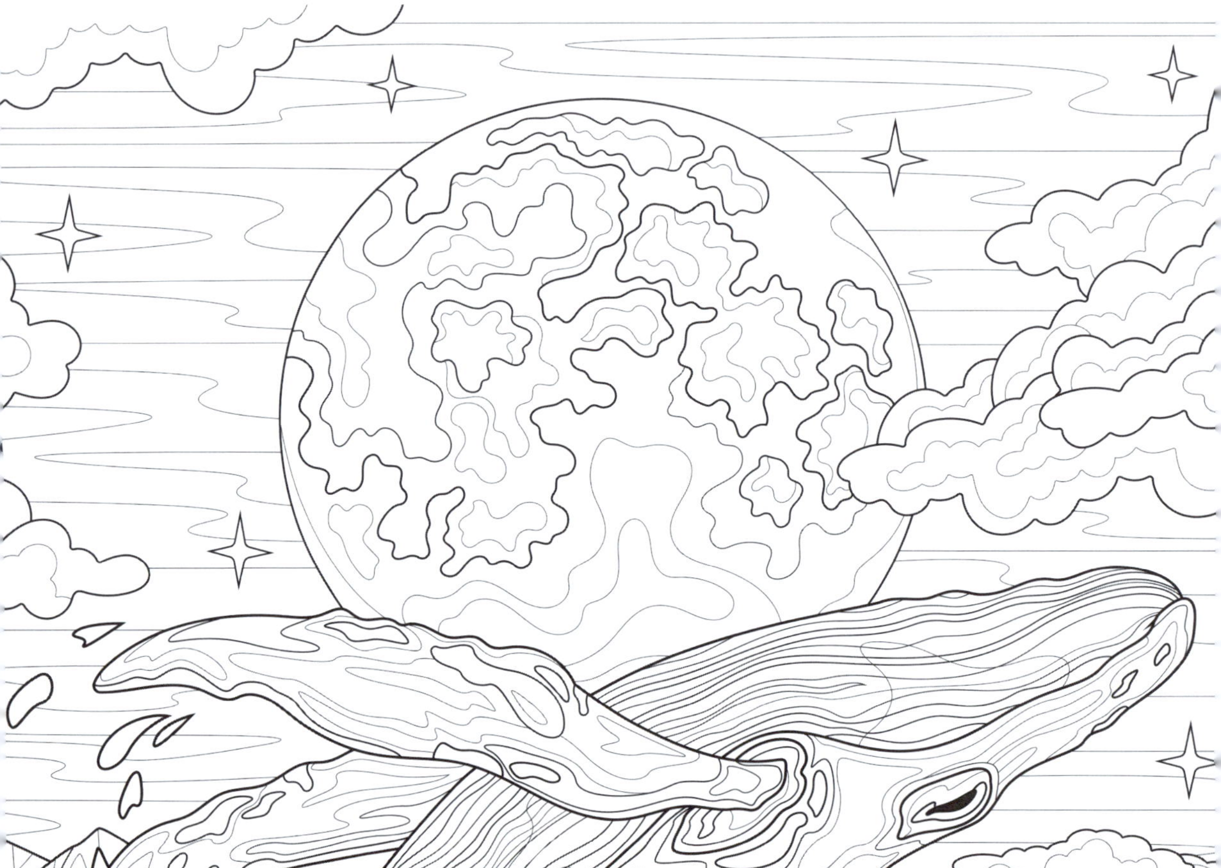

Aunque la vida útil de las ballenas varía según la especie, algunas pueden vivir décadas o incluso más de un siglo.

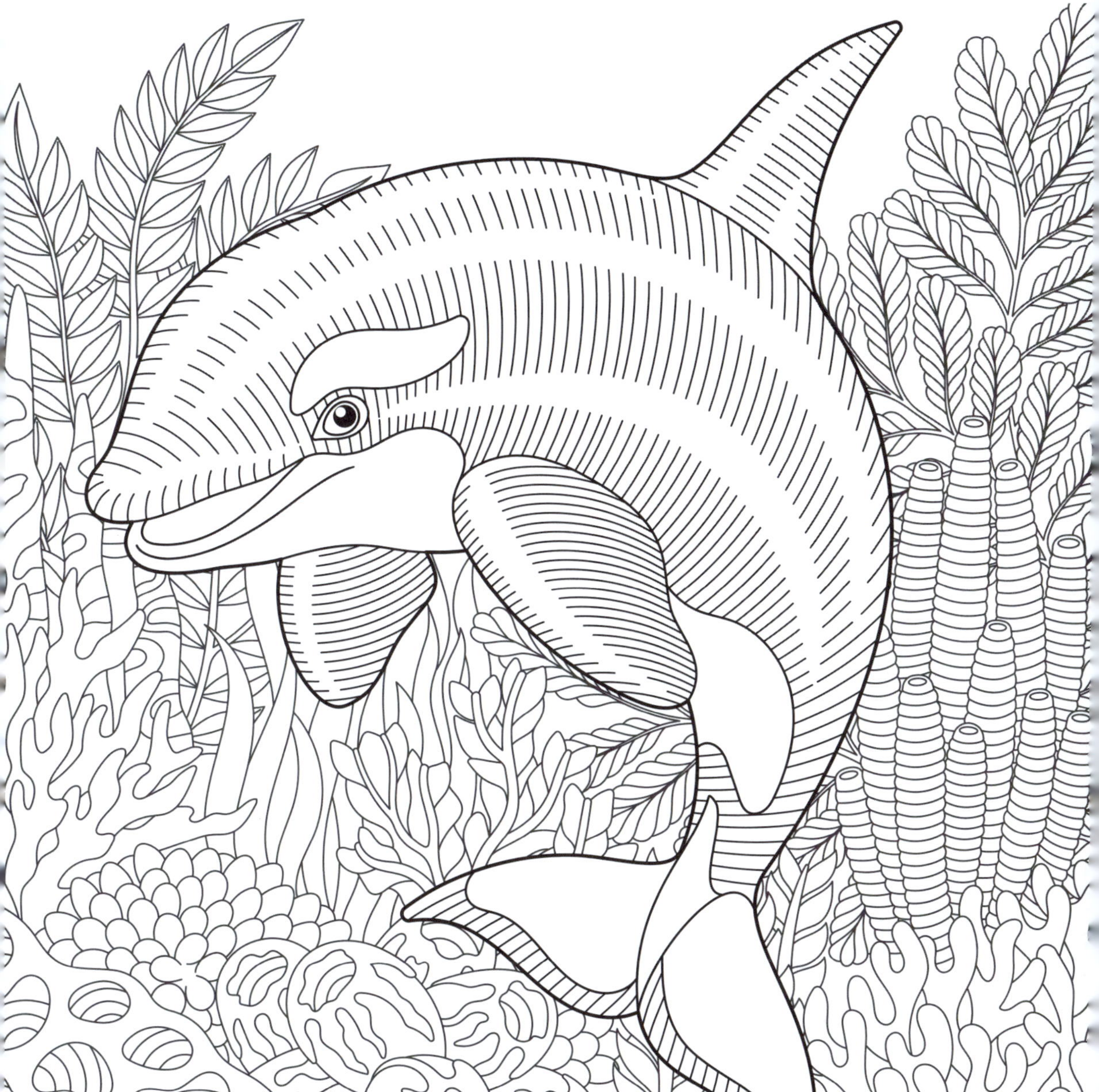

El tiburón de Groenlandia puede vivir más de cuatrocientos años.

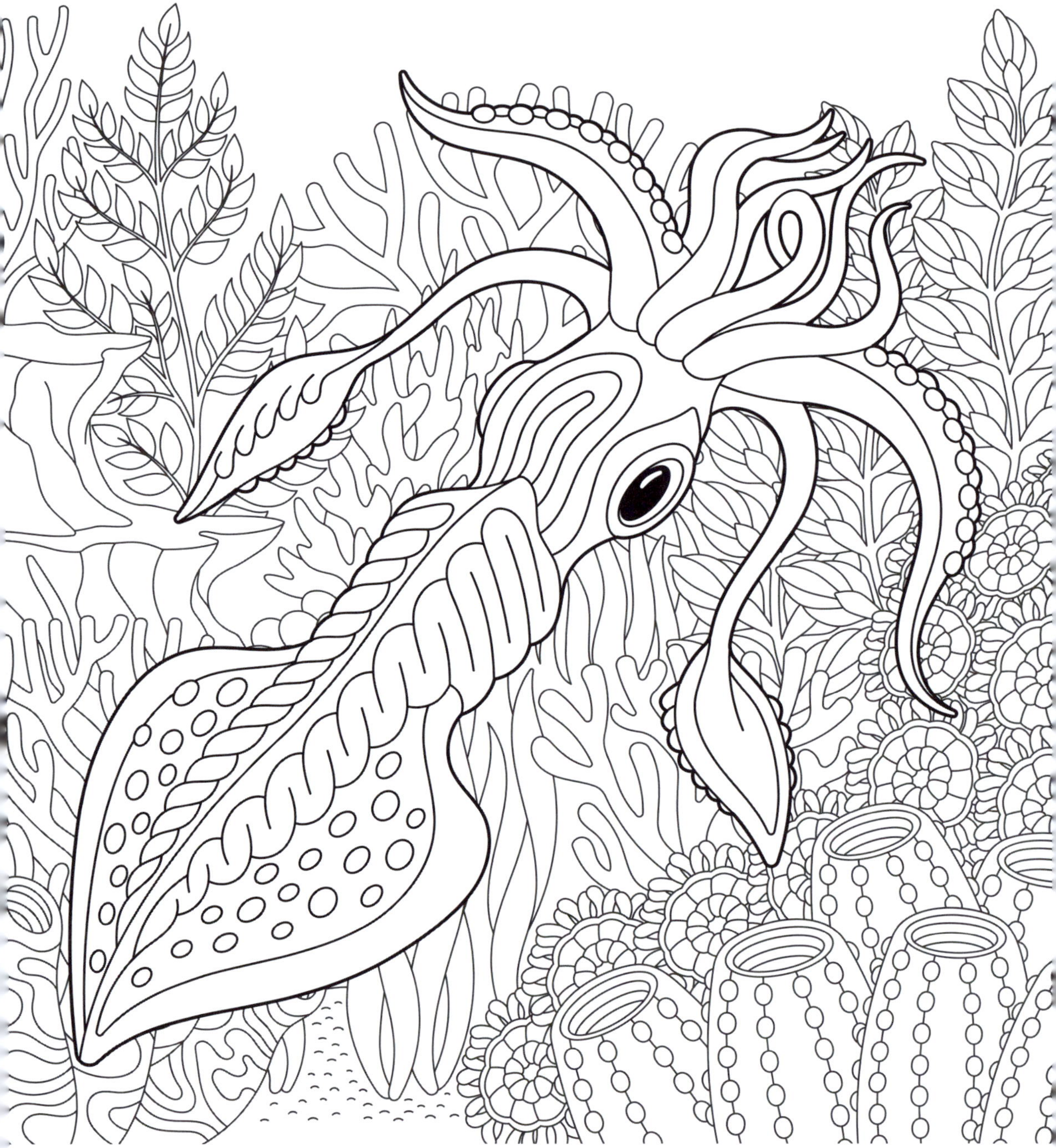

A pesar de su tamaño relativamente pequeño, los calamares tienen cerebros grandes y altamente desarrollados en comparación con otros invertebrados.

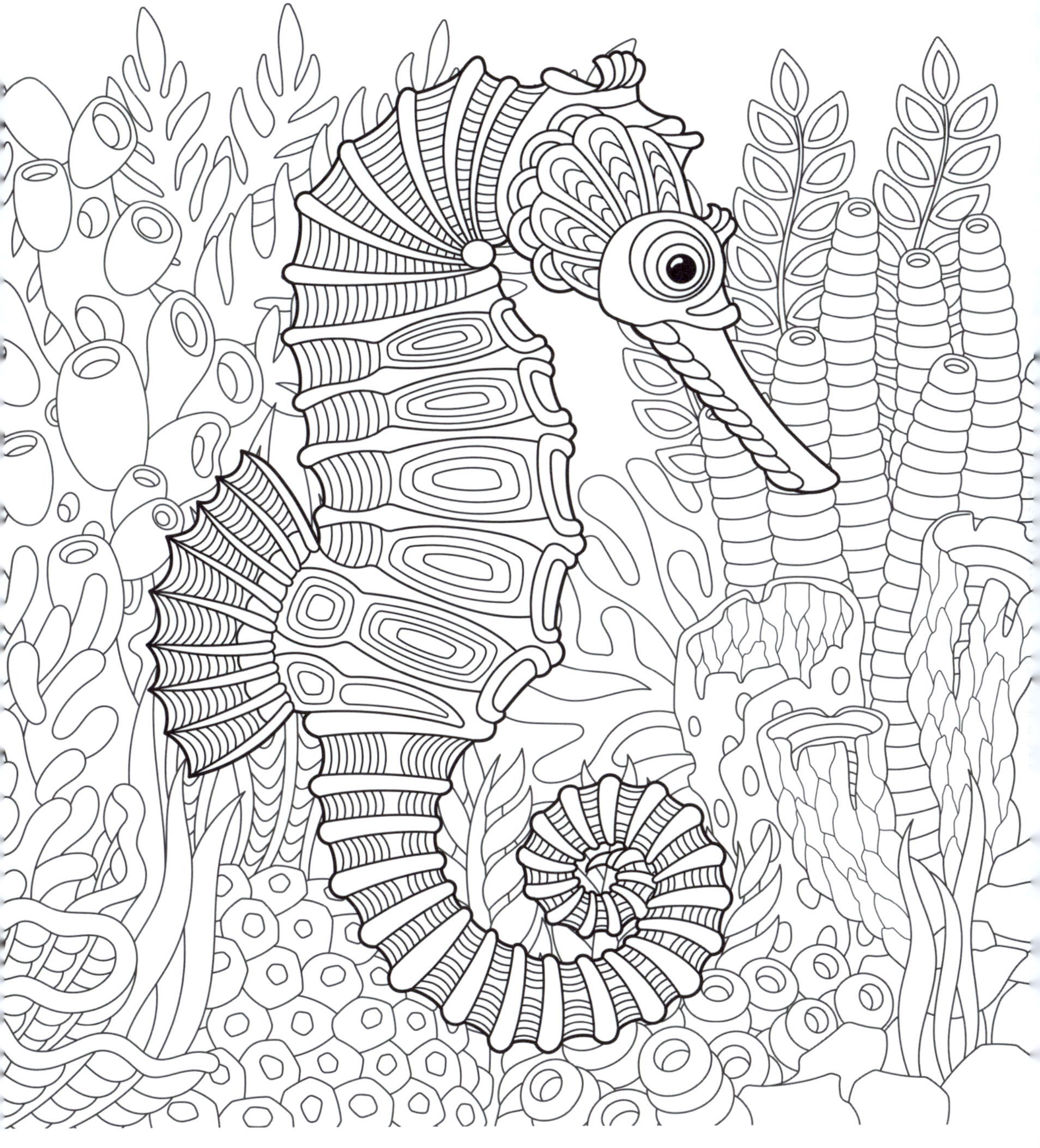

En la mayoría de las especies de caballitos de mar, son los machos los que llevan a cabo la gestación y paren a los bebés.

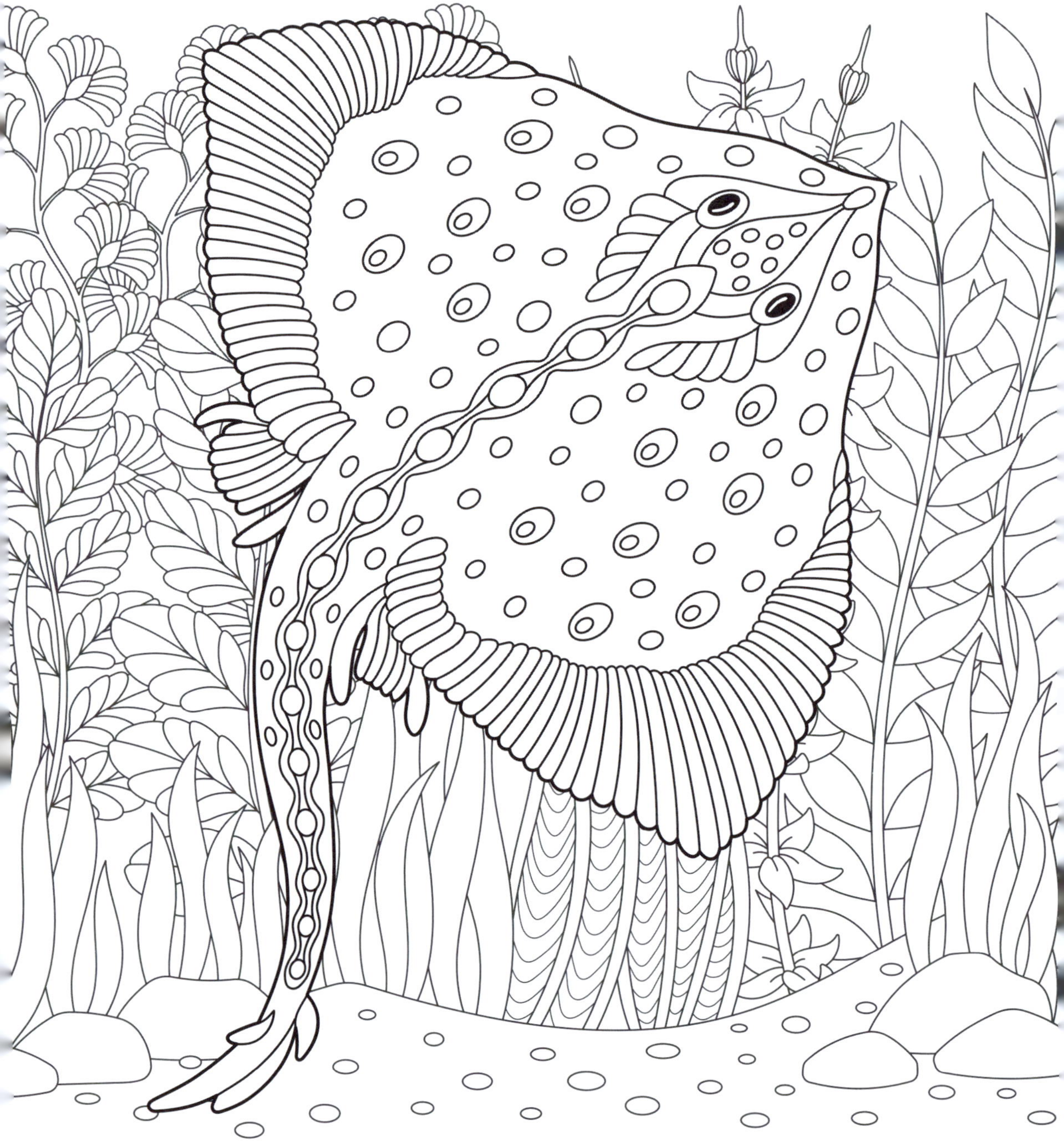

Las mantarrayas dan saltos acrobáticos en el agua.

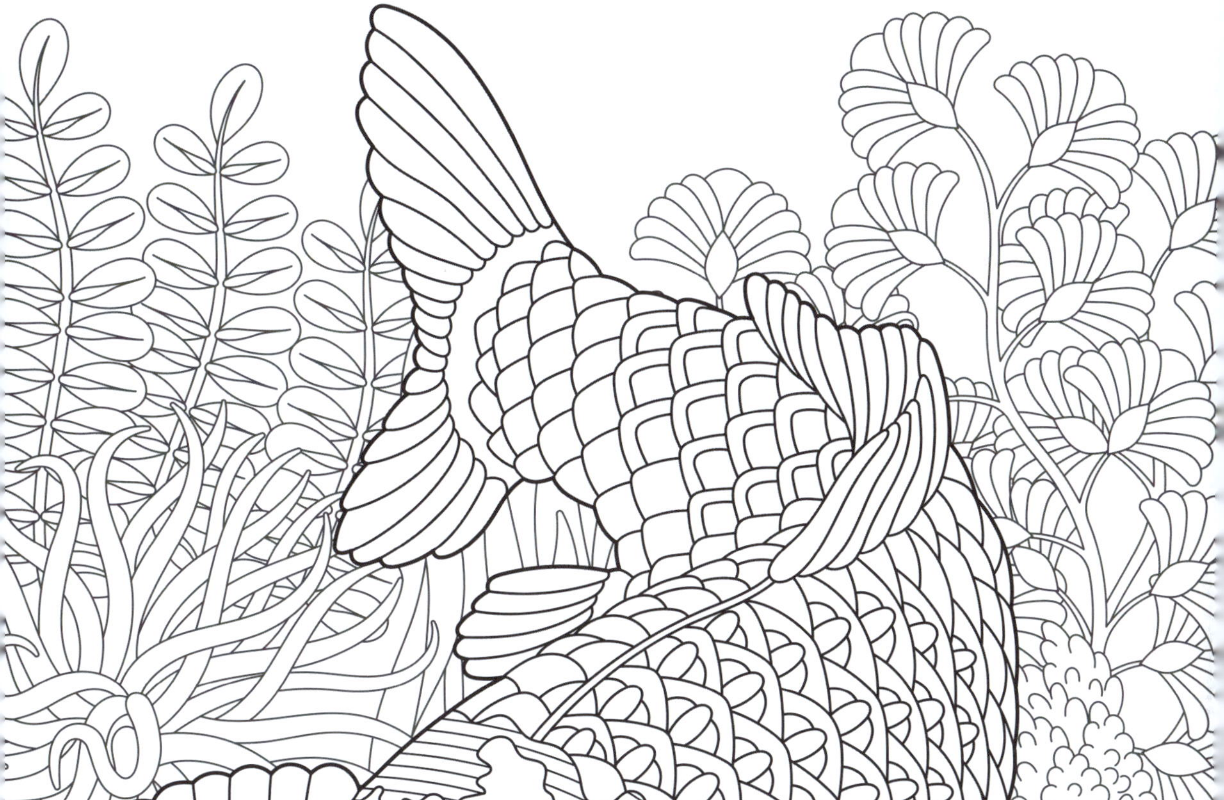

Algunas algas pueden crear espectáculos luminosos impresionantes en el agua durante la noche.

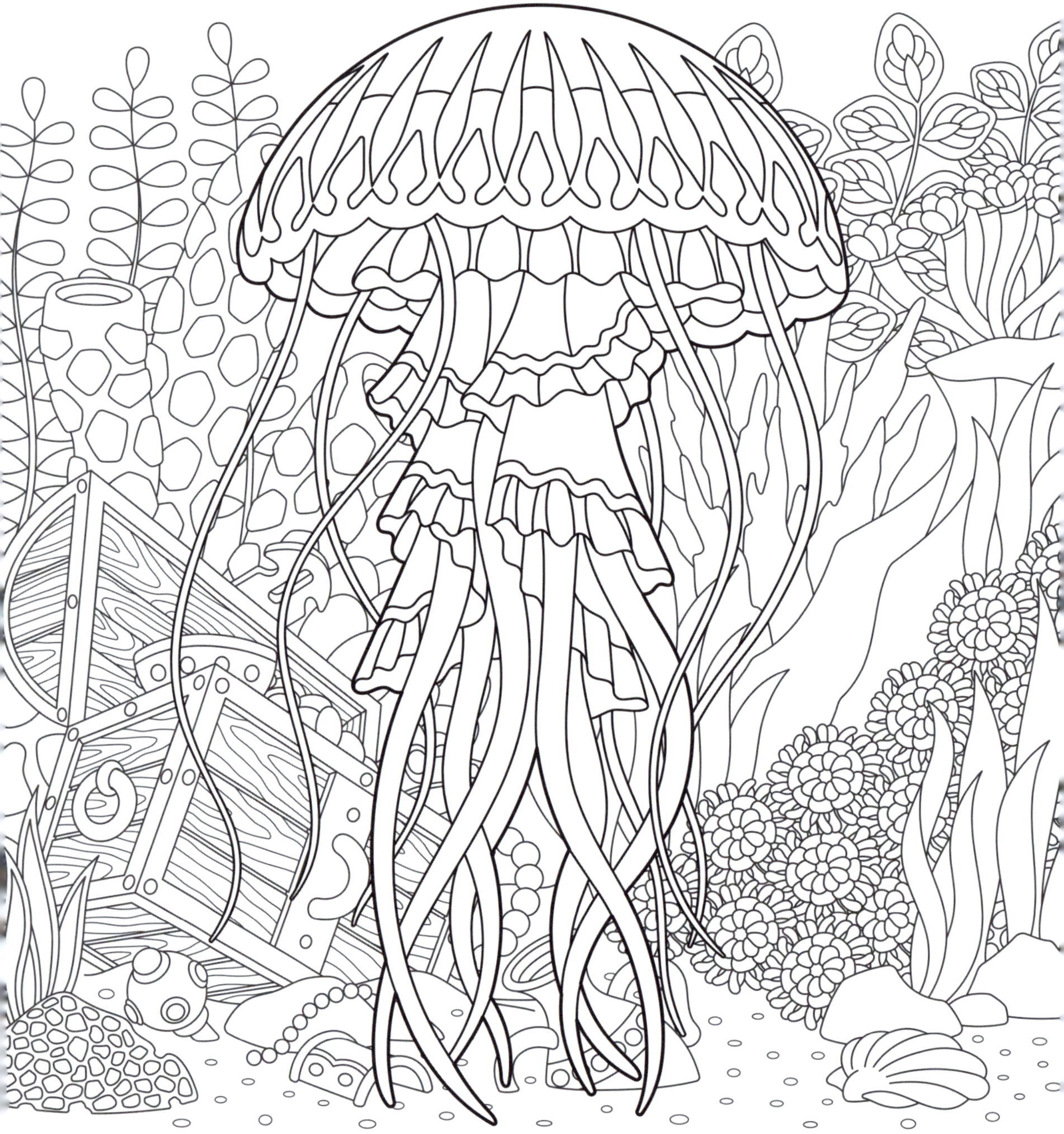

Las medusas tienen, únicamente, una sola abertura que funciona como boca, estómago e intestino excretor.

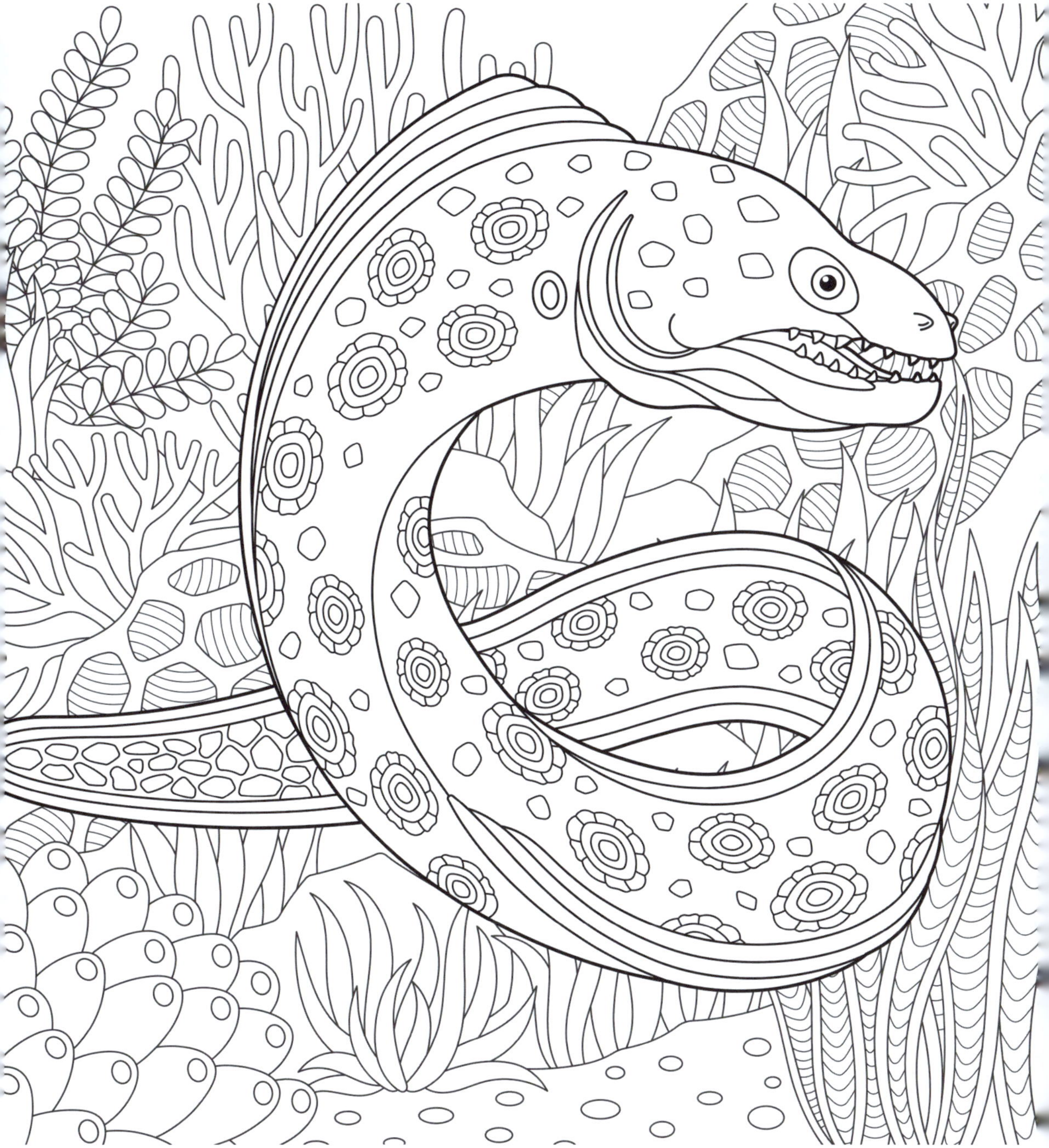

Las anguilas son conocidas por su habilidad para sobrevivir en condiciones de baja oxigenación y agua fangosa.

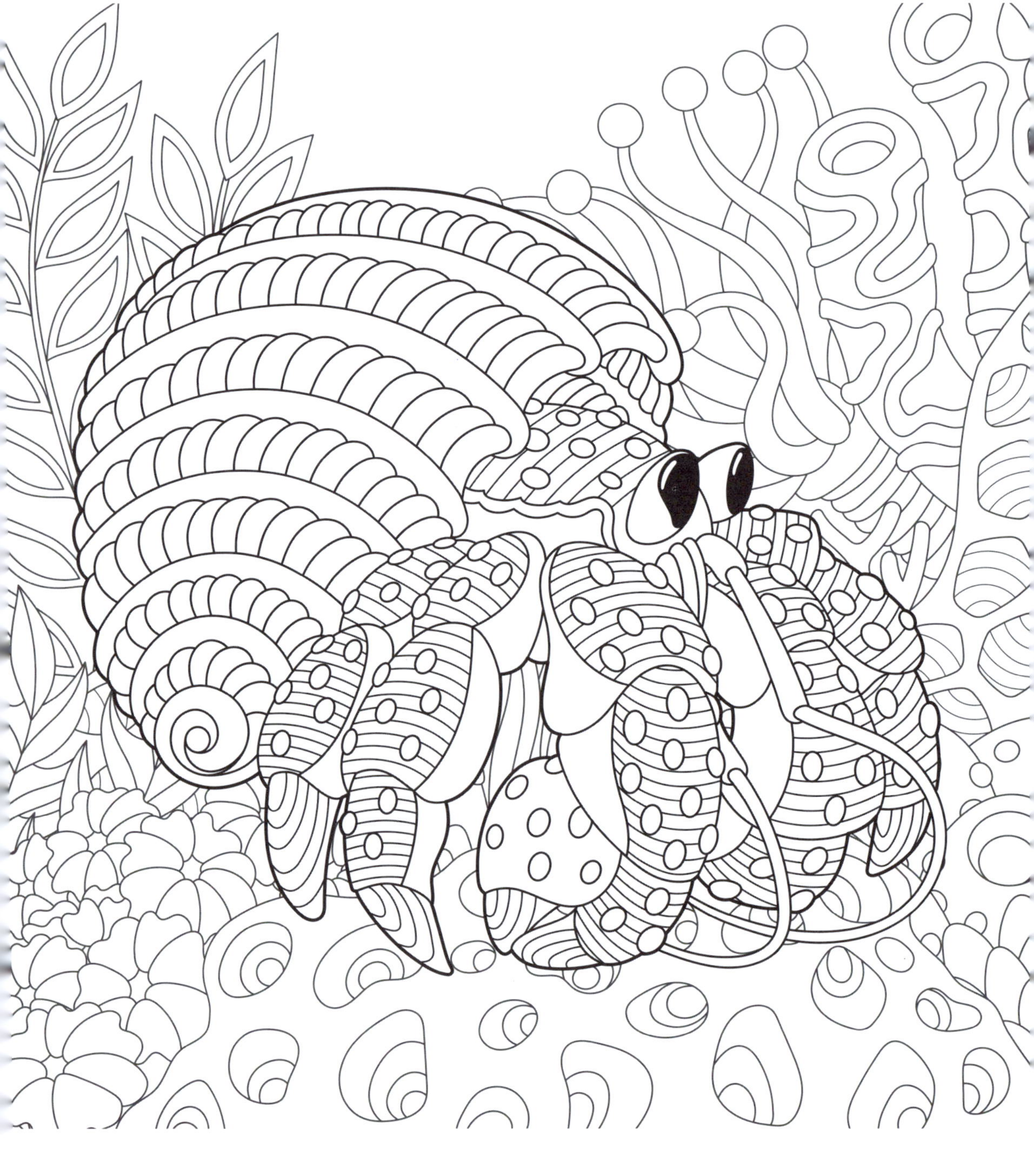

Muchos cangrejos son omnívoros y se alimentan de una variedad de alimentos, incluyendo algas, pequeños peces, moluscos, carroña e incluso materia vegetal en descomposición.

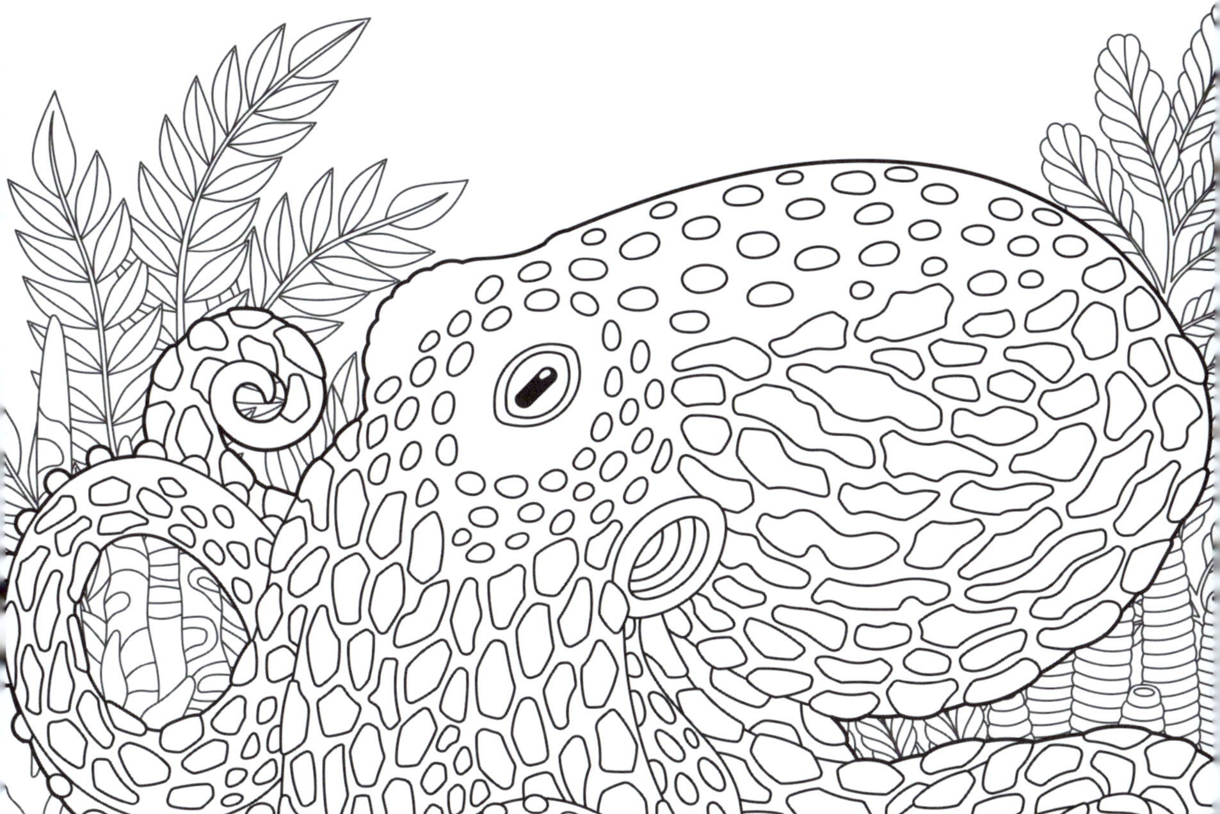

Se ha observado que los pulpos utilizan una variedad de señales visuales y táctiles para comunicarse entre ellos y con otras criaturas marinas.

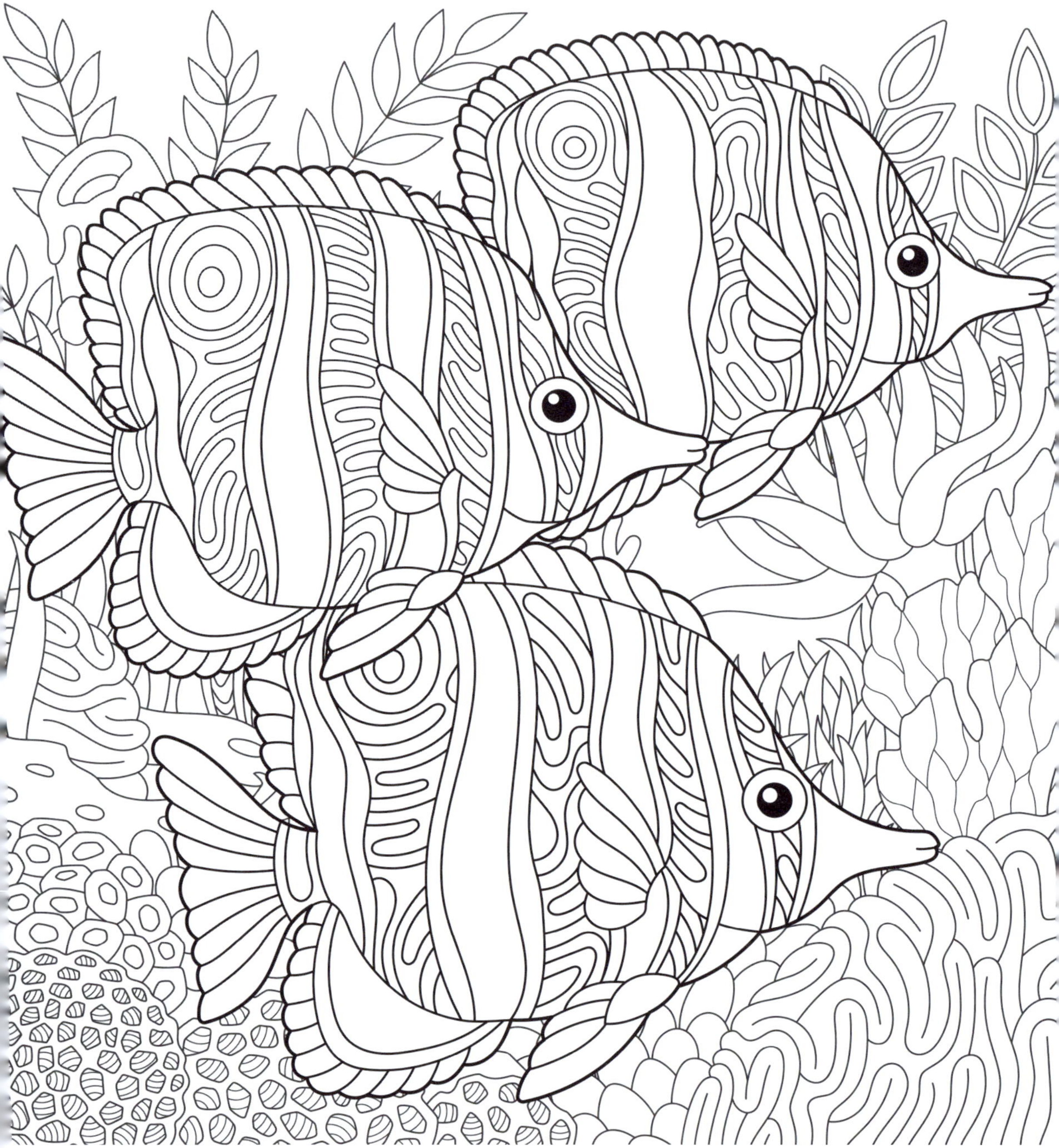

Las algas marinas son una fuente importante de nutrientes para los ecosistemas marinos y para las personas.

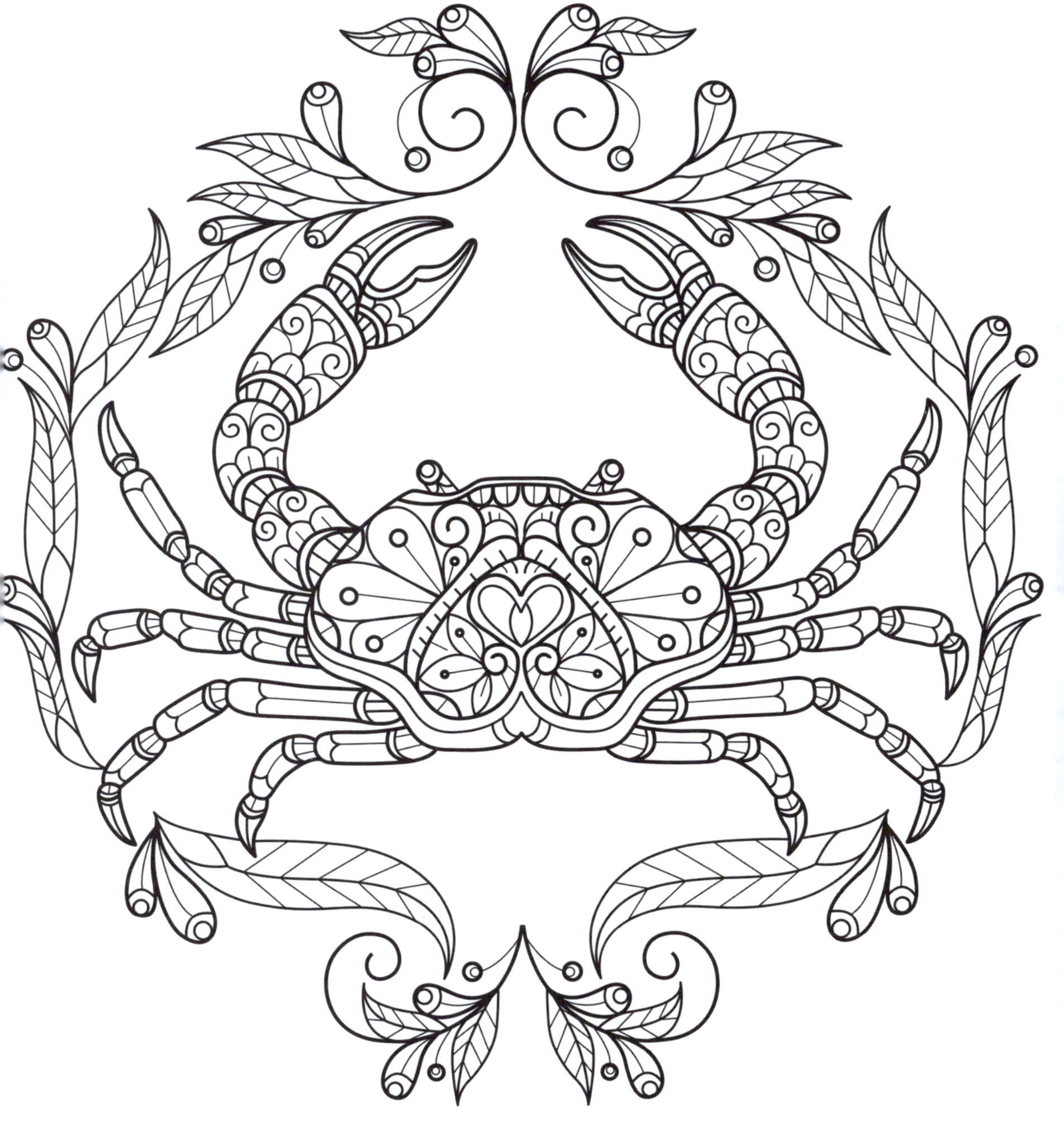

Algunas especies de cangrejos exhiben comportamientos de cuidado parental, como llevar sus crías en sus caparazones hasta que estén lo suficientemente maduras para enfrentarse al mundo exterior.

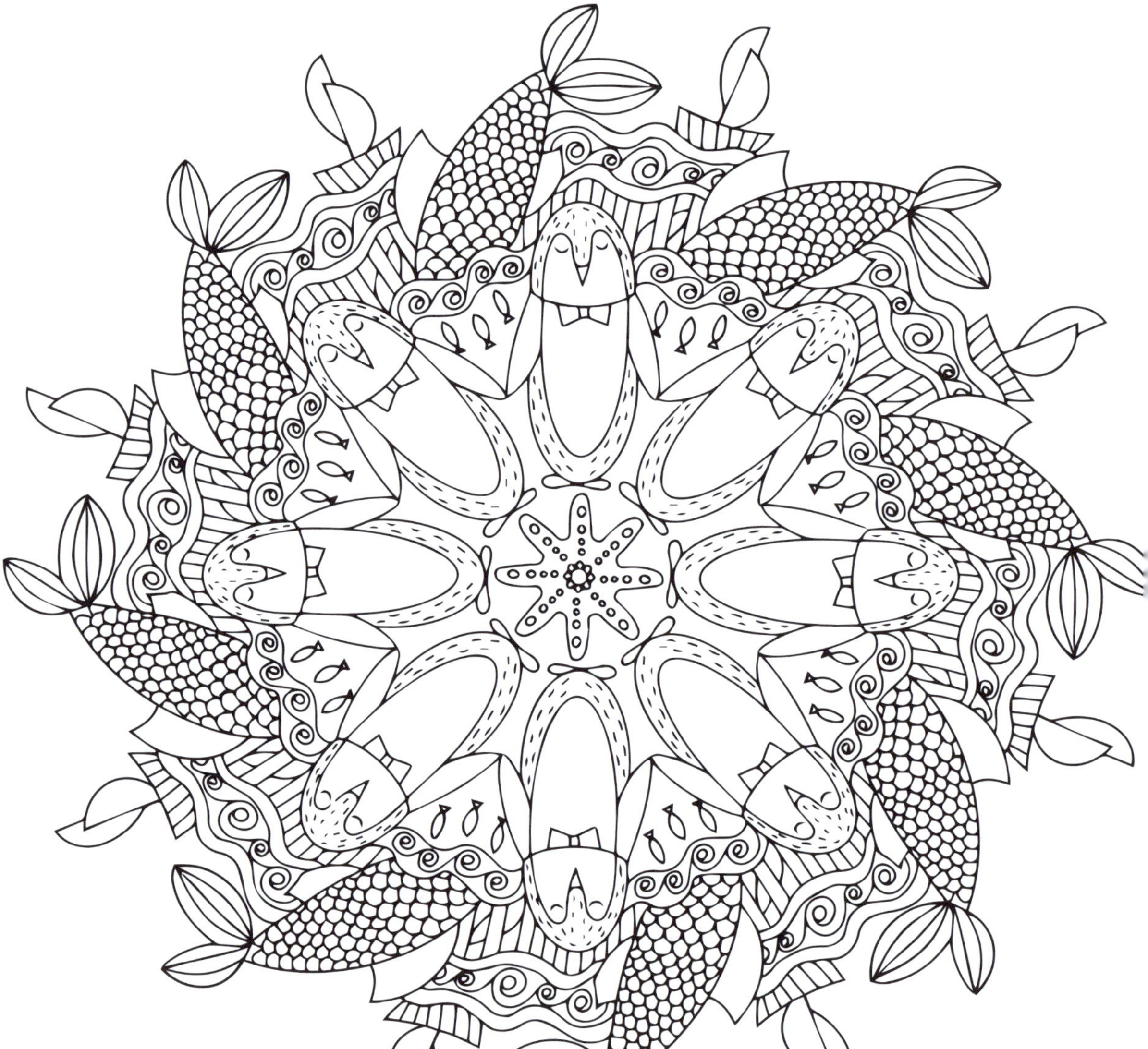

Los peces son los primeros animales vertebrados que surgieron a lo largo de la evolución animal, se estima que hace unos cuatrocientos millones de años.

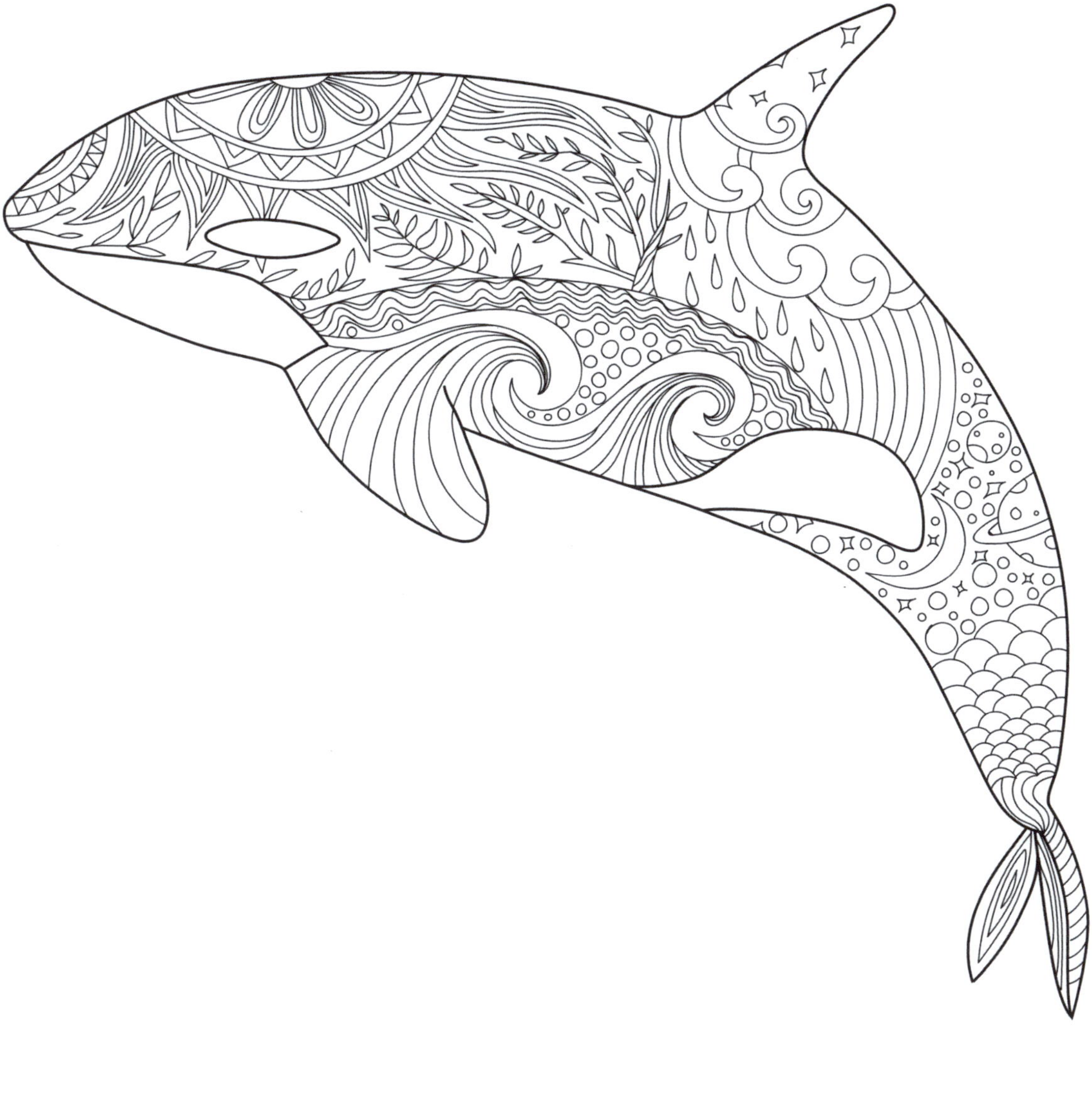

Las orcas emplean ecolocalización para hablar entre ellas y cazar.

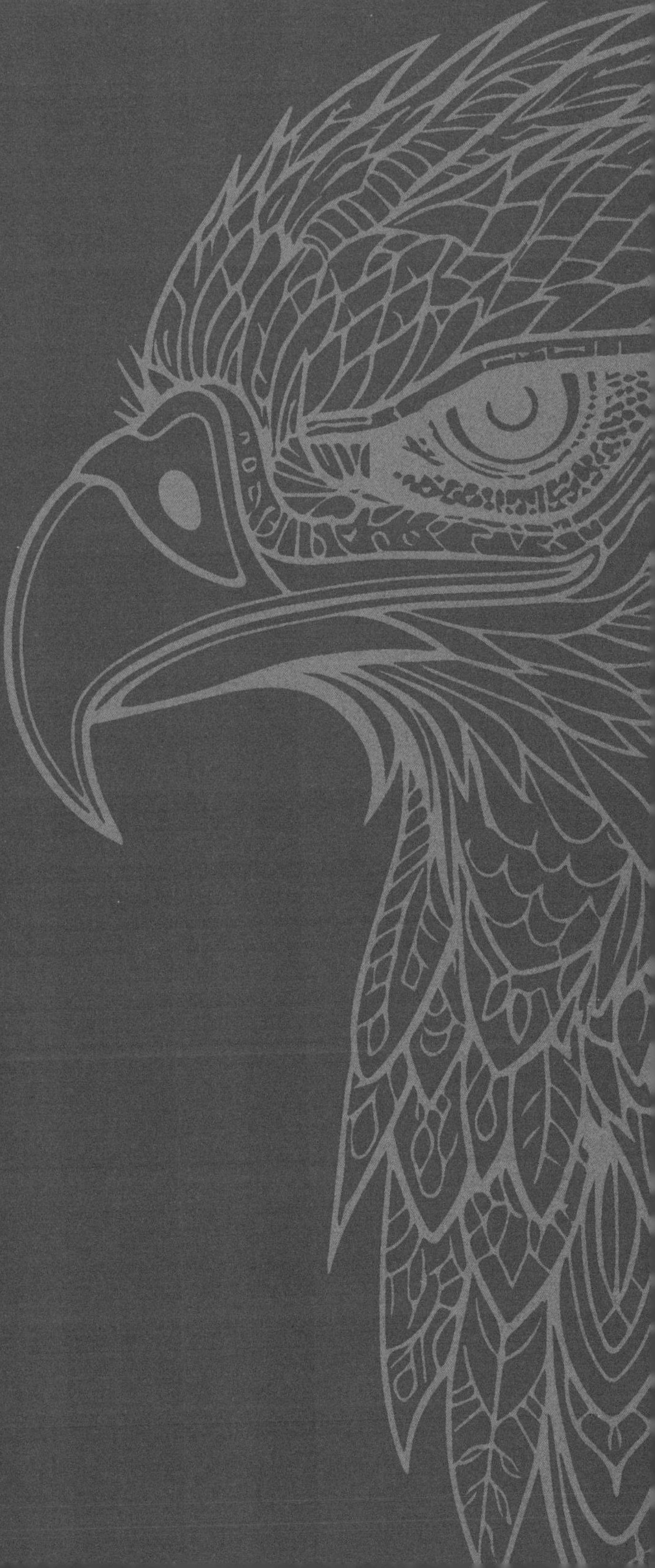

ANIMALES AÉREOS

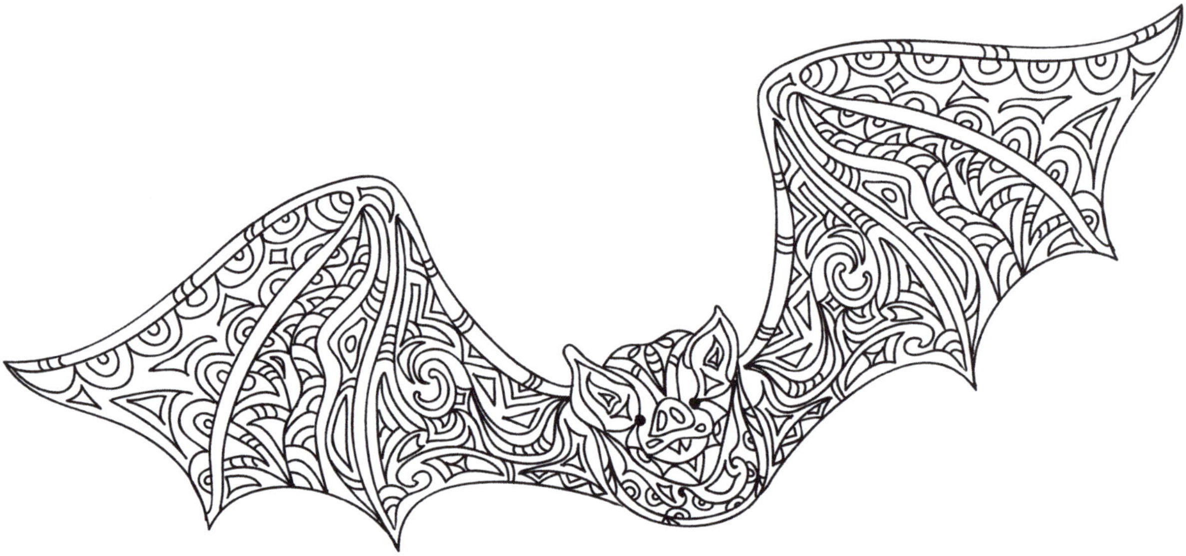

Los murciélagos son los únicos mamíferos capaces de volar.

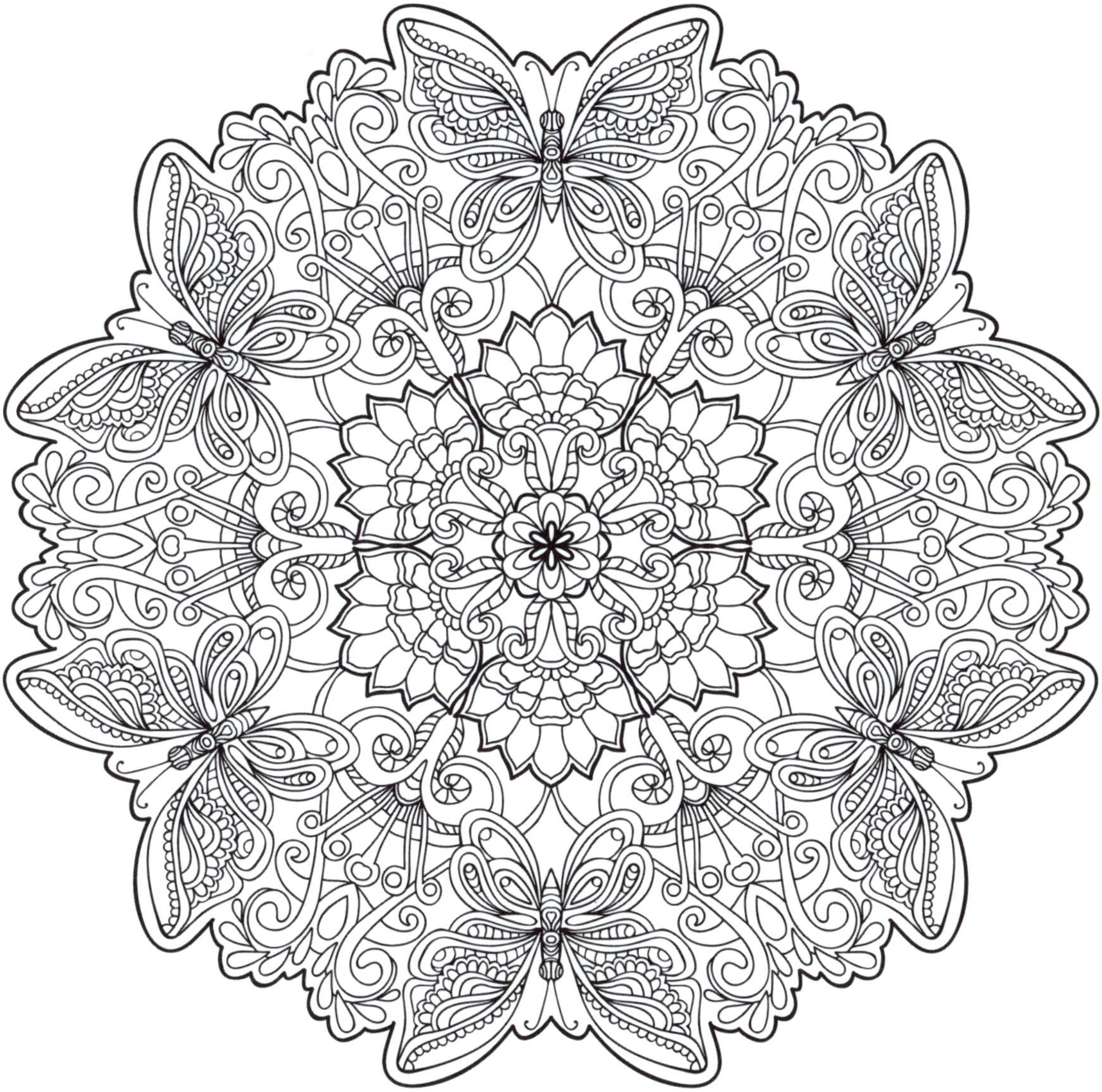

Algunas especies de mariposas migran grandes distancias, incluso cruzando océanos.

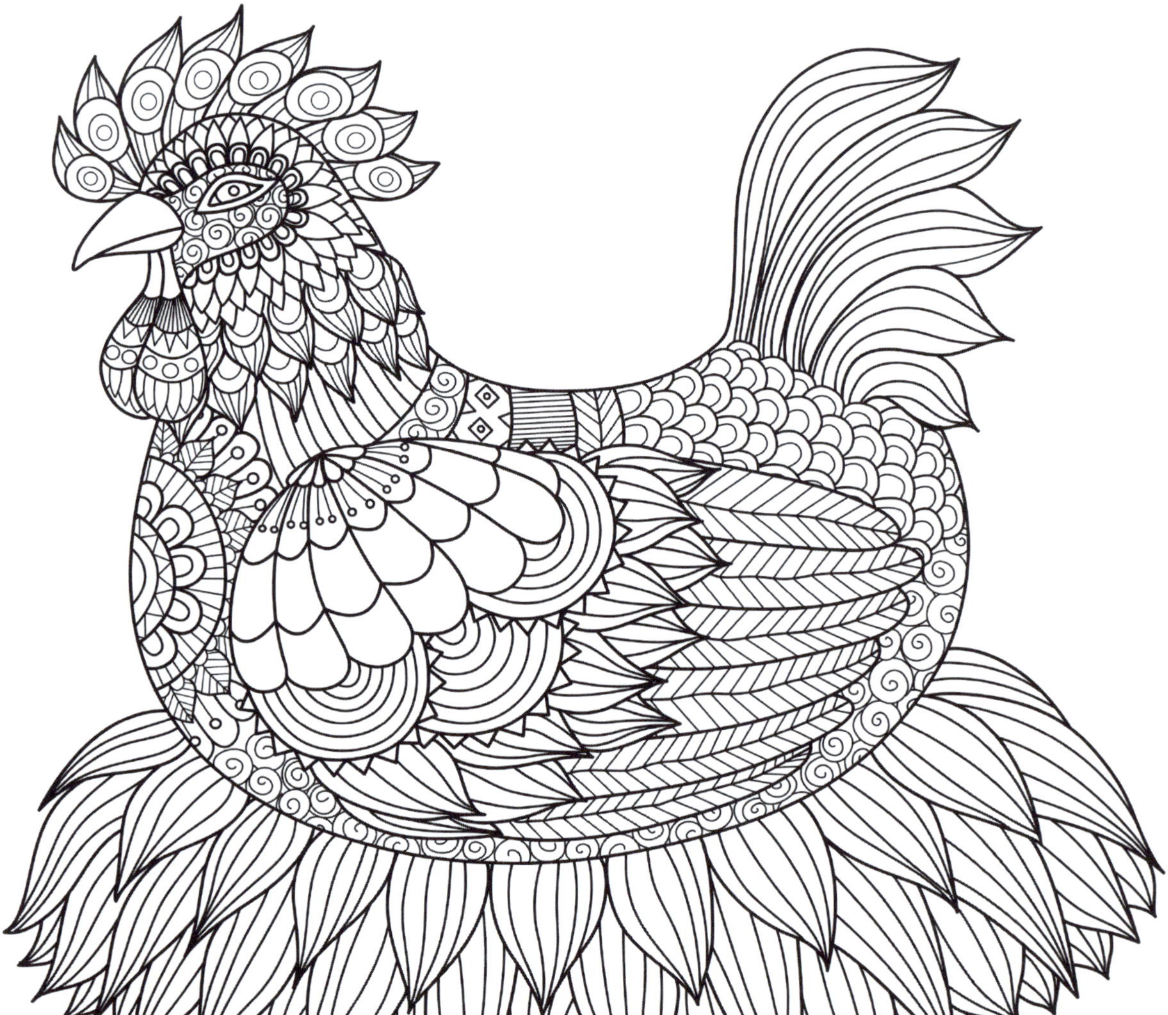

Las gallinas de plumas oscuras ponen huevos marrones;
las gallinas de plumas blancas, huevos blancos.

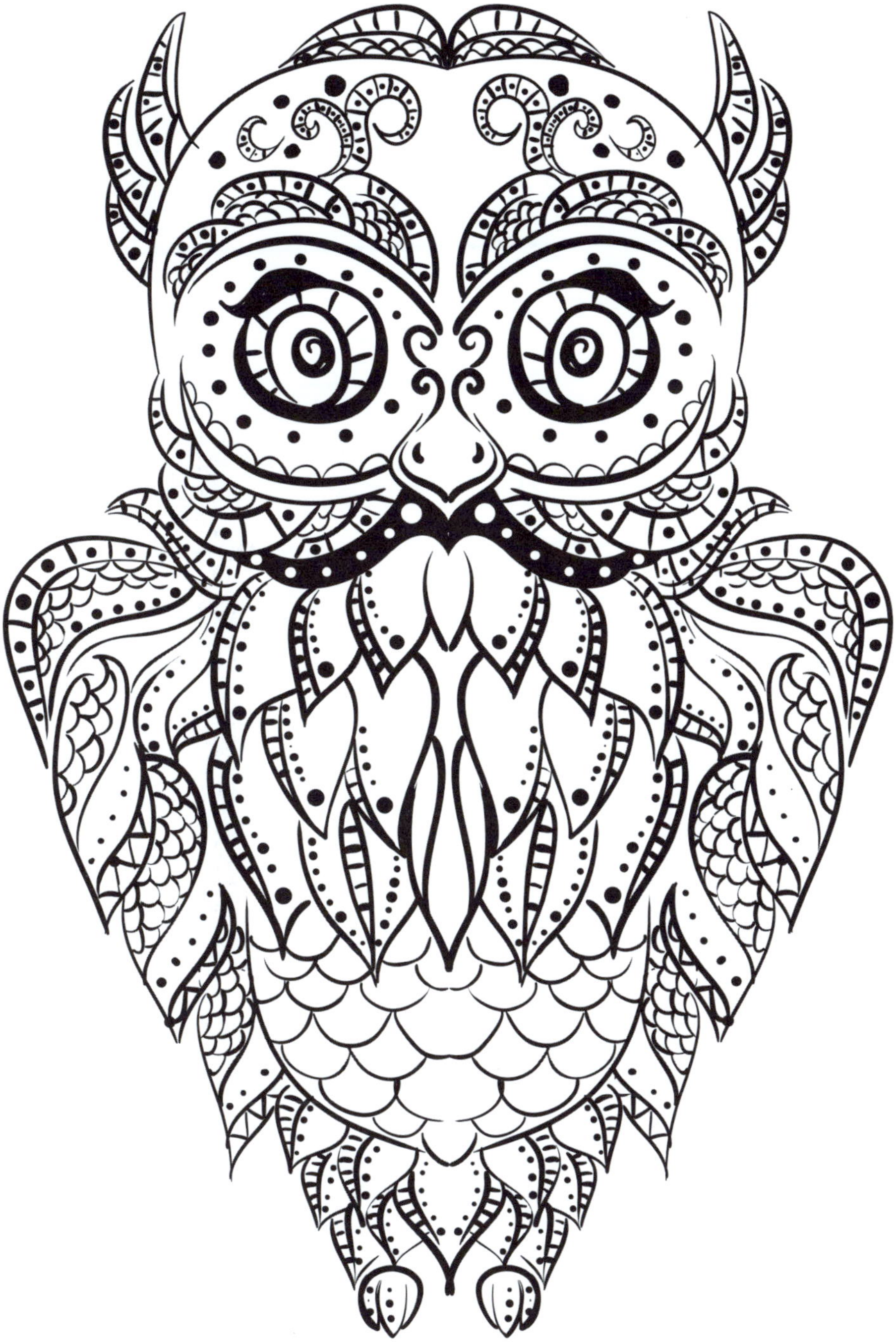

Los búhos devoran a sus presas enteras.

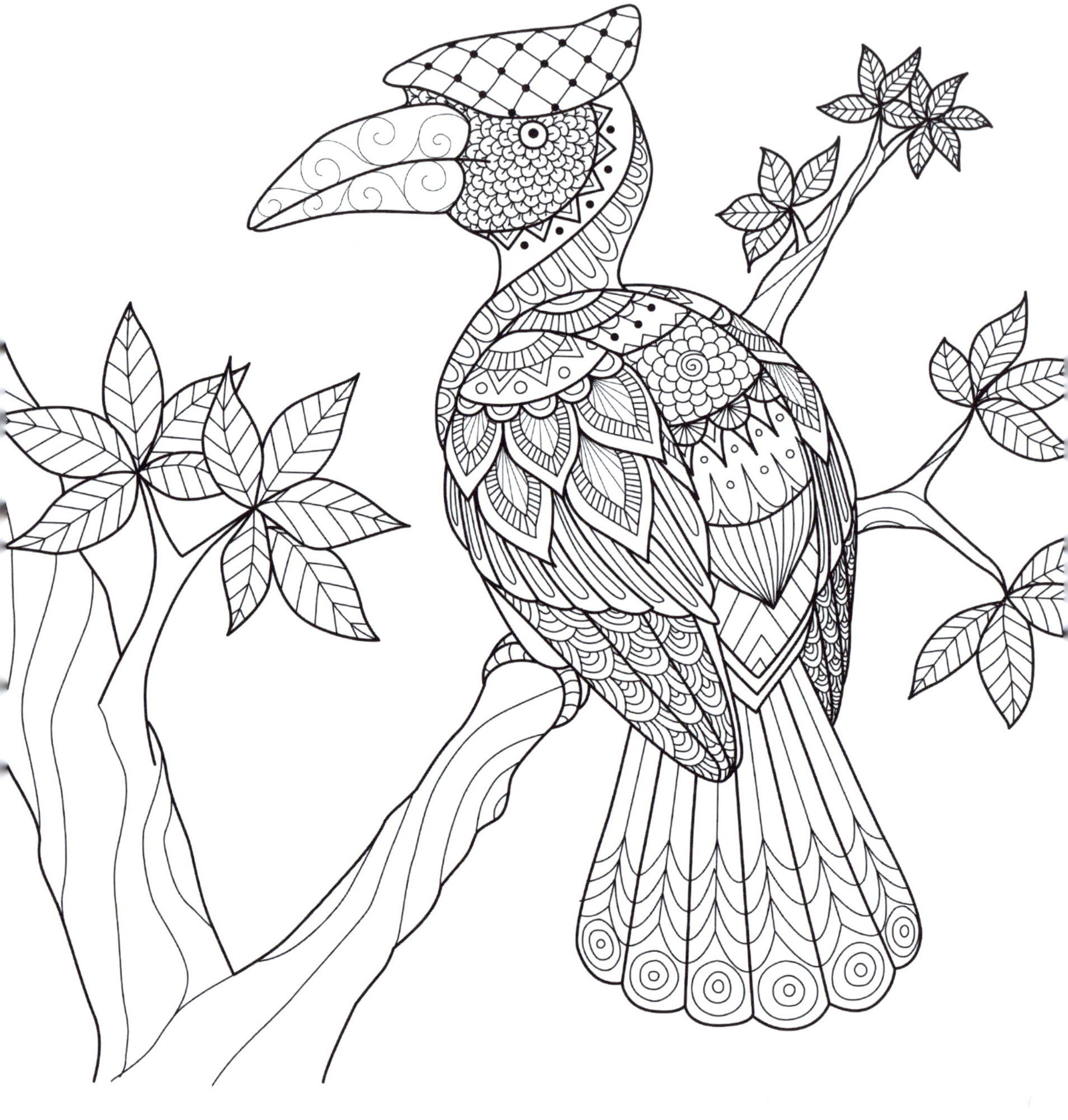

Las aves poseen un pico córneo sin dientes,
a través del cual se alimentan y comunican.

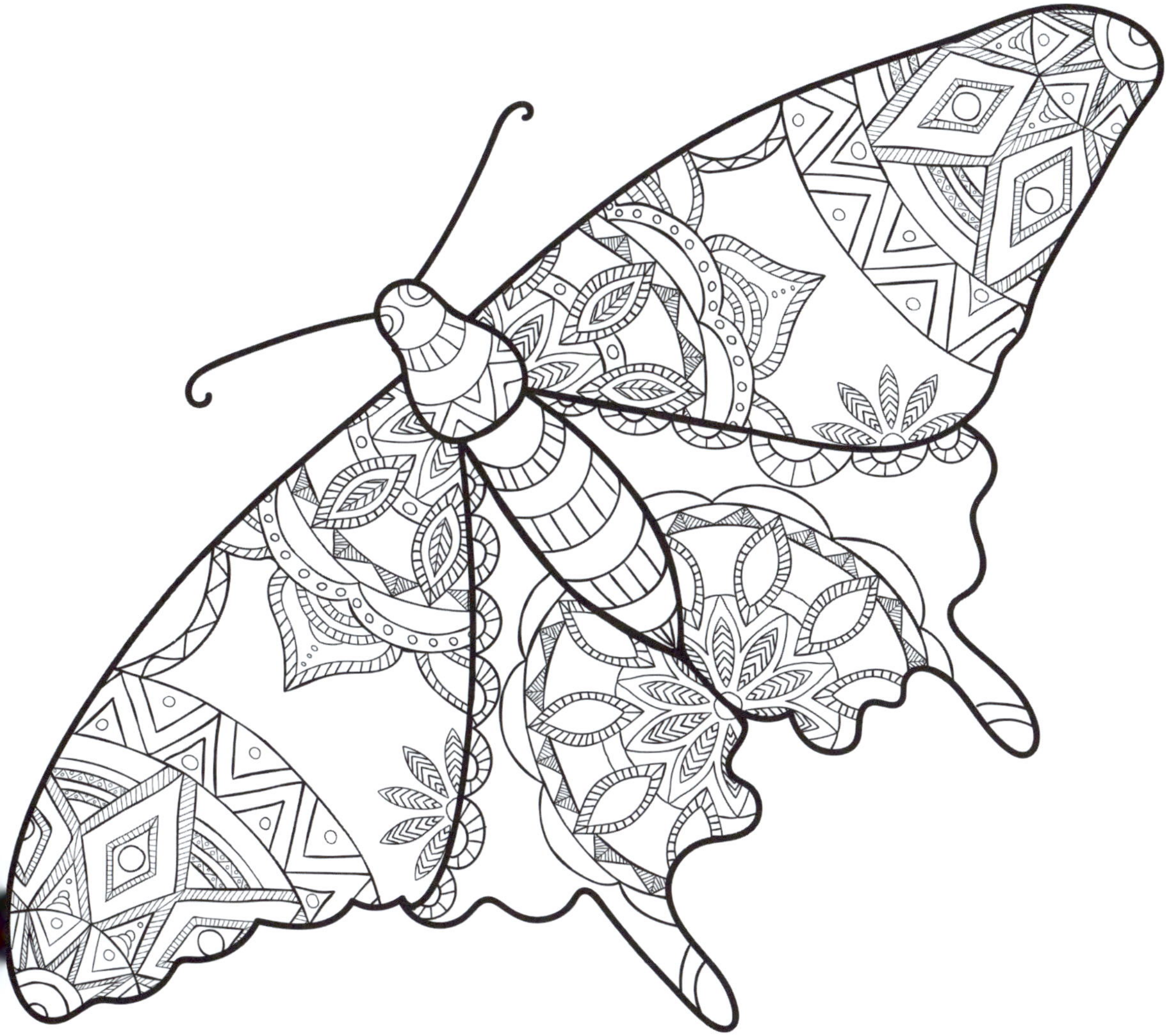

La mayoría de especies de mariposas son nocturnas,
verlas de día es fruto de la casualidad.

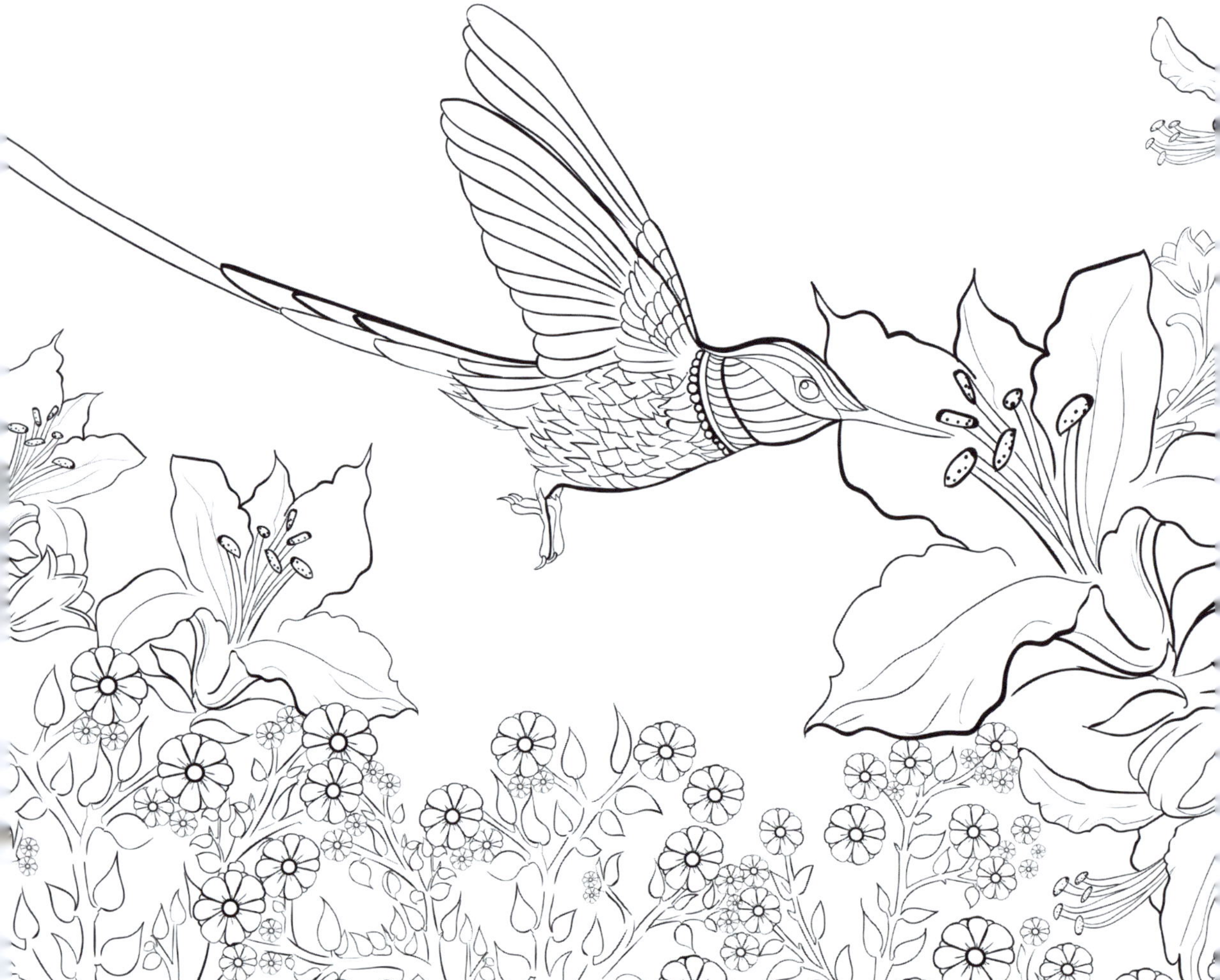

Los colibríes son increíblemente ligeros, pesan alrededor de cuatro gramos.

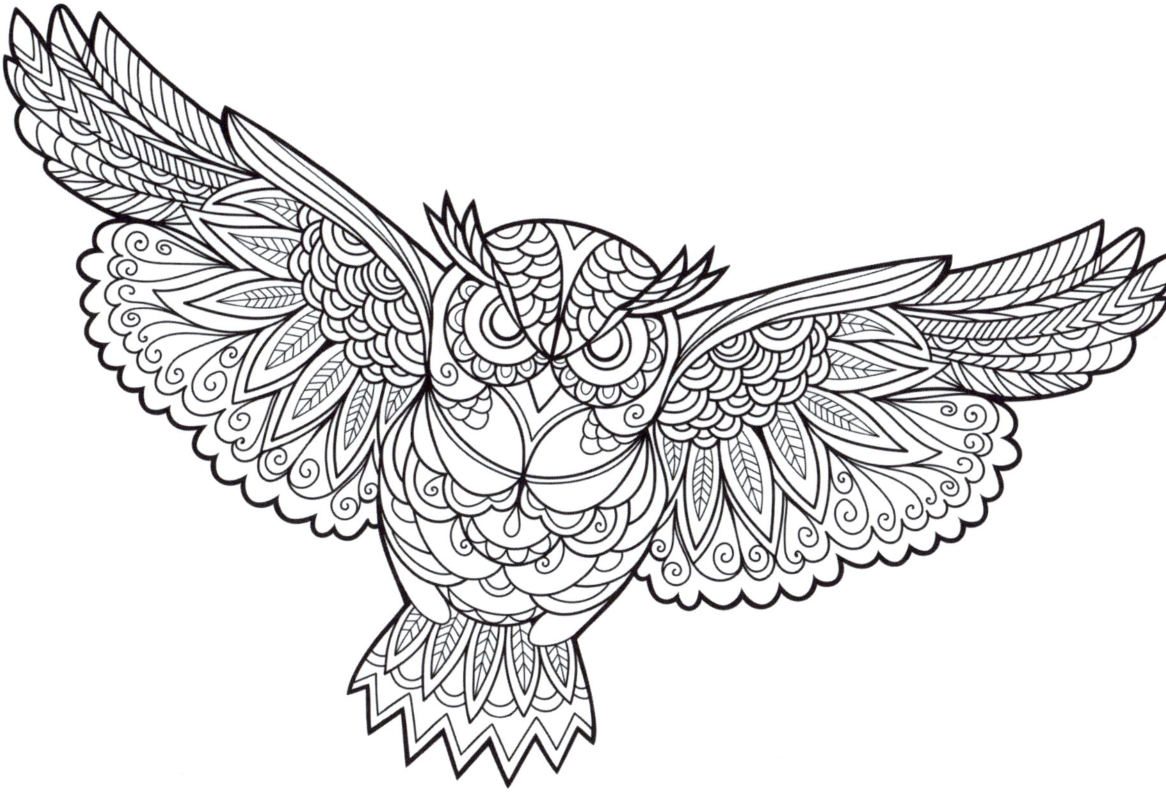

A lo largo de la historia, los búhos y las lechuzas han sido considerados las aves nocturnas por excelencia.

Las mariposas perciben colores y patrones lumínicos que el ojo humano no es capaz de captar.

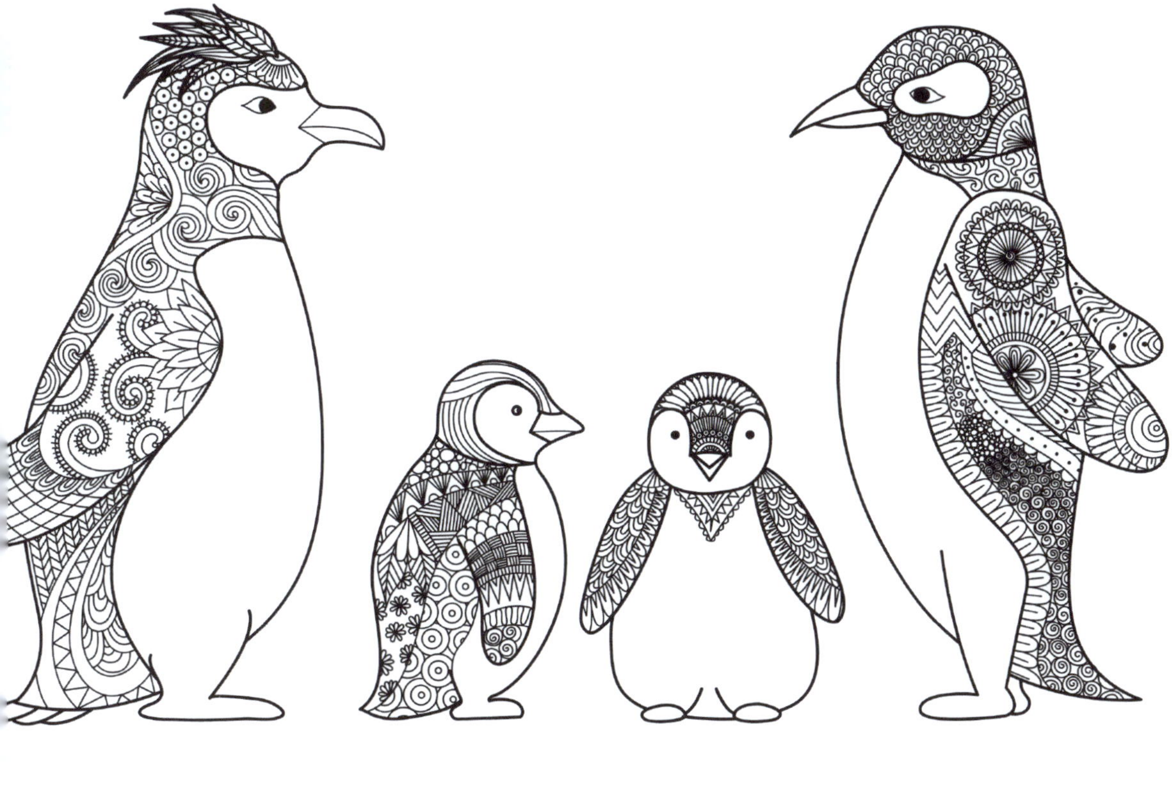

La coloración en blanco y negro de los pingüinos
funciona como camuflaje debajo del agua.

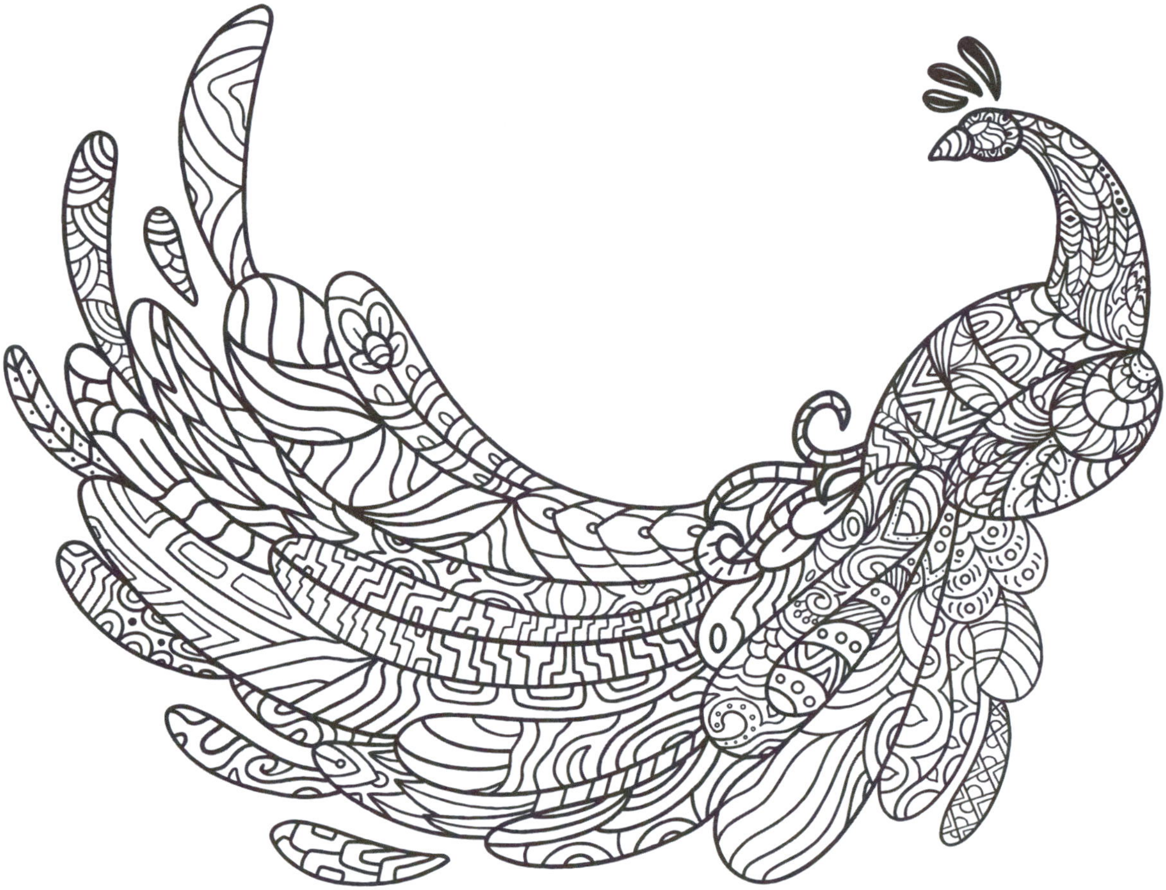

El canto del pavo real es una de las características que más llaman la atención de esta ave, pero no precisamente por ser melodioso y agradable, sino más bien por todo lo contrario.

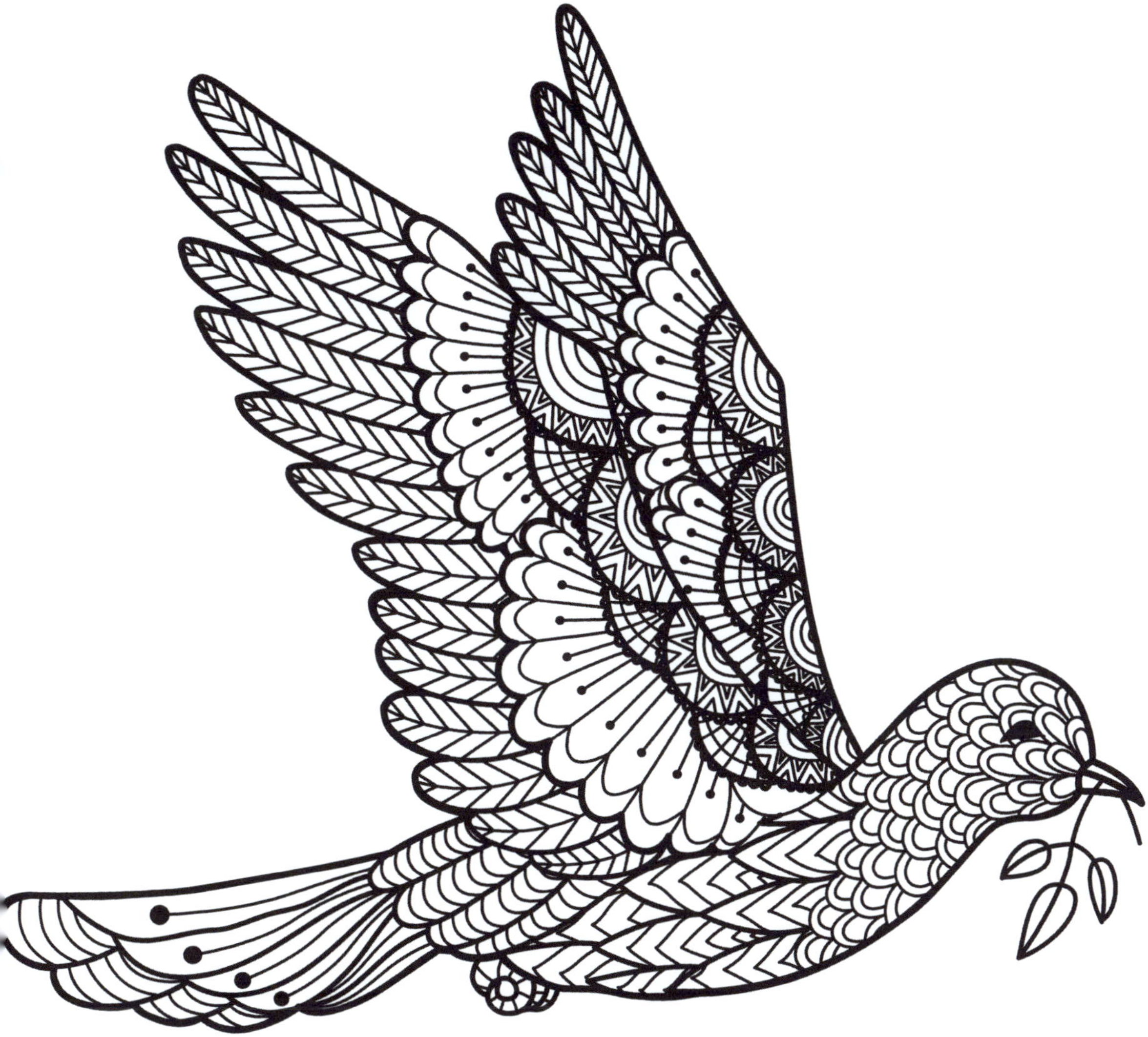

Las palomas son aves adaptables, pues son capaces de habitar tanto en zonas montañosas como en zonas tropicales.

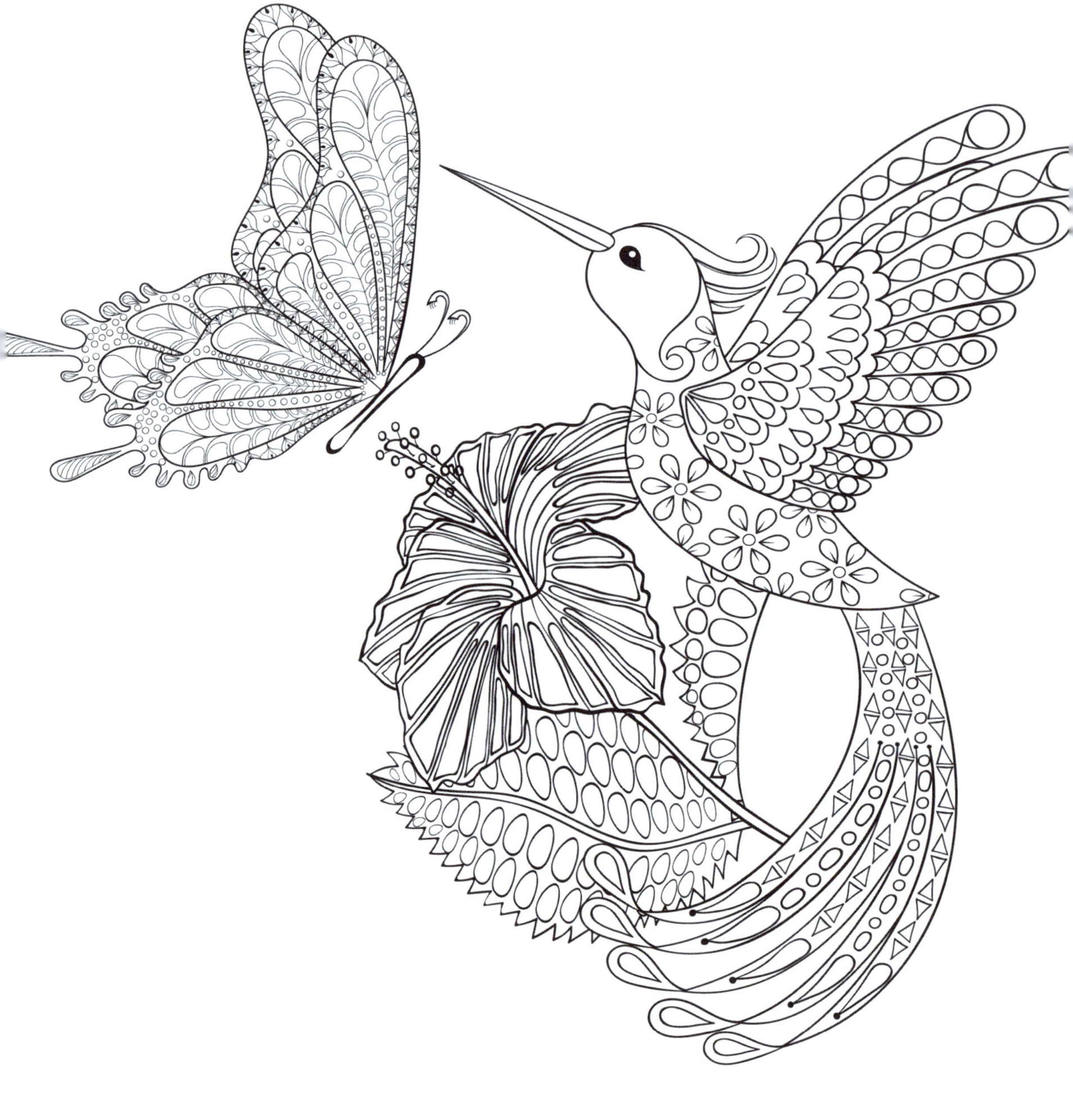

Existen más de diez mil especies de aves en el mundo.

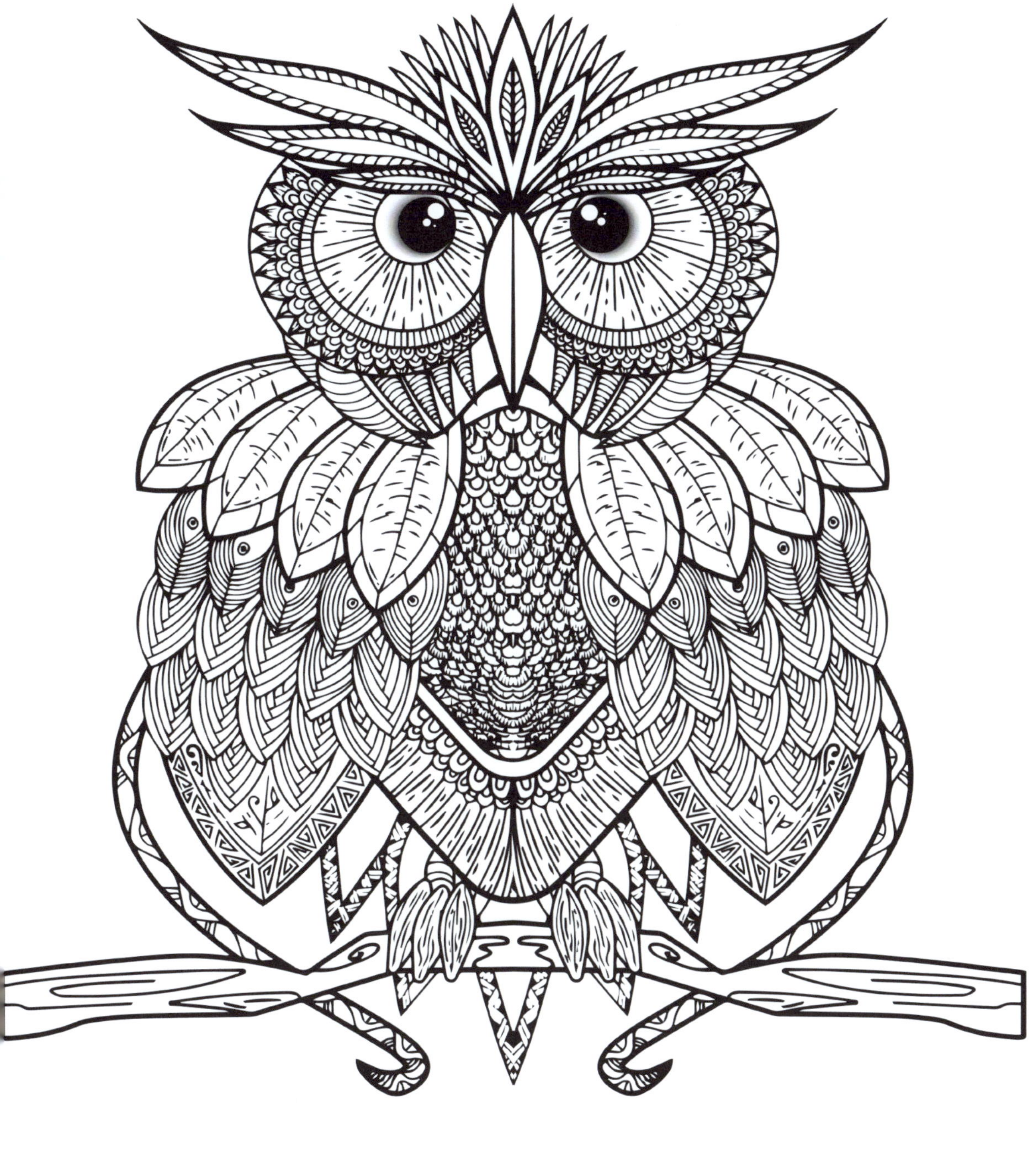

Los búhos cuentan con una mayor diversidad de especies que las lechuzas, aproximadamente unas 250 especies conocidas.

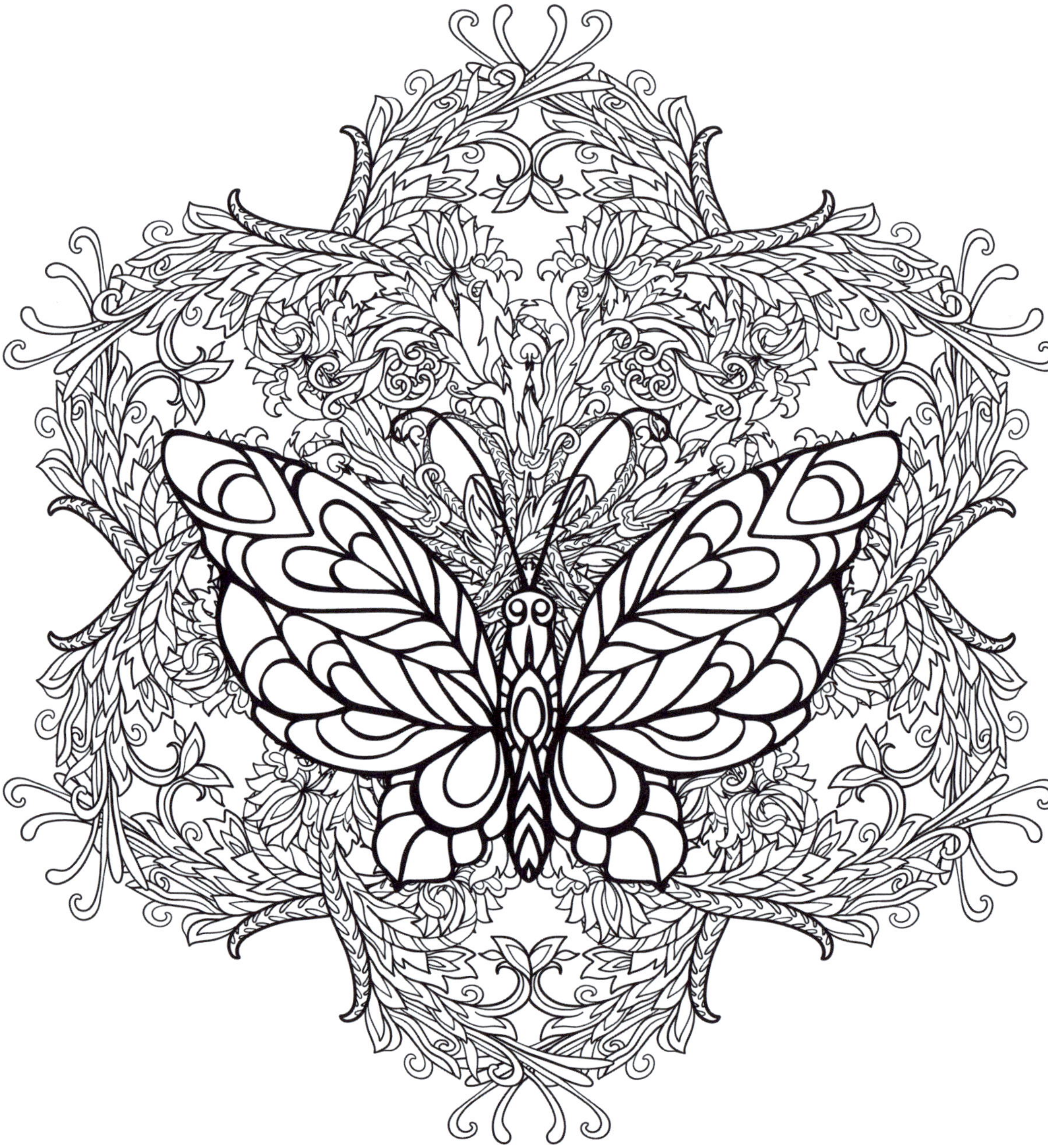

Las mariposas suelen preferir los ambientes con mucha vegetación.

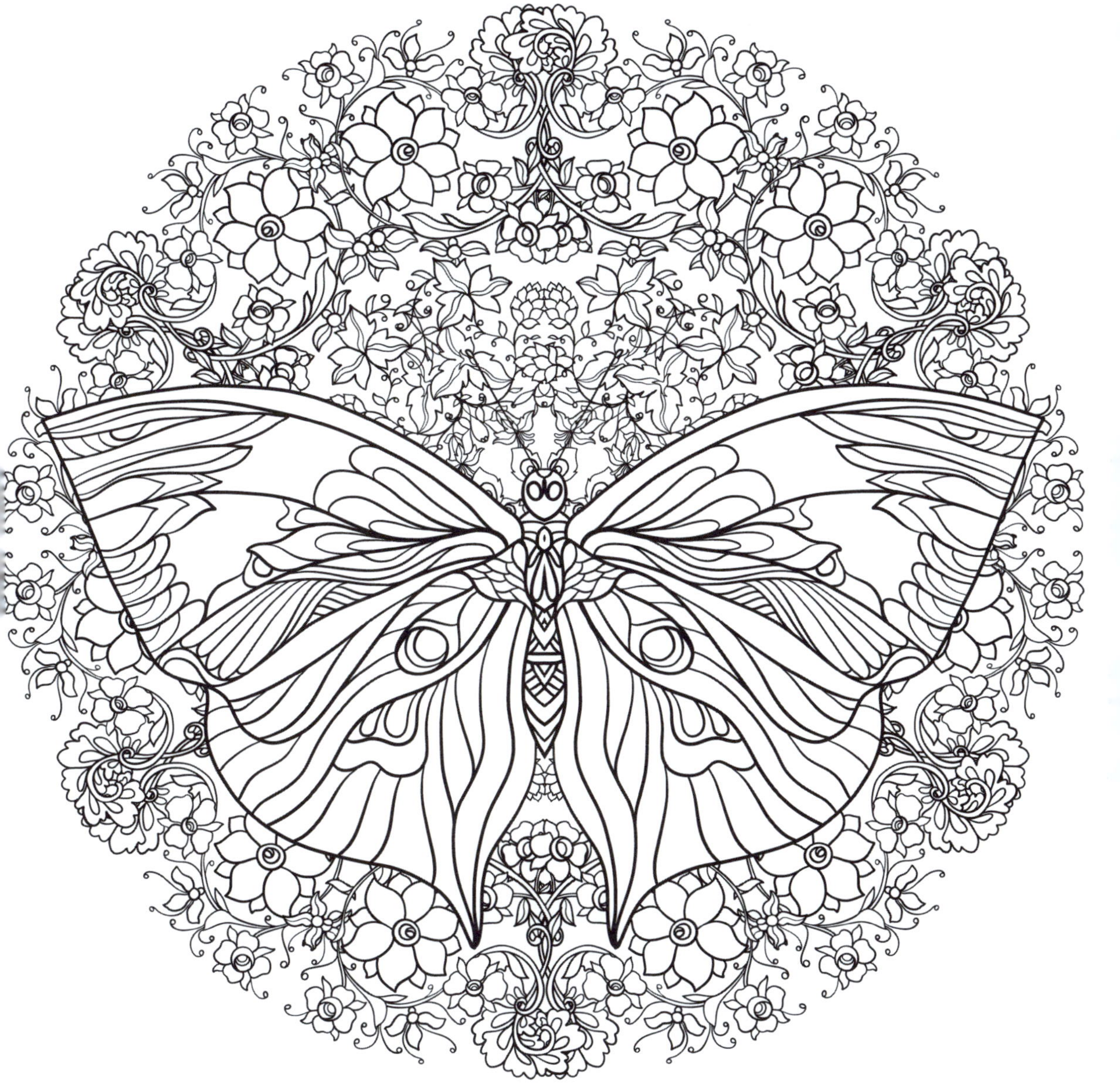

Durante su época larvaria o de oruga, las mariposas consumen enormes cantidades de materia orgánica vegetal.

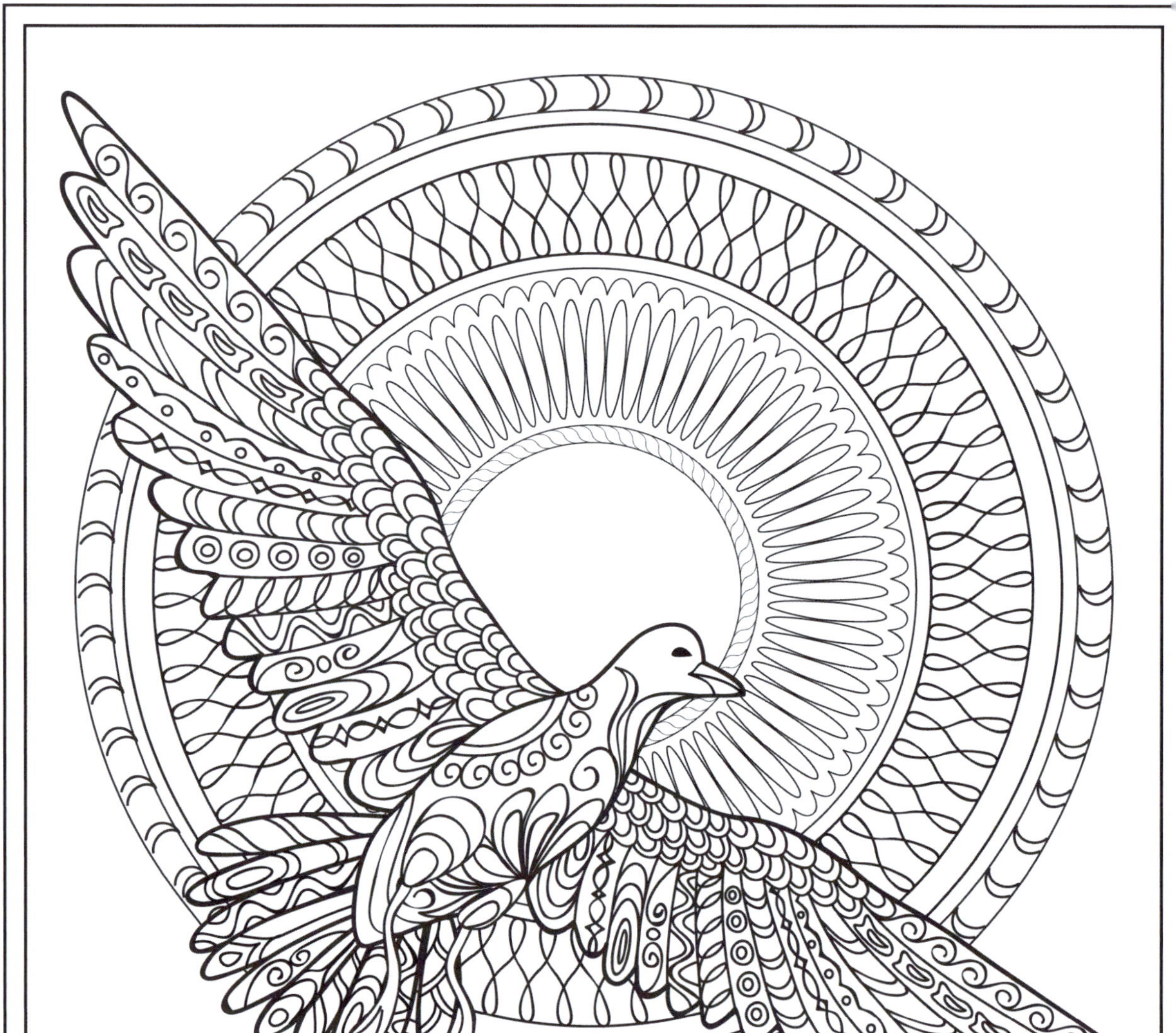

La vista de la paloma es excelente: es capaz de ver la luz ultravioleta.

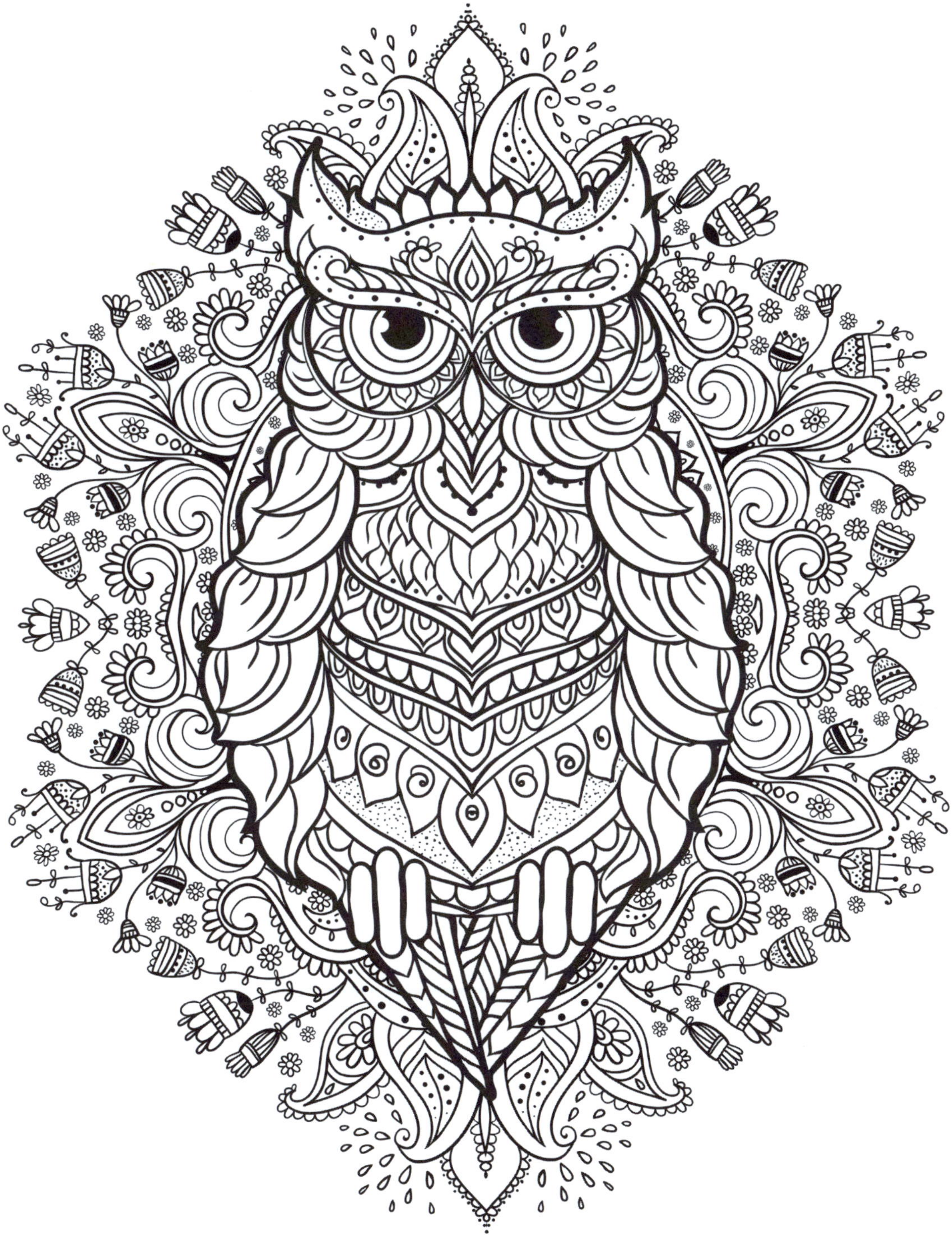

Para controlar un amplio territorio de caza,
el búho gira la cabeza 270 grados en ambas direcciones.

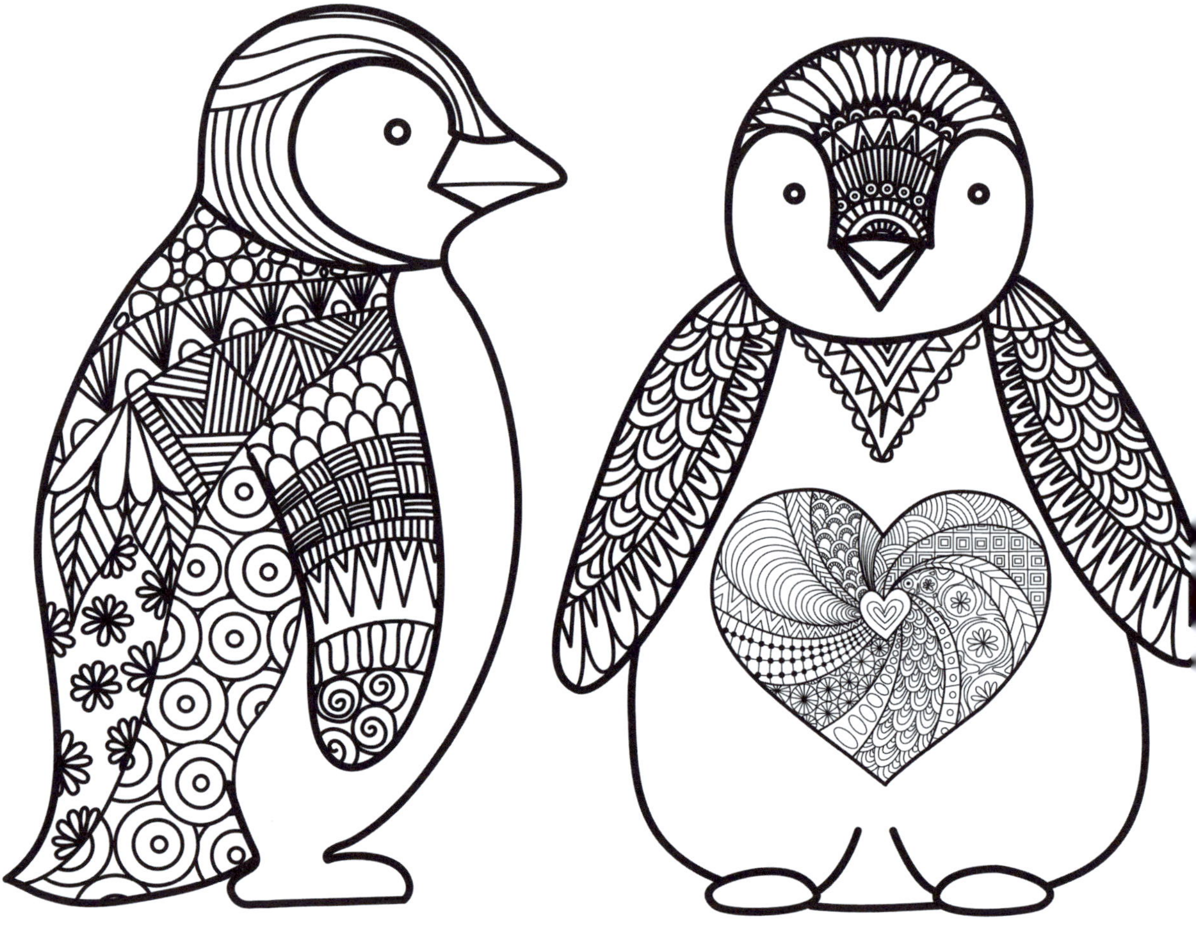

Los pingüinos perdieron la capacidad de volar hace millones de años.

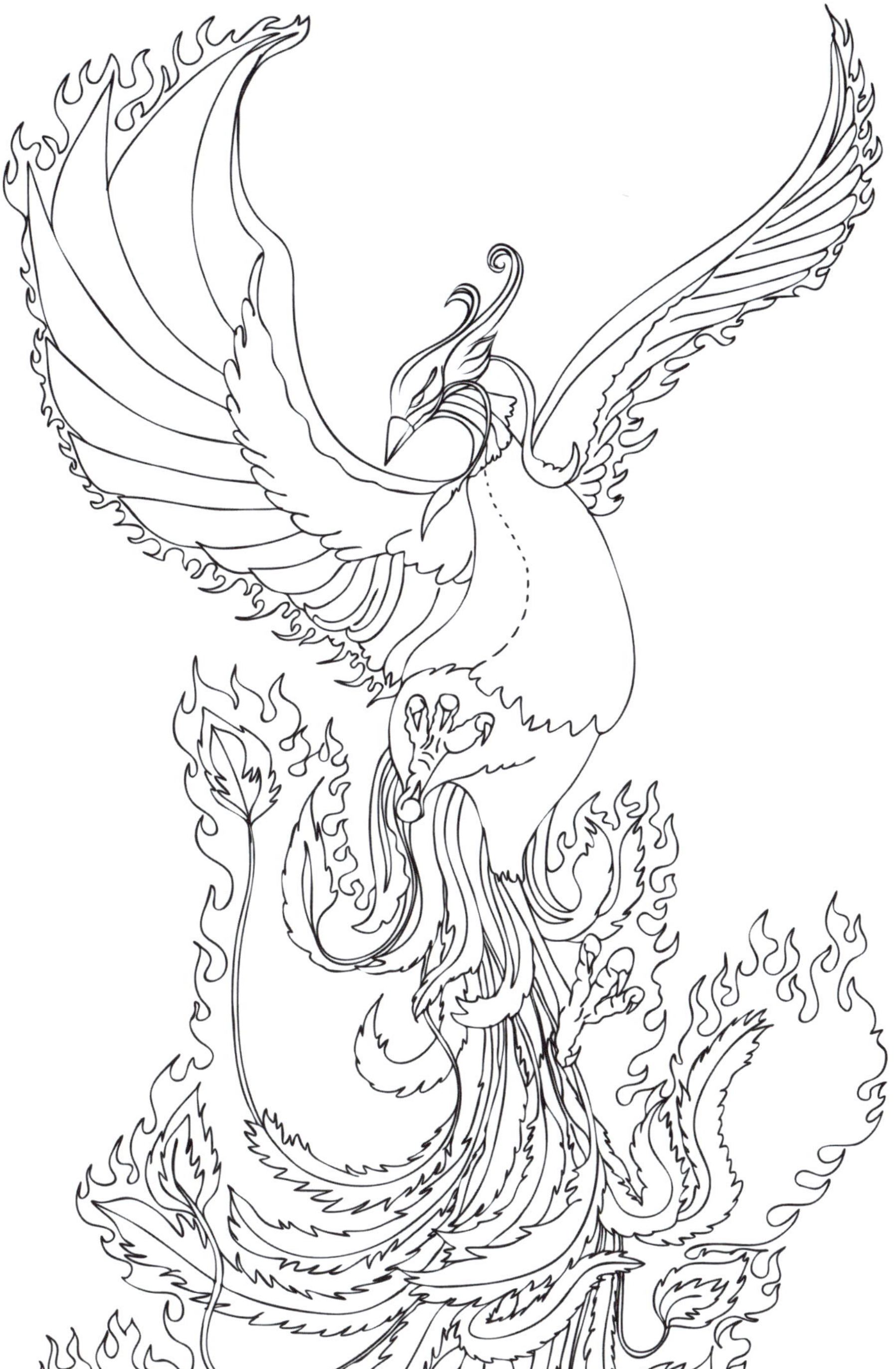

En la mitología griega, el fénix es un ave de larga vida
que se regenera de las cenizas.

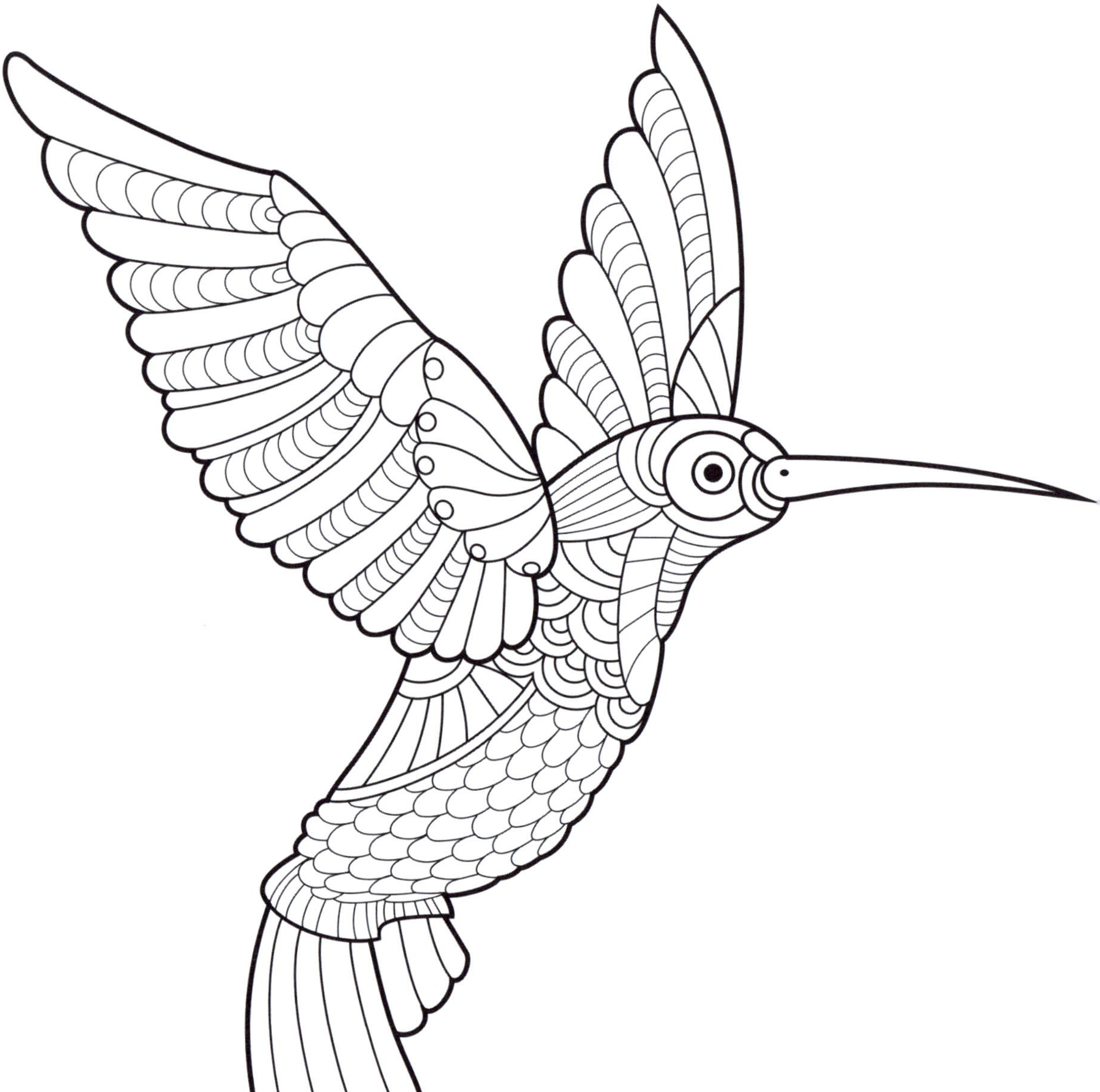

Muchas de las especies de aves migran, aprovechando la diferencia climática entre ambos hemisferios.

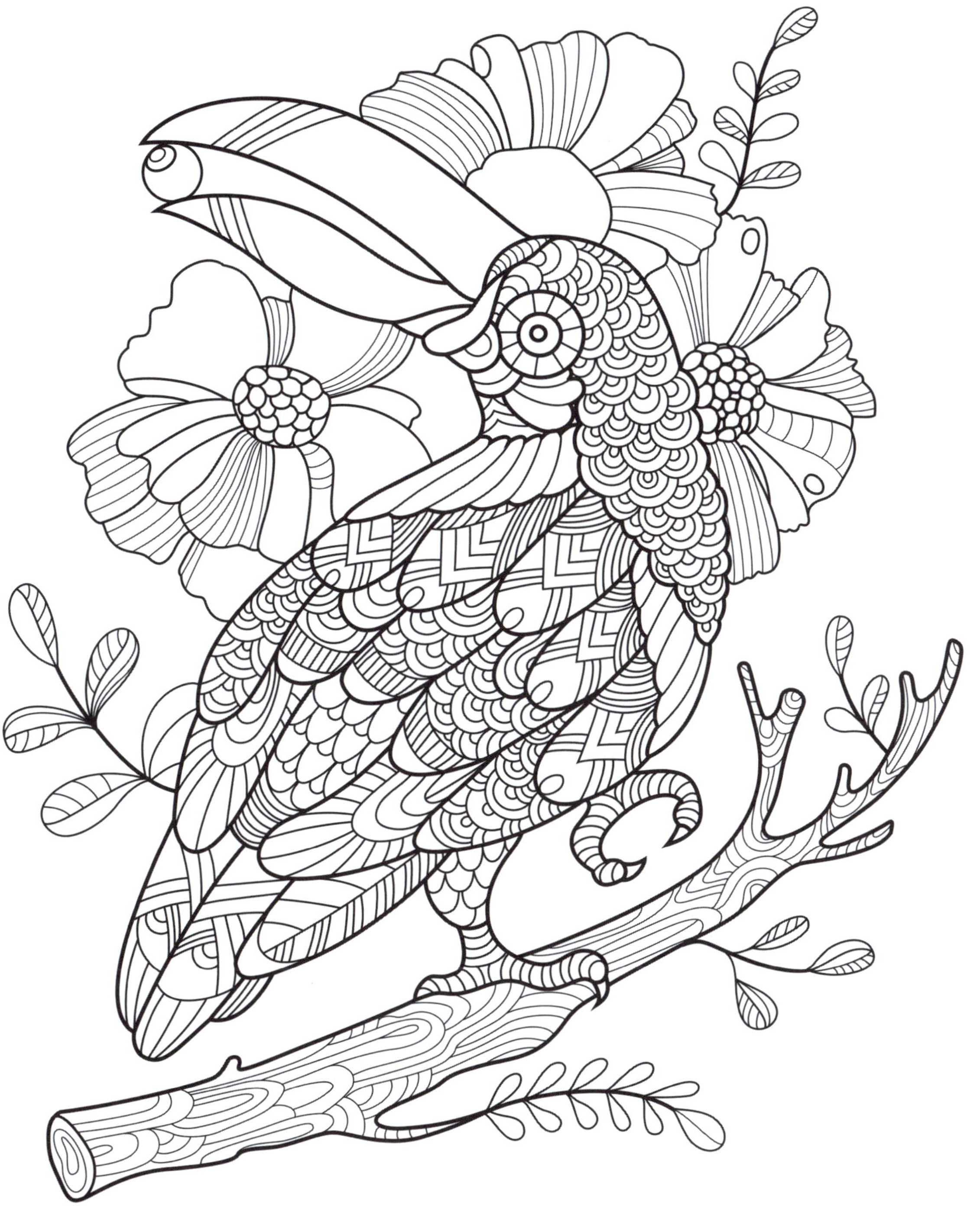

La punta del pico del tucán se caracteriza por su gran precisión, lo que le permite sujetar frutas o semillas, incluso de pequeño tamaño.

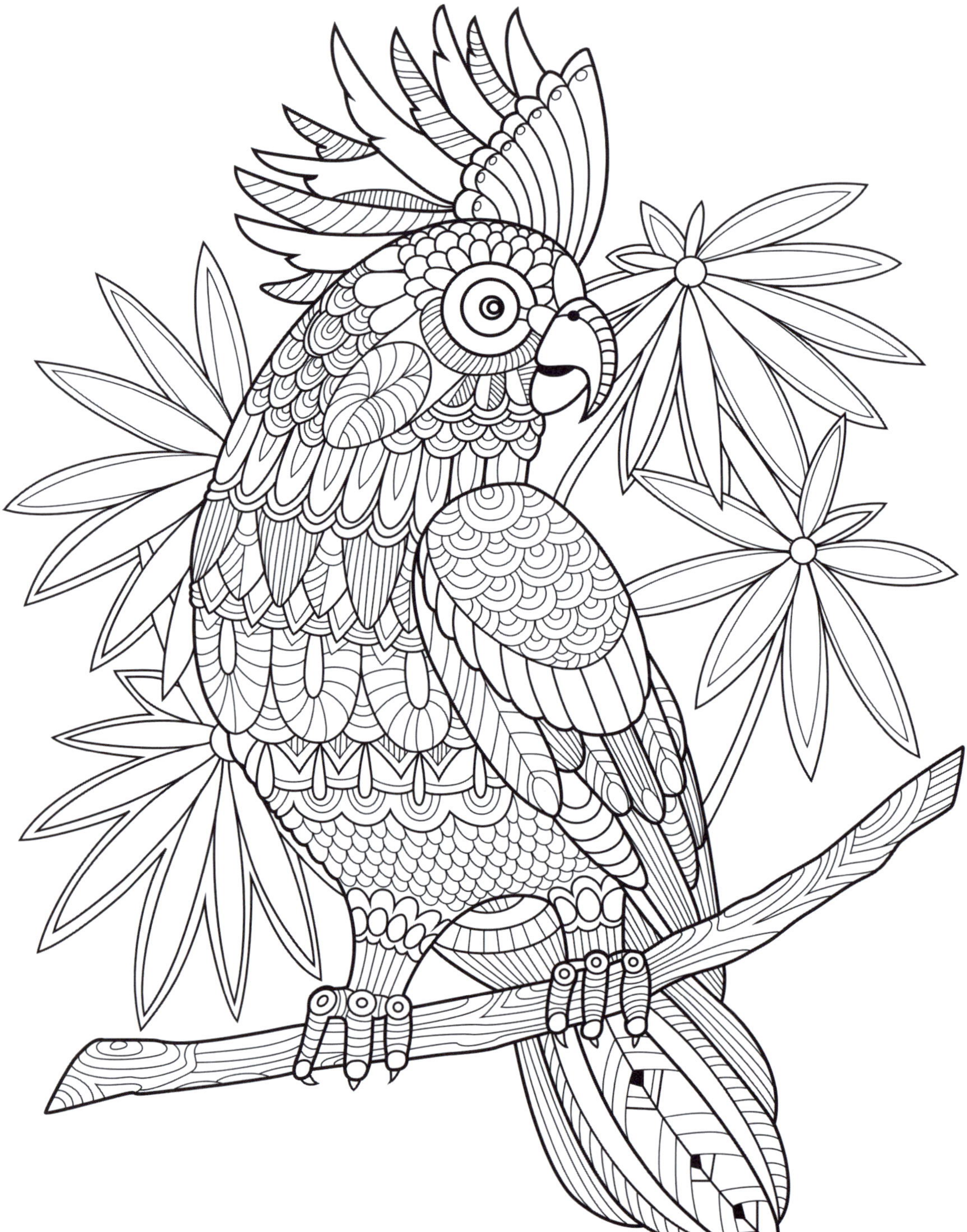

Los loros son aves extremadamente activas en la naturaleza, que pasan incontables horas al día volando, buscando comida y manteniéndose alejados de los depredadores.

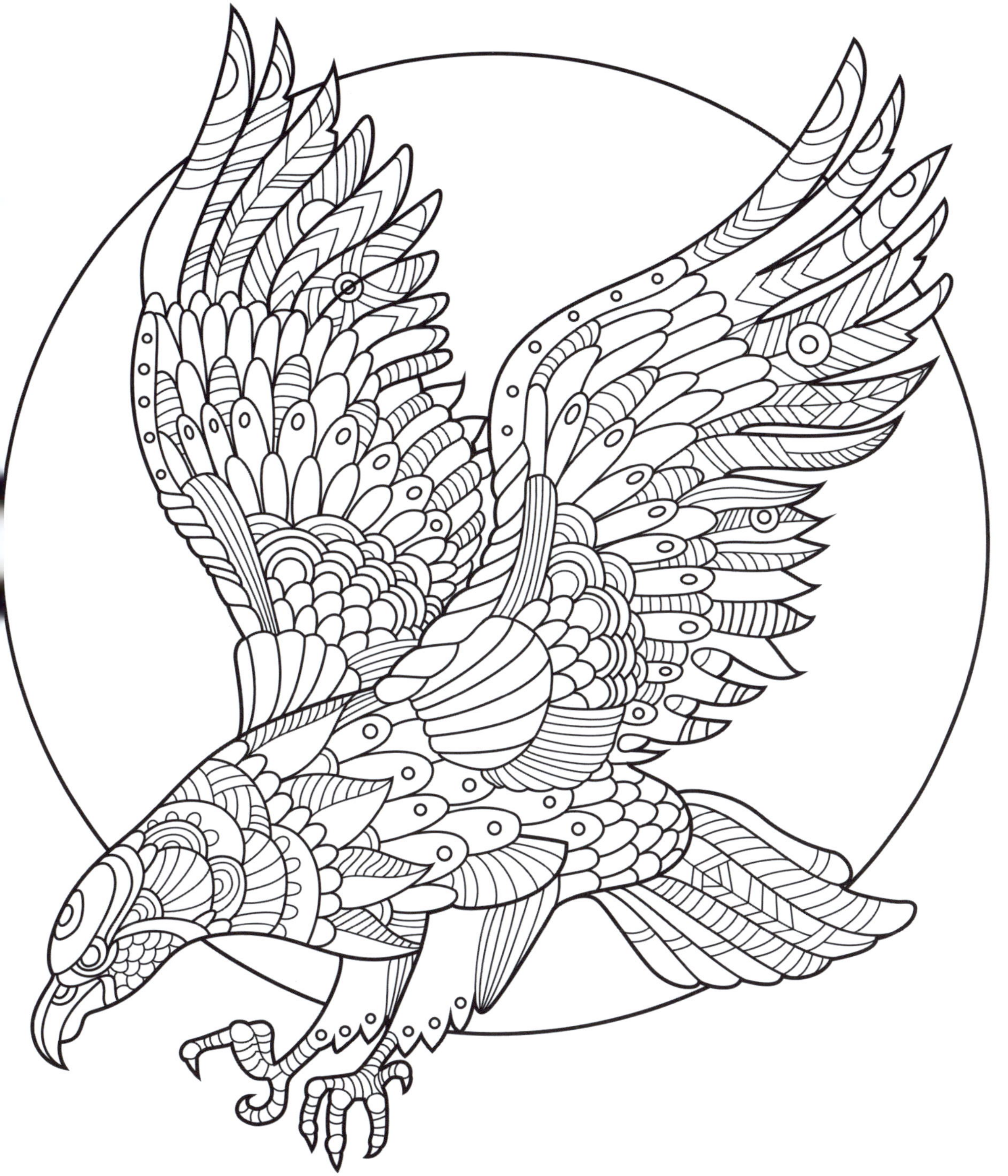

Las águilas gozan de un sentido de la vista extraordinario con el que pueden divisar sus presas a grandes distancias.

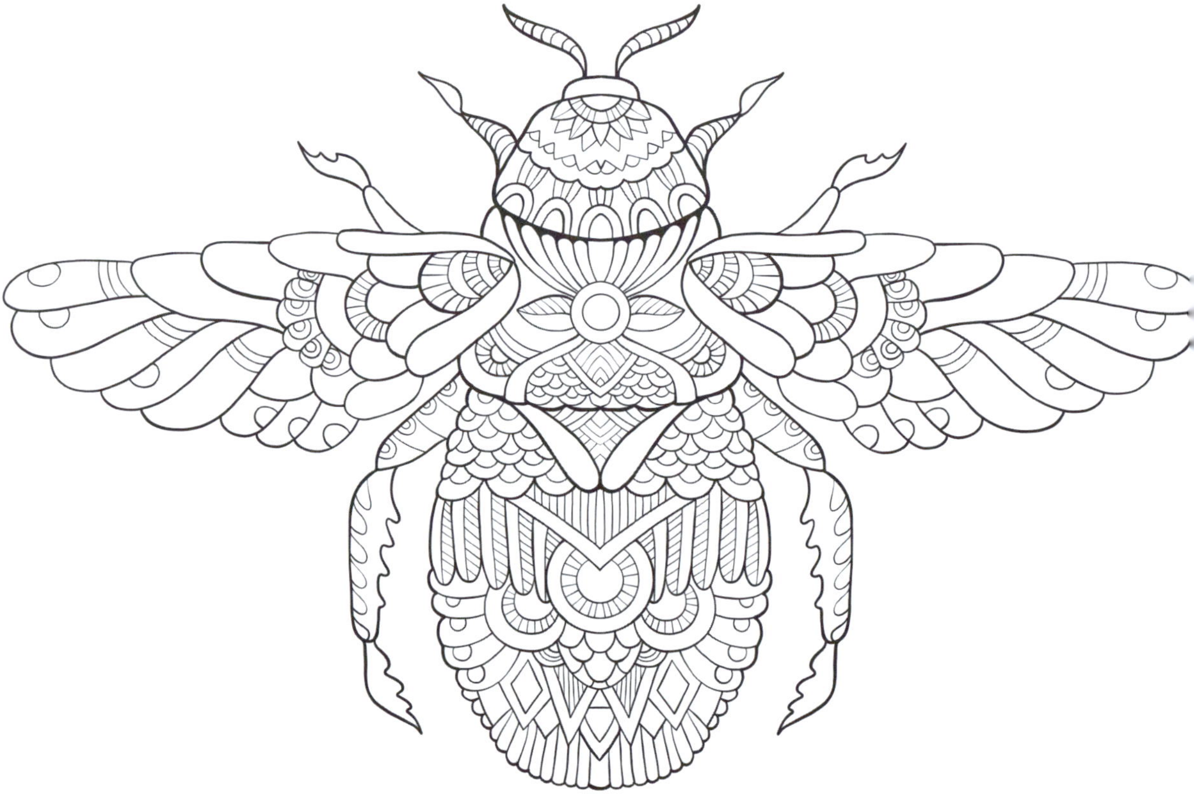

El cuerpo de los insectos está dividido en tres secciones: cabeza, tórax y abdomen.

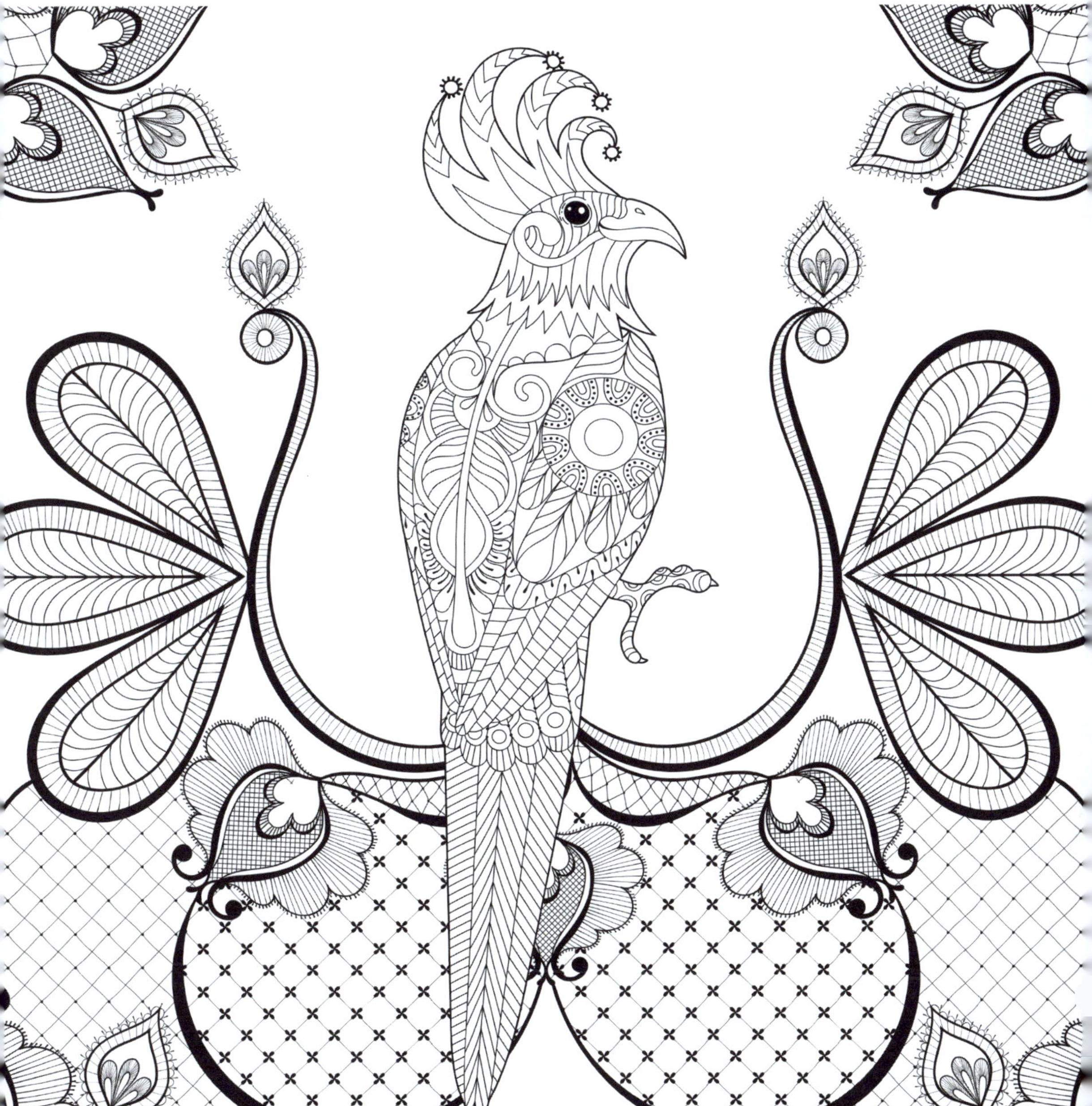

Algunos loros pueden aprender a hablar y algunos desarrollan un vocabulario bastante impresionante para un ave de su tamaño.

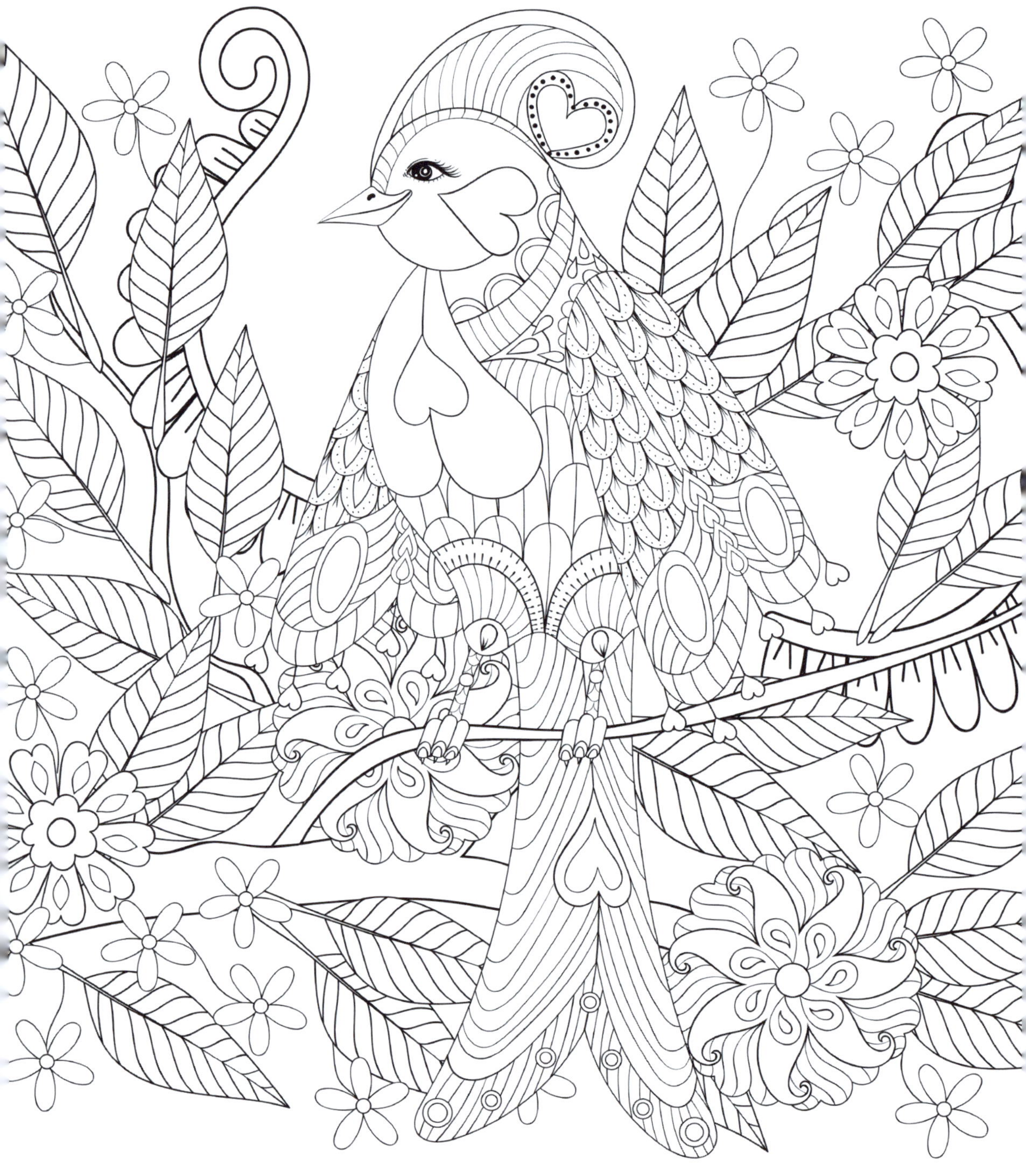

Las especies más grandes de loros, por ejemplo, las guacamayas
y las cacatúas, usualmente viven de treinta y cinco a cincuenta años.

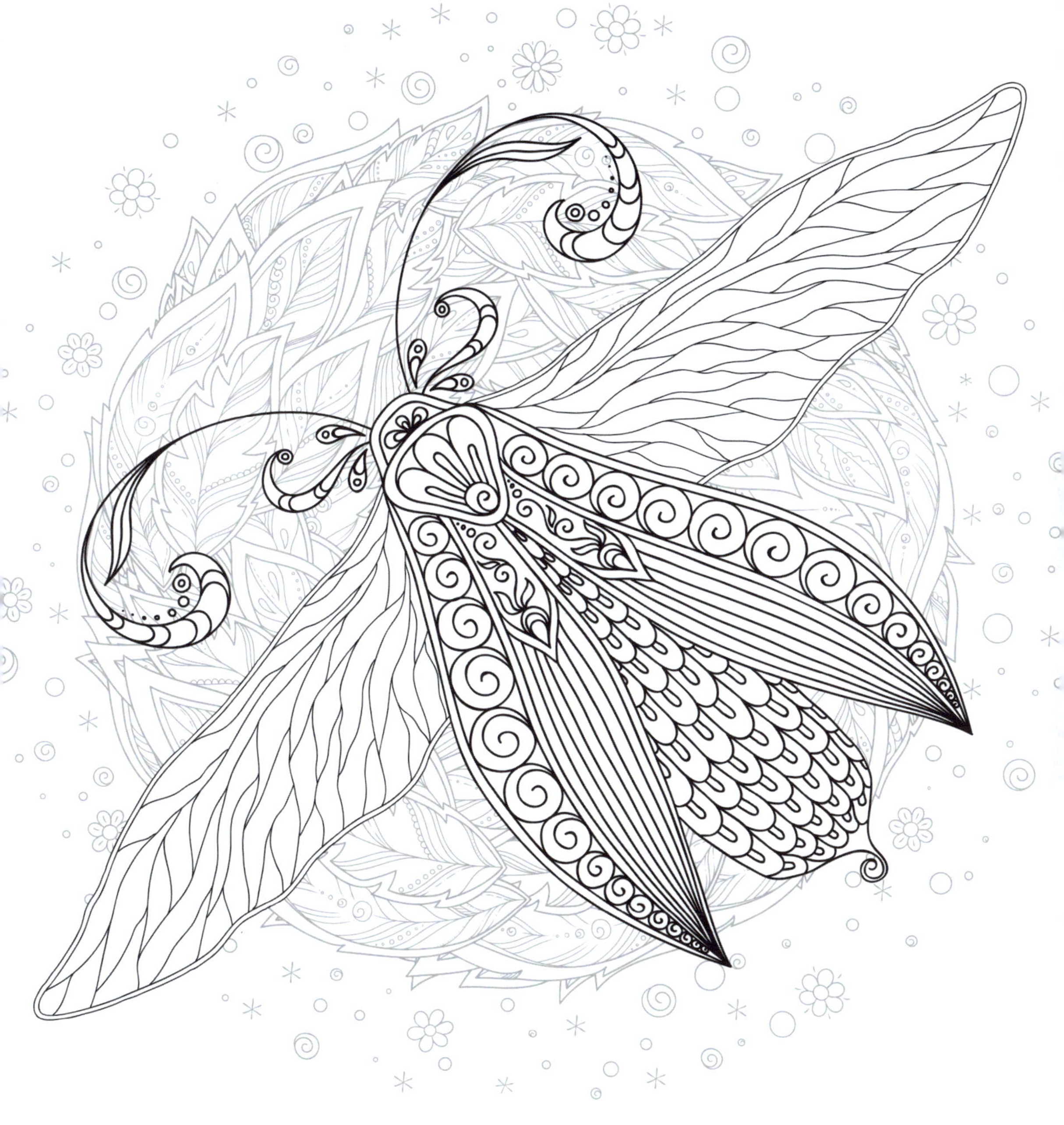

Los insectos son animales que presentan
un exoesqueleto que les permite volar.

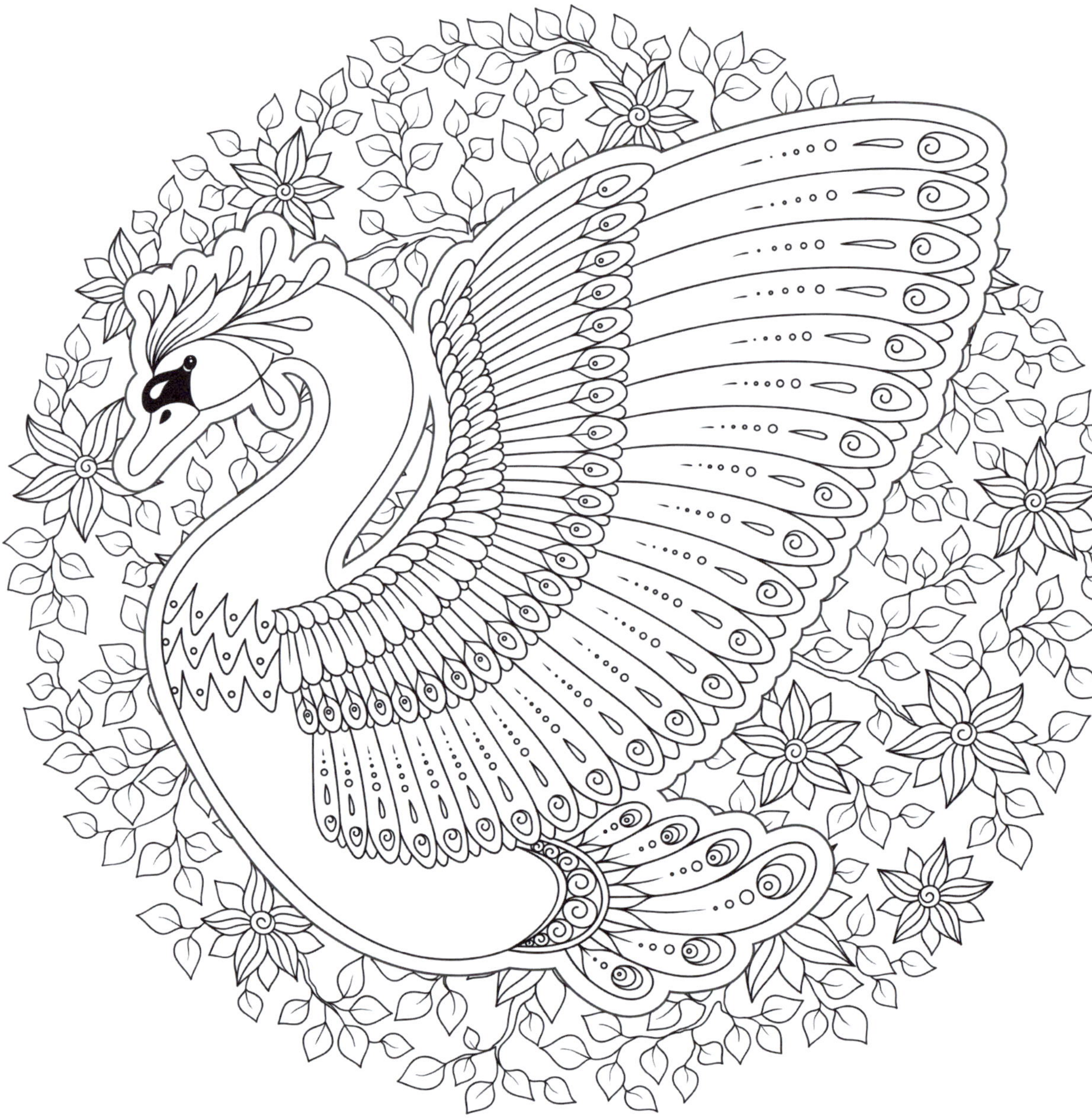

Después del apareamiento, los cisnes pasan
toda su vida con la misma pareja.

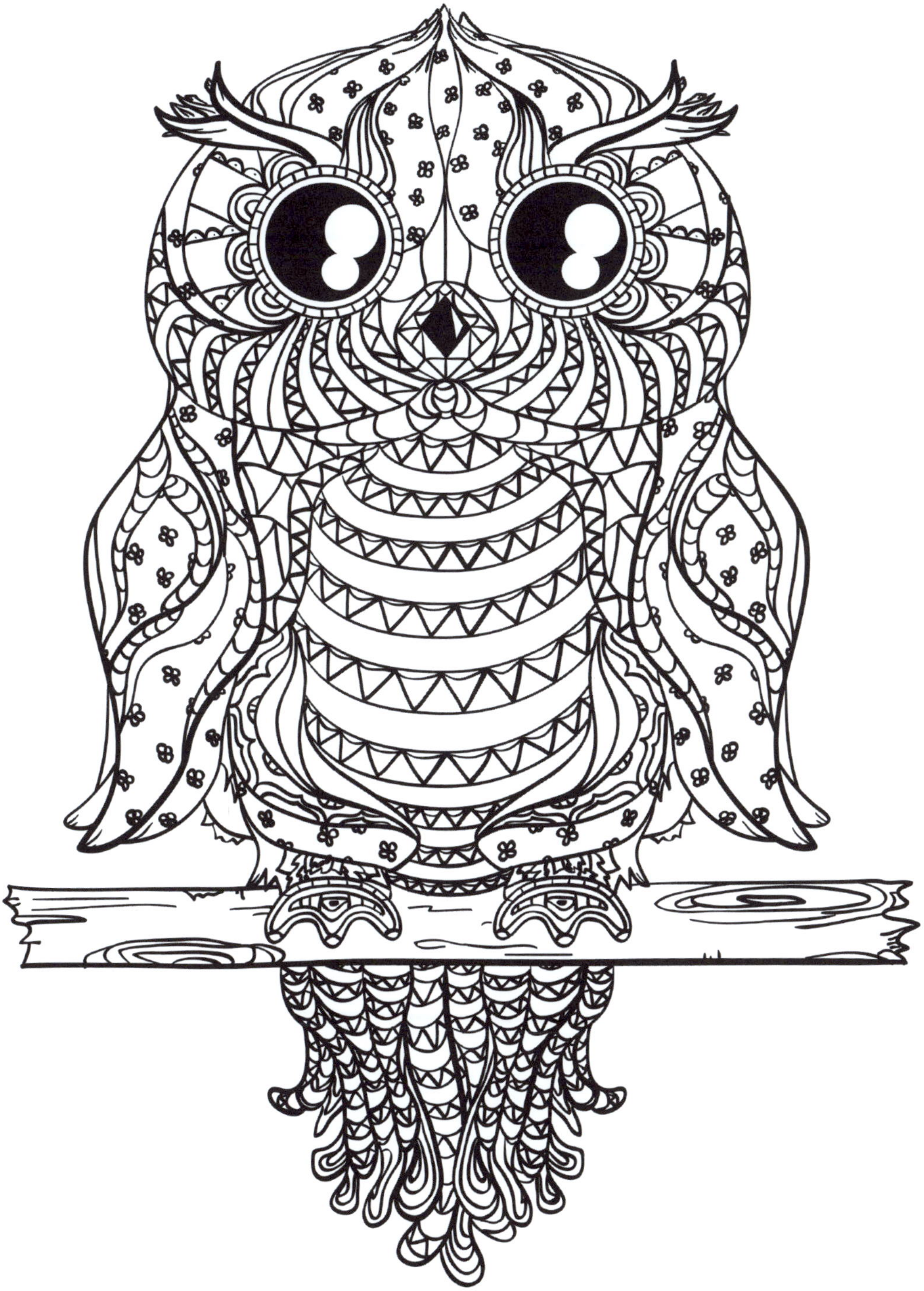

El búho es ovíparo y, según la especie, puede poner hasta diez huevos.

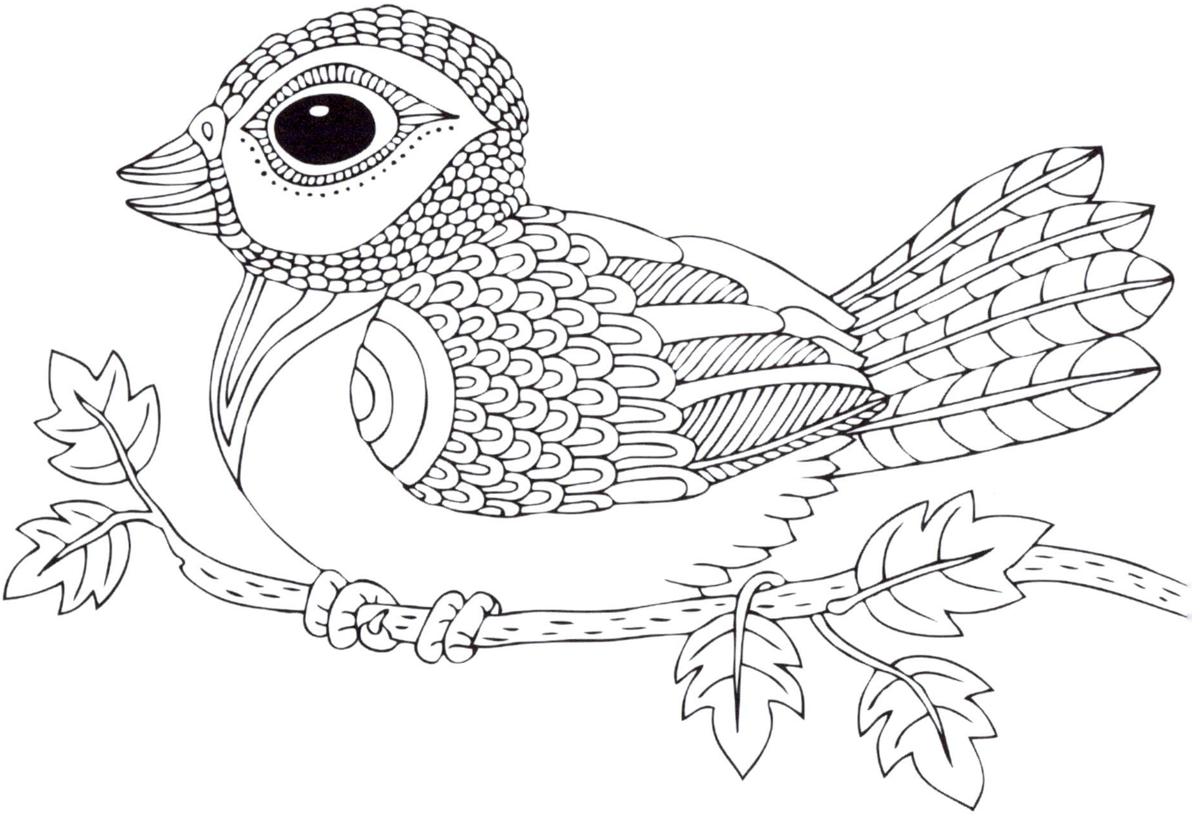

Las especies aviares están entre las más perjudicadas por los derrames petroleros y otros accidentes ecológicos de alto impacto.

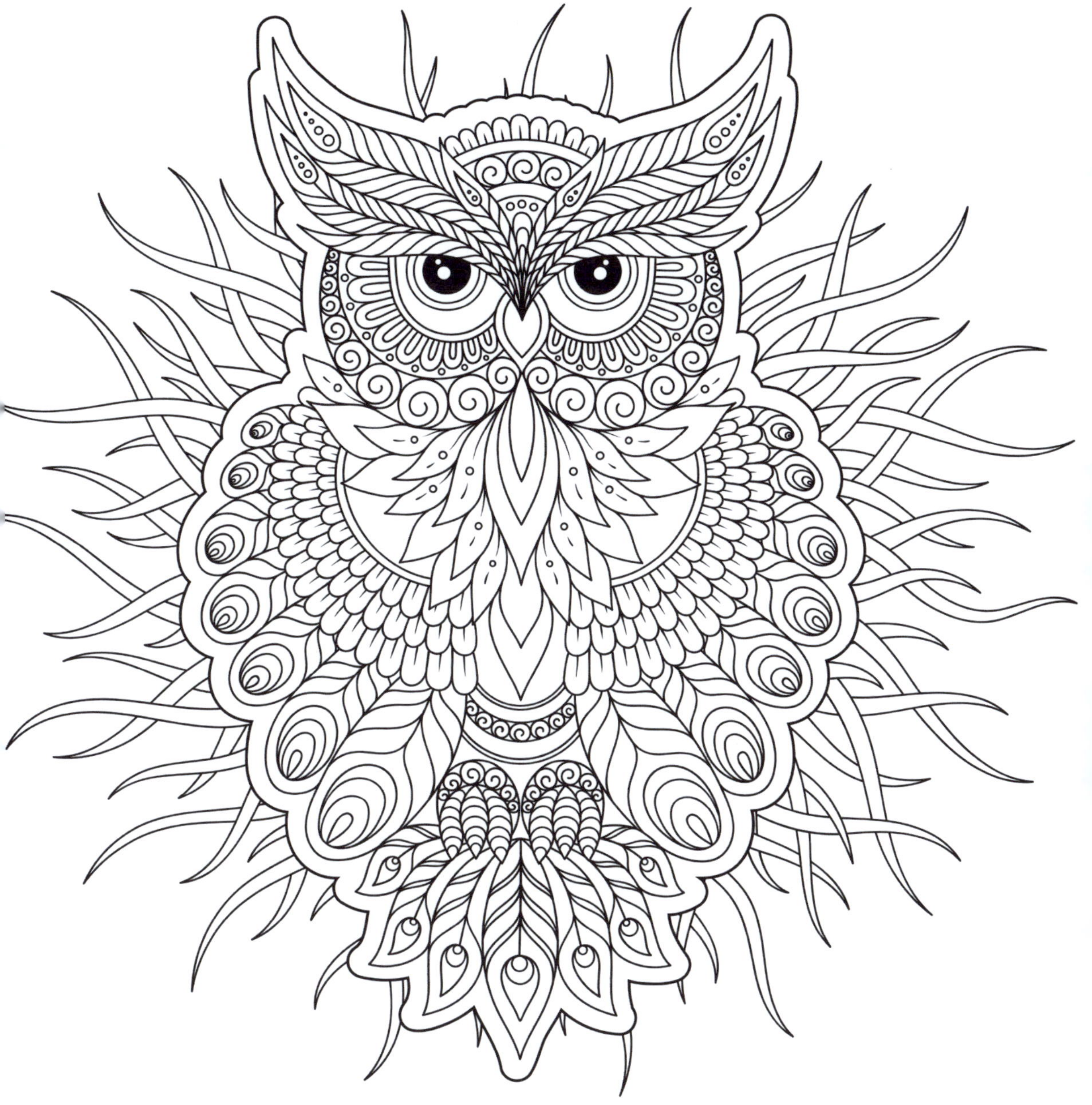

La Antártida es el único lugar del planeta
donde no existe ninguna especie de búhos.

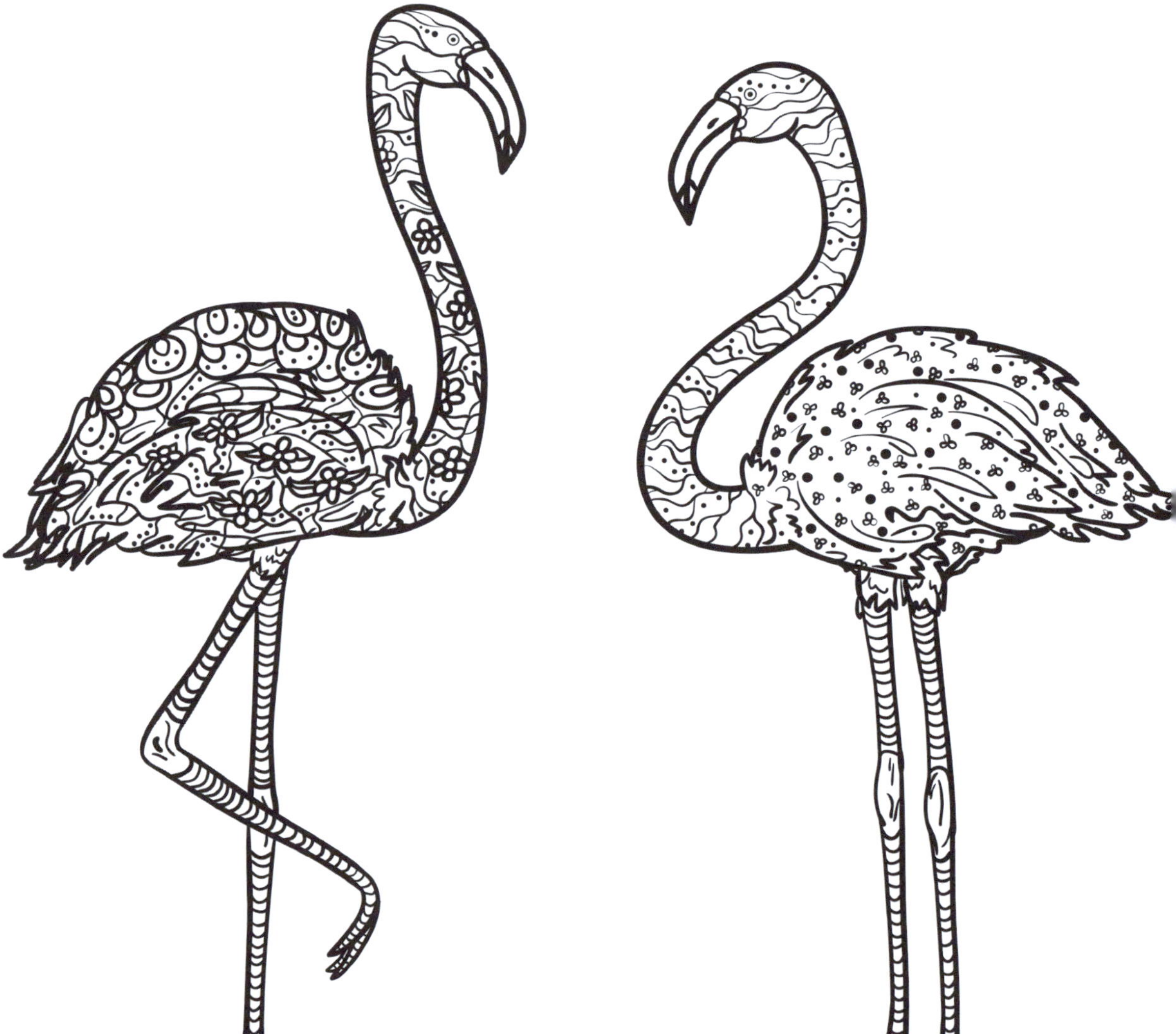

Los flamencos suelen descansar de pie, habitualmente sobre una sola pata, la cual van cambiando casi de forma inconsciente mientras duermen.

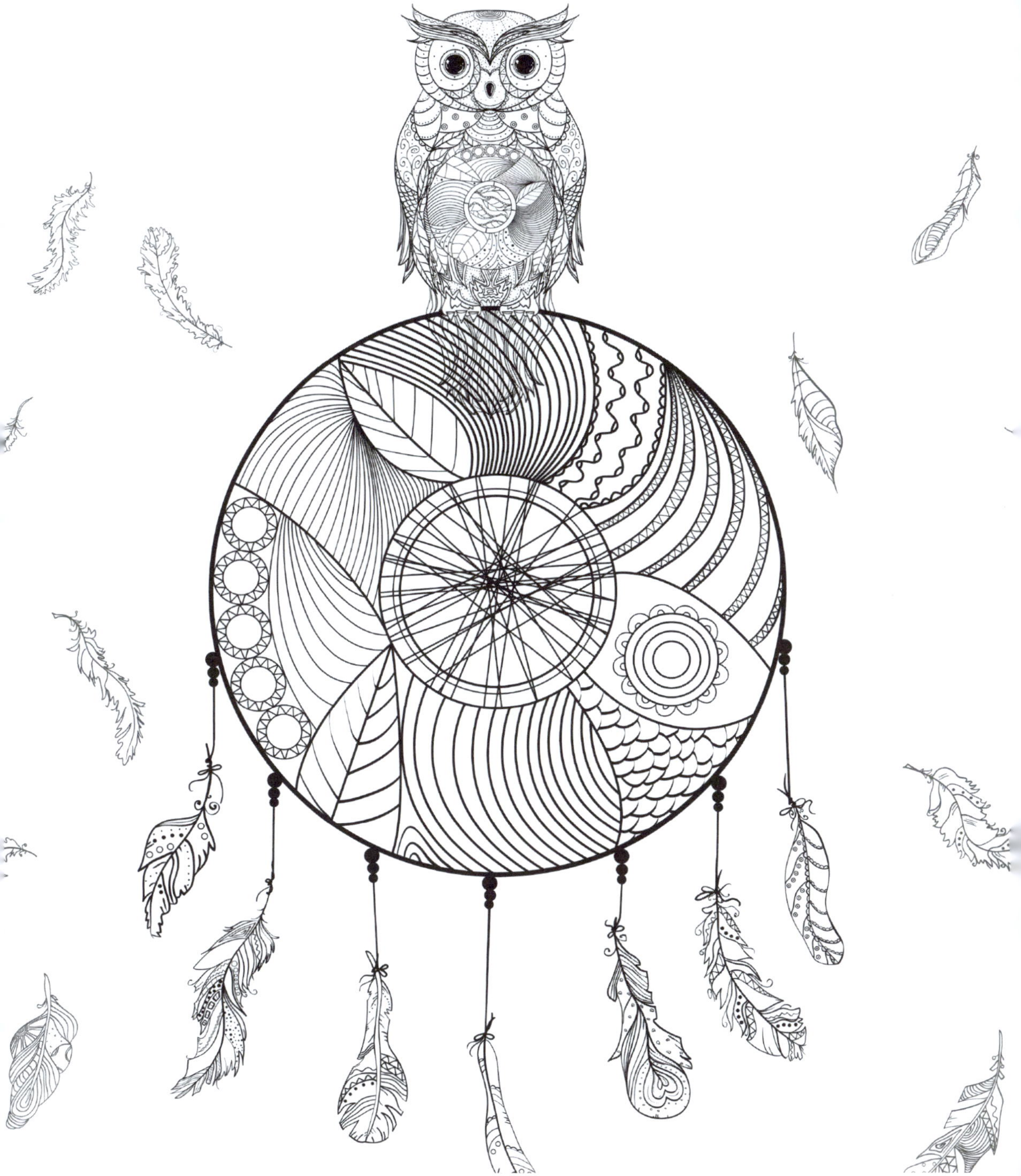

Los búhos tienen un simbolismo próximo al misterio,
la magia, la brujería o la superstición.

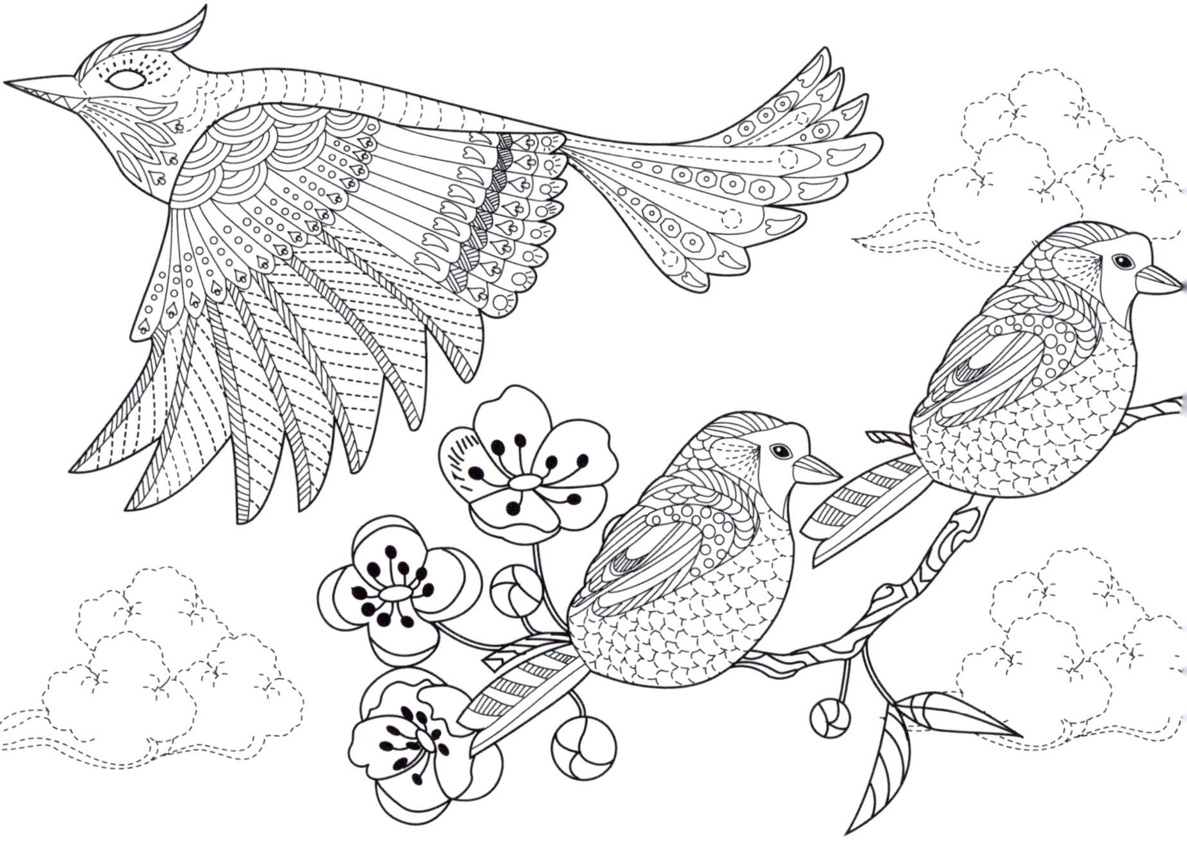

El periquito es un ave social a la que le encanta comunicarse mediante la imitación de sonidos.

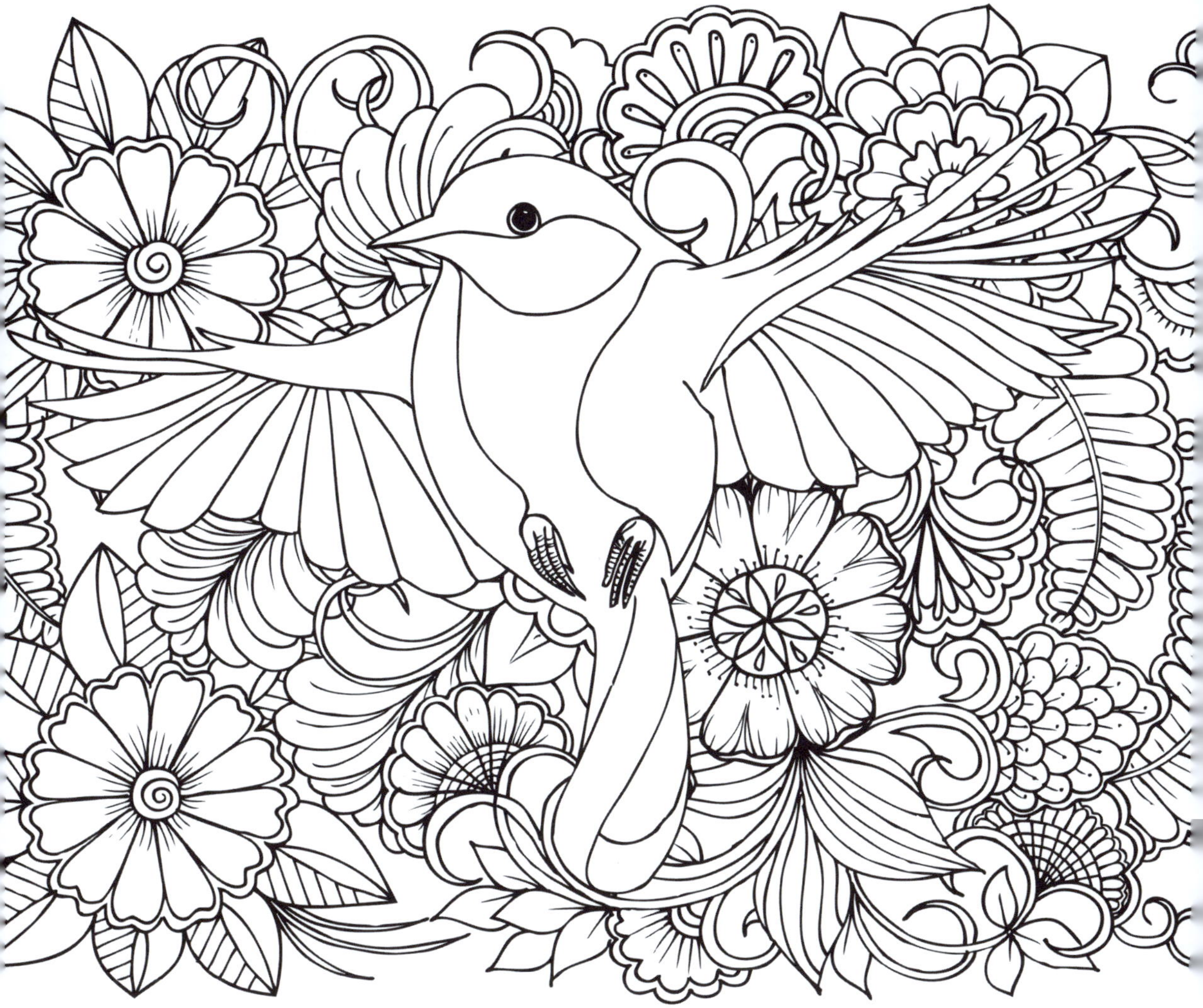

El colibrí es una de las aves más preciadas del mundo pues tiene un plumaje colorido y metálico.

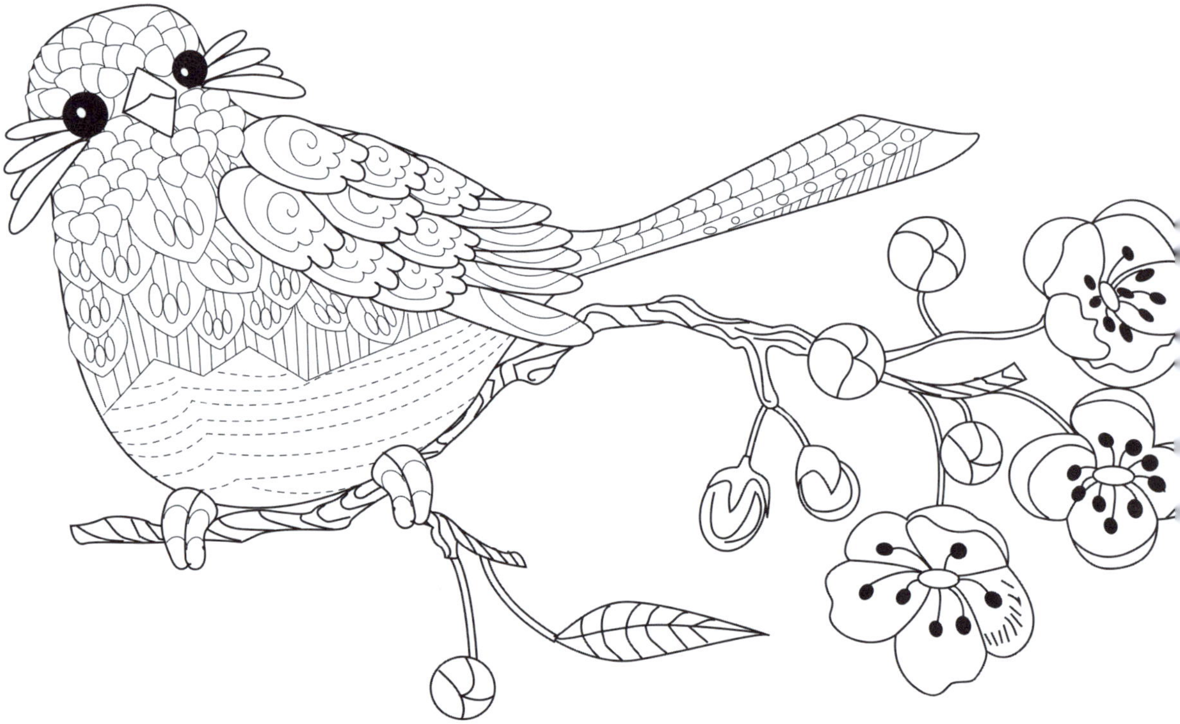

Existen, aproximadamente, unas dieciséis clases y subtipos de periquitos con rasgos bastante diferenciados.

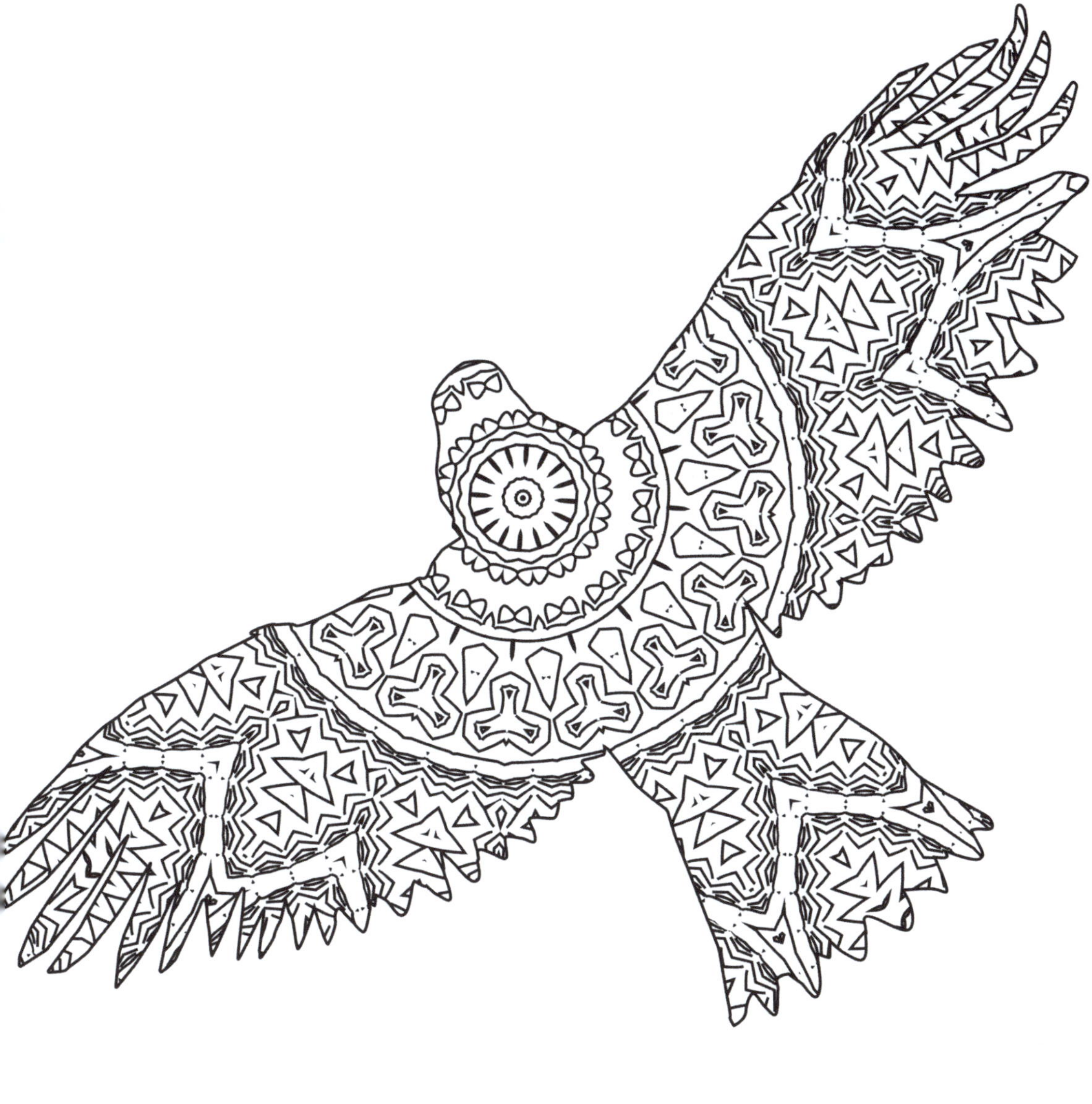

Existen, aproximadamente, unas sesenta especies de águilas alrededor del mundo.

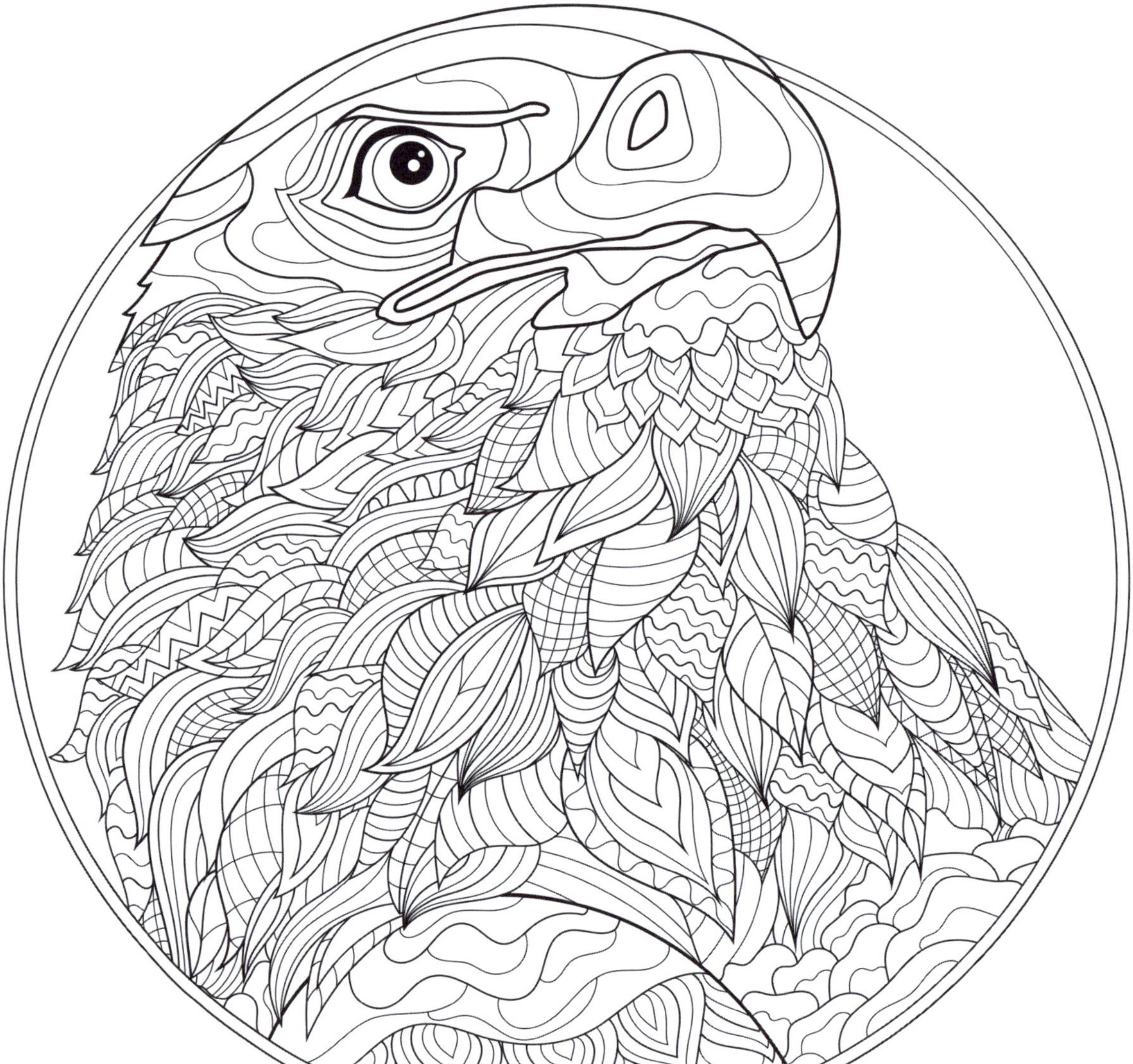

Debido a la destrucción de hábitats, la caza y la contaminación, muchas especies de águilas han disminuido su población.

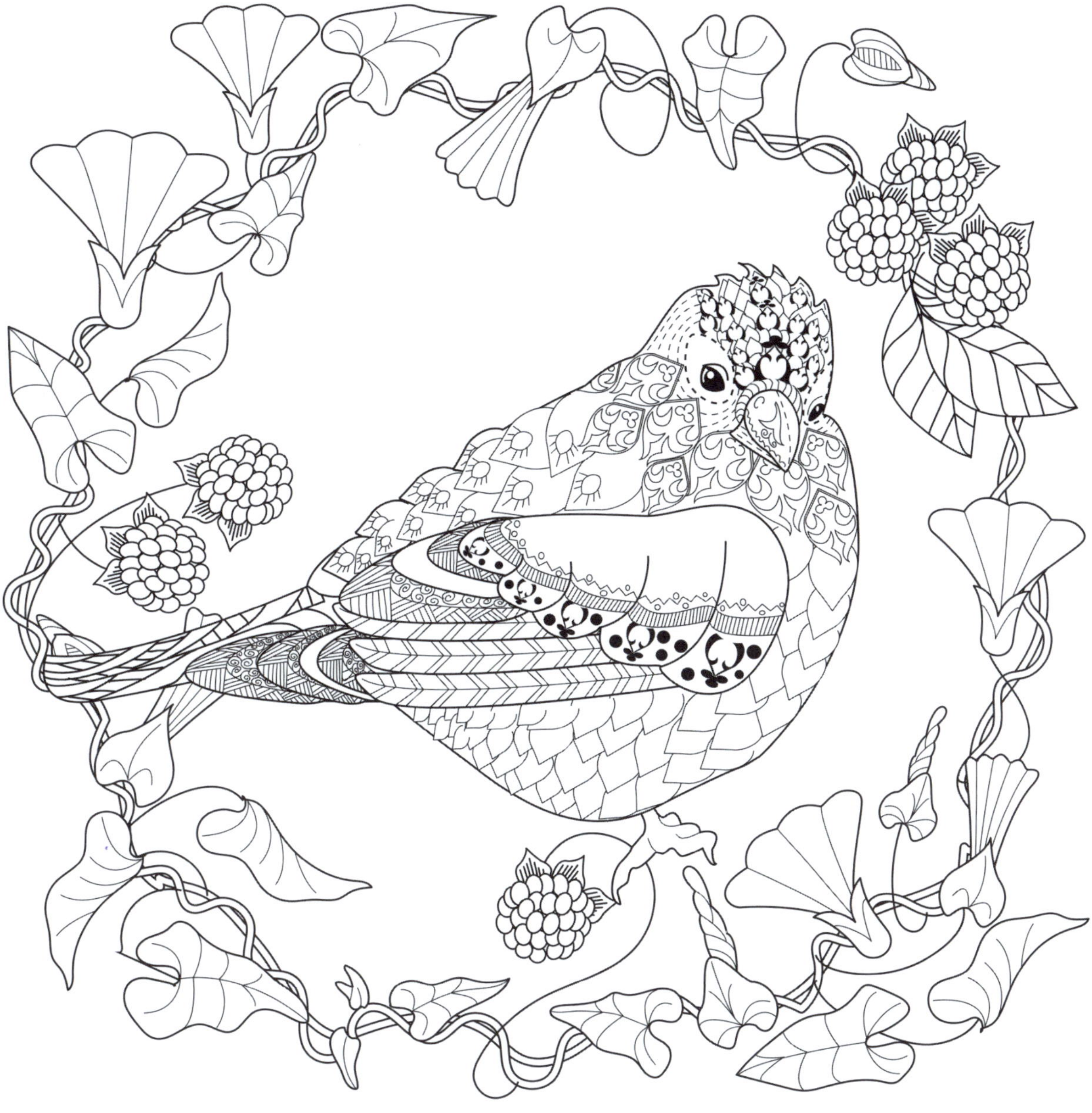

Los periquitos son pájaros muy felices, sociables, que gustan de vivir en pareja, odian la soledad y con los que puedes formar un vínculo muy fuerte si les dedicas bastante atención.

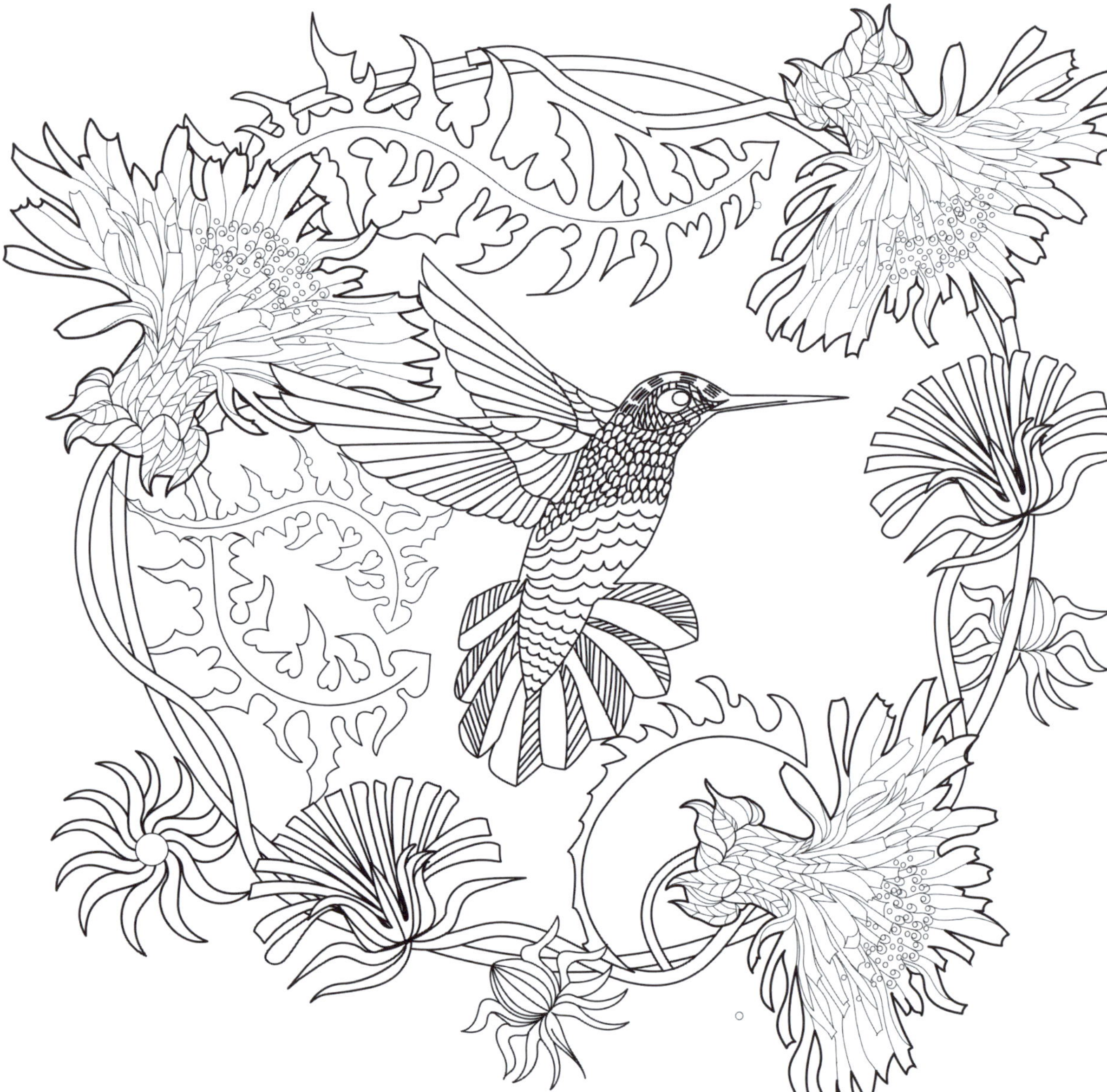

Los colibrís gastan gran cantidad de energía por el vuelo.
Por ello necesitan comidas frecuentes, tanto, que en un día
consumen hasta cinco veces su peso corporal.

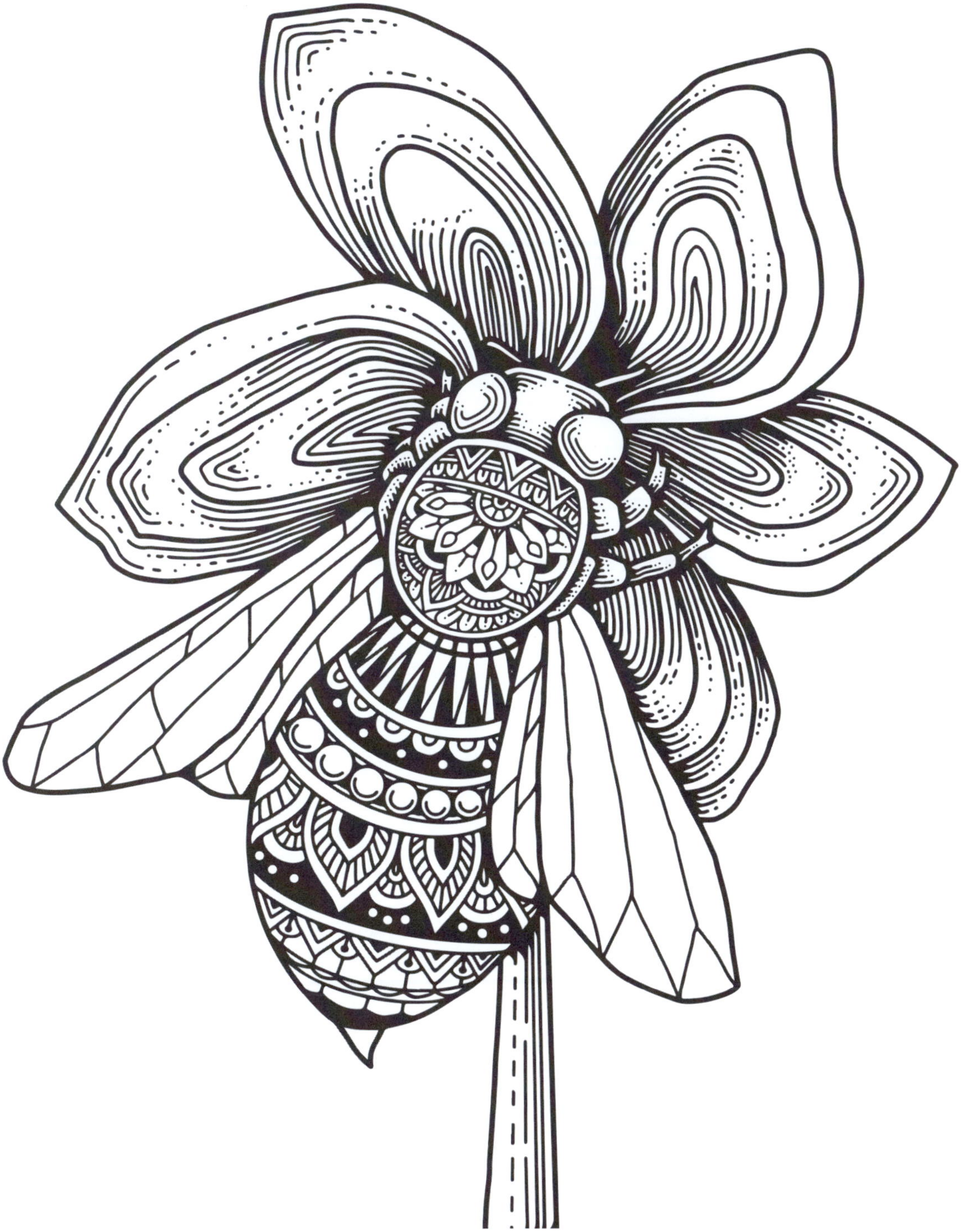

Las abejas son los insectos polinizadores por excelencia
y tienen una función esencial para el equilibrio de la naturaleza.

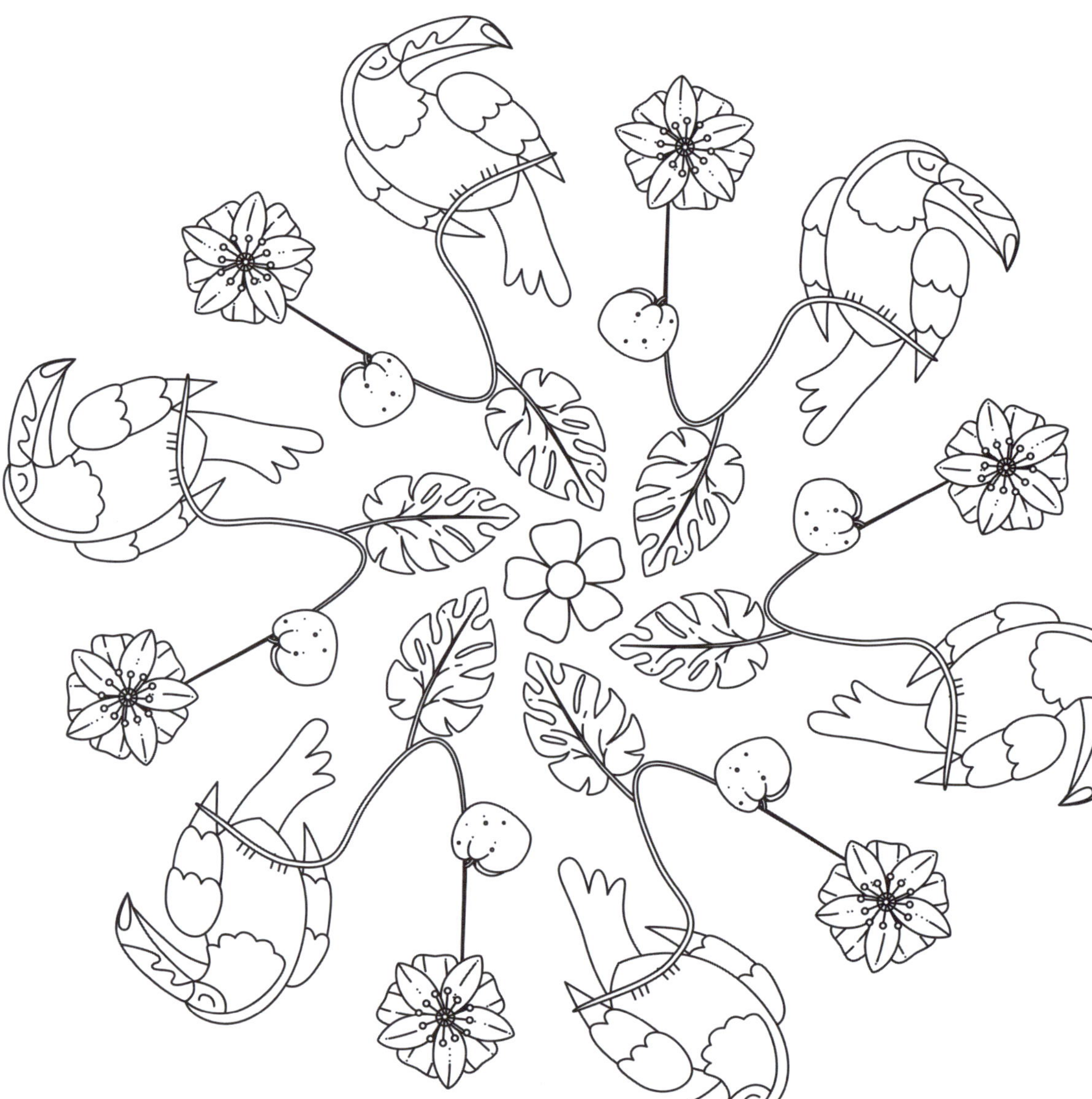

Debido a sus largos picos, los tucanes se ven obligados a echar la cabeza hacia atrás para tragar el alimento.

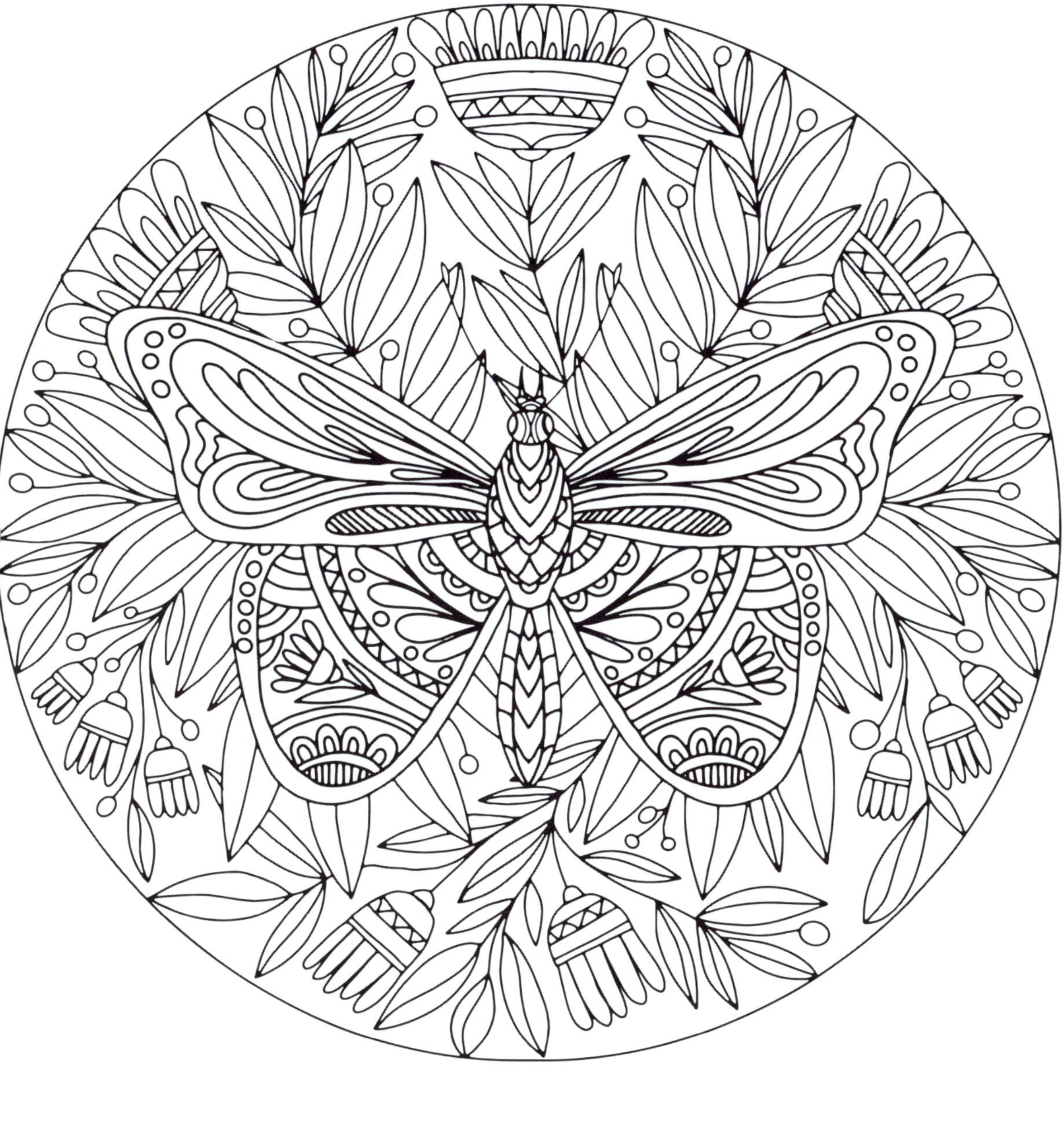

Las mariposas se caracterizan por ser uno de los animales que atraviesan una metamorfosis para llegar a su estado adulto.

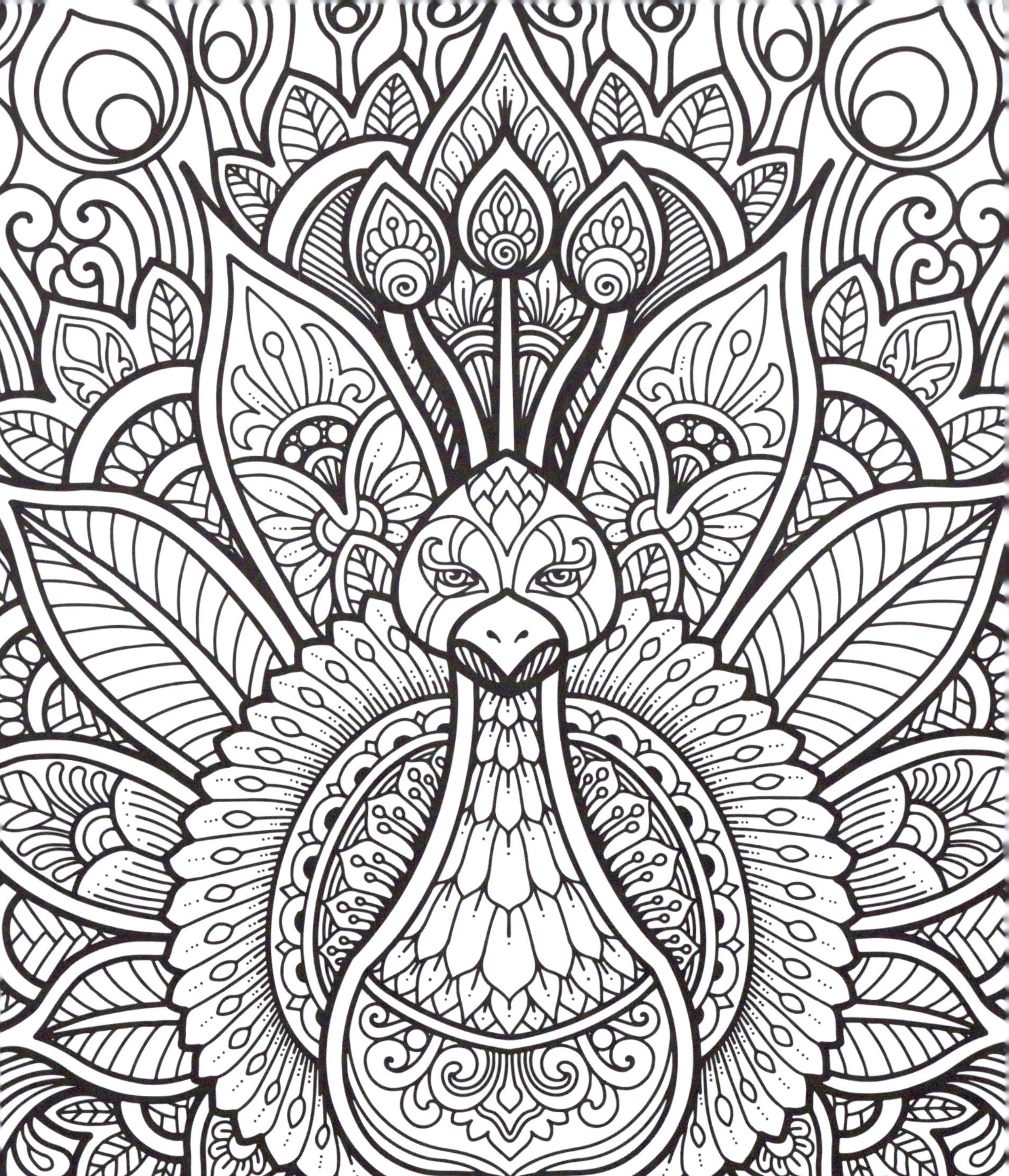

Los cisnes tienen por costumbre construir sus nidos en tierra,
pero siempre lo hacen en zonas cercanas al agua.

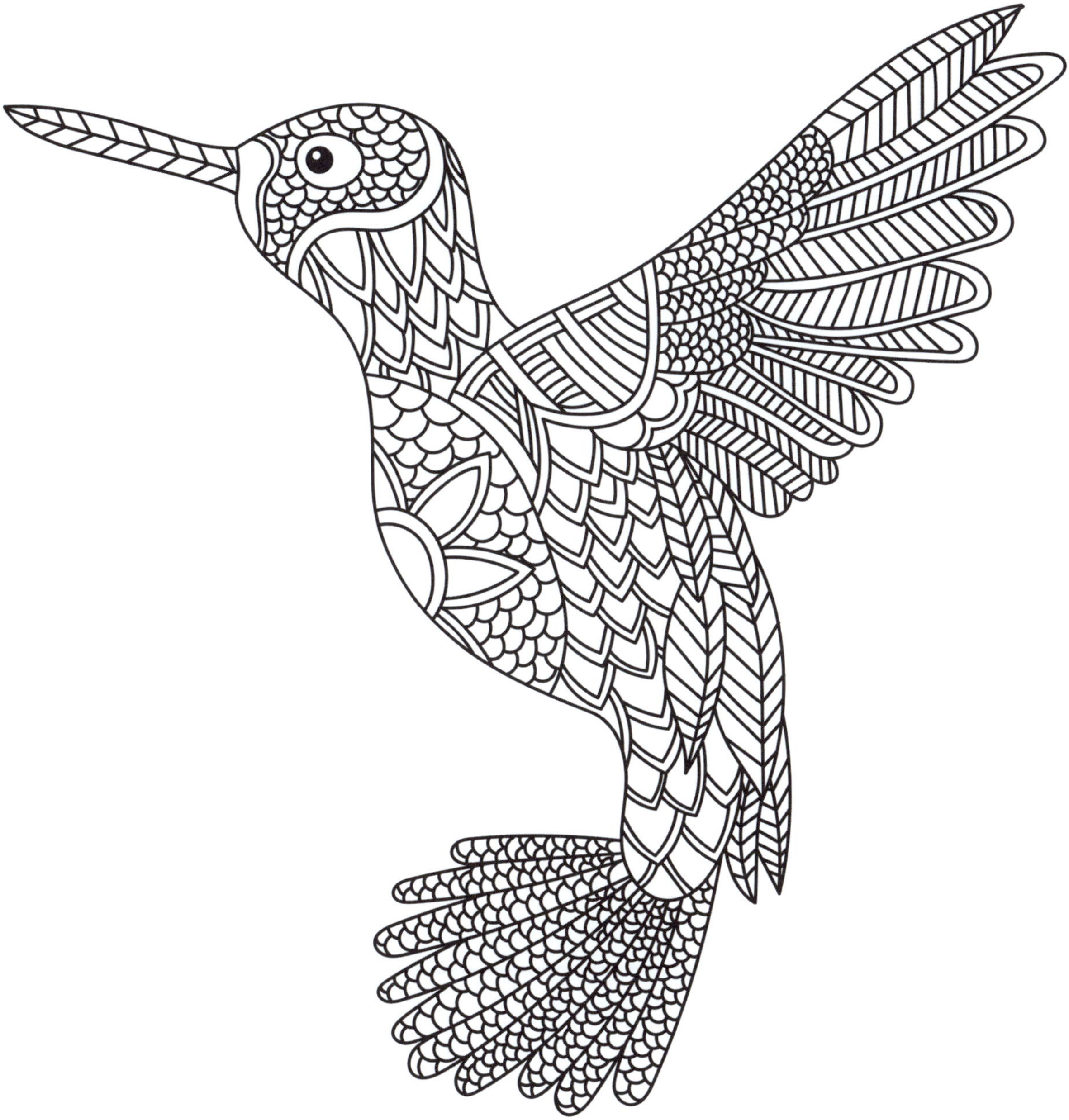

Las aves tienen el cuerpo cubierto de plumas, lo que les permite protegerse de la humedad y el frío y, además, facilita y permite el vuelo de forma más efectiva.

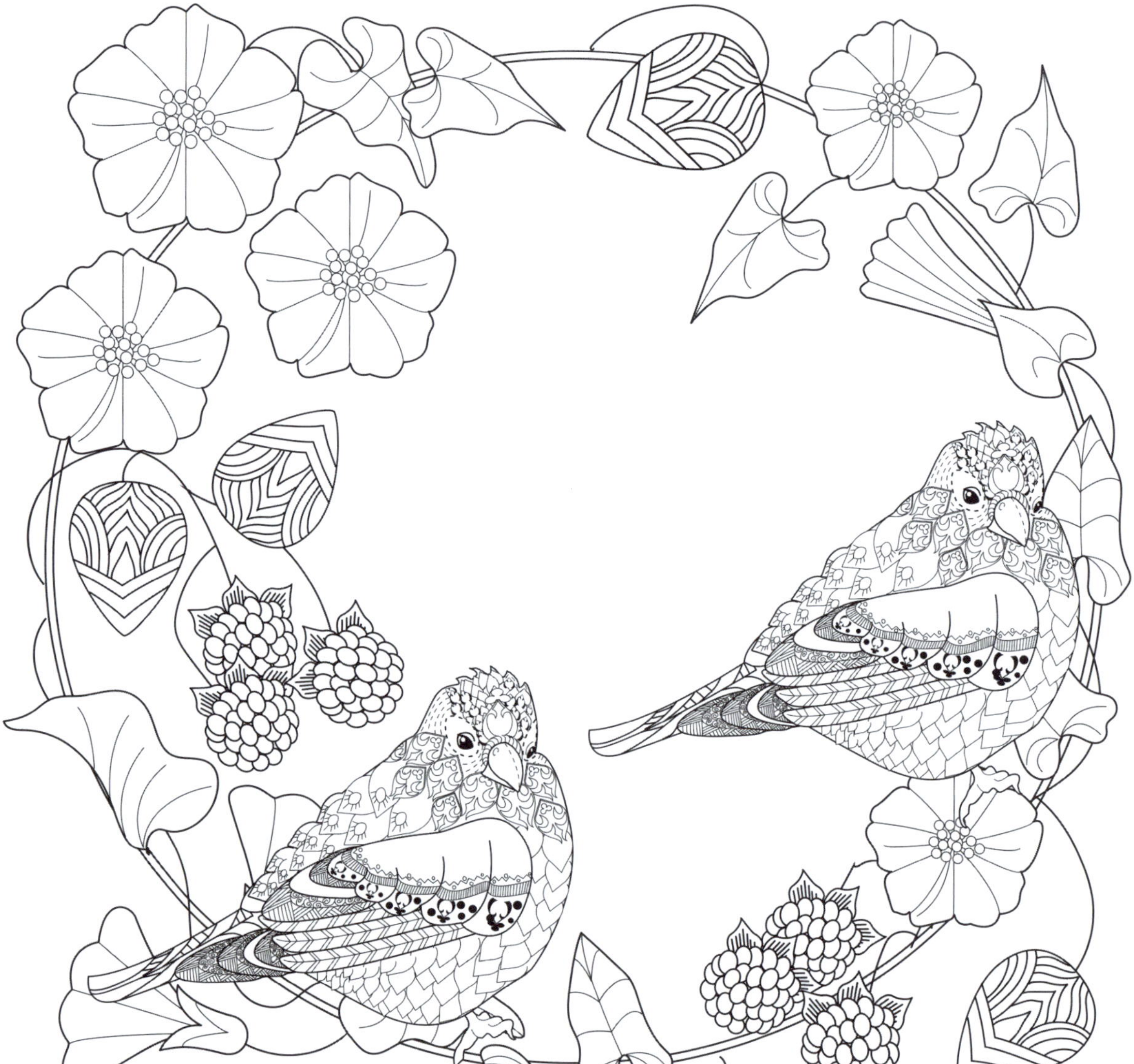

Las patas de las aves tienen escamas y su forma varía según los hábitos alimenticios y el hábitat.

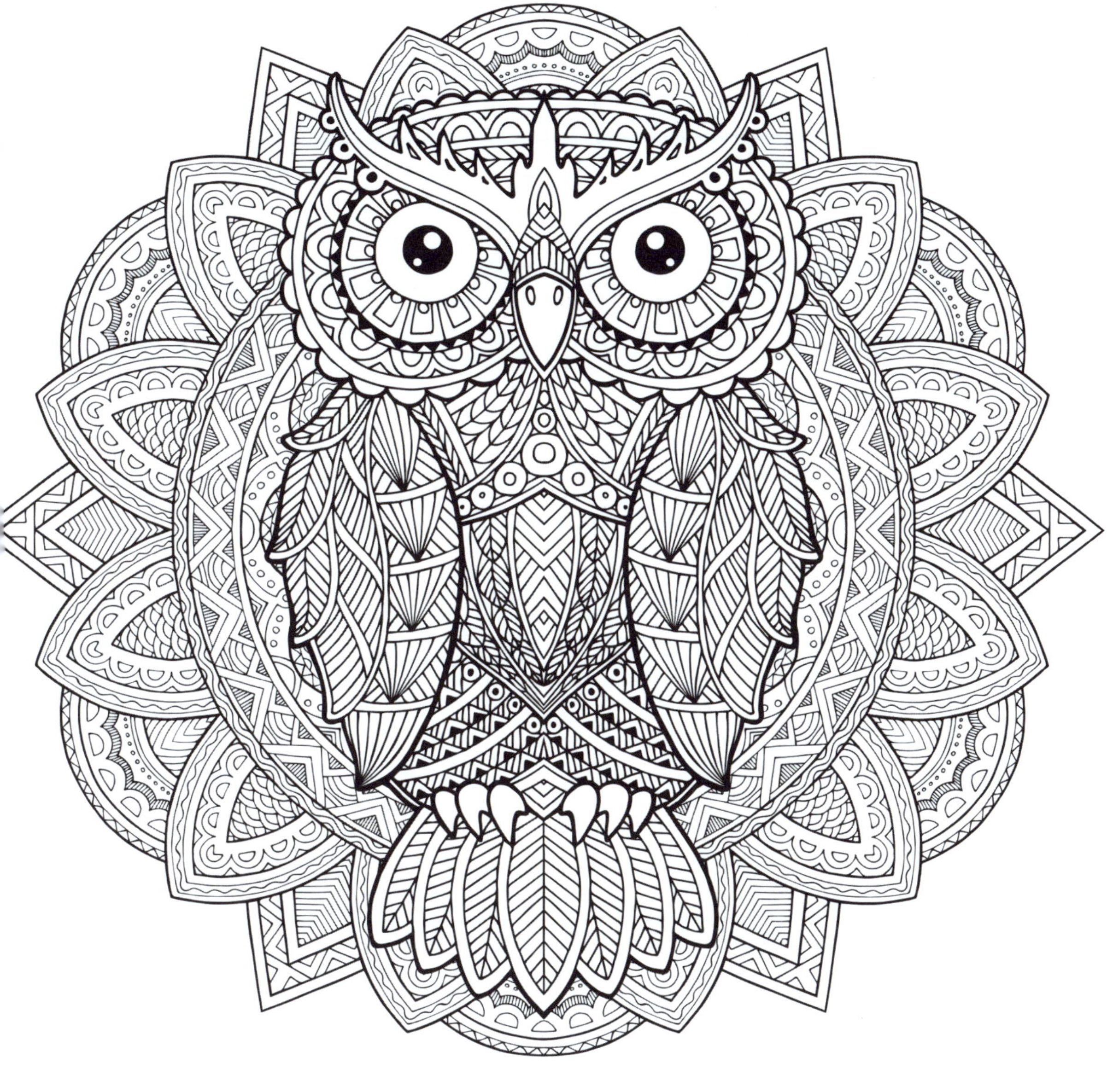

En muchos cuentos infantiles, el rey de la noche es el búho.

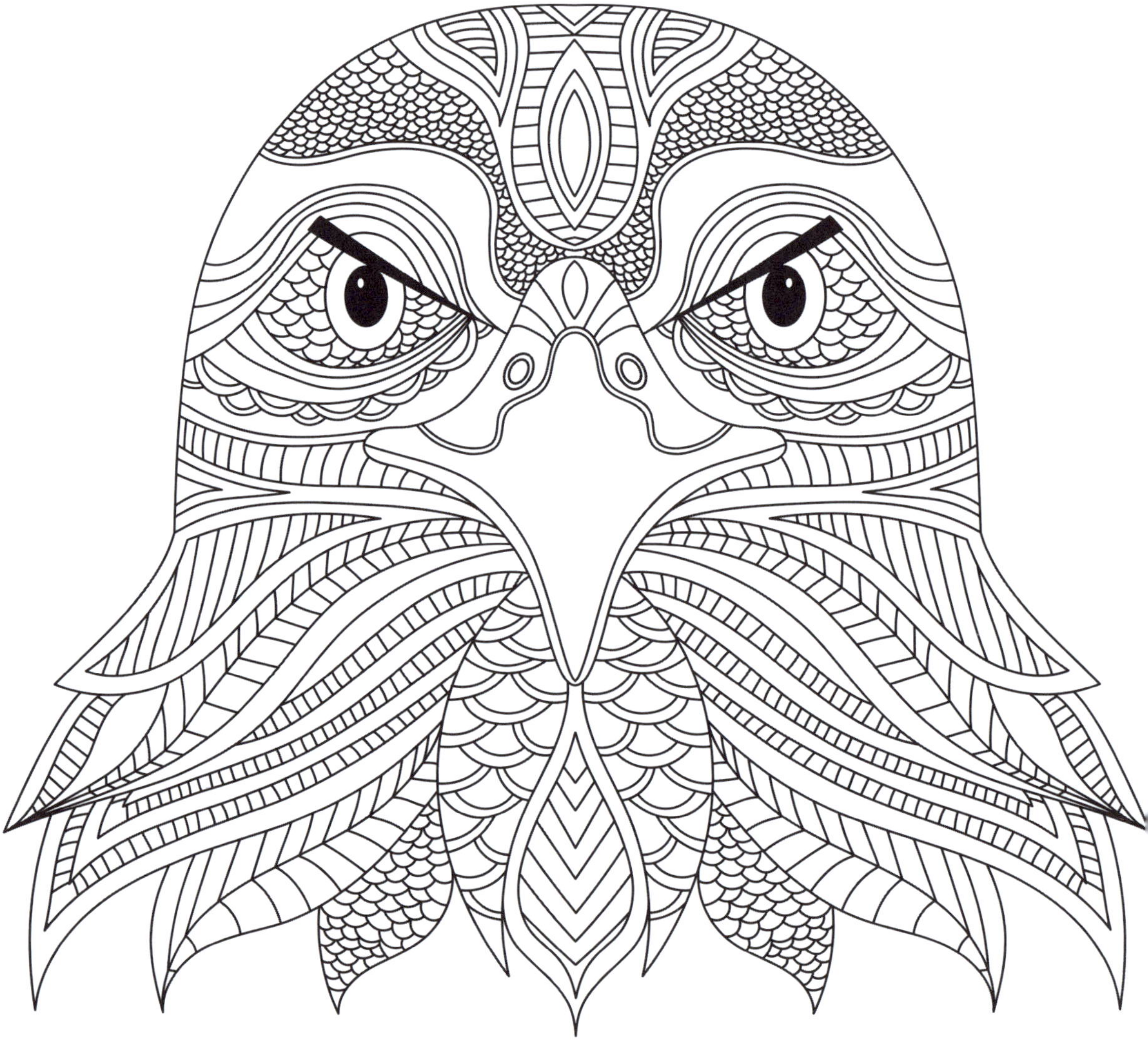

De los dos polluelos que nacen de águilas, solo uno sobrevive, pues el primero que nace y se alimenta es más fuerte y desplaza al otro, sin que los padres intervengan en ello.

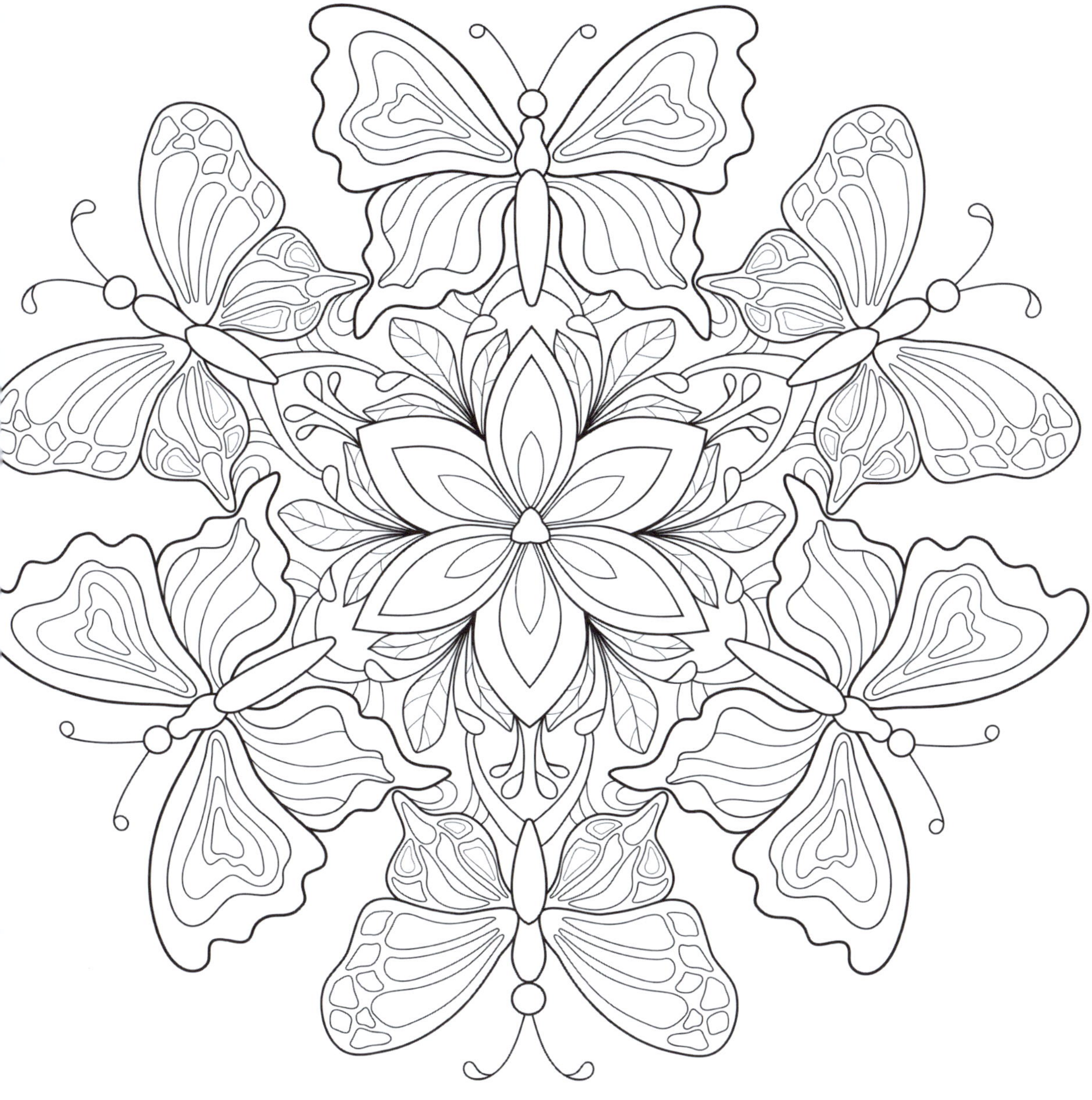

Las mariposas son un tipo de insecto muy popular por los llamativos colores que tiñen sus alas y por su vuelo vacilante cuando se acerca el buen tiempo.

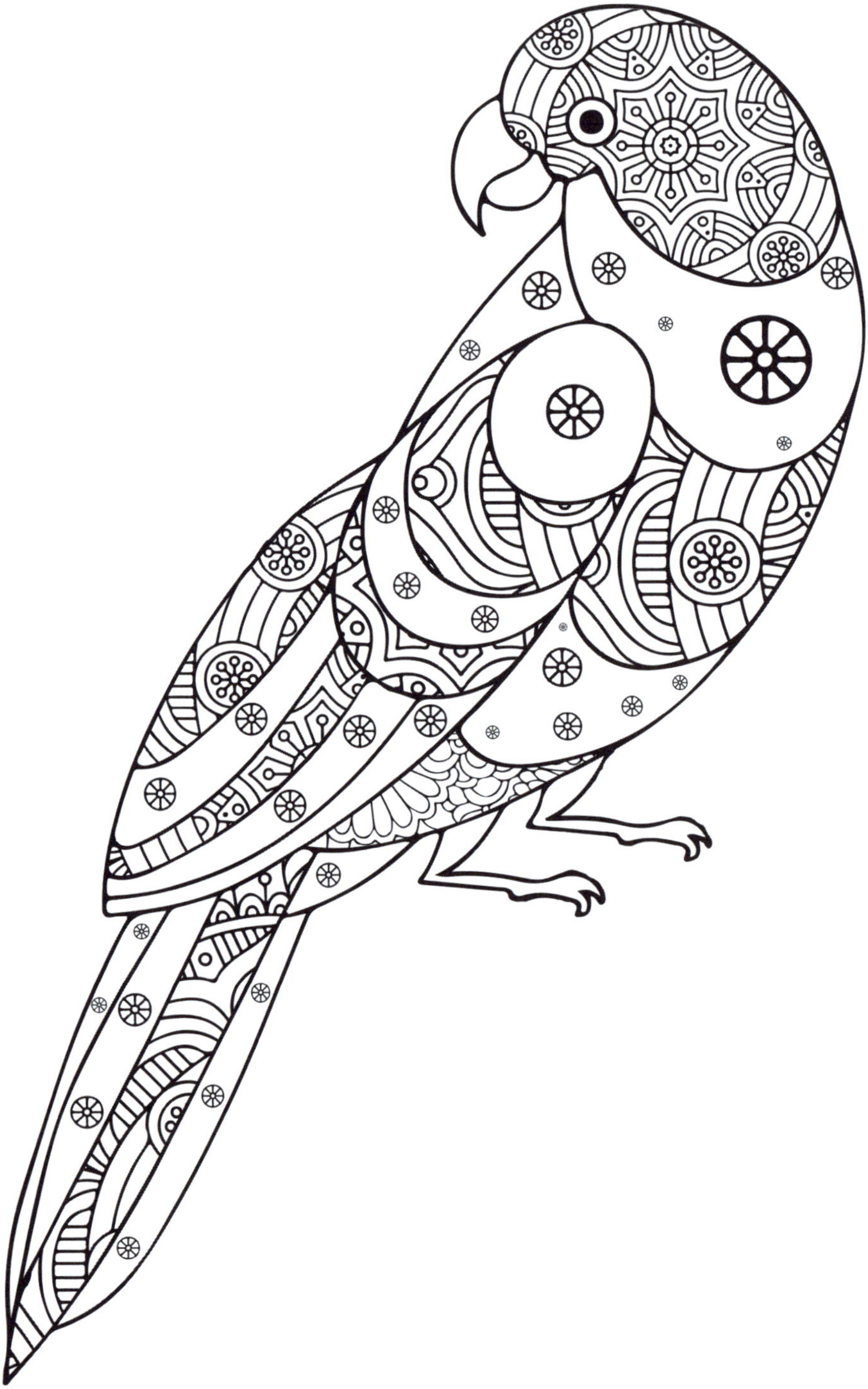

Los loros son aves extremadamente sociables que, educadas desde pequeñas, pueden llegar a crear un vínculo muy especial con el ser humano.

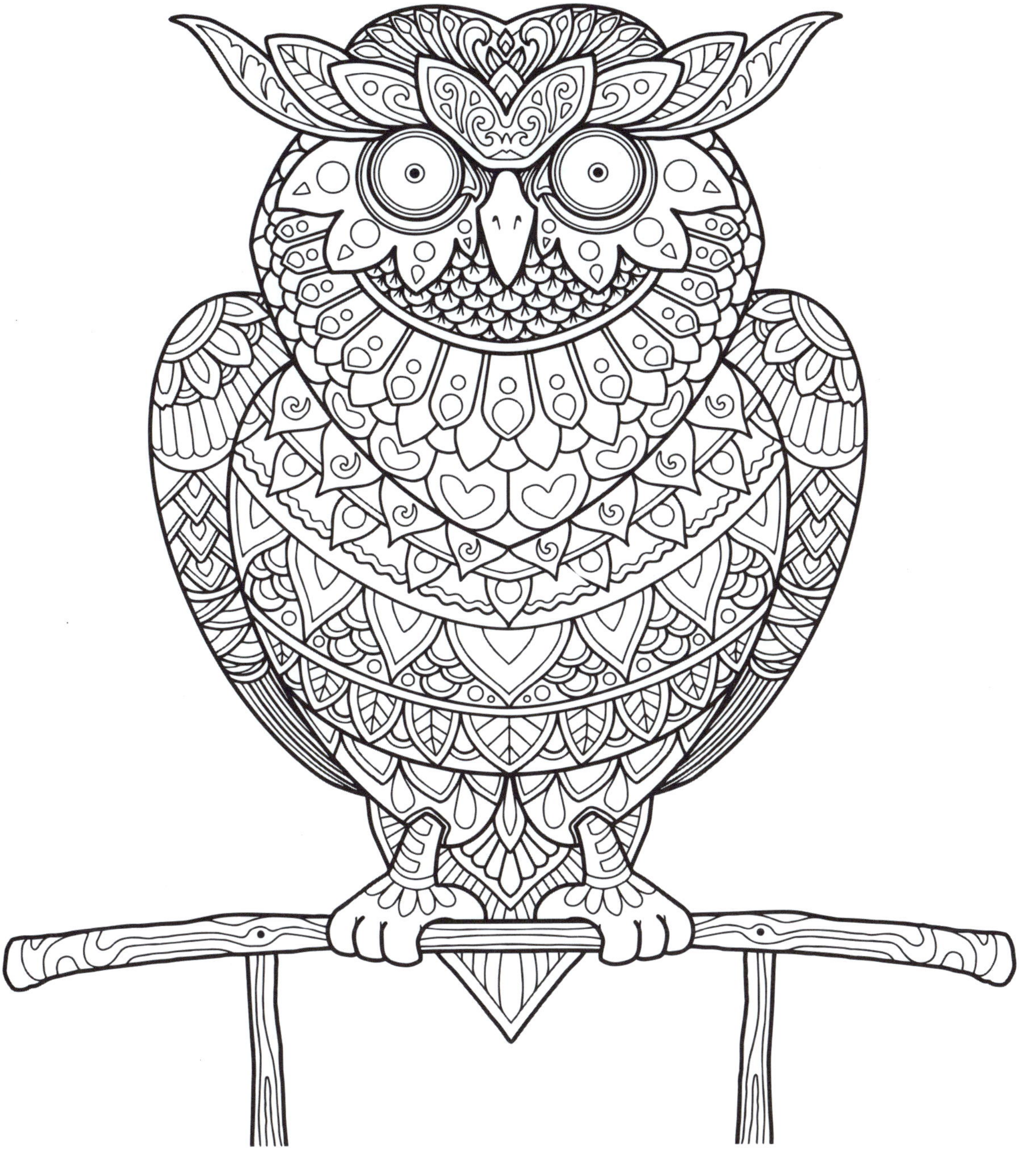

Los búhos duermen unas catorce horas al día.

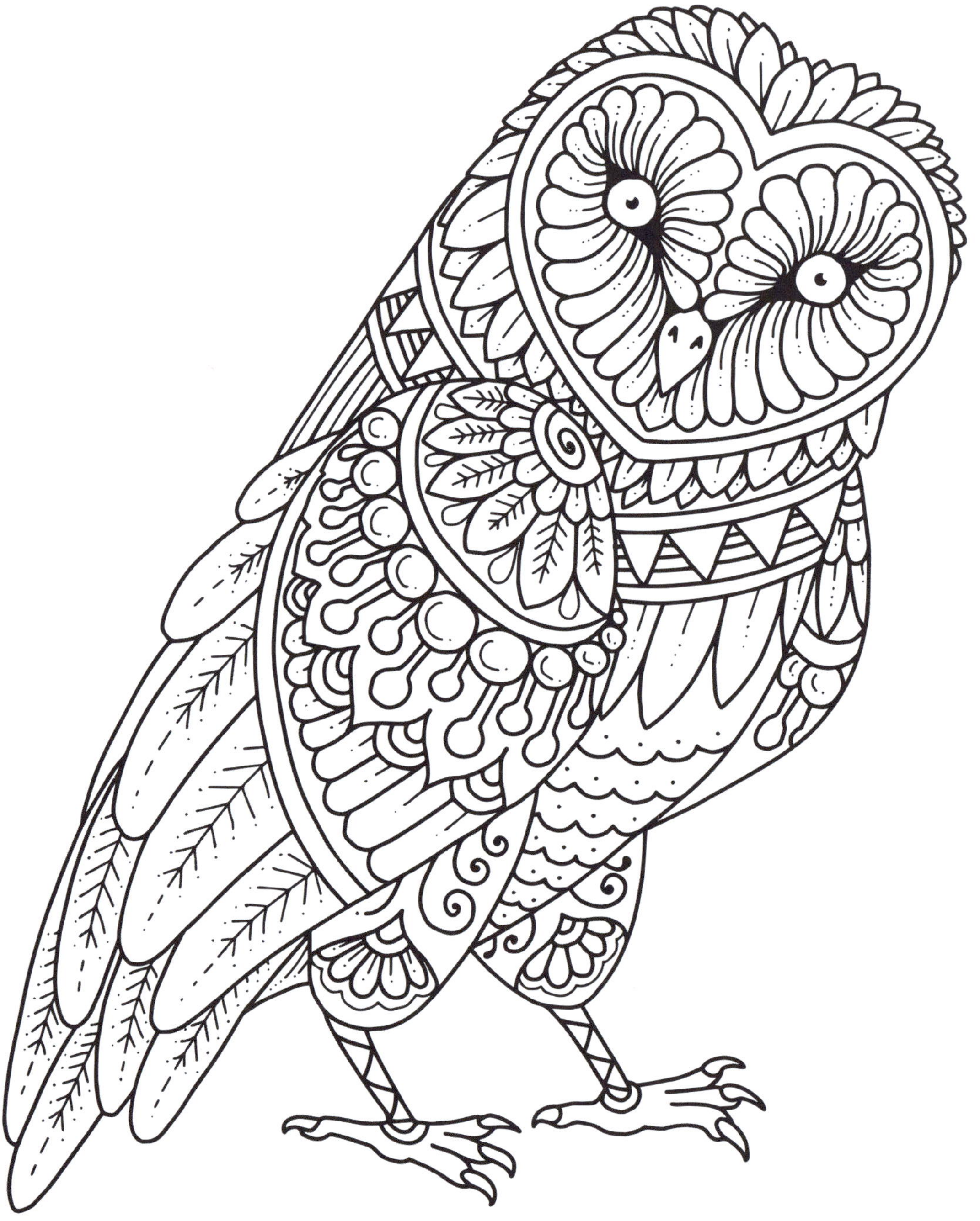

Las lechuzas no solo cuentan con una vista magnífica, muy superior a la nuestra; su sentido del oído es también muy potente.

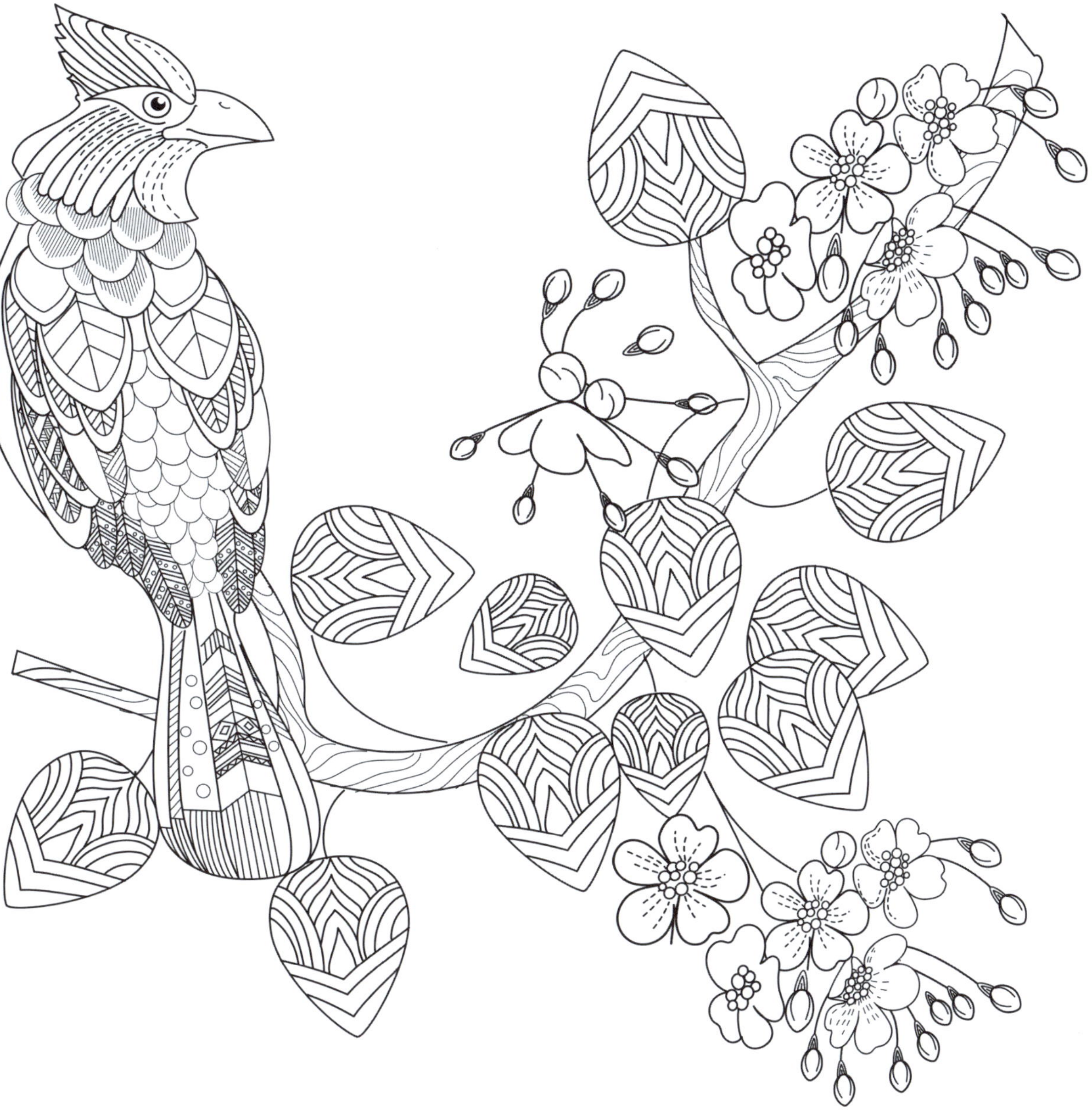

Las cacatúas son aves exóticas y carismáticas
con una apariencia muy particular.

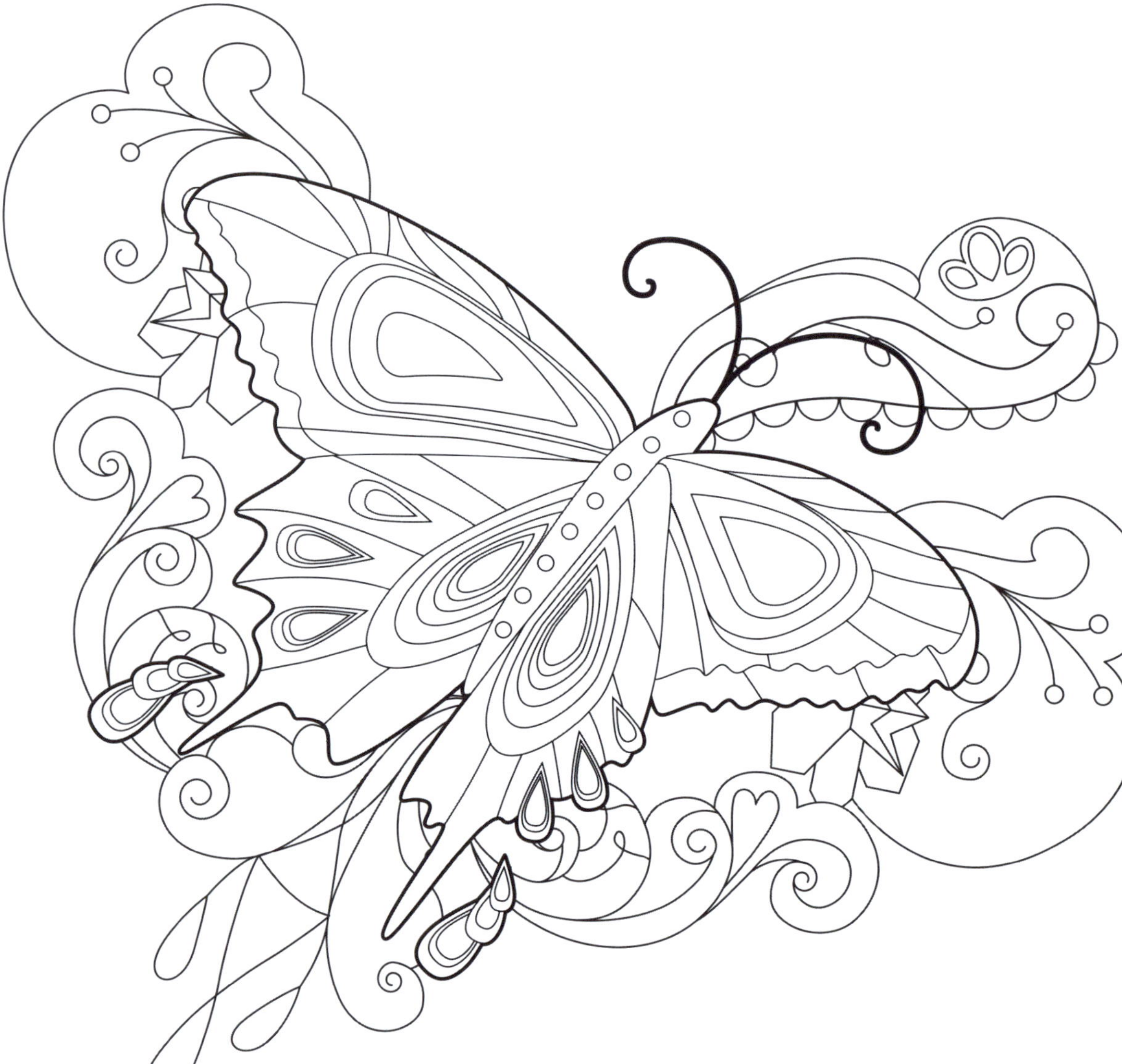

Las mariposas son importantes para el proceso de polinización de las plantas. Si las plantas no son polinizadas, las semillas y los frutos no se producen.

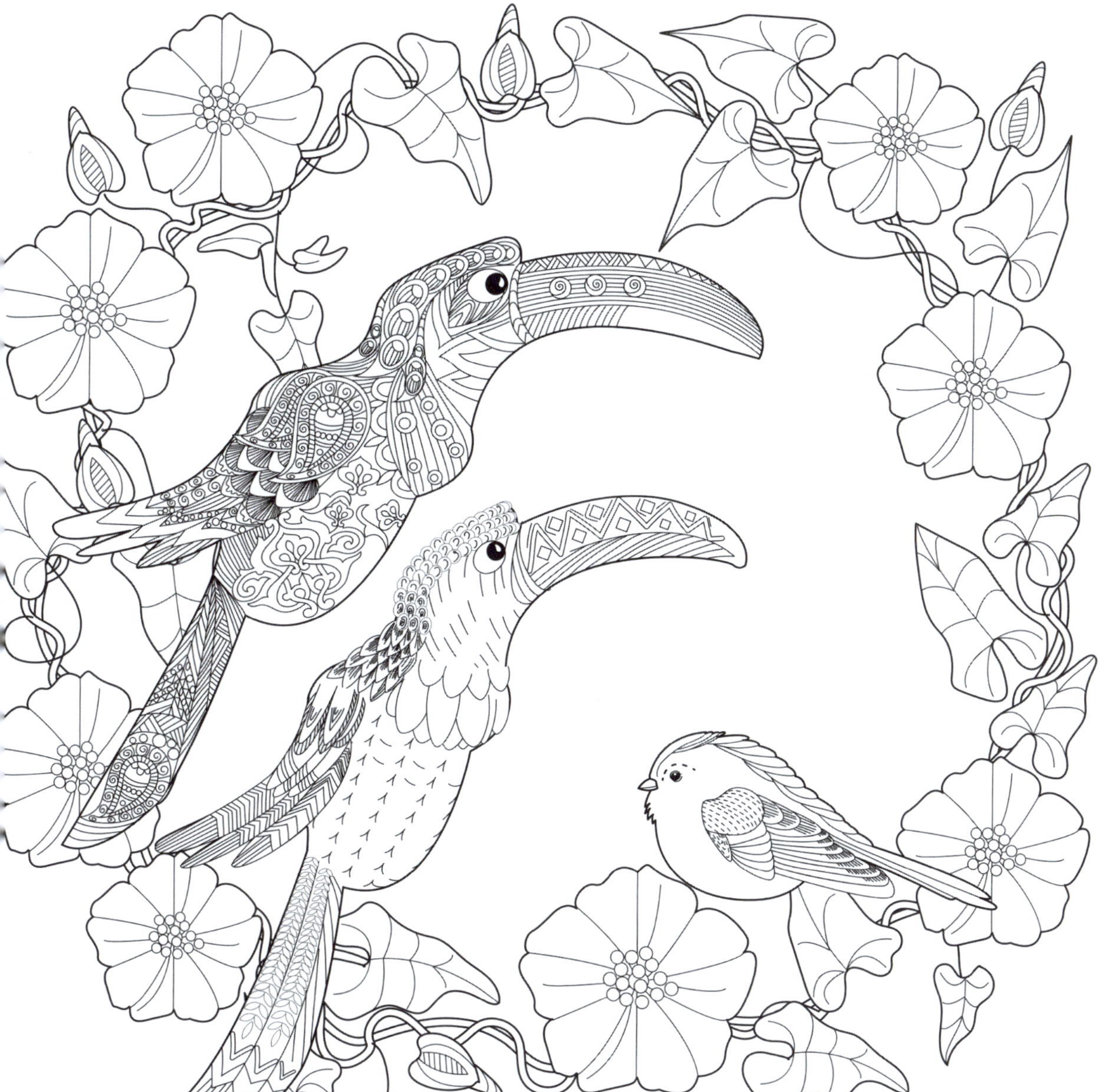

El pico del tucán desempeña un papel en la comunicación ya que lo utilizan para hacer llamadas y golpear árboles.

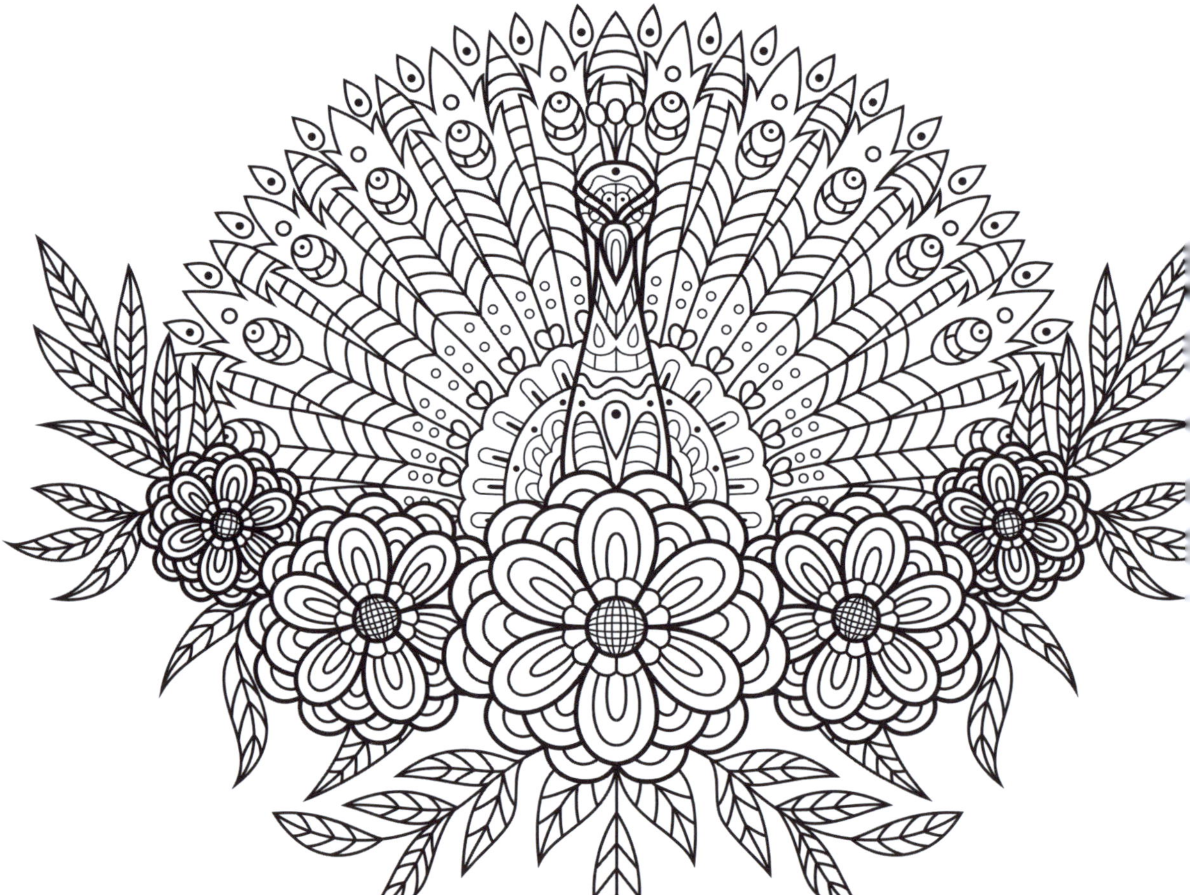

Los cisnes blancos son aves tranquilas pero sumamente territoriales, sobre todo cuando ocupan espacios bastante pequeños.

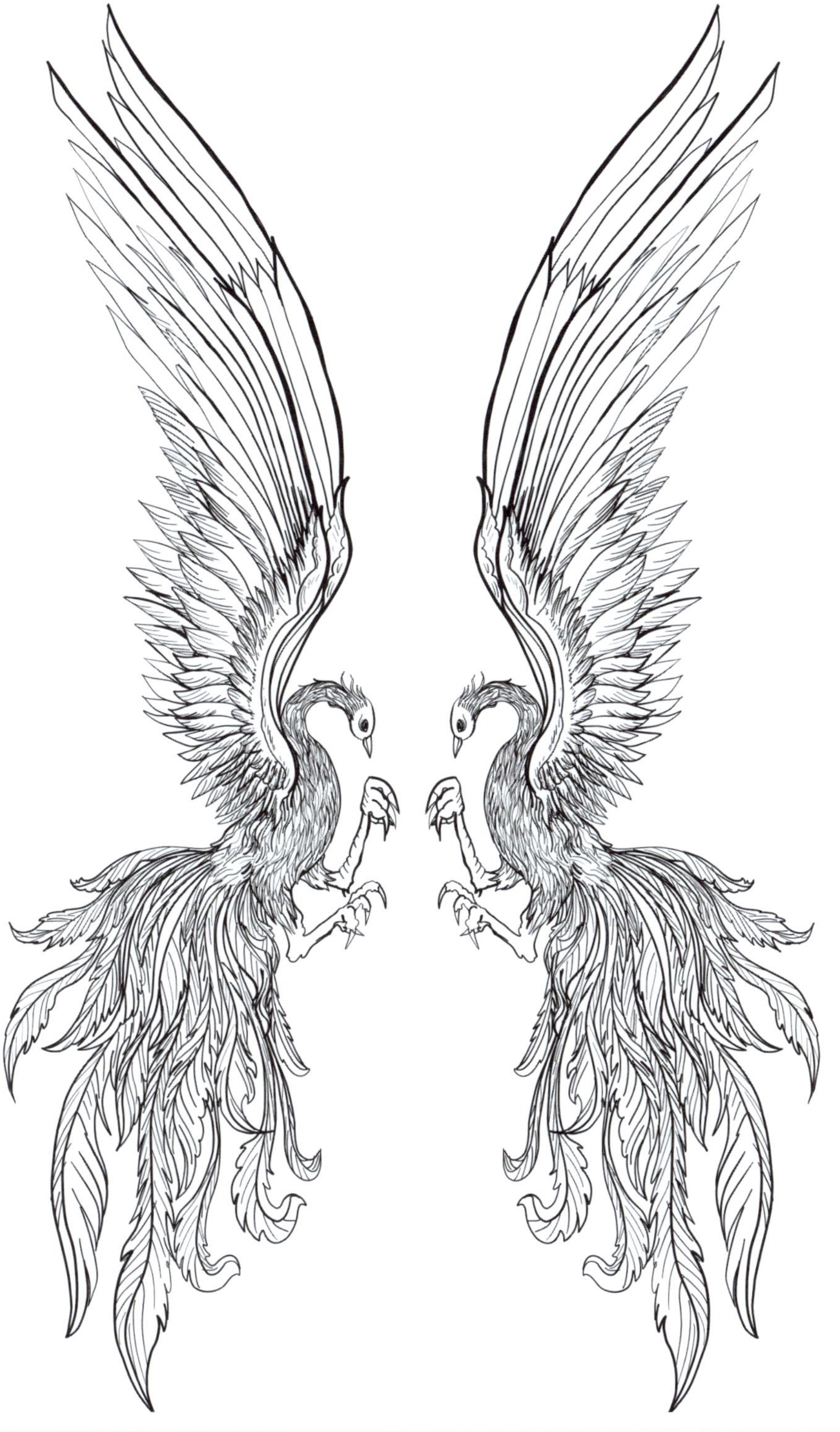

El fénix aparece siempre vinculado al fuego y a lo solar.

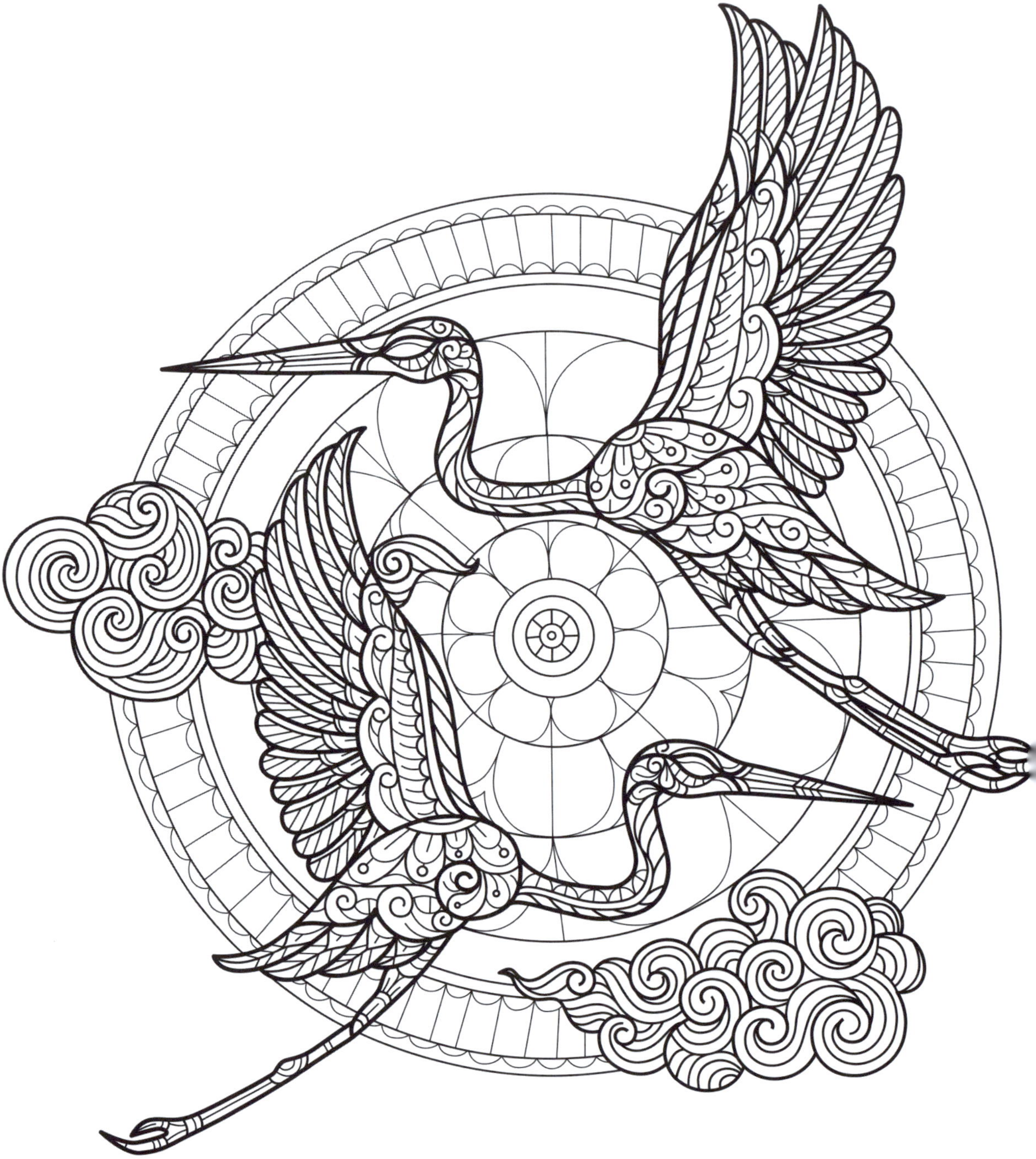

Los flamencos son capaces de volar cientos de kilómetros
en caso de ser necesario.

El hábitat común de las mariposas se basa, principalmente, en regiones tropicales de climas cálidos.

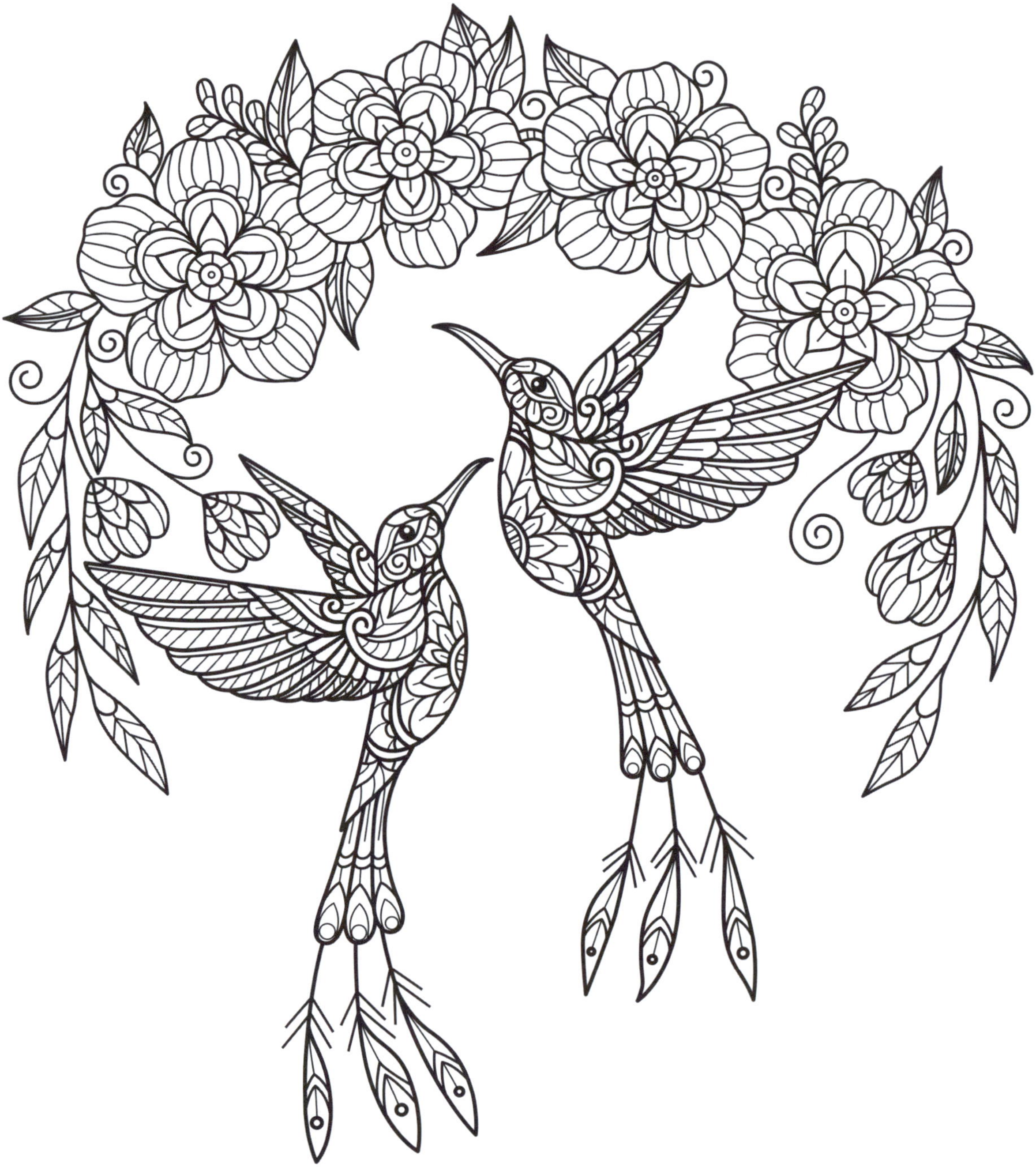

Aunque el colibrí es la especie más conocida de ave polinizadora, también destacan los ermitaños, las suimangas y los arañeros, que transportan polen de unas flores a otras en sus picos y plumas.

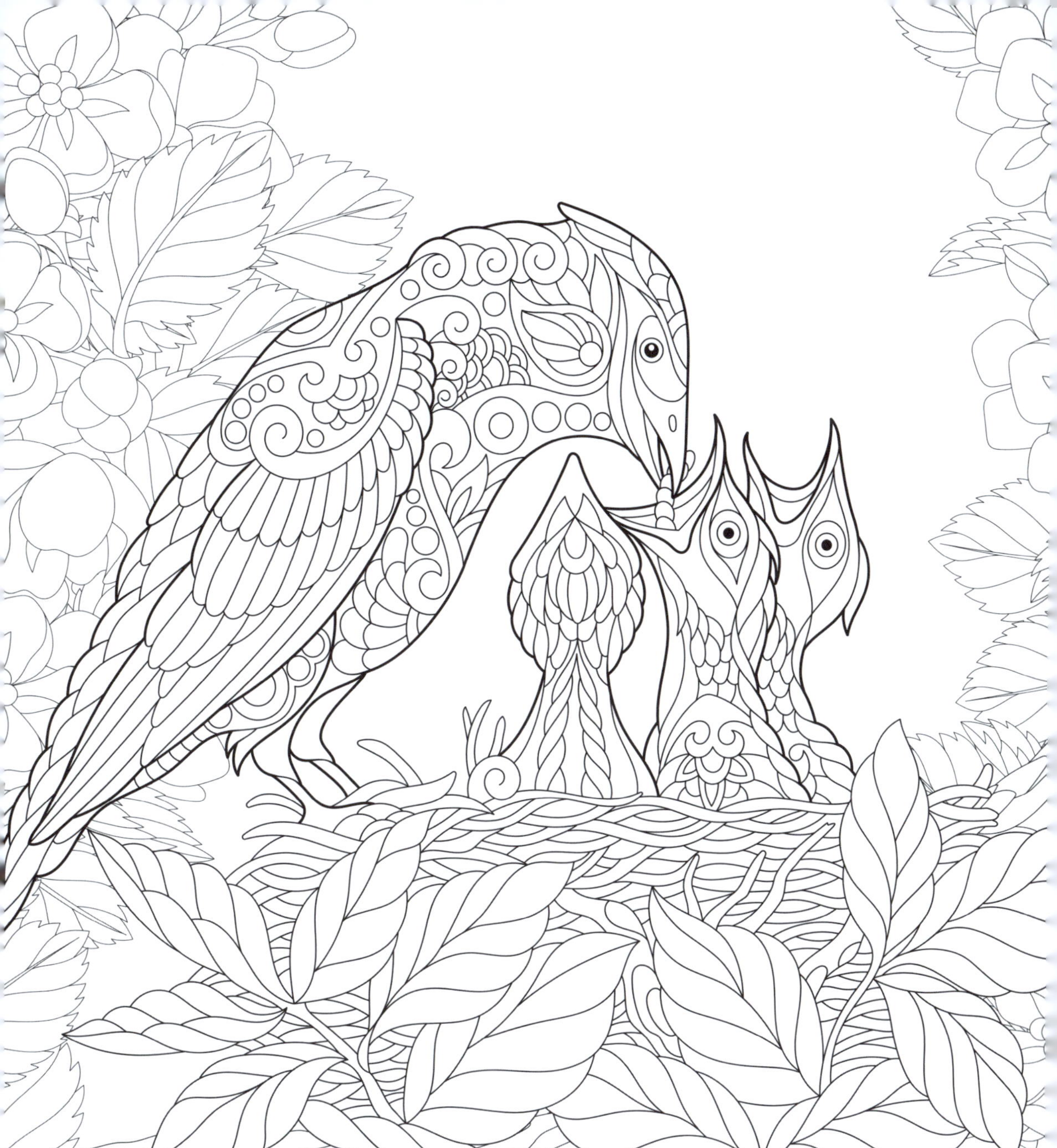

Los padres, para alimentar a los polluelos, tienen que introducirles la comida al fondo de la boca.

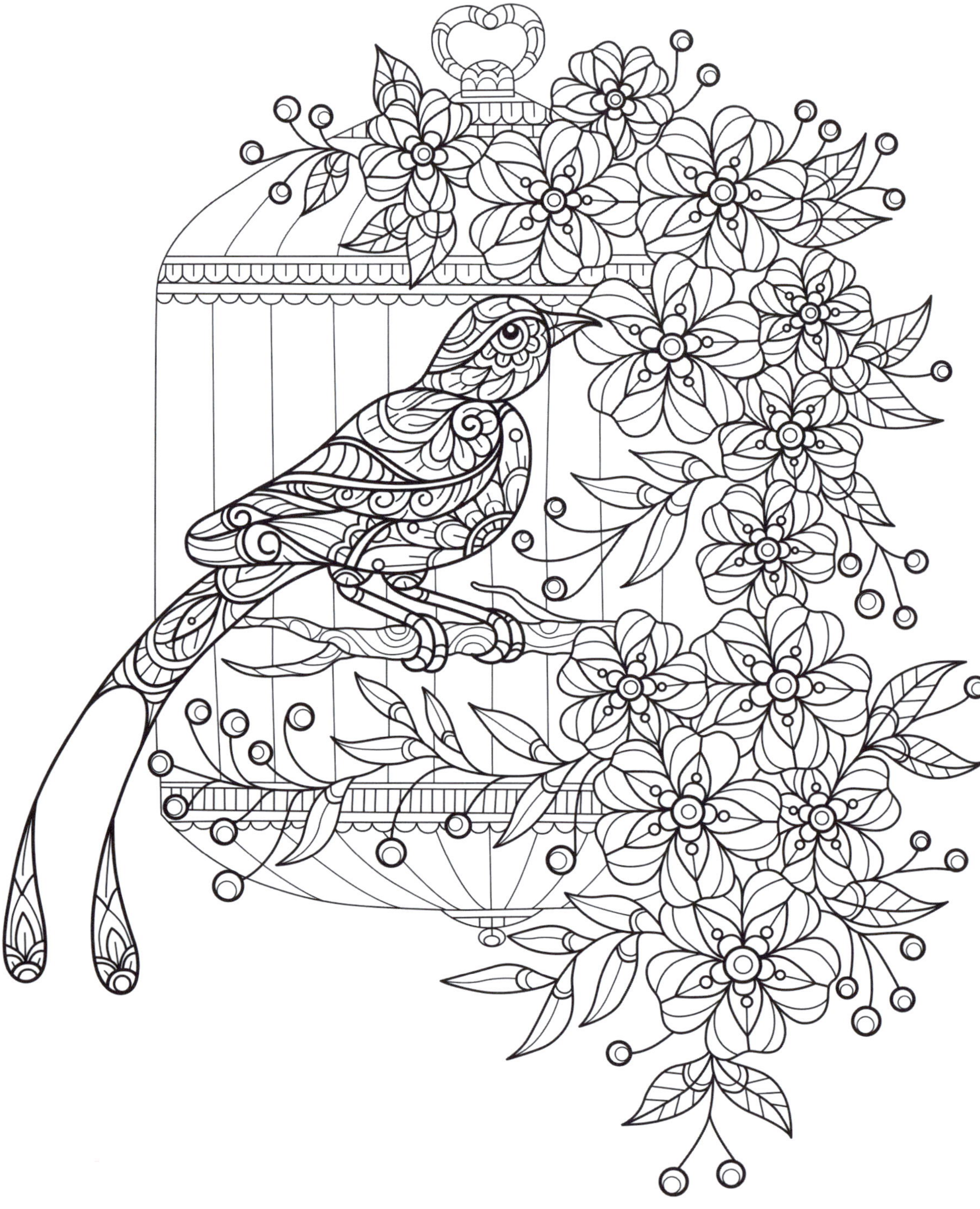

Algunas especies de aves están gravemente amenazadas o en peligro de extinción, por lo que hay que procurar crear entornos seguros y de protección para ellas.

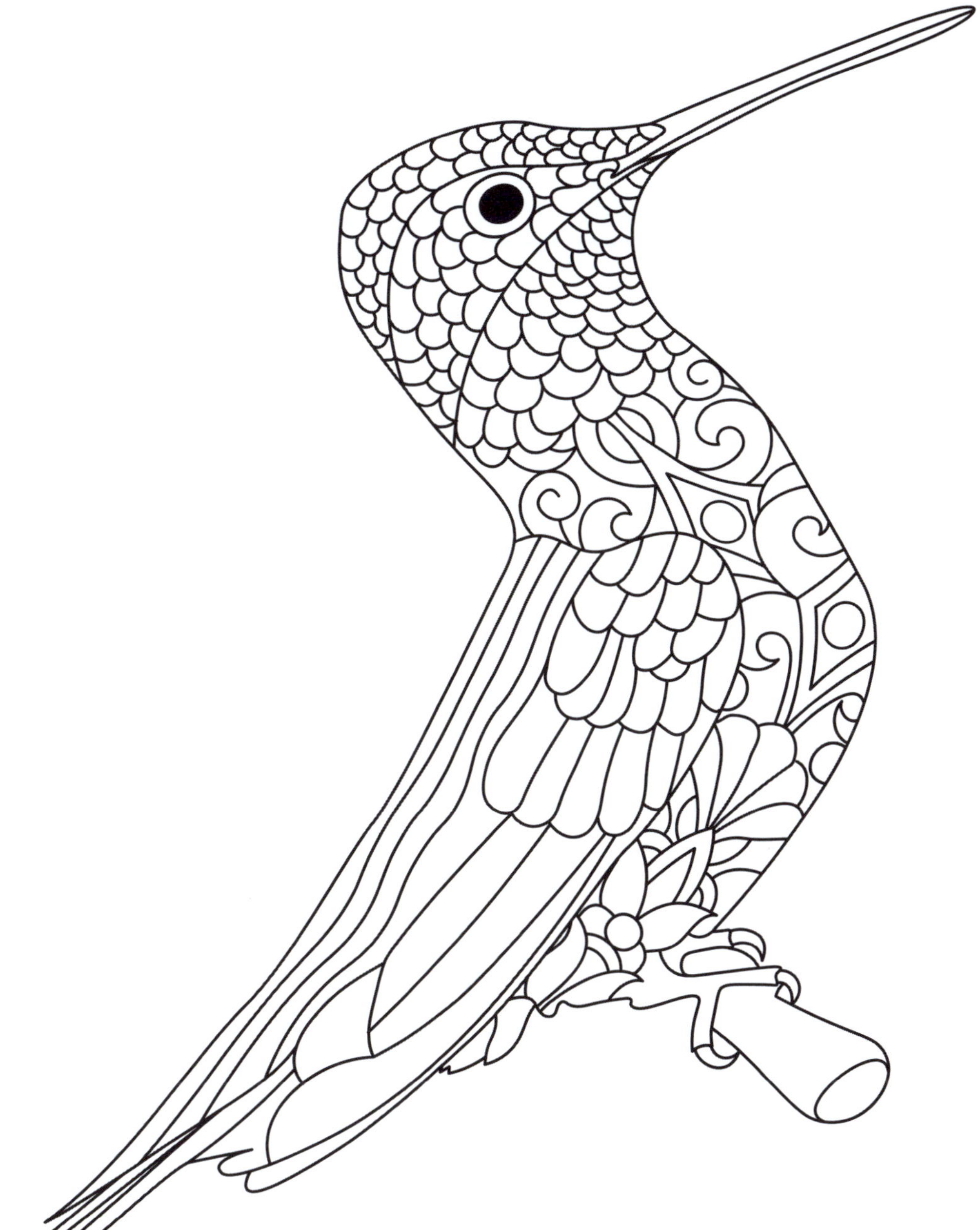

El origen de las aves no es del todo claro, algunas evidencias científicas sugieren que podrían descender de los dinosaurios conocidos como terópodos.

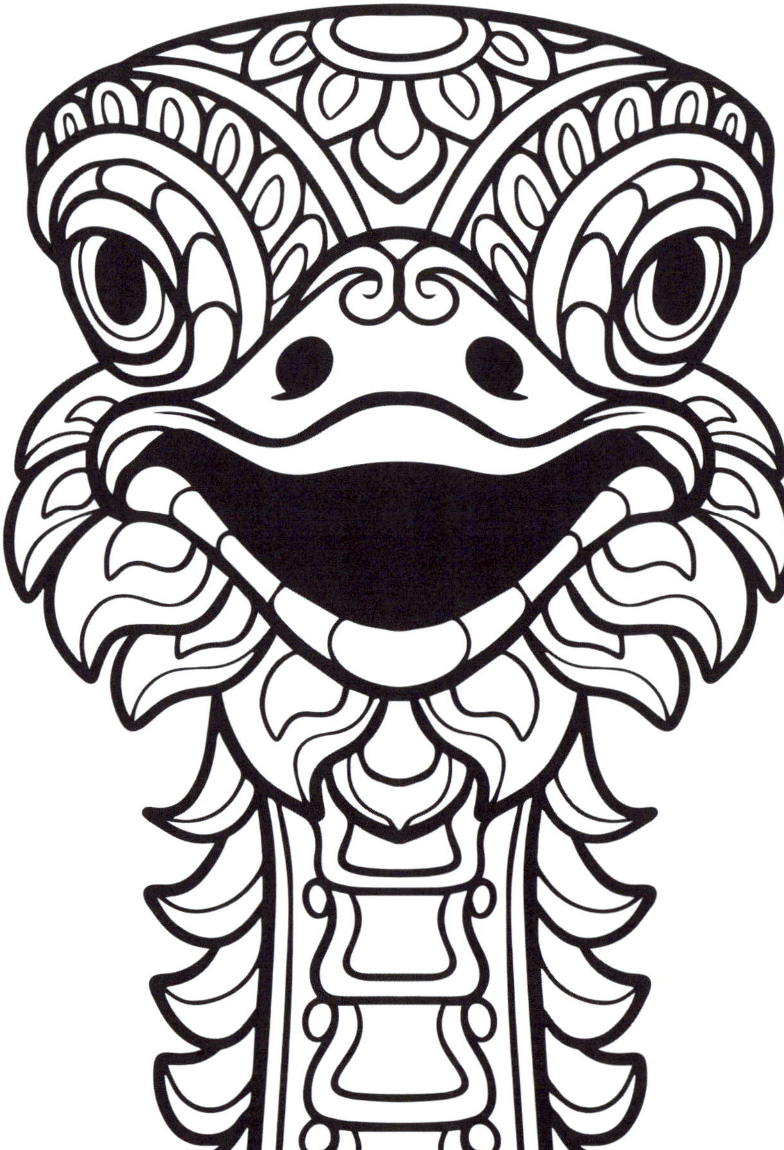

El avestruz es el animal de dos patas más veloz del mundo.

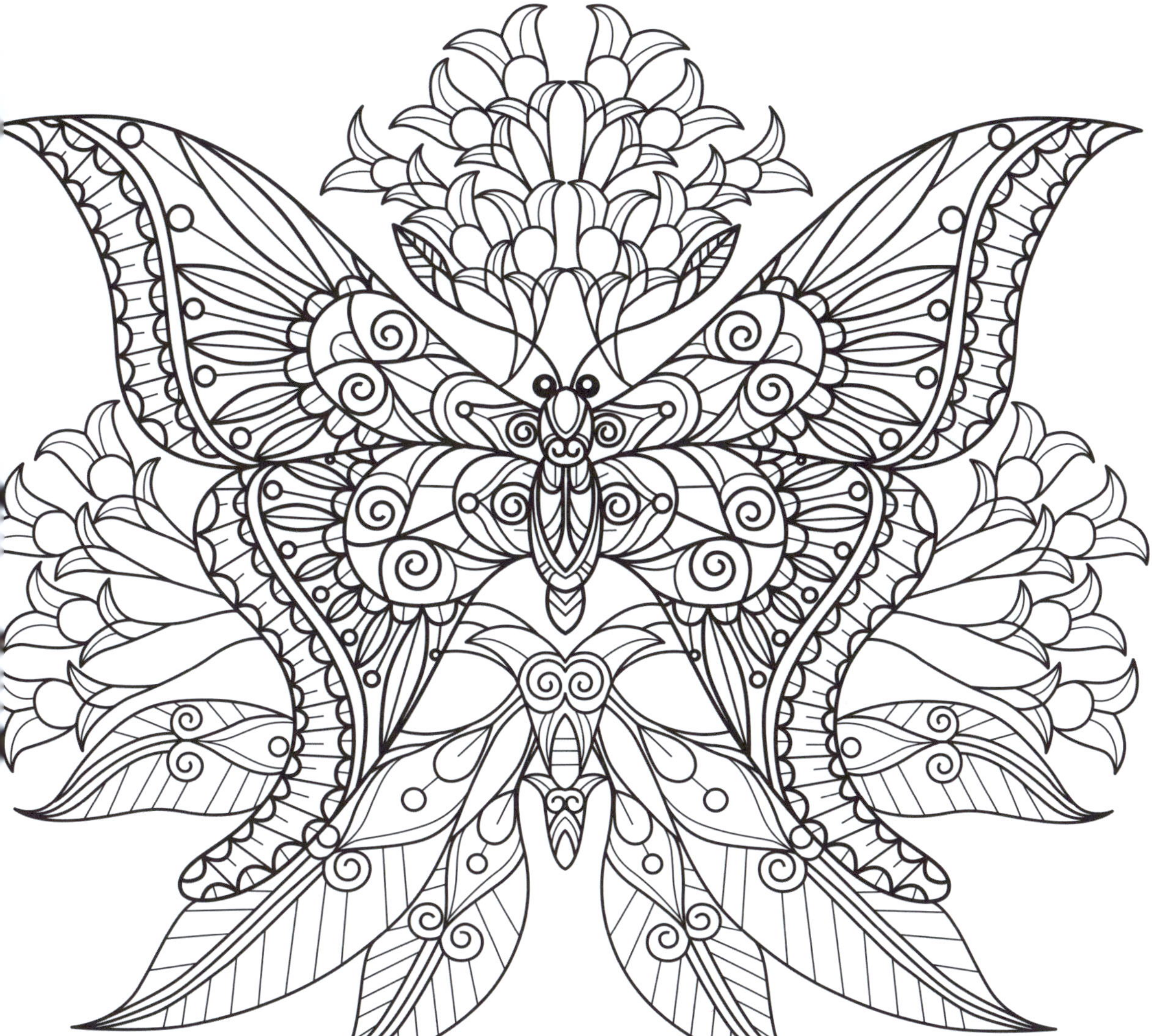

Para iniciar la reproducción, las mariposas macho
y hembra pasan por un proceso de cortejo.

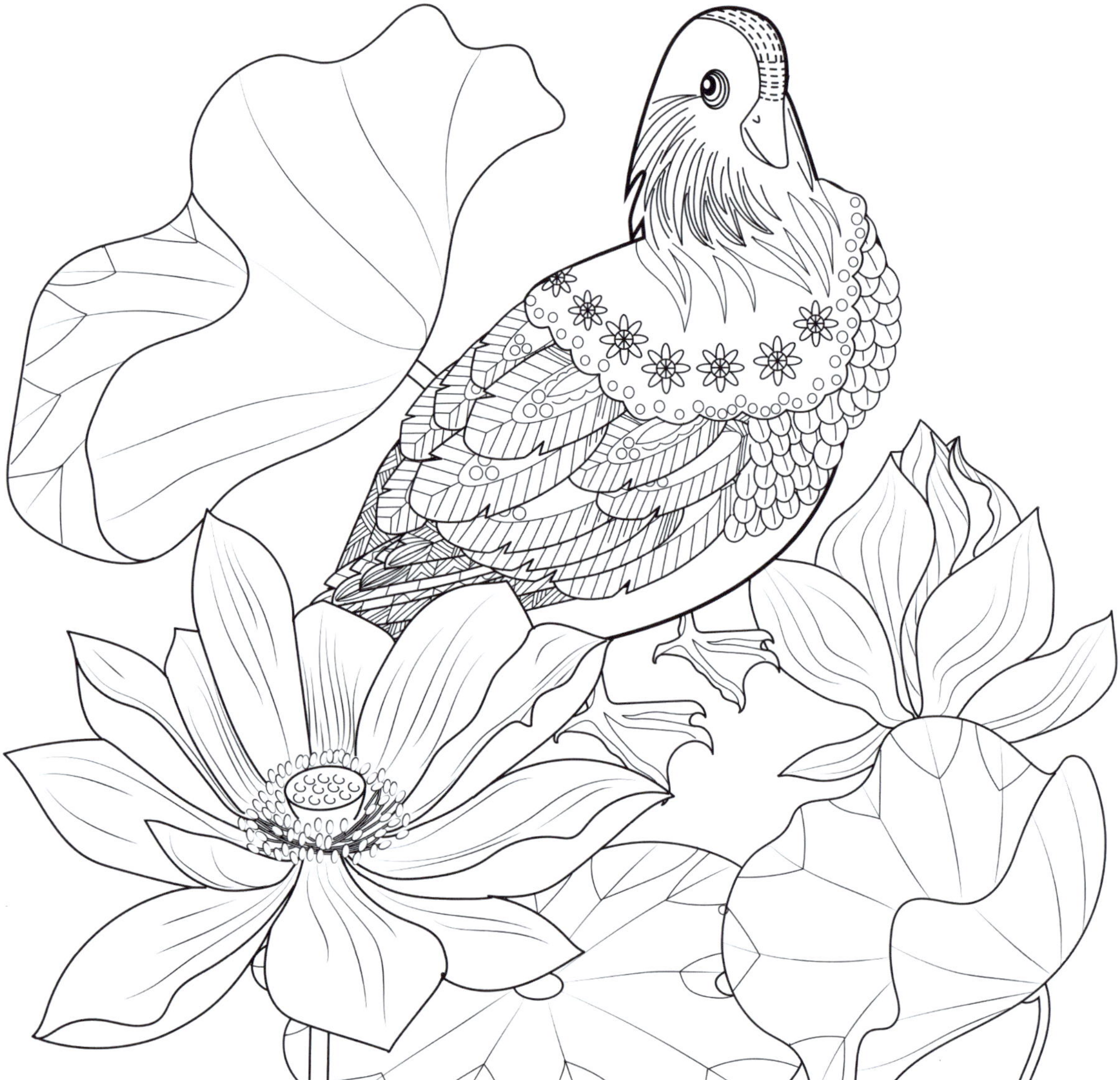

El periquito en su hábitat natural tiene un plumaje verdoso que le sirve como camuflaje de posibles depredadores.

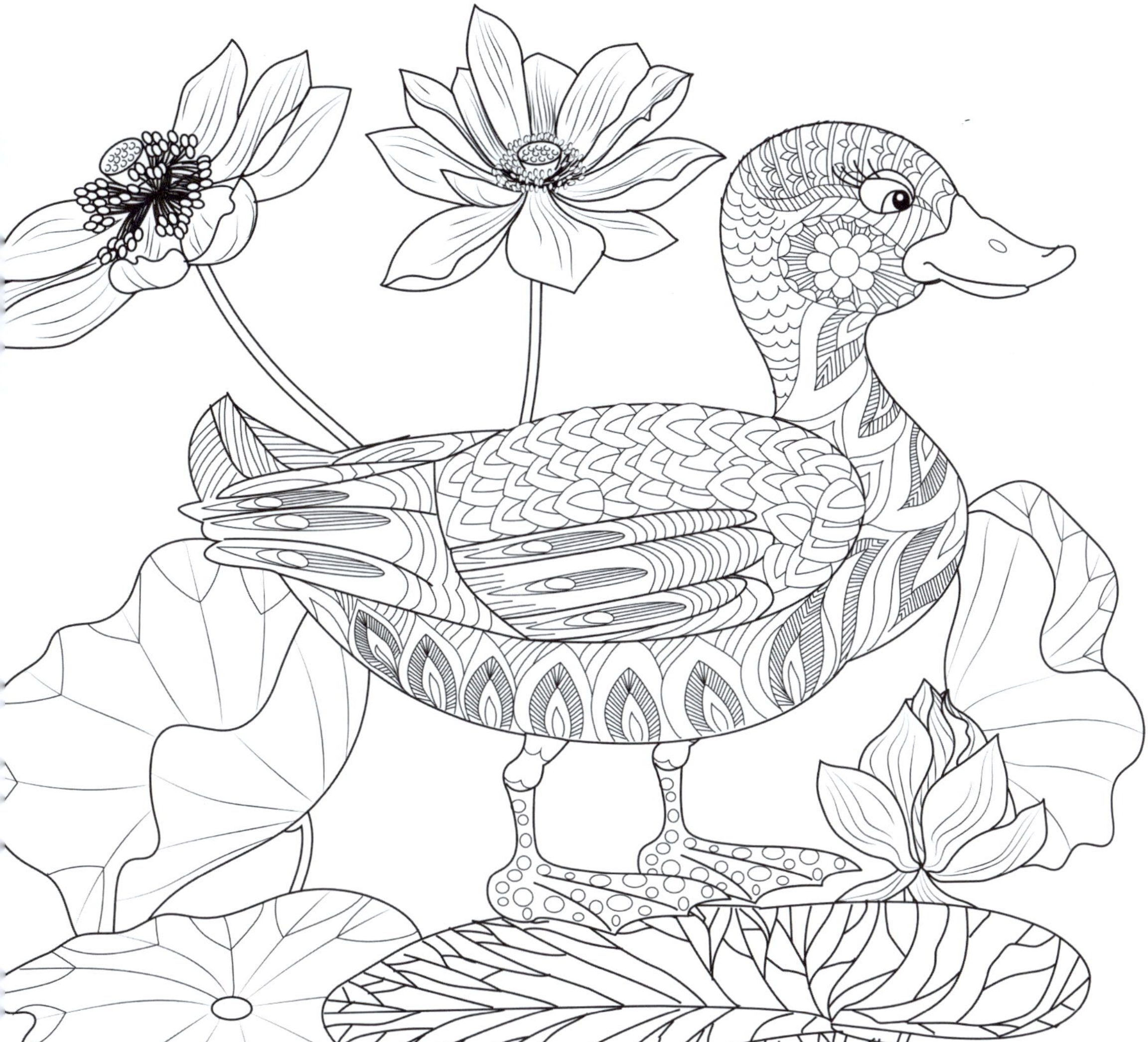

Las patas de los patos tienen membranas de piel entre los dedos que les permiten nadar a grandes velocidades.

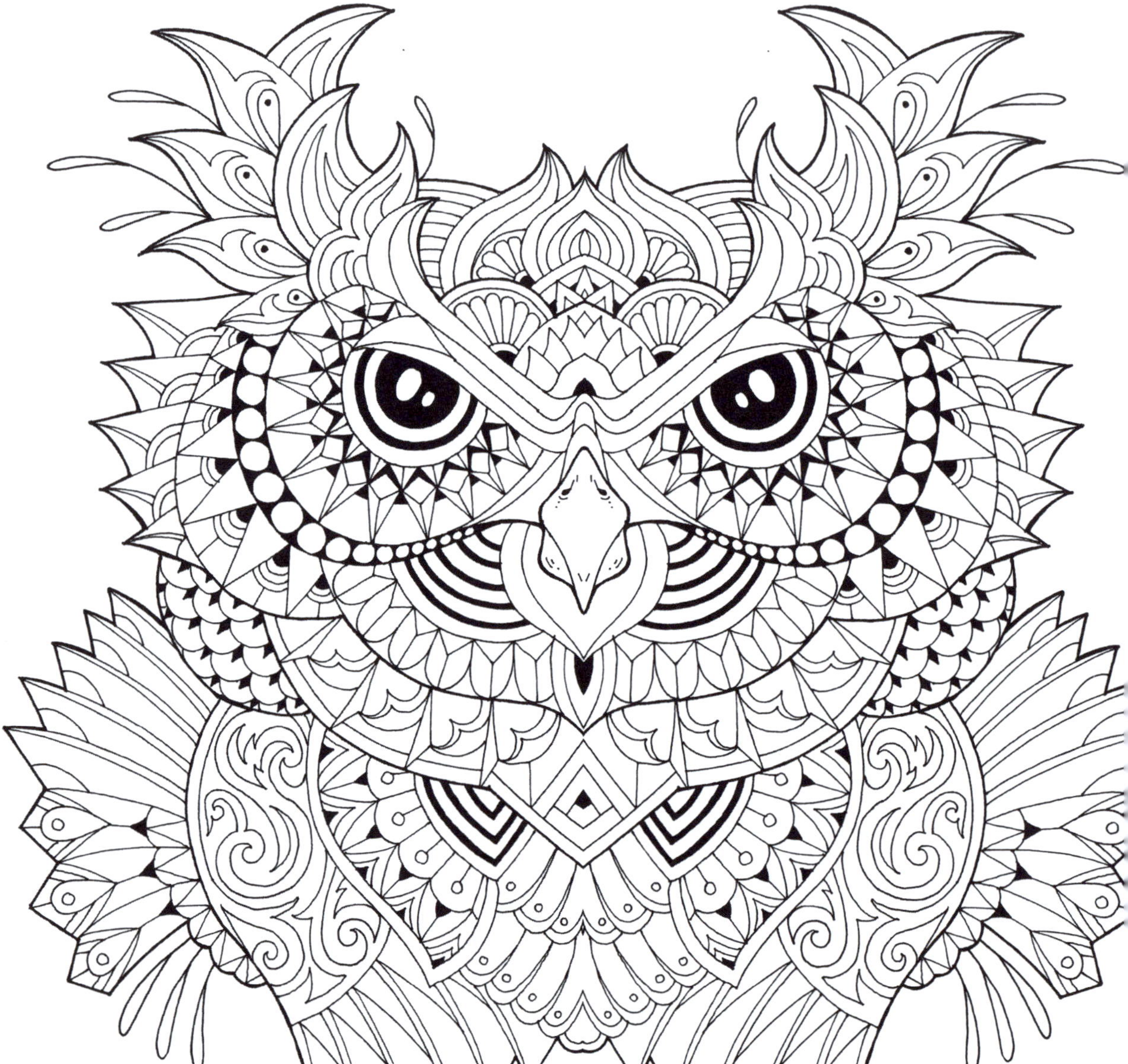

Las lechuzas son unas magníficas depredadoras. Parte de su éxito a la hora de cazar se debe a que vuelan sin hacer ruido.

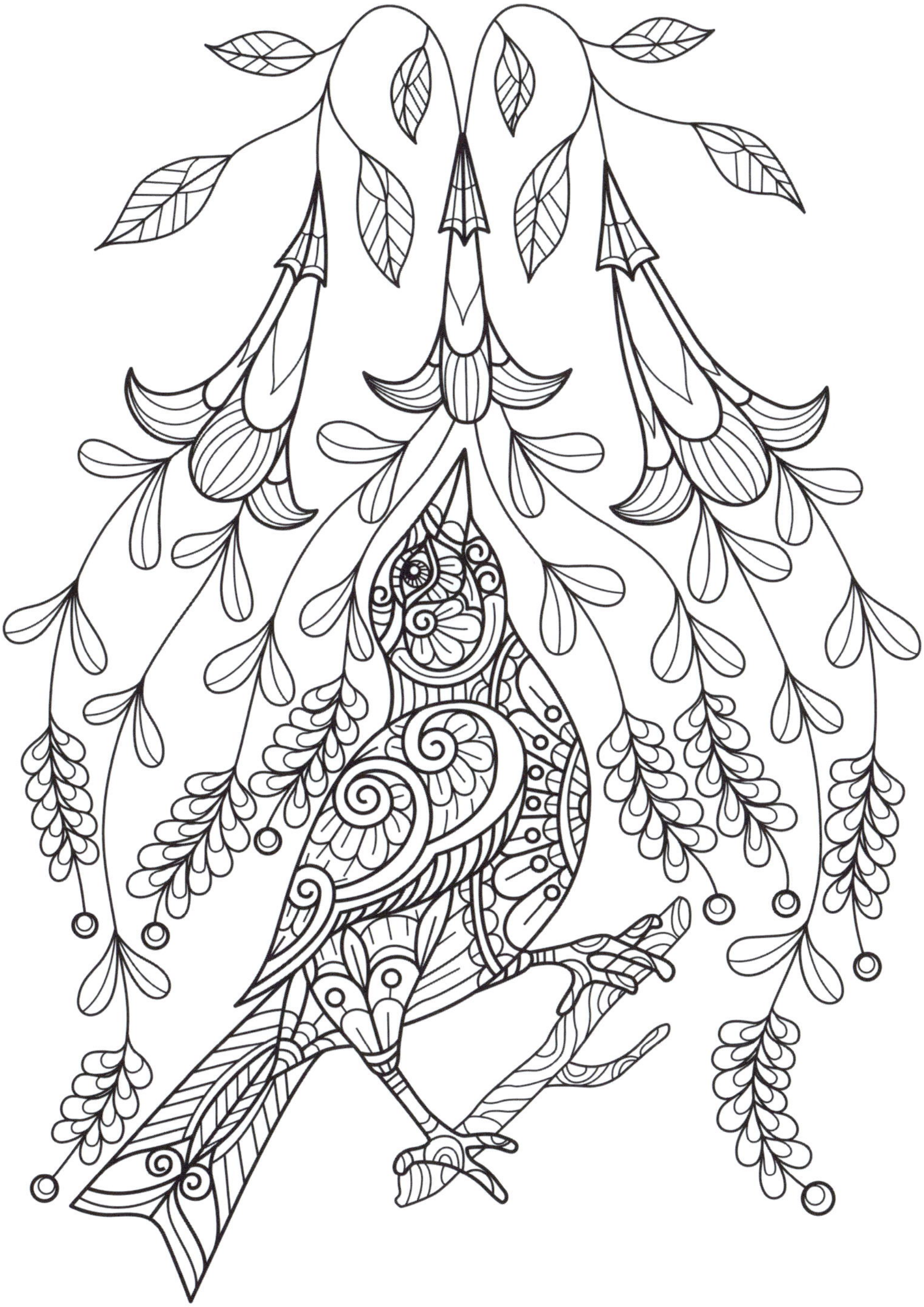

El pájaro carpintero es capaz de picar un árbol
más de veinte veces en un segundo sin hacerse daño.

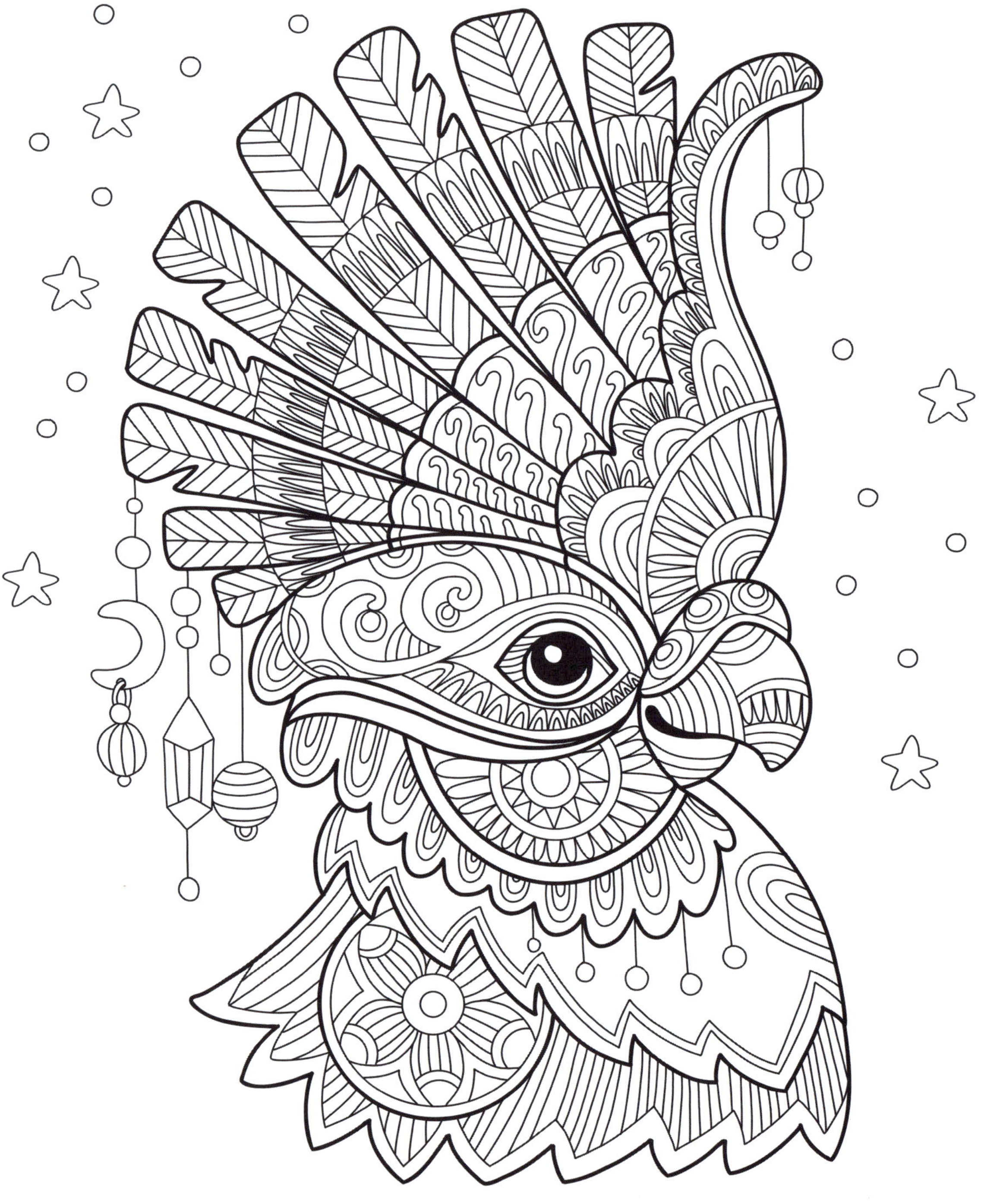

Los pájaros exhiben una gran variedad de colores y patrones en su plumaje, que pueden utilizarse para el camuflaje, la atracción de parejas o la identificación entre individuos de la misma especie.

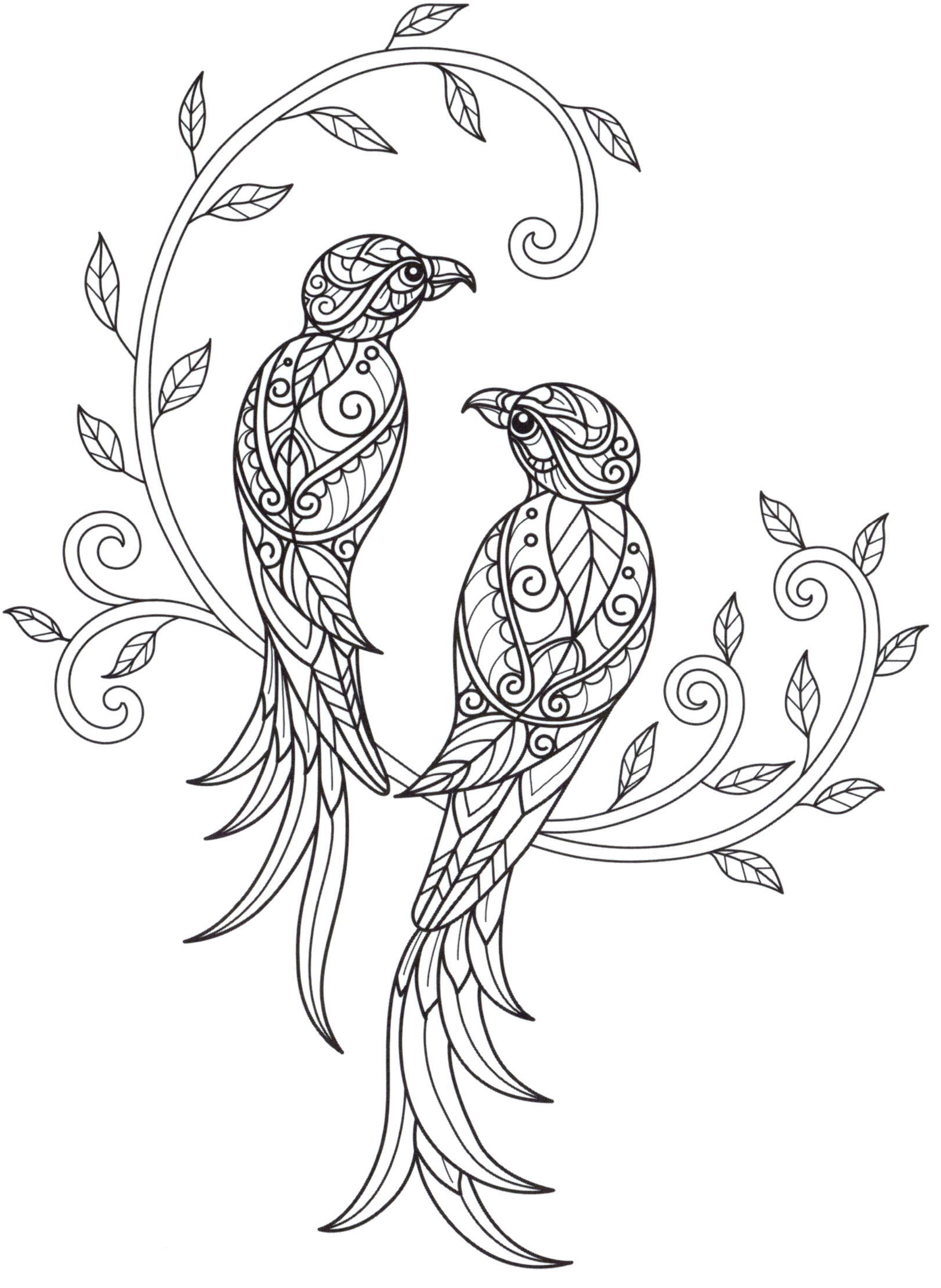

Muchas especies de pájaros son migratorias y realizan largos viajes cada año para encontrar alimento y reproducirse en diferentes estaciones.

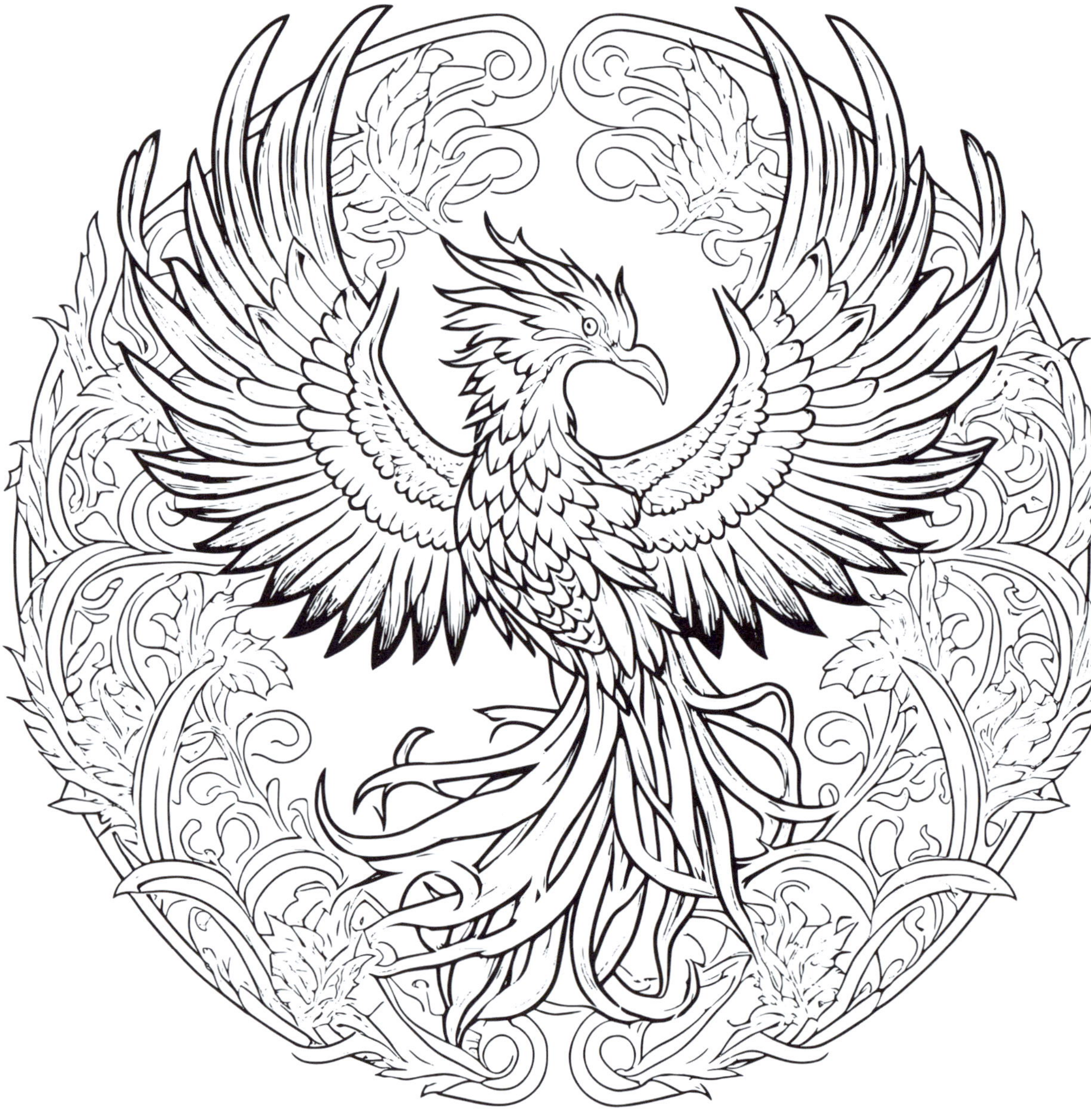

El mito del ave fénix ha tenido una influencia duradera
en la cultura y el arte a lo largo de la historia.

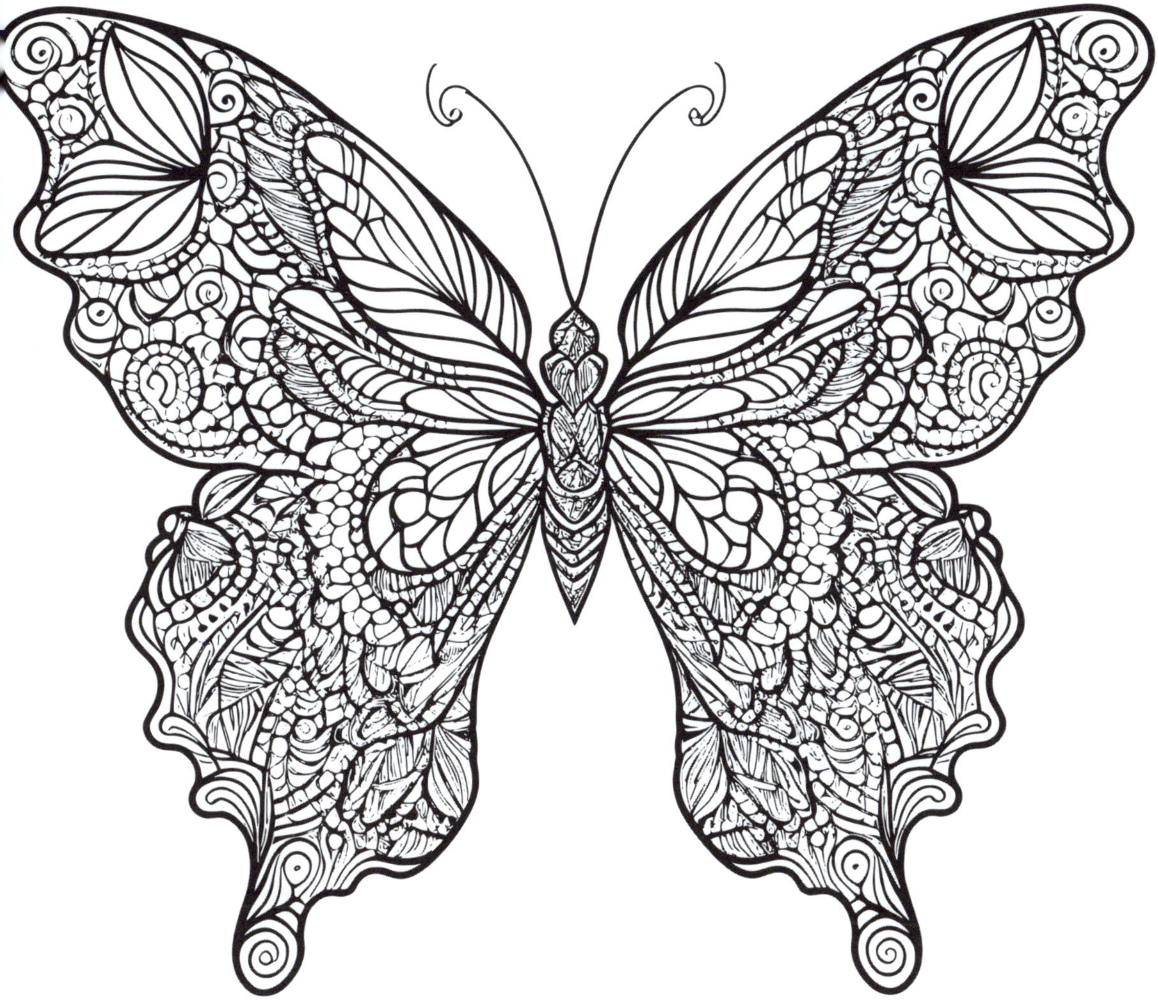

Las mariposas son objeto de estudio en una amplia variedad de campos científicos, incluyendo la biología evolutiva, la ecología, la genética y la conservación.

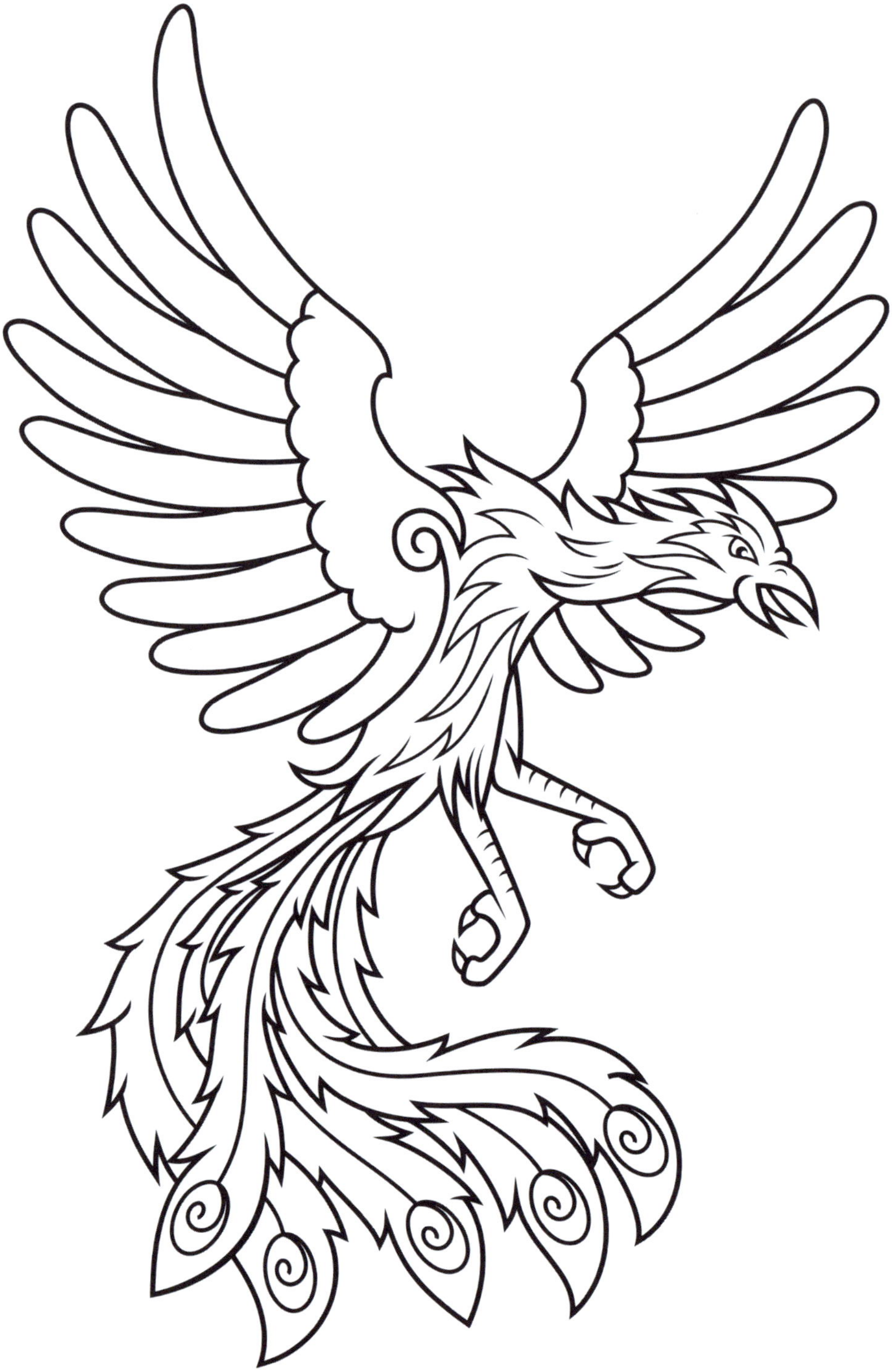

El ave fénix ha sido utilizado como emblema en la heráldica de muchas culturas y como símbolo en diversos contextos religiosos, filosóficos y espirituales.

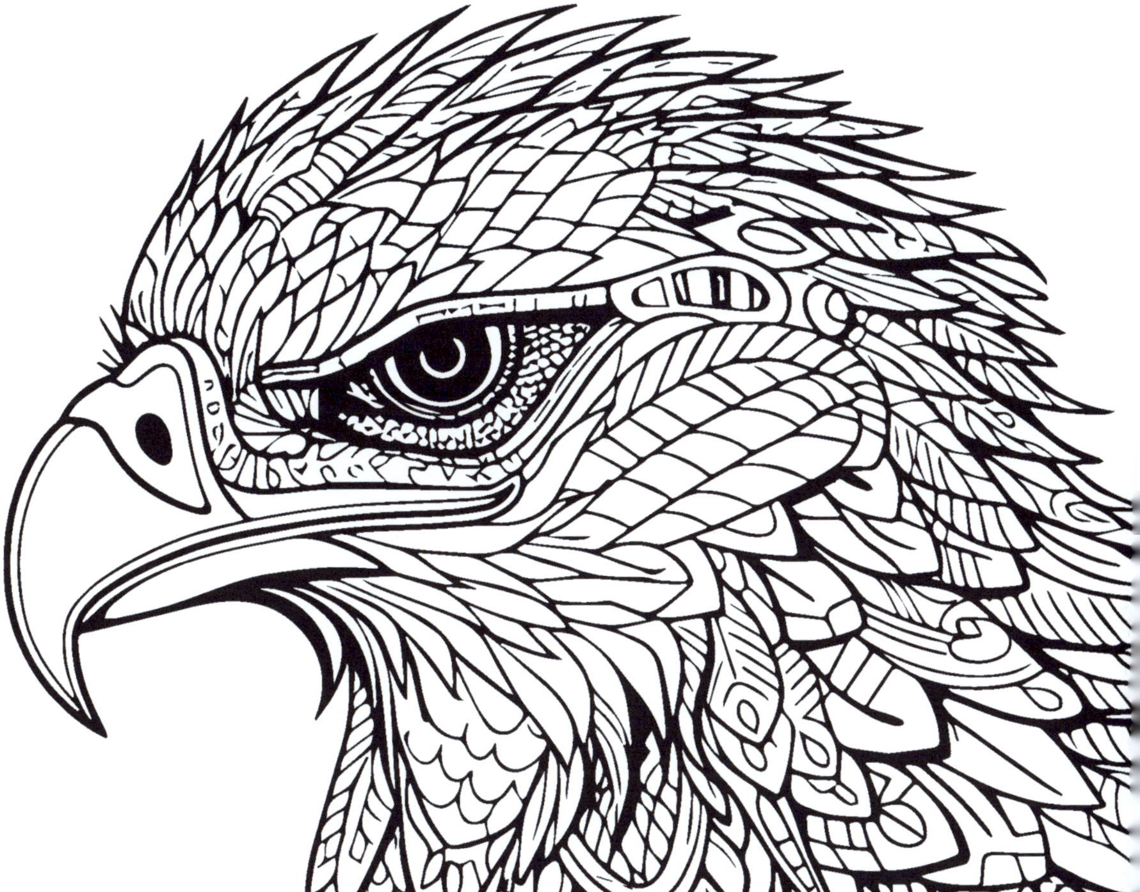

Ambos miembros de la pareja de las águilas participan en la construcción del nido, la incubación de los huevos y el cuidado de los polluelos, mostrando fuertes lazos familiares.

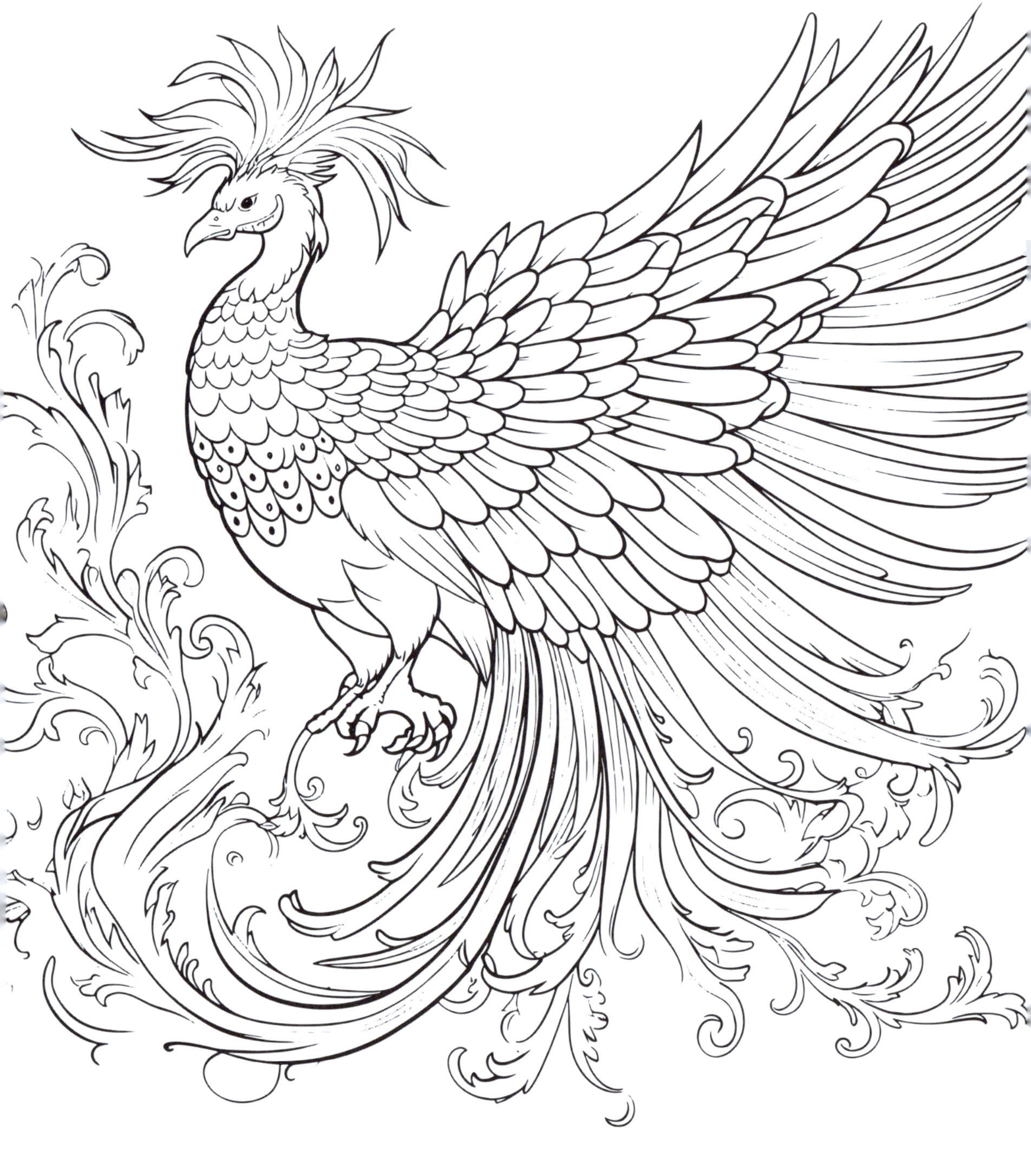

El ave fénix más conocido del cine aparece en la película Harry Potter y la Cámara Secreta.

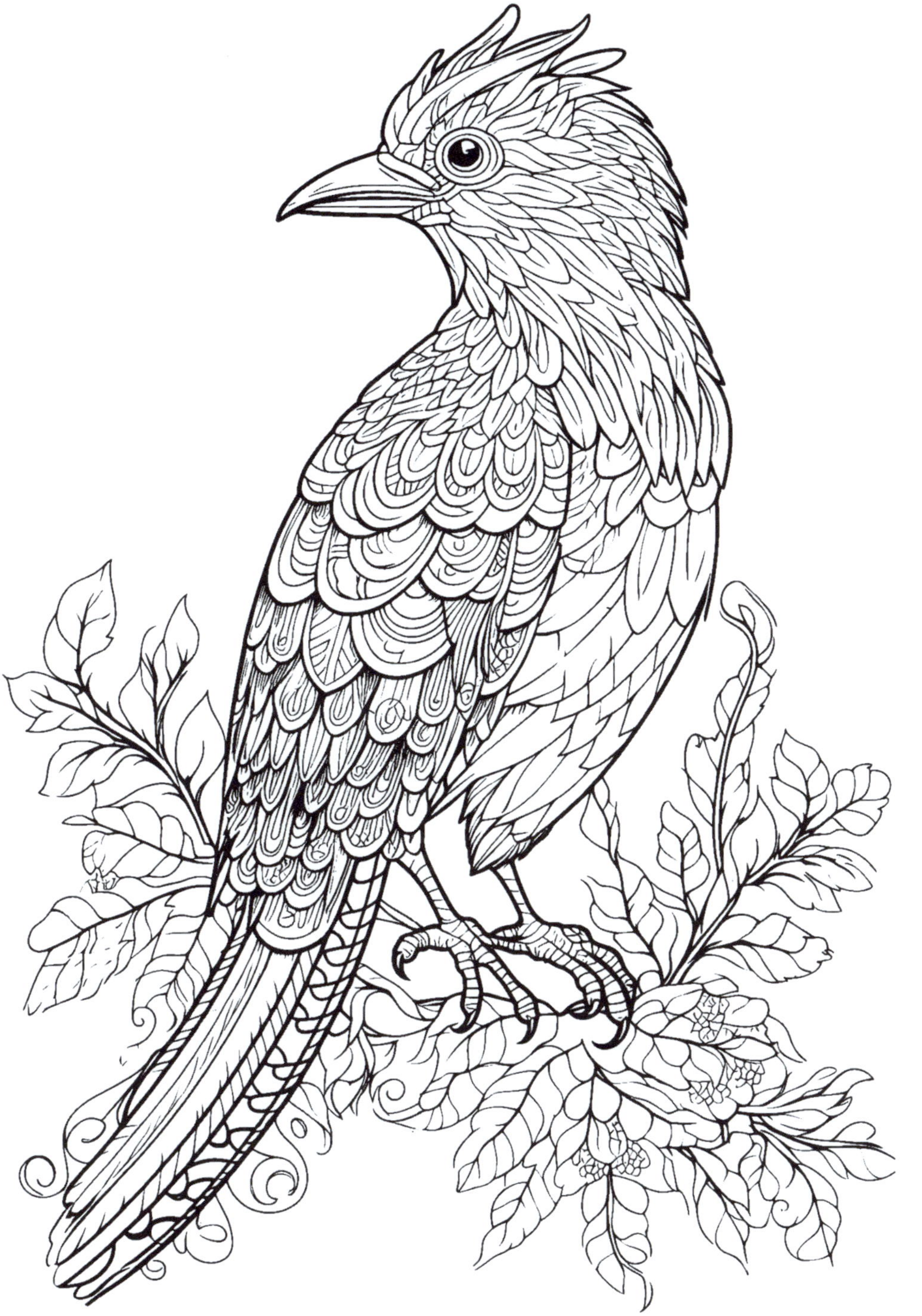

Muchas especies de pájaros son conocidas por sus hermosos cantos y vocalizaciones, que utilizan para comunicarse entre sí y establecer territorios.

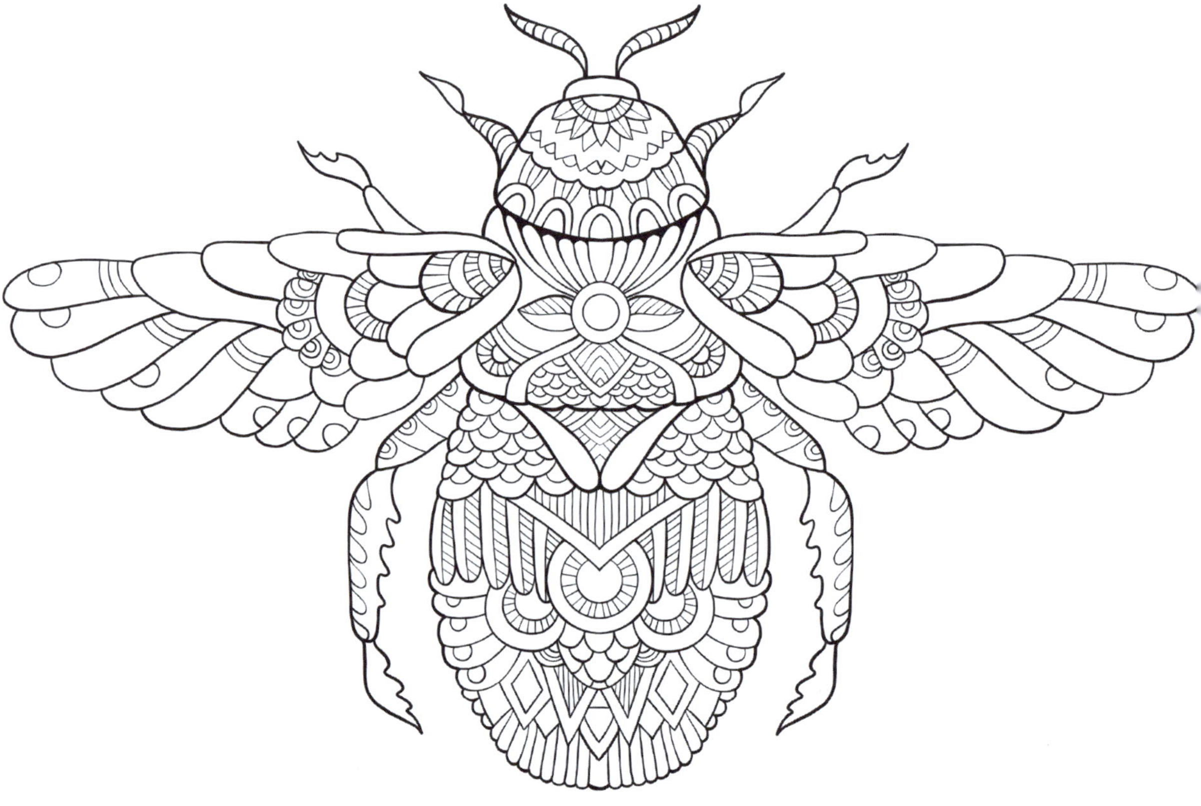

Los insectos han desarrollado una amplia variedad de adaptaciones especializadas para sobrevivir en diferentes entornos y nichos ecológicos.

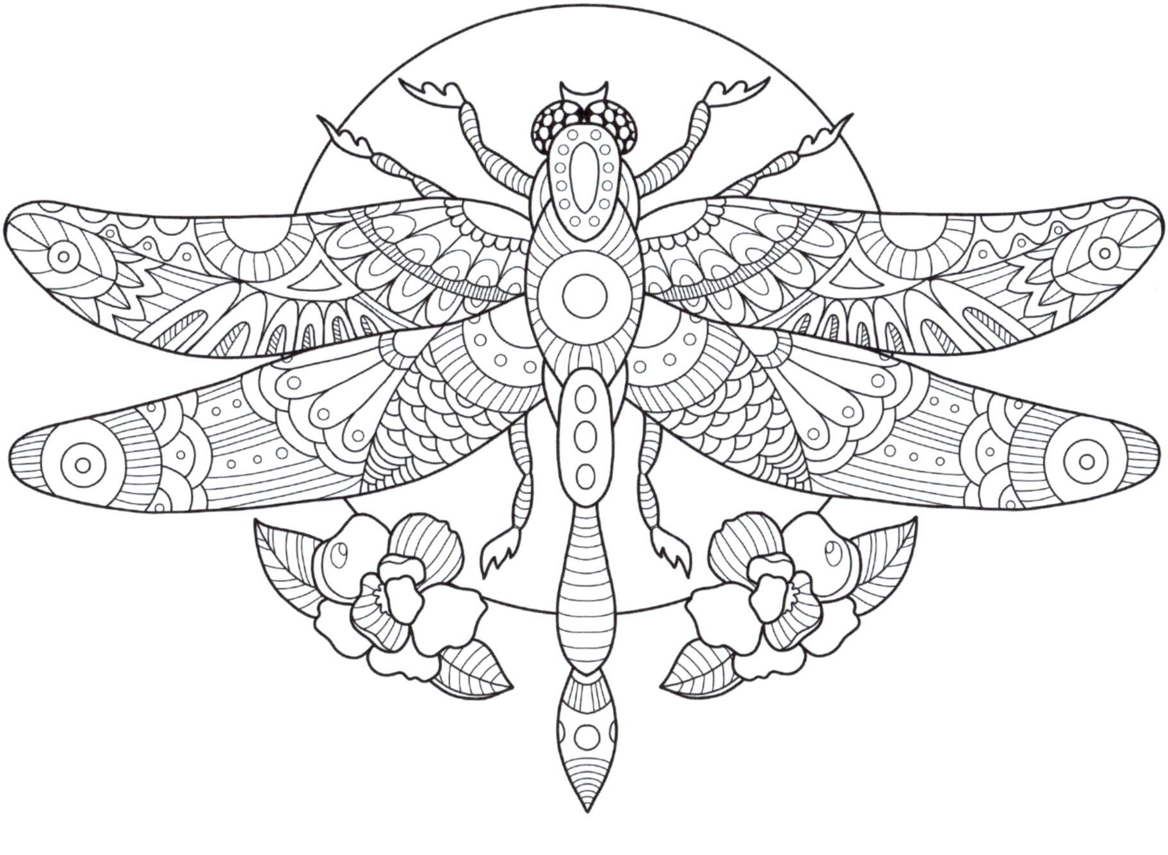

La mayoría de los insectos tienen antenas que utilizan para sentir y explorar su entorno.

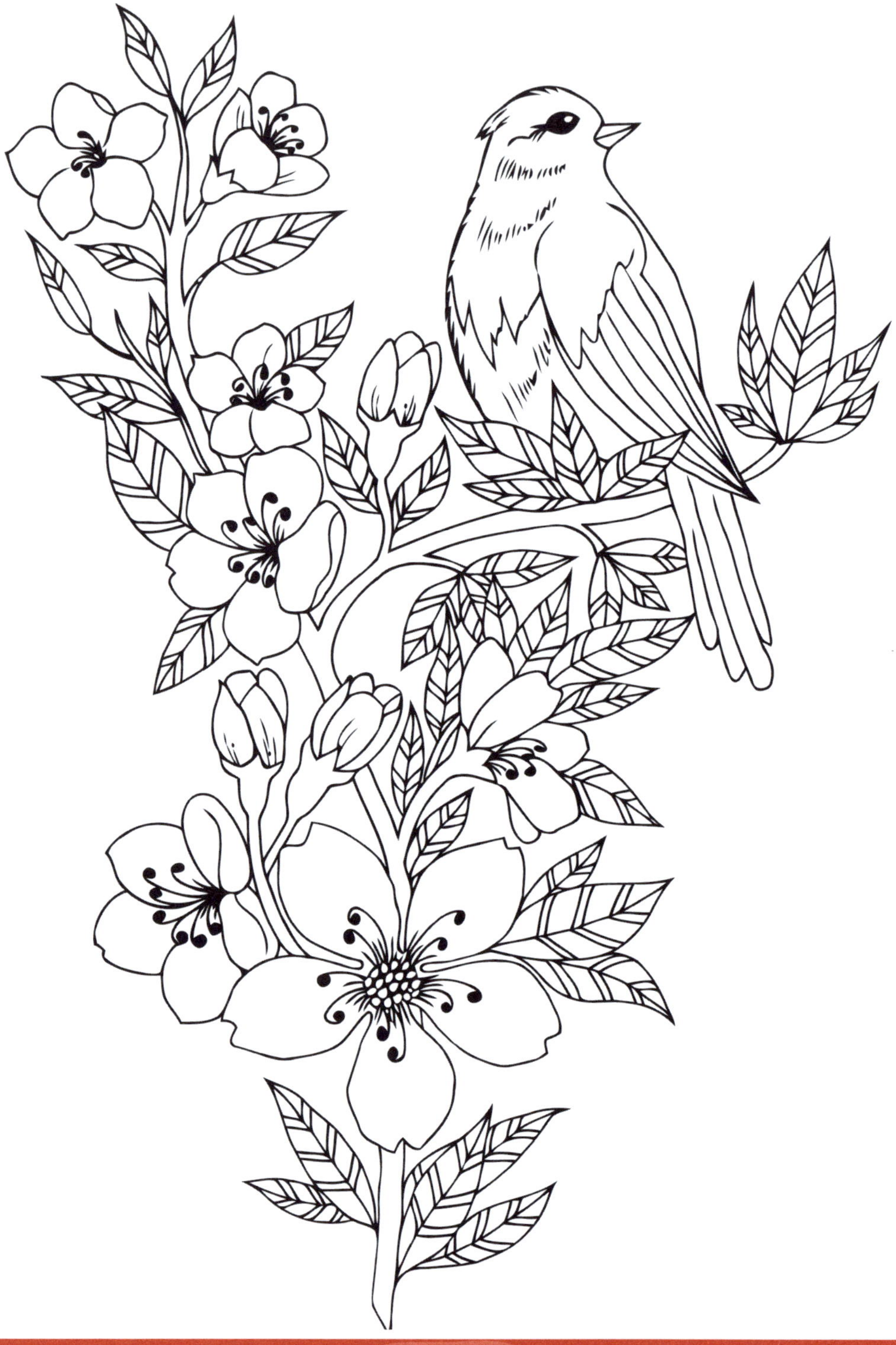

Muchas especies de pájaros son sociales y forman grupos sociales para alimentarse, criar y protegerse mutuamente. Algunas especies migratorias incluso viajan en bandadas enormes durante sus migraciones estacionales.

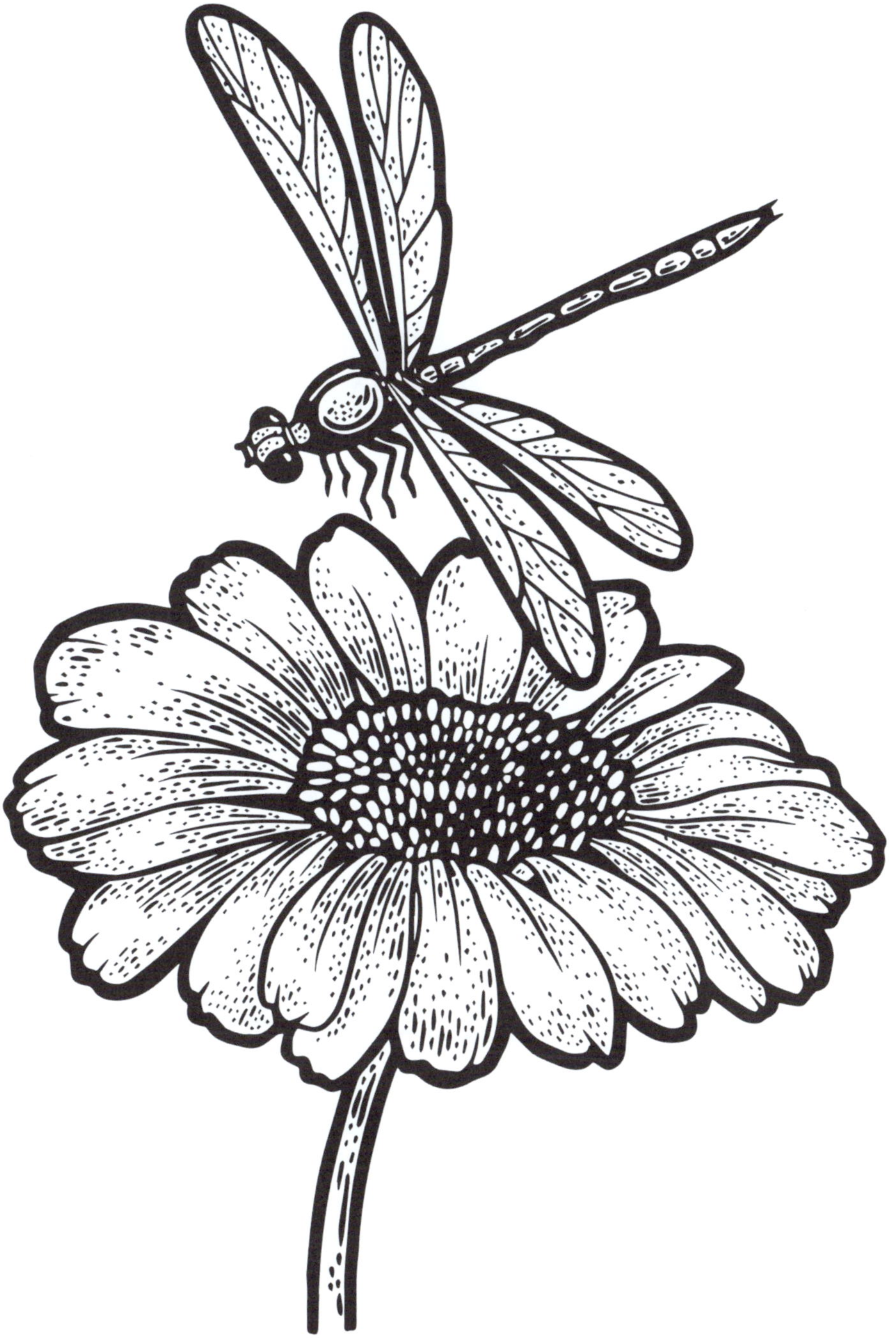

Los insectos comprenden el grupo de animales más diverso de la Tierra, de los que se conocen, aproximadamente, un millón de especies diferentes.

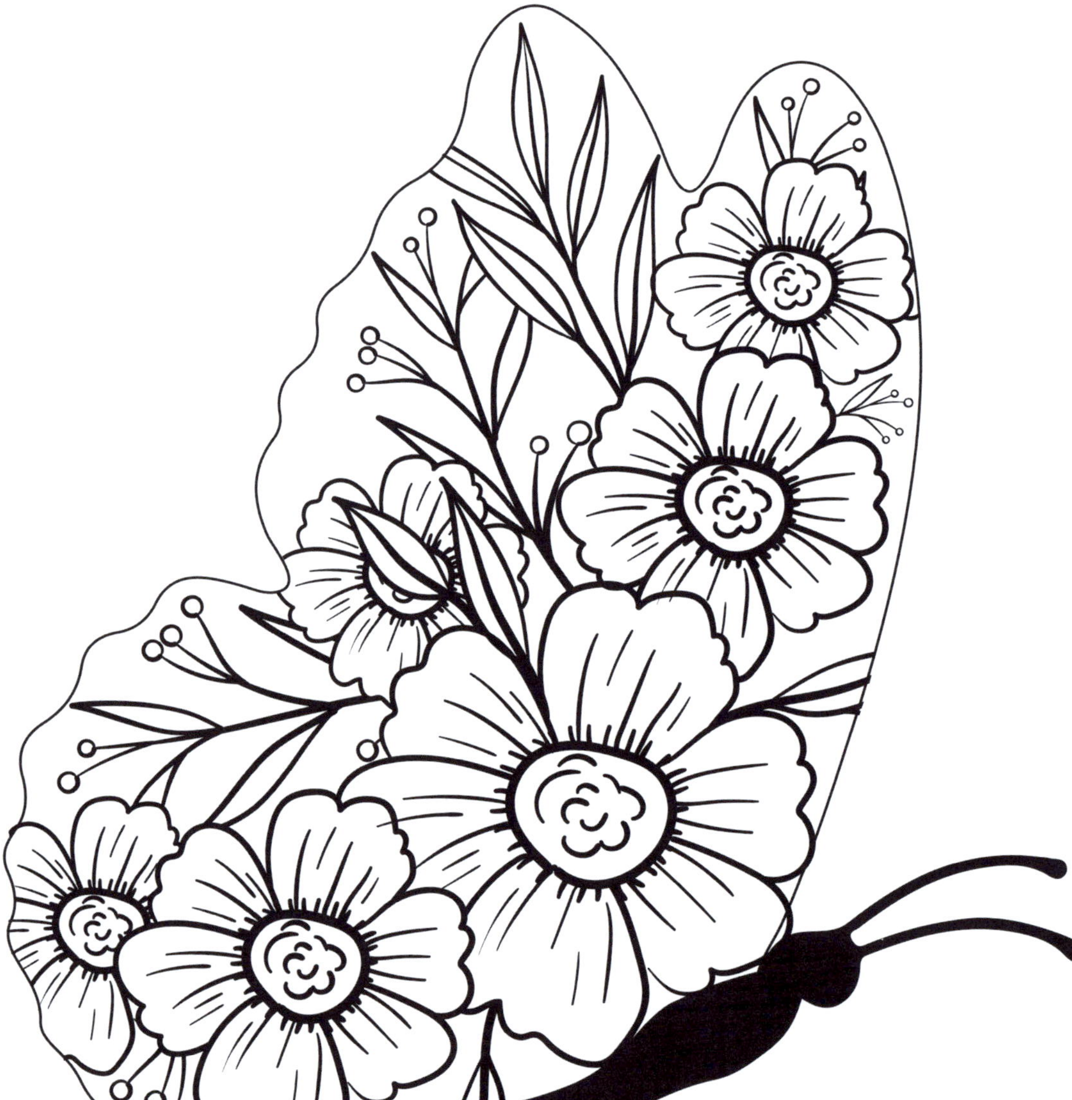

La mariposa monarca viaja miles de kilómetros desde América del Norte hasta México para pasar el invierno en bosques templados.

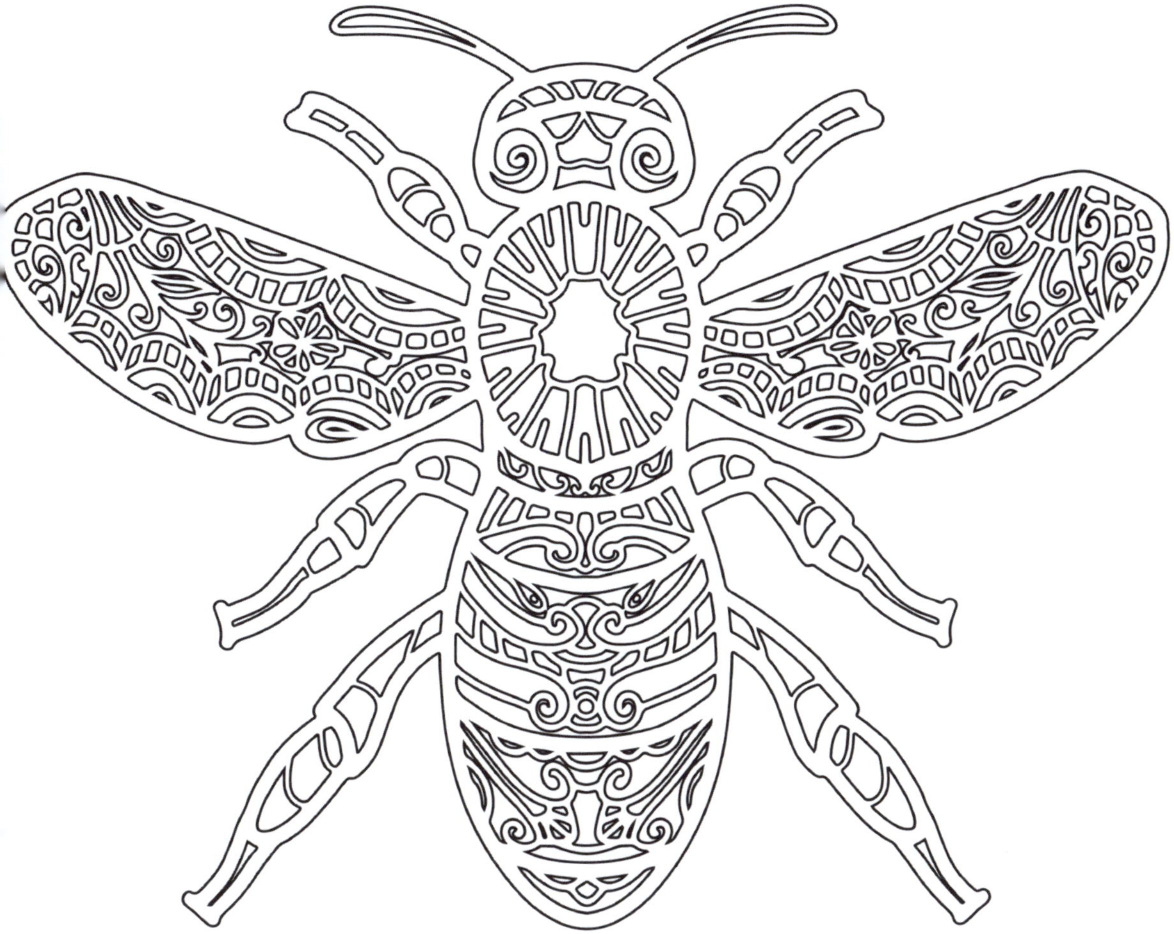

Algunos insectos utilizan vibraciones para comunicarse entre sí.

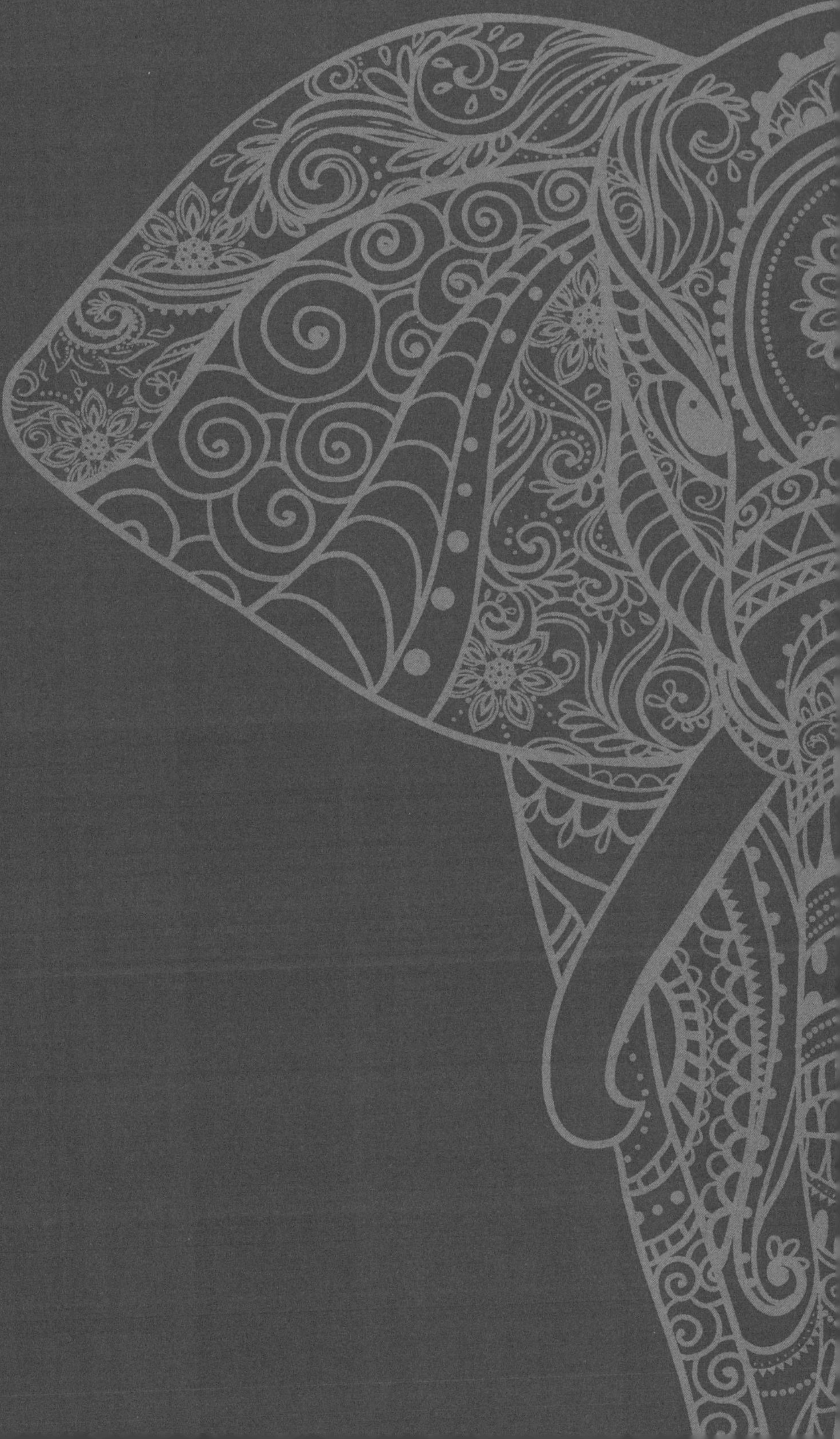

ANIMALES TERRESTRES

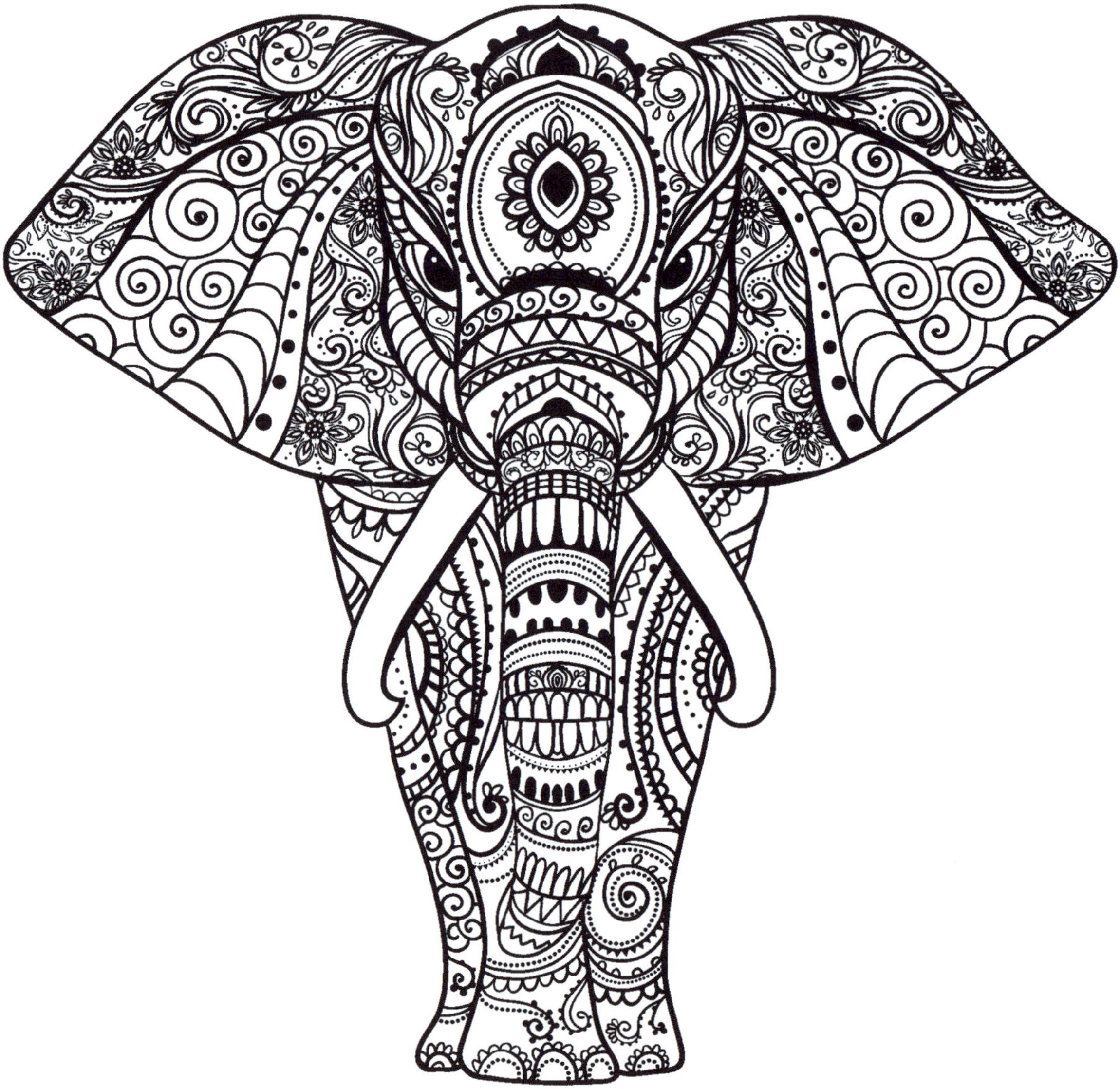

Los elefantes son los mamíferos terrestres más grandes del mundo y tienen un increíble sentido del olfato, pudiendo detectar agua a largas distancias.

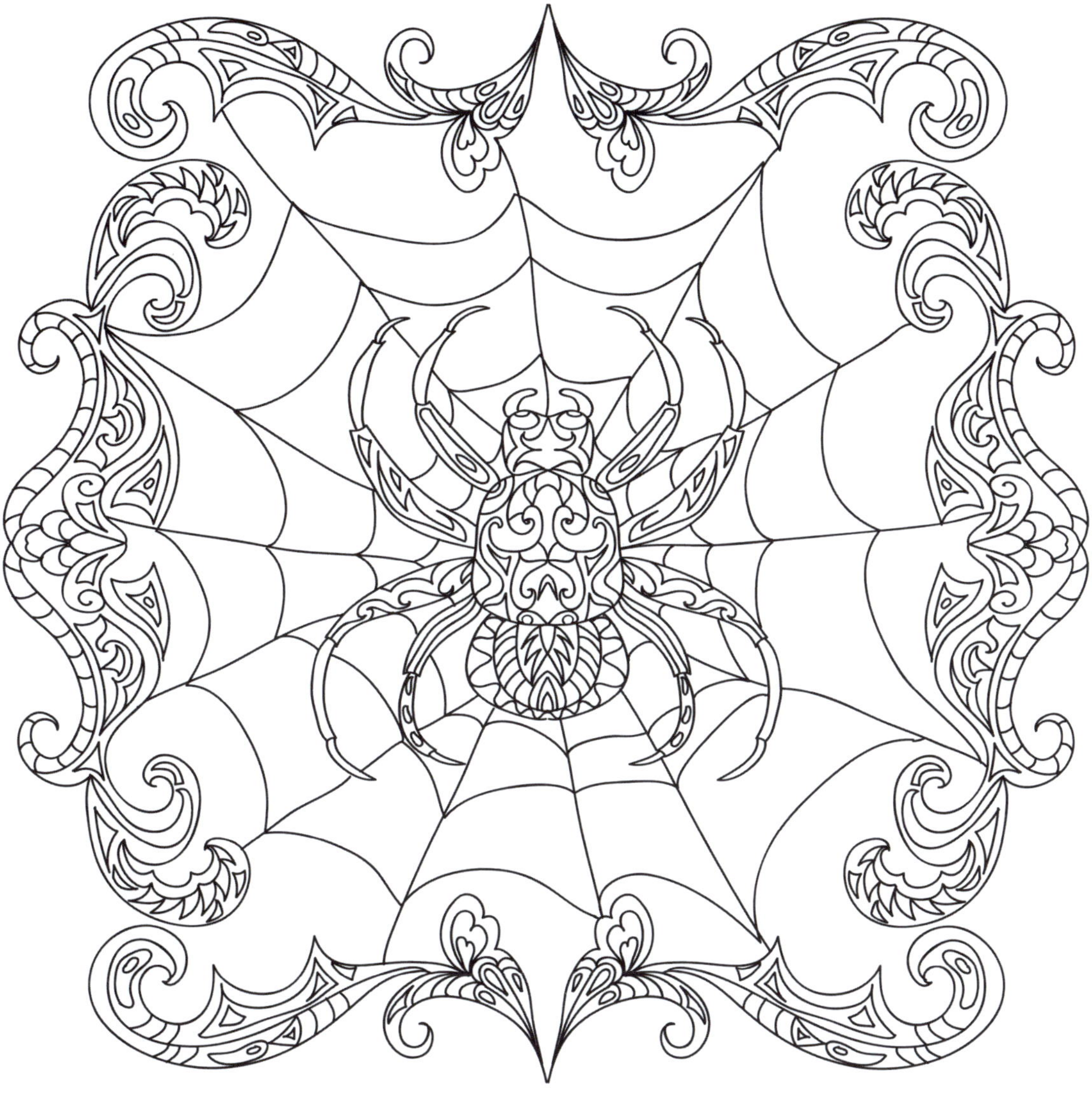

Las arañas pueden producir seda más fuerte que el acero.

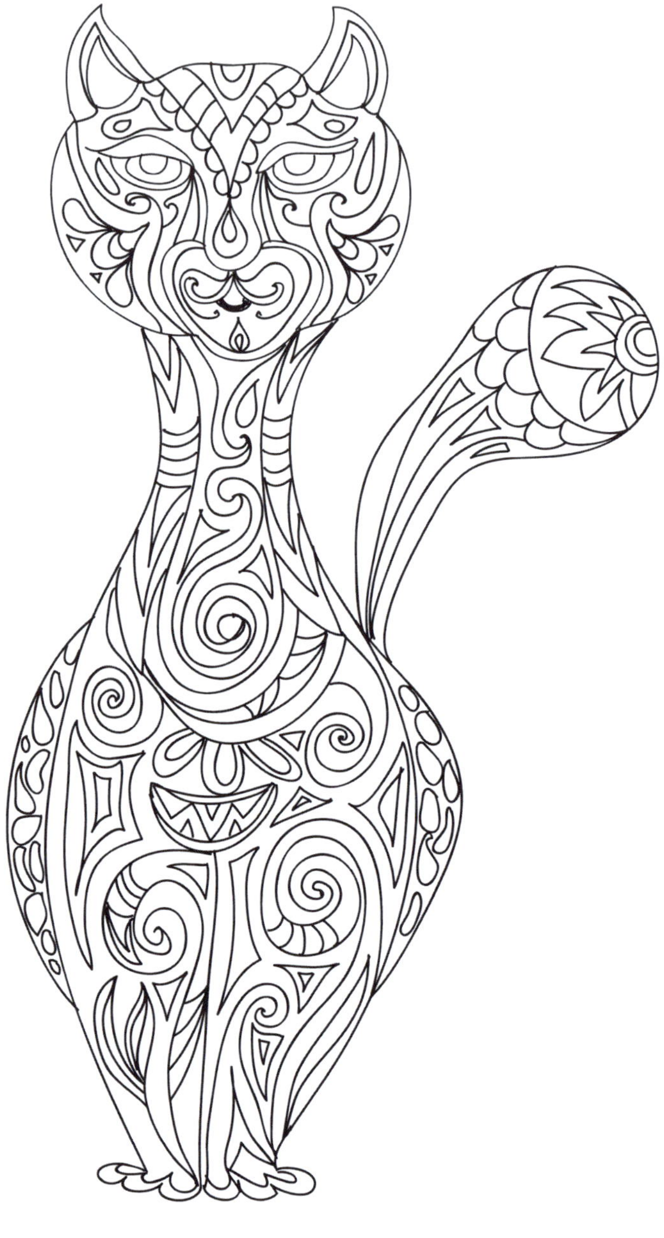

Los gatos tienen una columna vertebral increíblemente flexible y pueden girar su cuerpo en el aire para aterrizar en una posición adecuada.

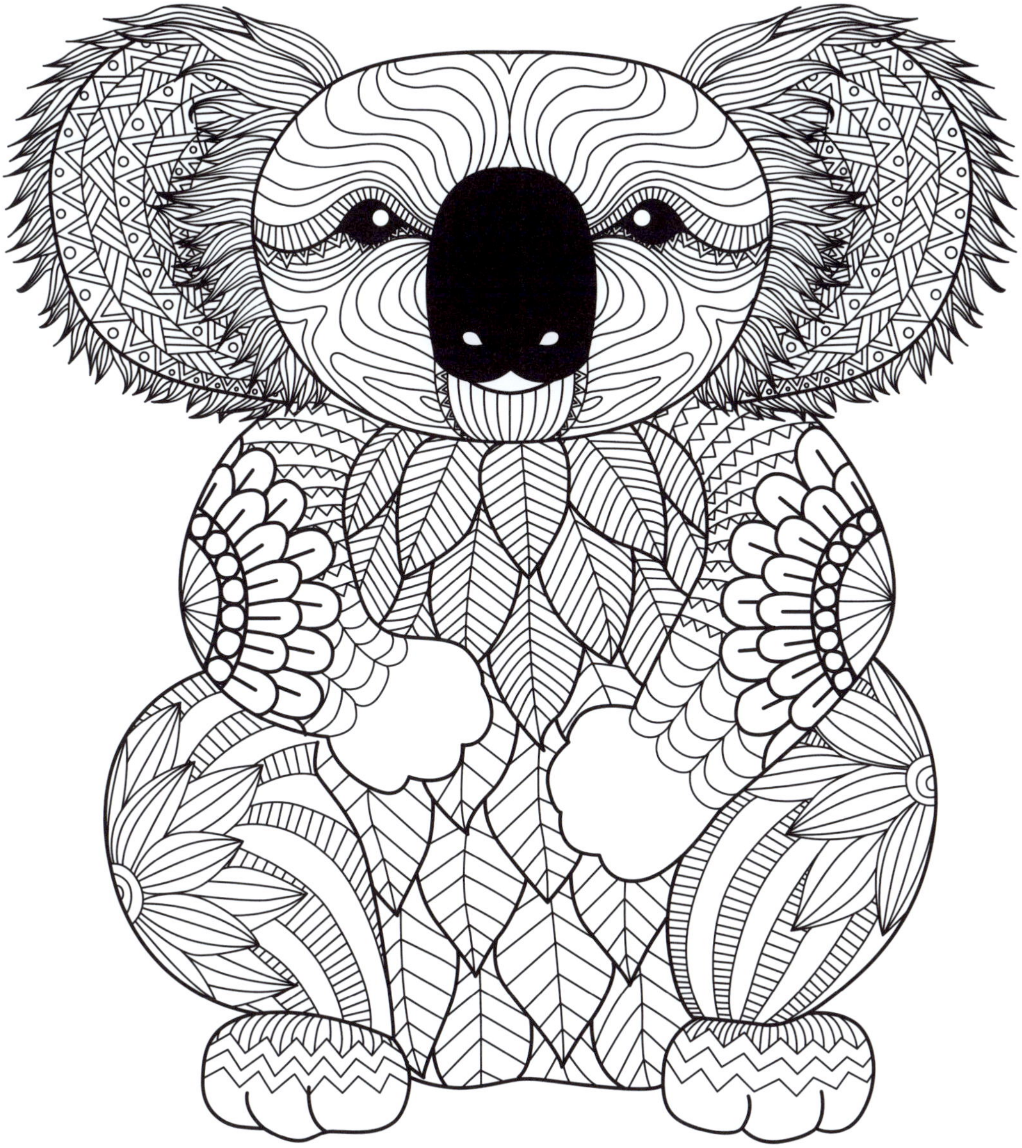

Los koalas duermen hasta veintidós horas al día.

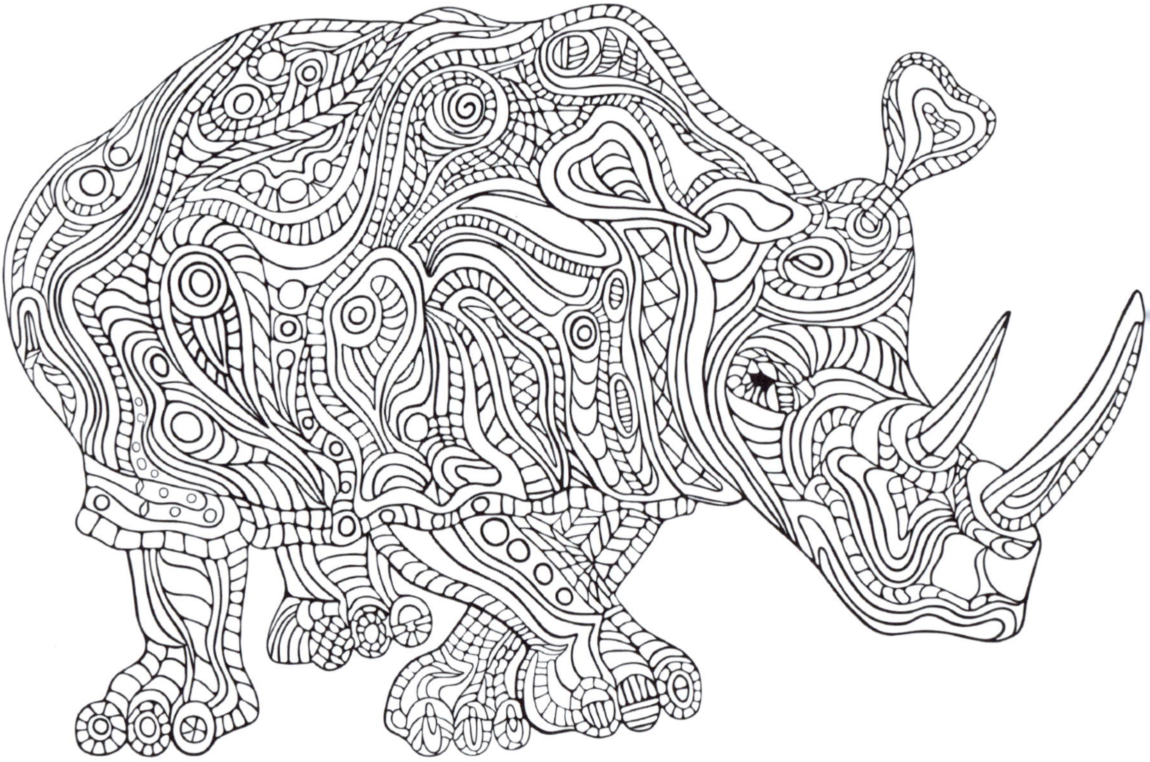

Aunque su vista es limitada, los rinocerontes tienen un excelente sentido del oído y del olfato.

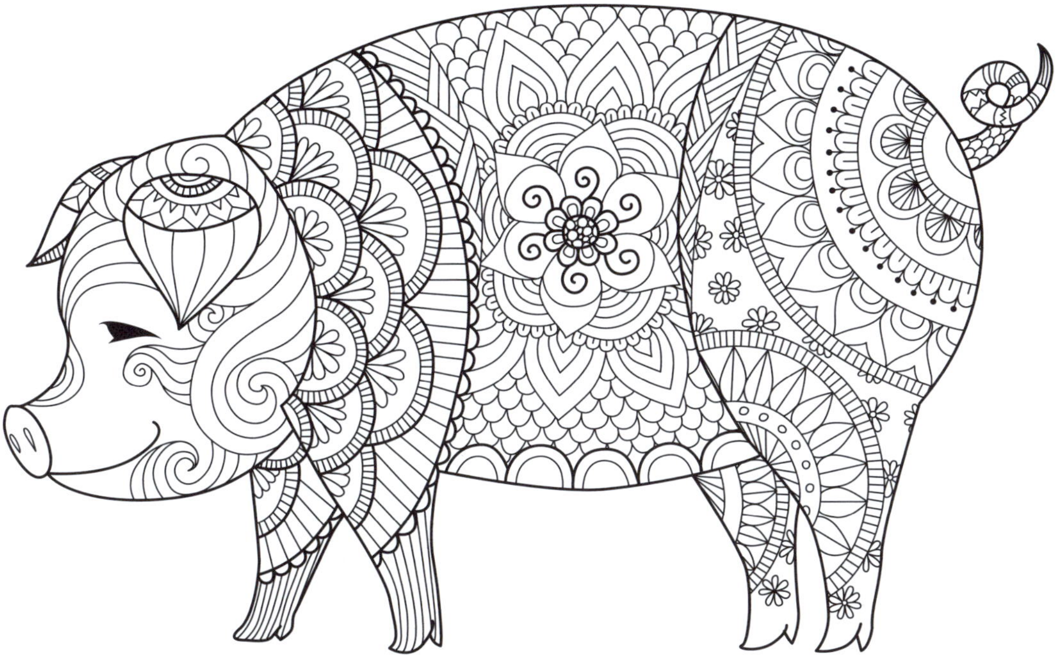

Los cerdos tienen un sentido del olfato extremadamente agudo, que utilizan para buscar comida y explorar su entorno.

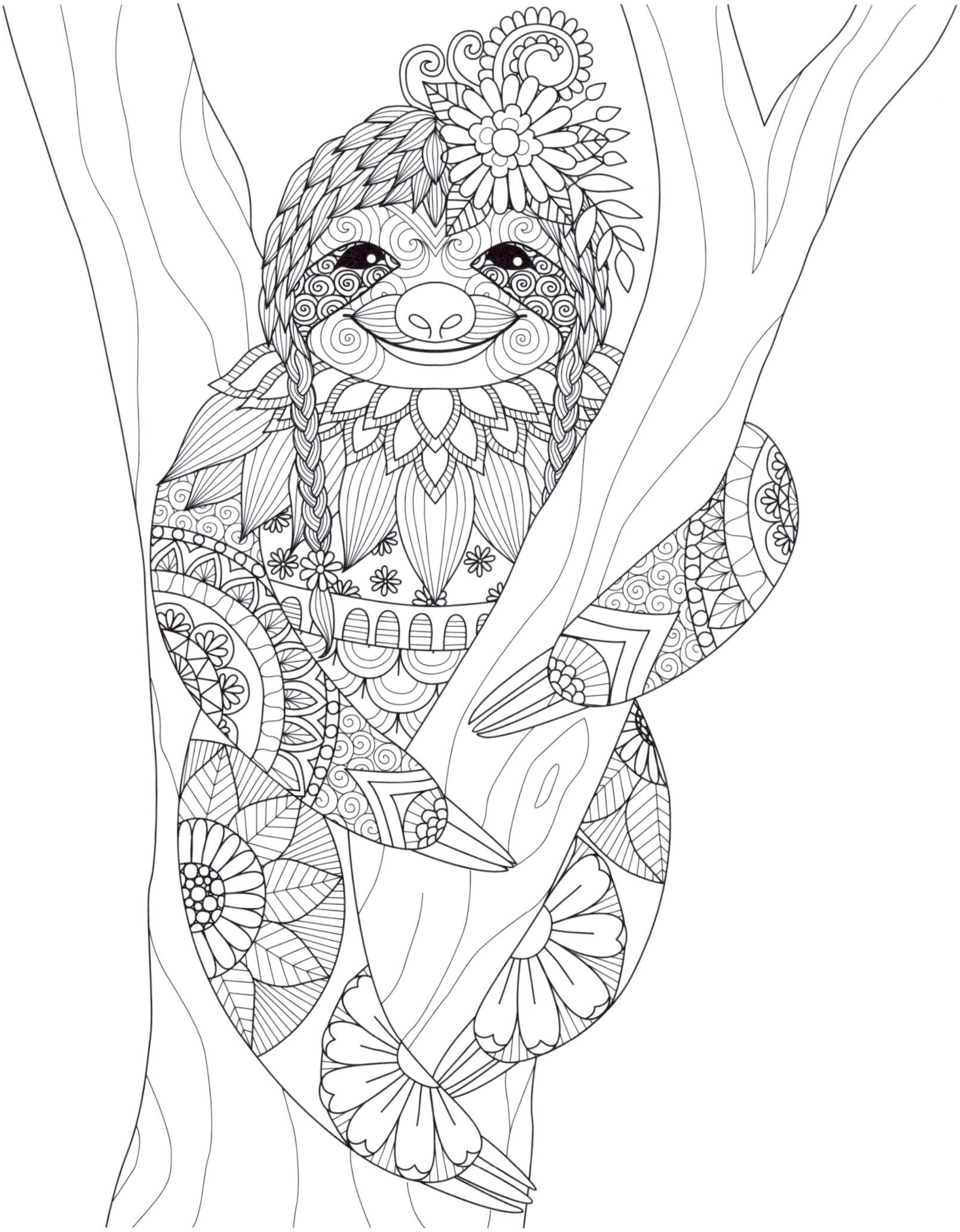

Los osos perezosos son famosos por su movimiento extremadamente lento.

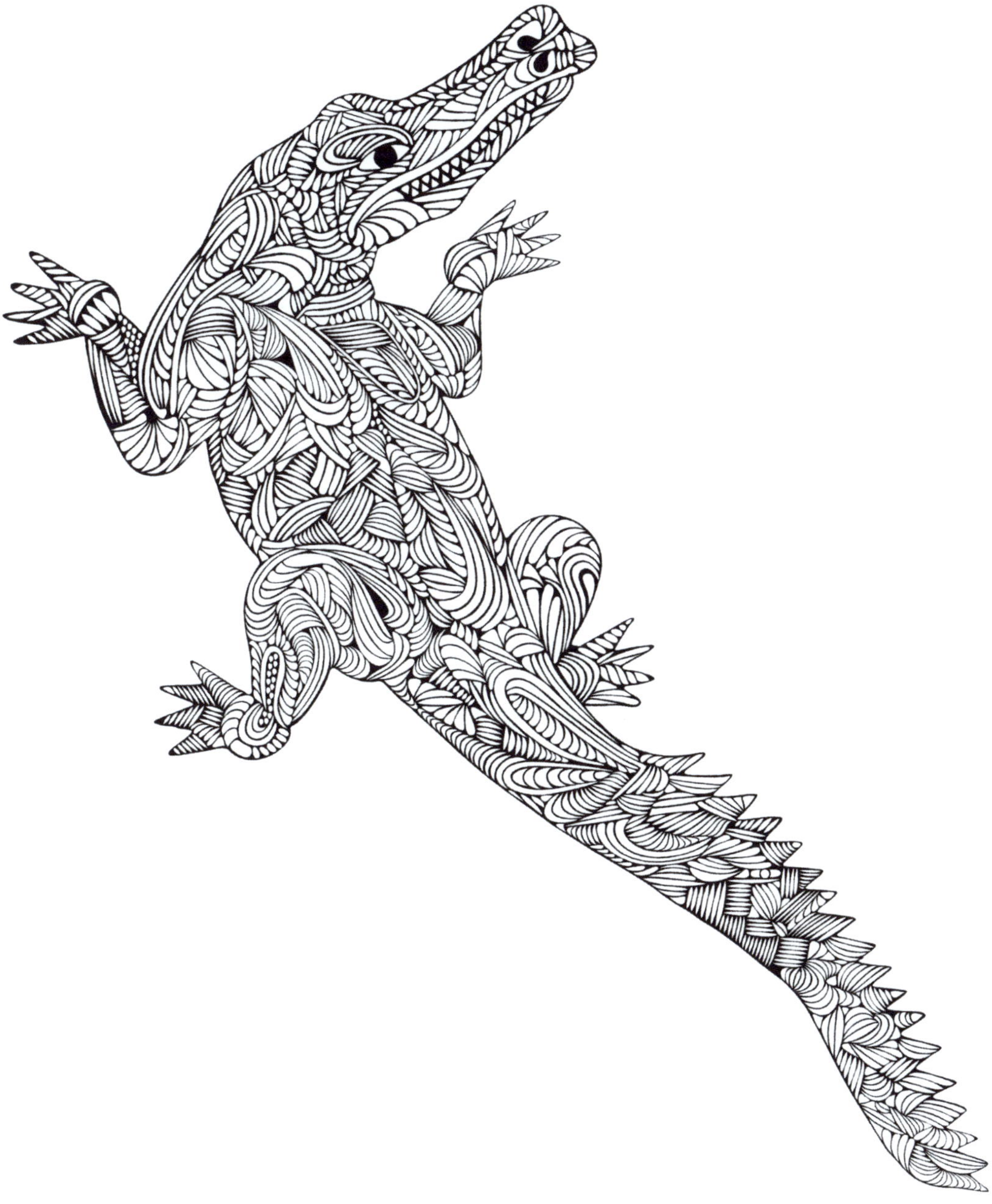

Los cocodrilos son descendientes directos de los reptiles prehistóricos y han existido en la Tierra durante millones de años, prácticamente sin cambios en su forma básica.

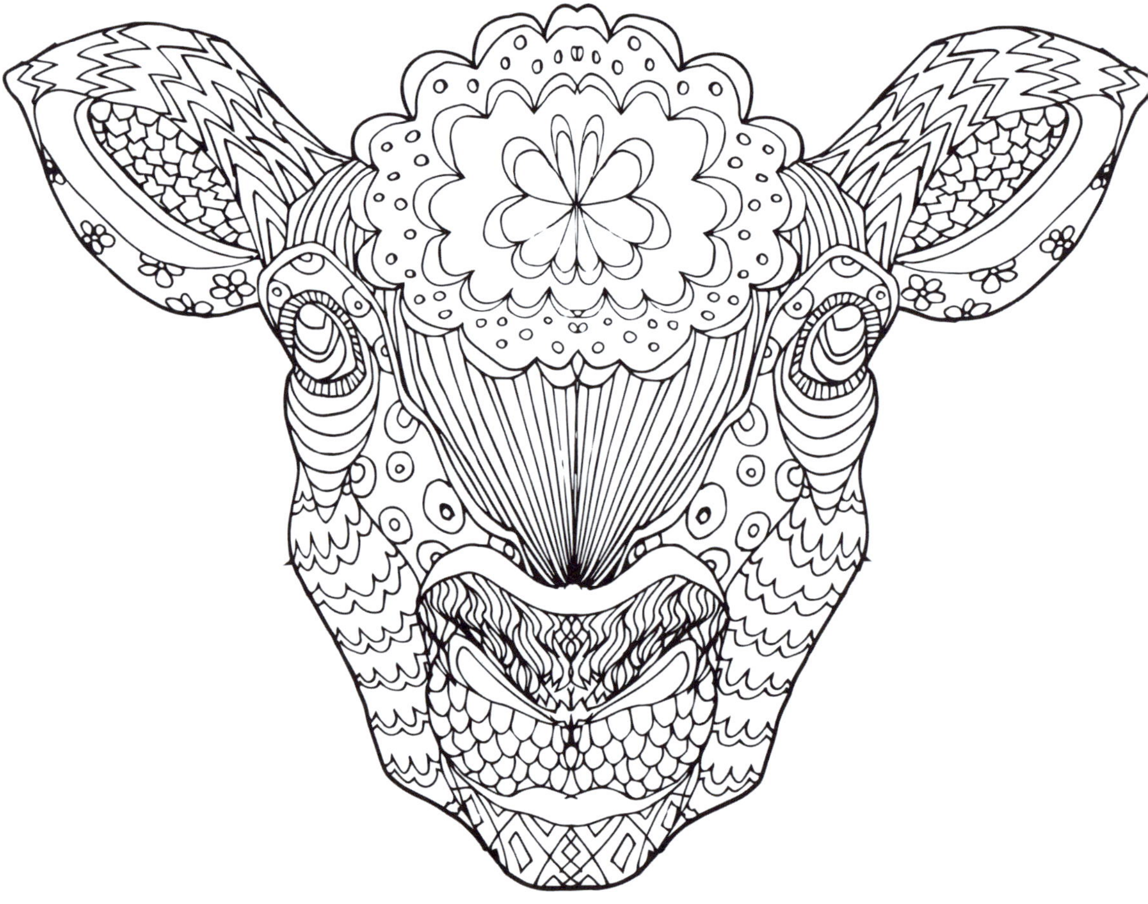

Las vacas son animales rumiantes, es decir, tienen un estómago dividido en cuatro compartimentos.

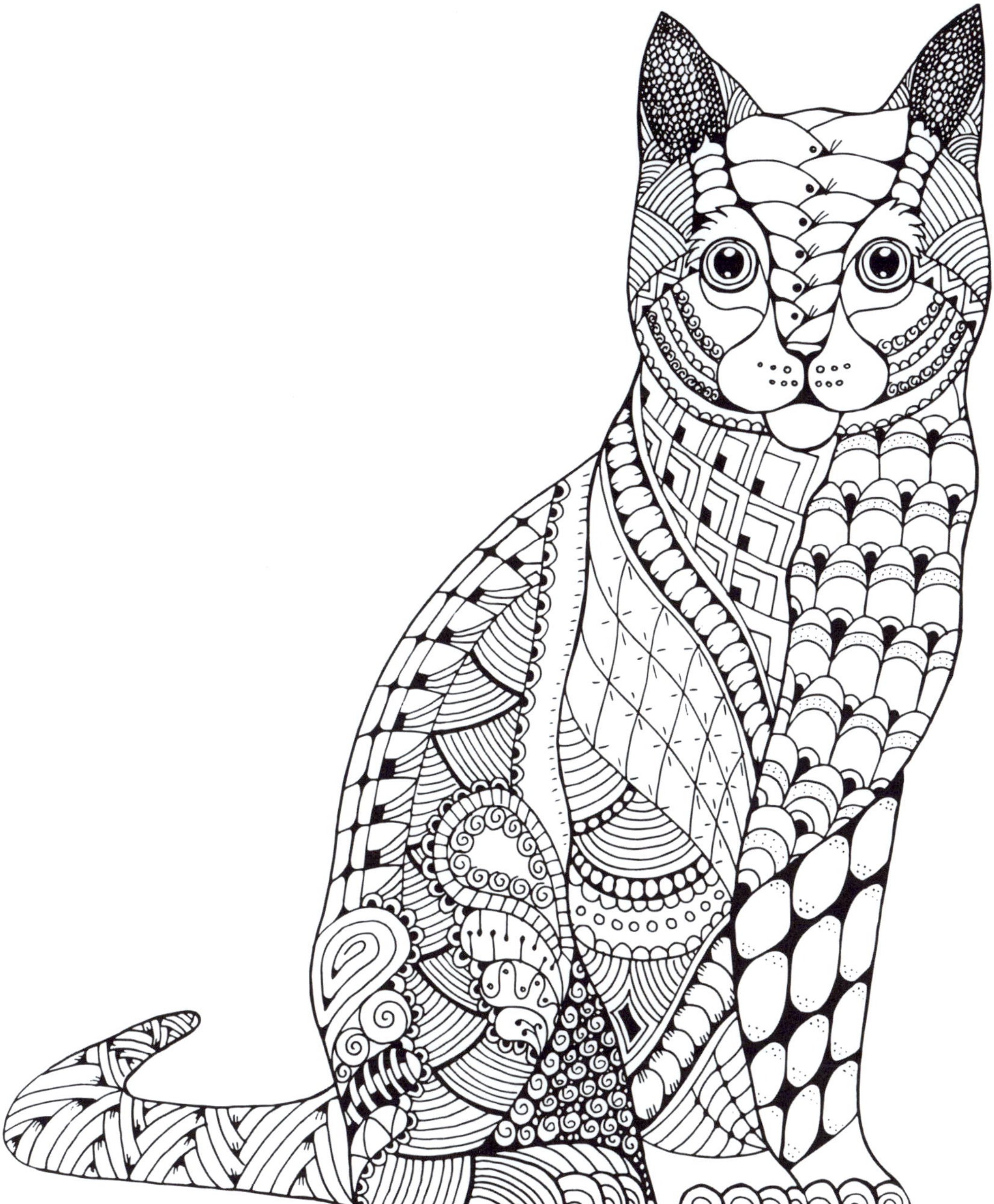

Los ojos de los gatos están adaptados para la visión nocturna.

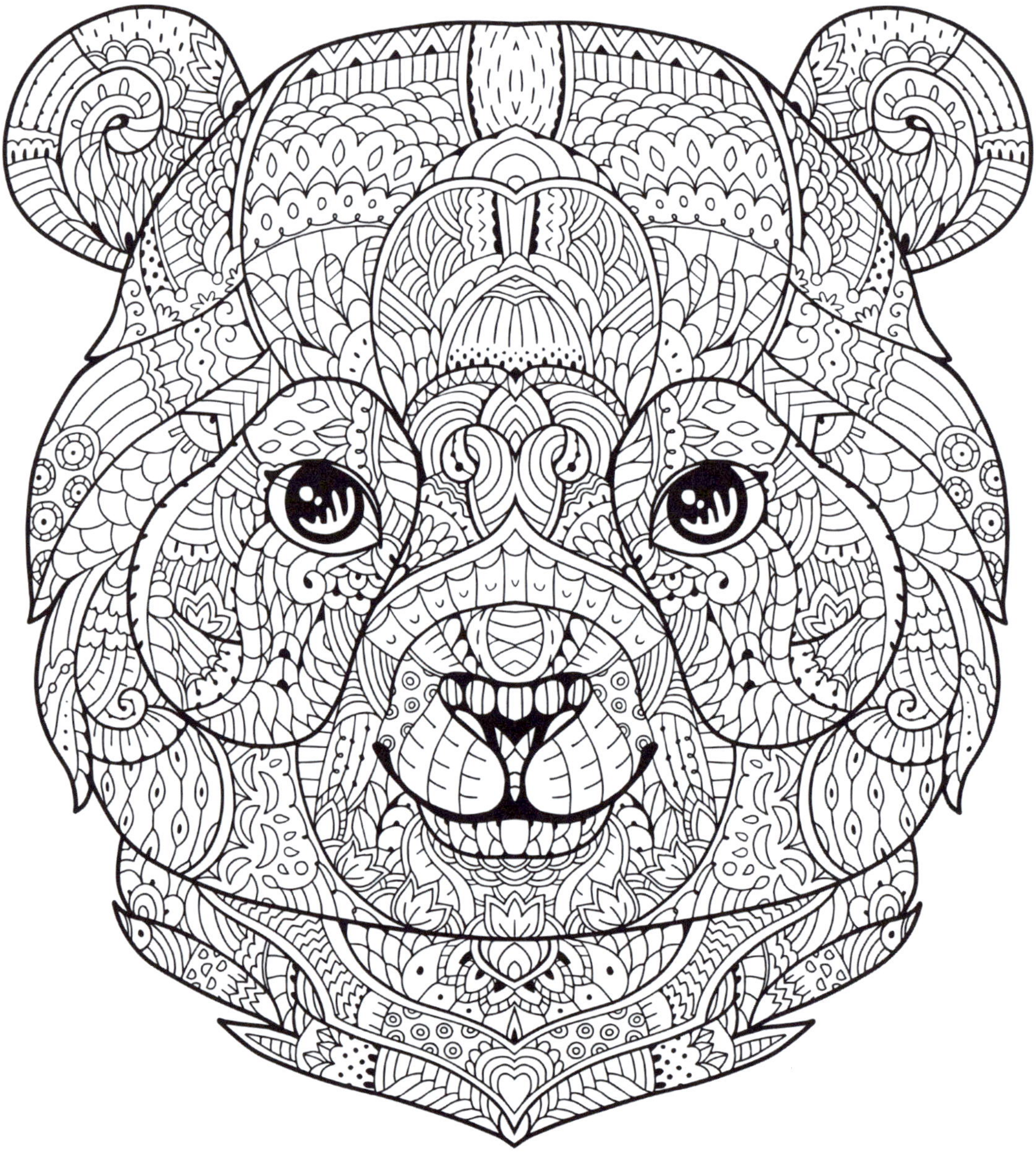

Muchas especies de osos hibernan durante el invierno para conservar energía cuando la comida escasea.

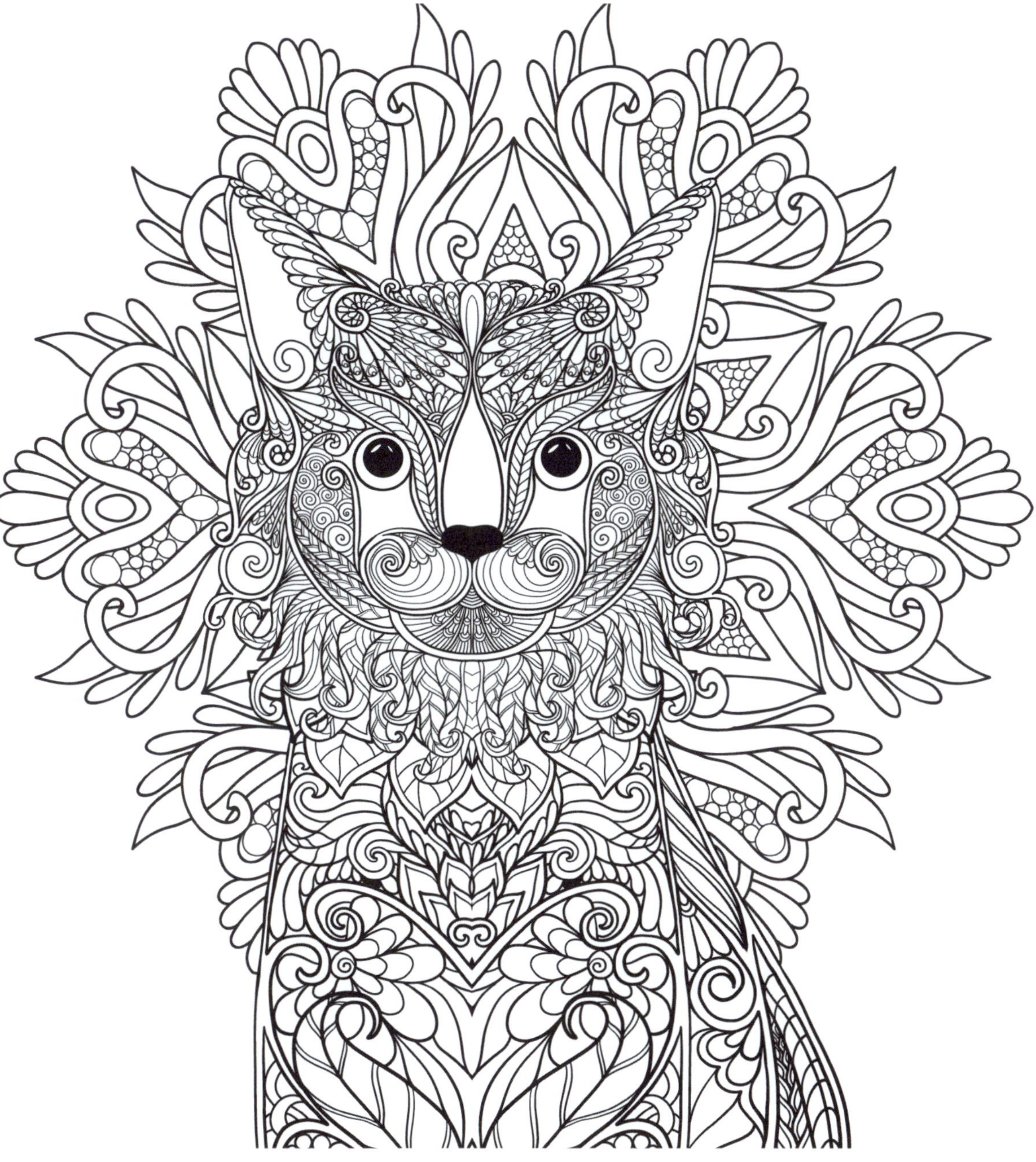

Cada gato tiene su propia personalidad distintiva. Algunos son extrovertidos y cariñosos, mientras que otros son más reservados e independientes.

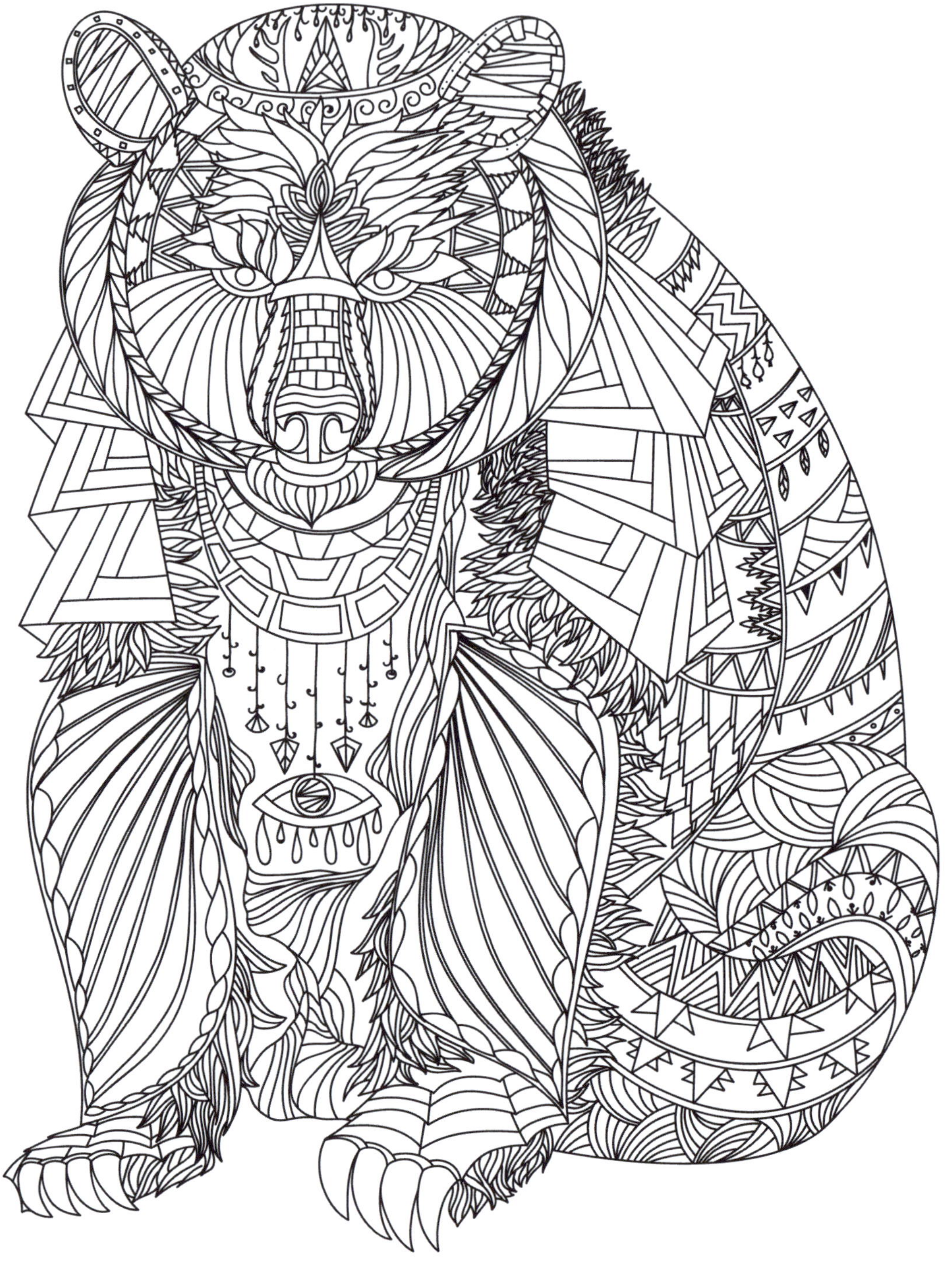

Existen ocho especies de osos en el mundo.

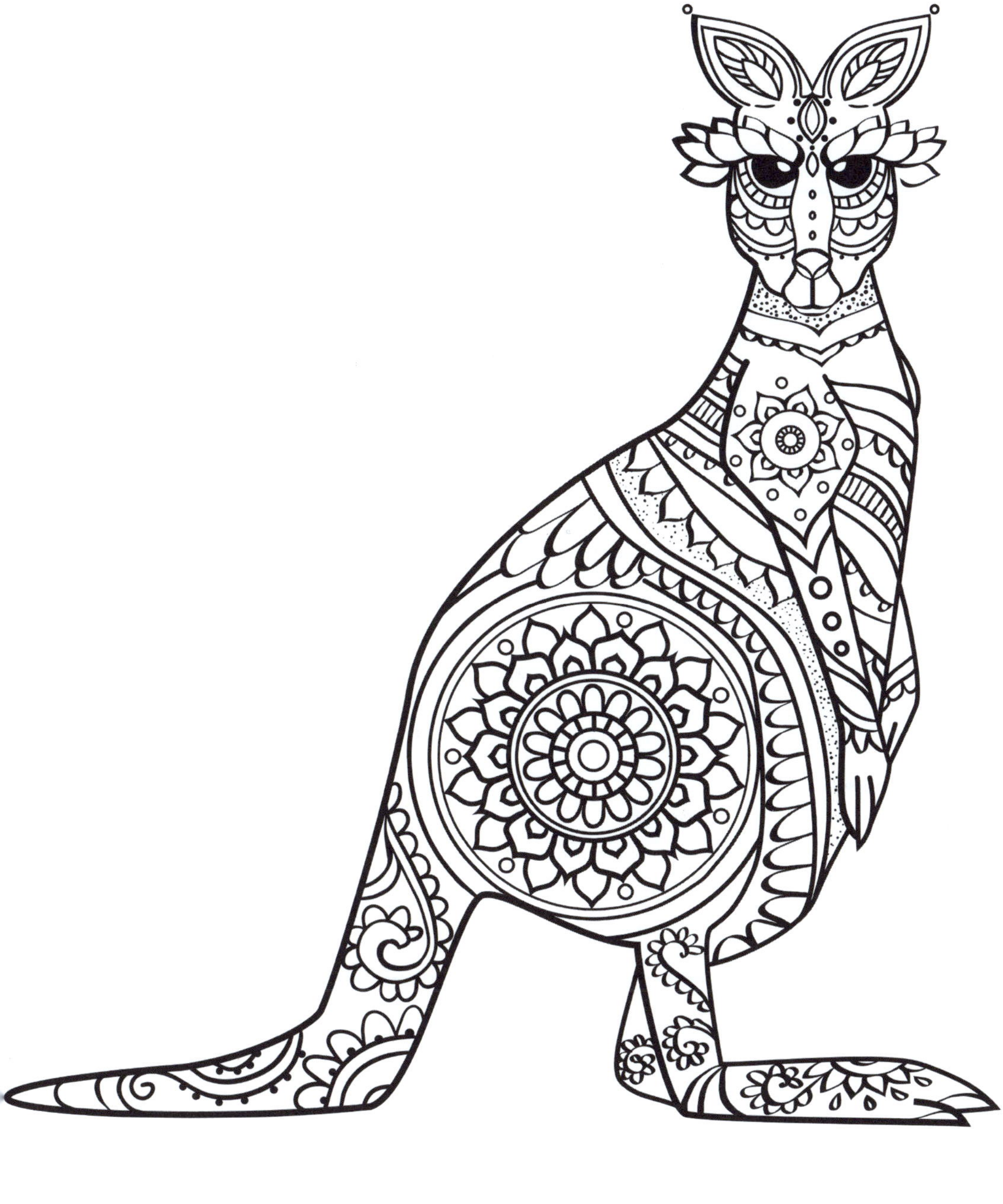

Los canguros son uno de los símbolos más reconocibles de Australia y son una atracción turística popular en todo el mundo.

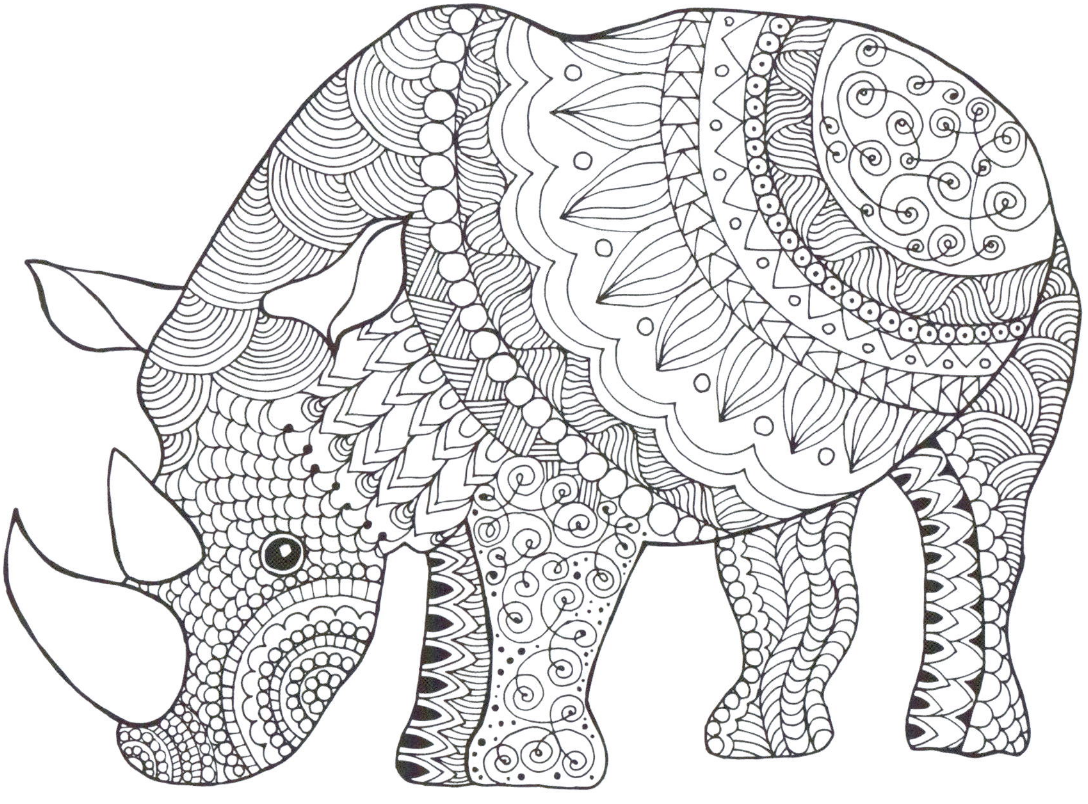

Los rinocerontes son animales mayormente solitarios, aunque, ocasionalmente, se pueden ver en grupos pequeños.

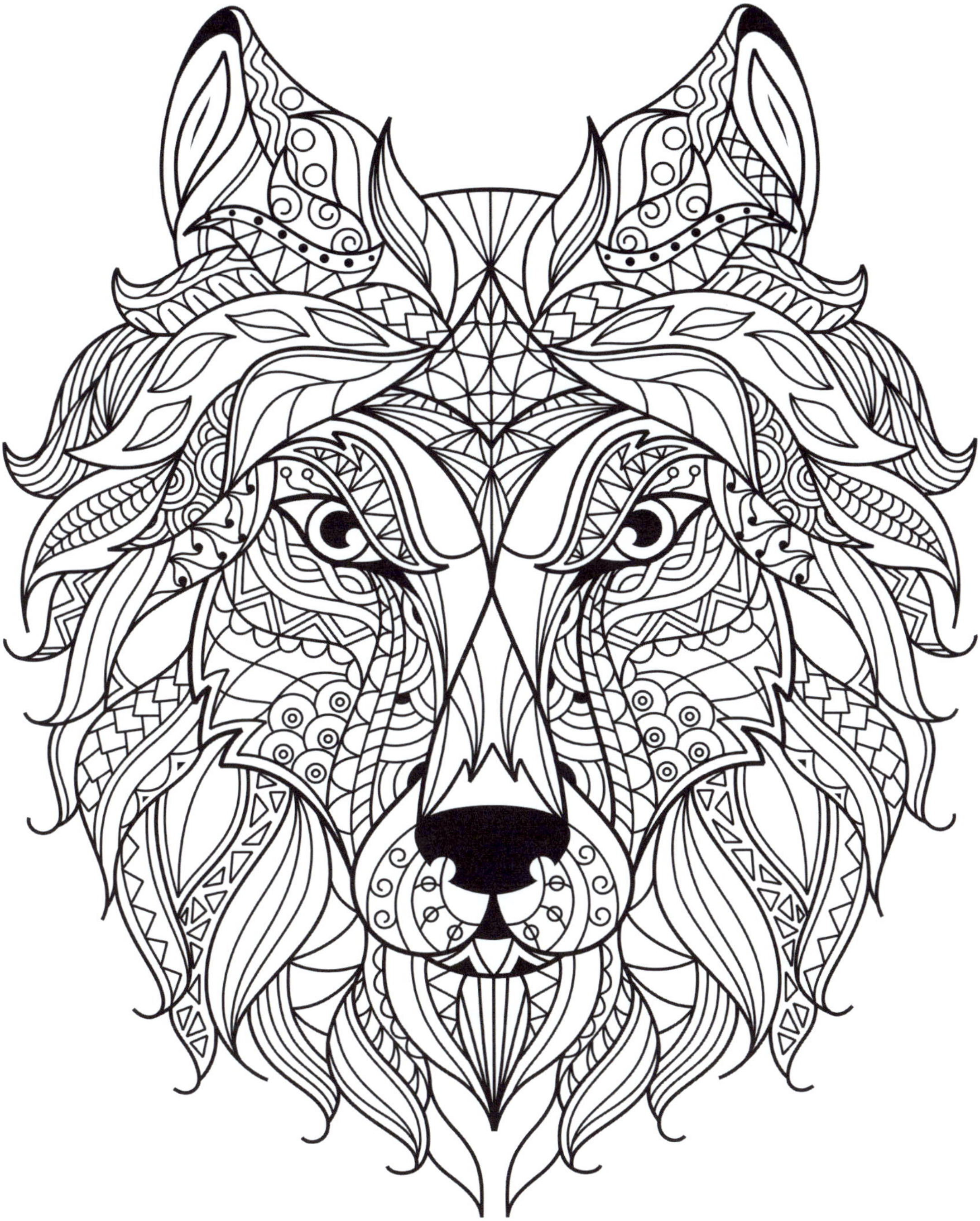

Cuando nacen los cachorros de lobo, todos en la manada se involucran en la crianza.

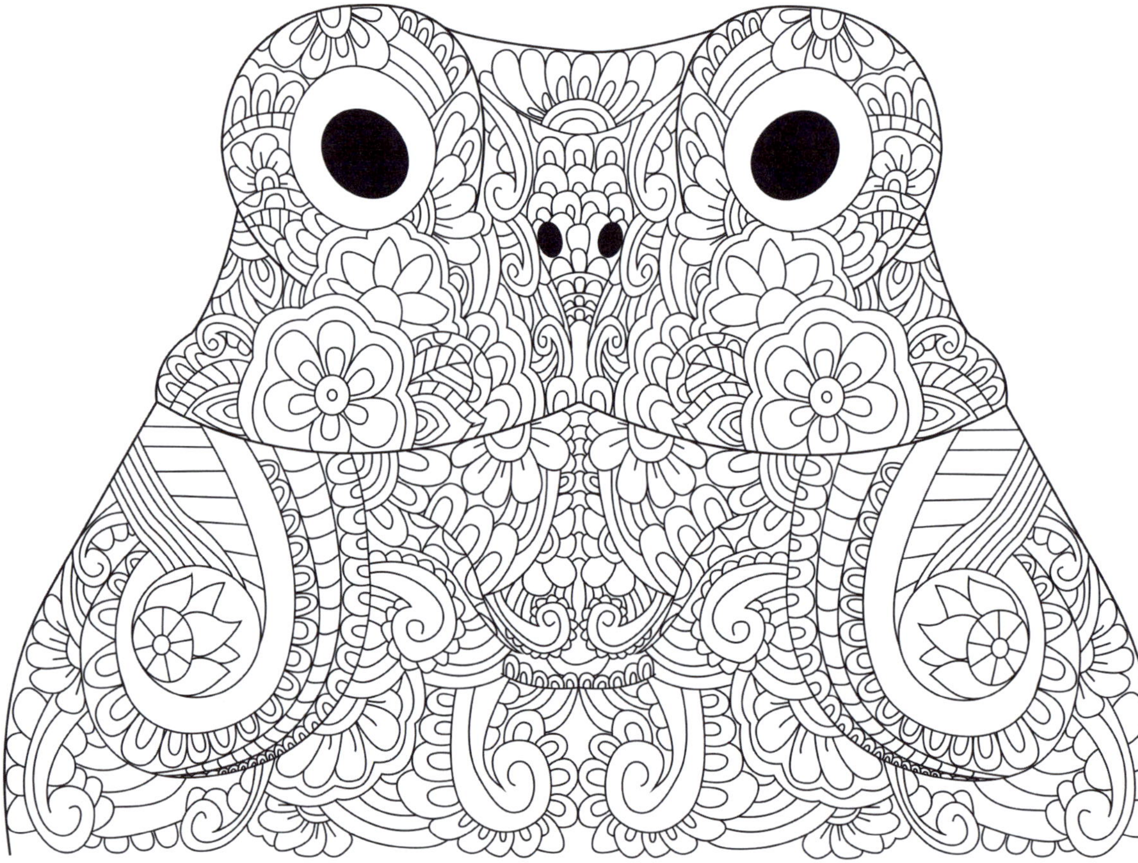

Los primeros anfibios aparecieron hace trescientos millones de años.

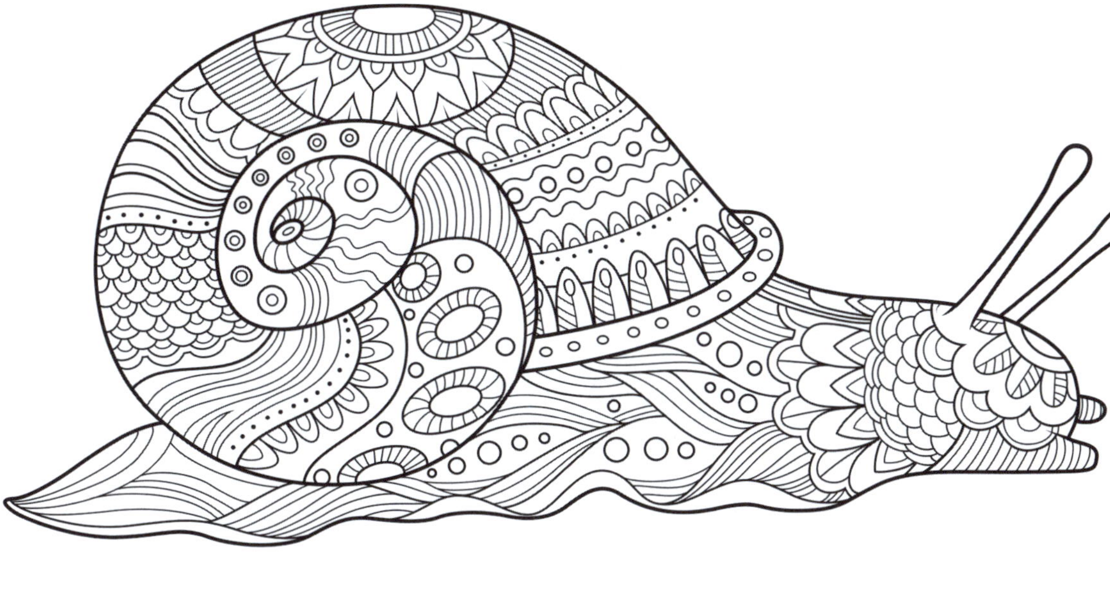

Un caracol come mientras se arrastra por el alimento, utilizando unas rádulas que tiene en la boca.

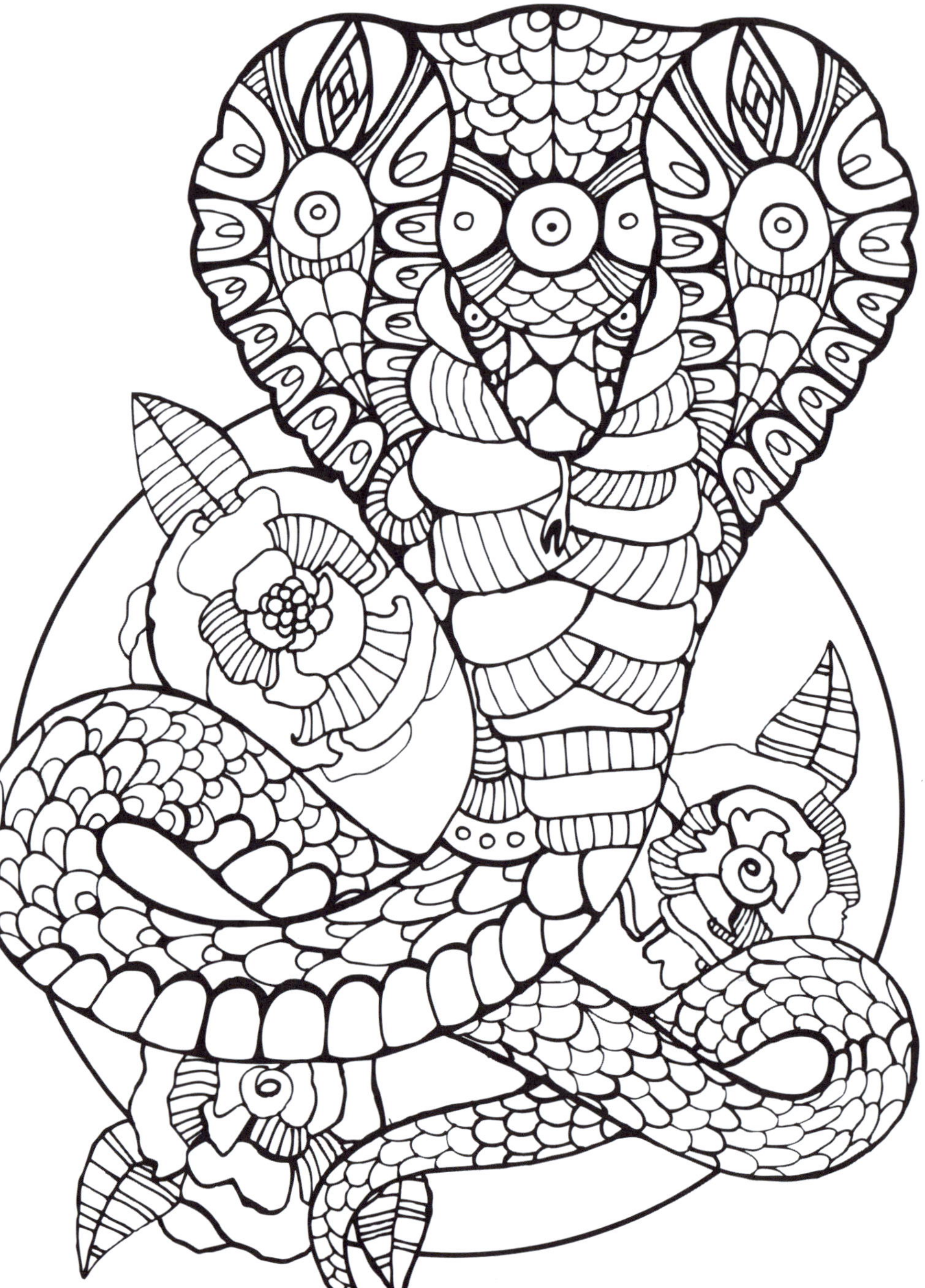

Hay más de tres mil especies diferentes de serpientes en el mundo, que varían enormemente en tamaño, color, hábitat y comportamiento.

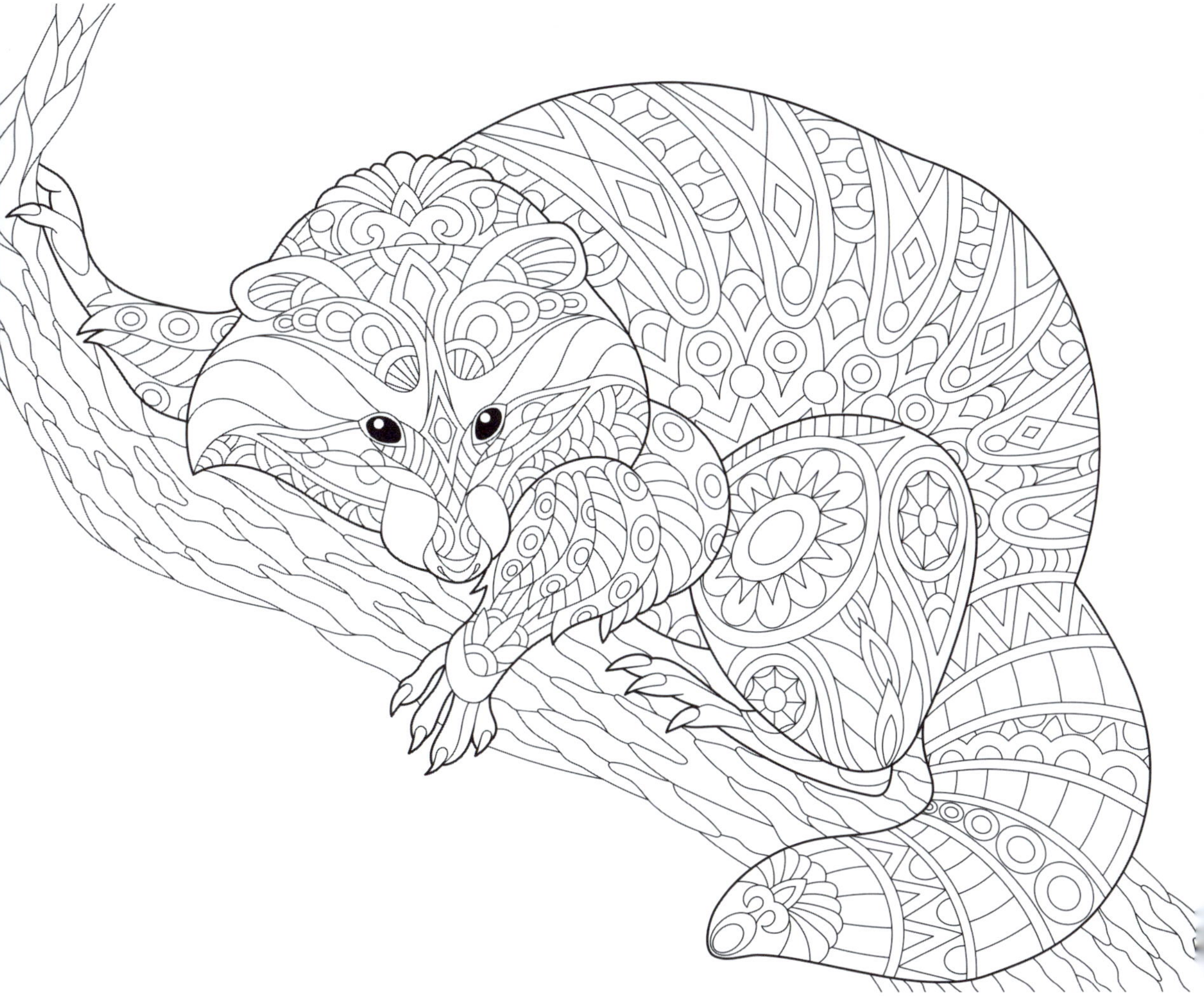

Los perezosos pasan el 90 por ciento de sus vidas colgados de los árboles.

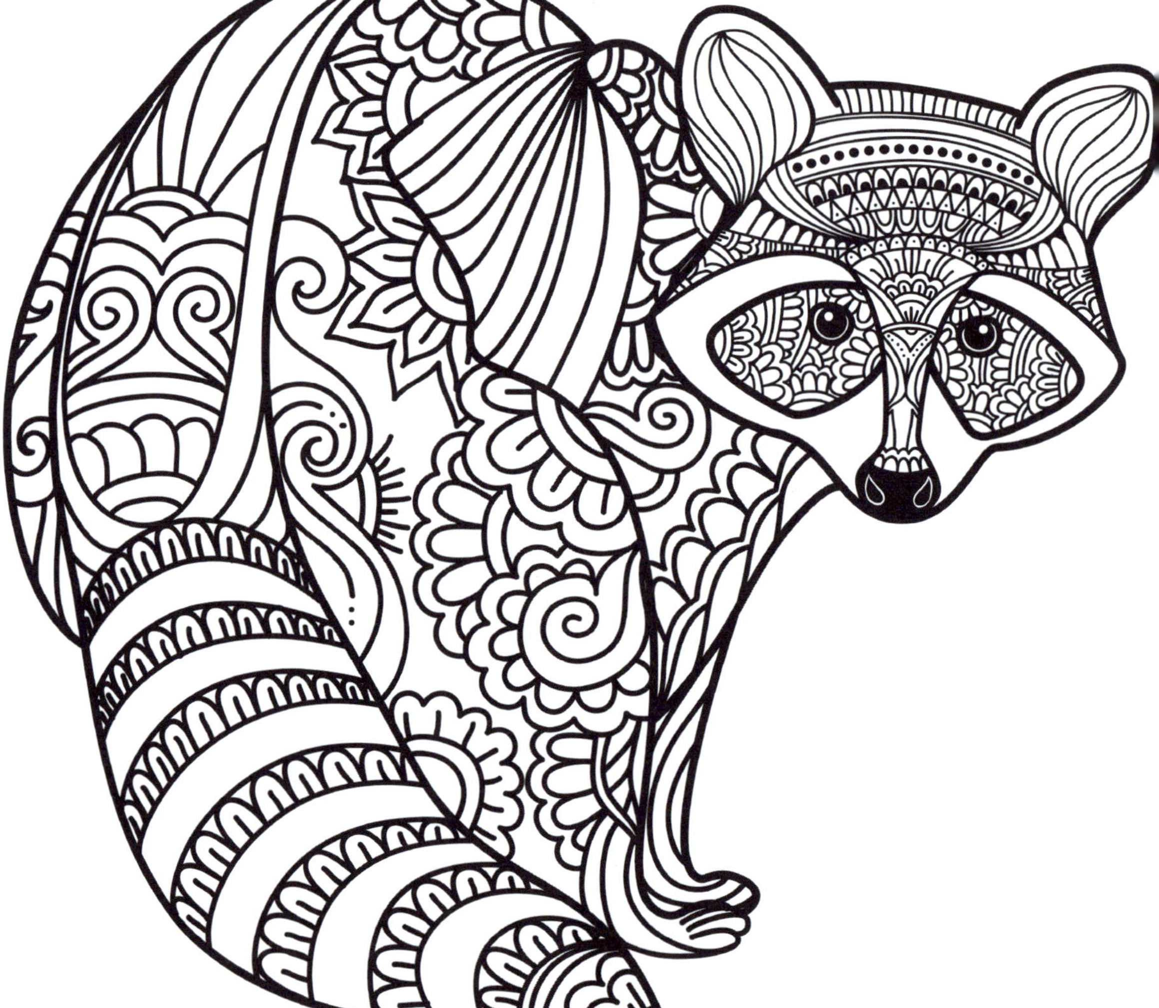

Que no te engañe su robusto cuerpo, parecido a un peluche:
los mapaches son muy veloces.

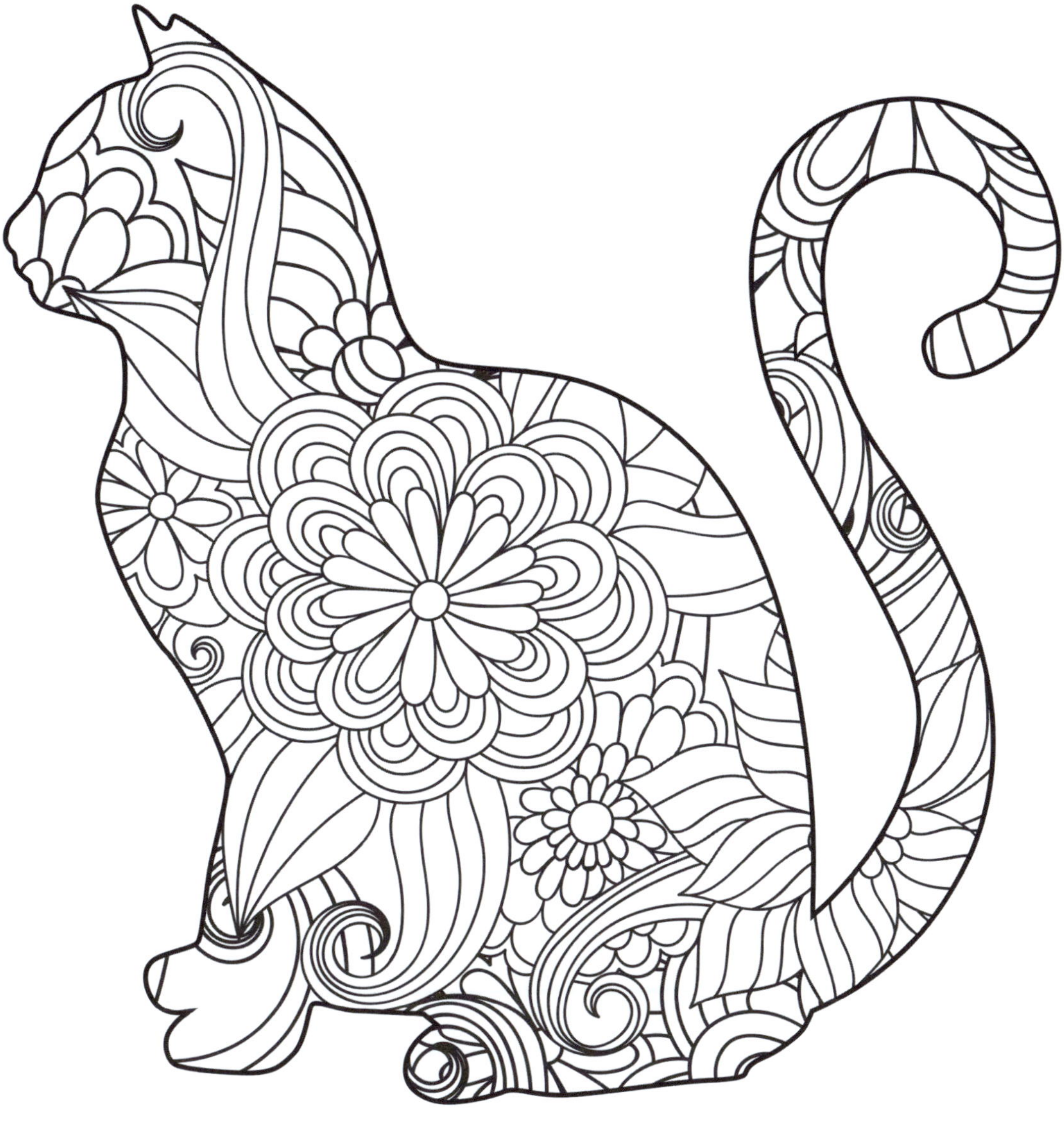

Aunque muchos gatos domésticos ya no cazan para sobrevivir,
conservan fuertes instintos de caza.

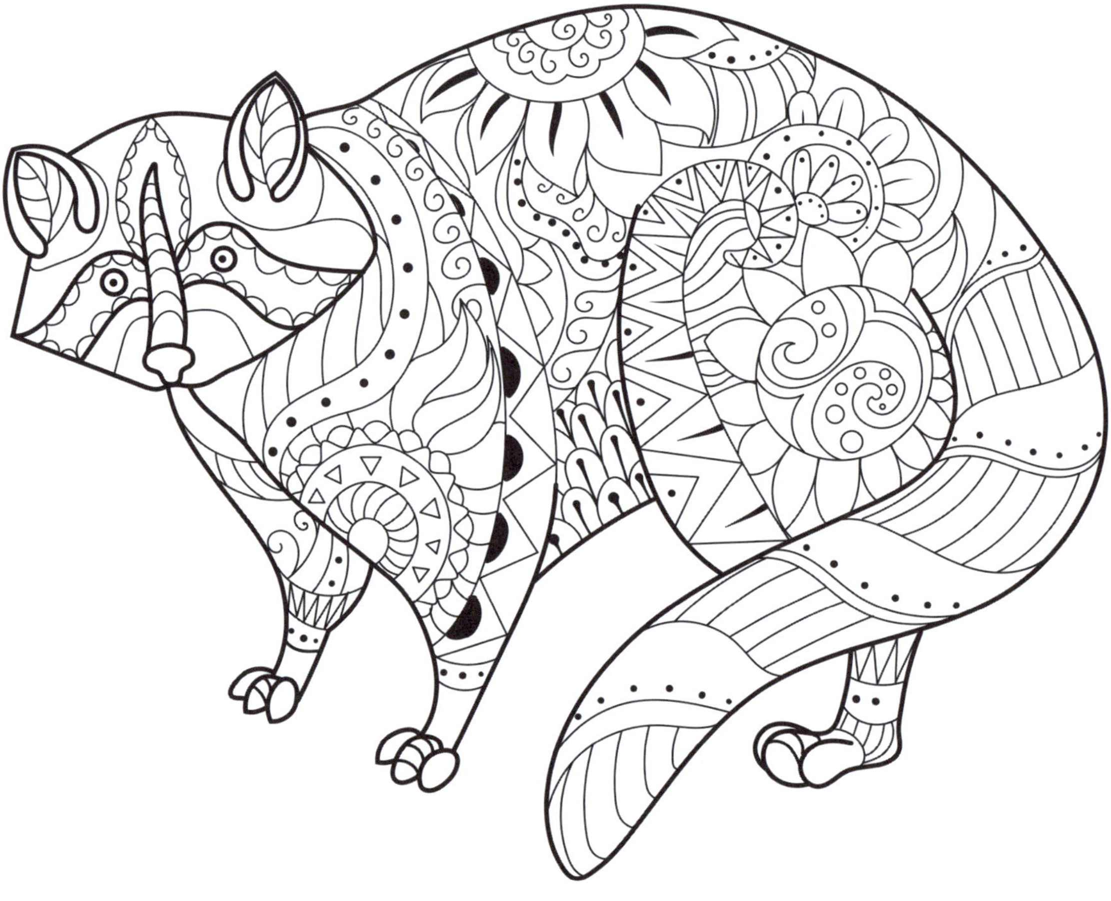

El mapache es un pariente cercano de los osos.

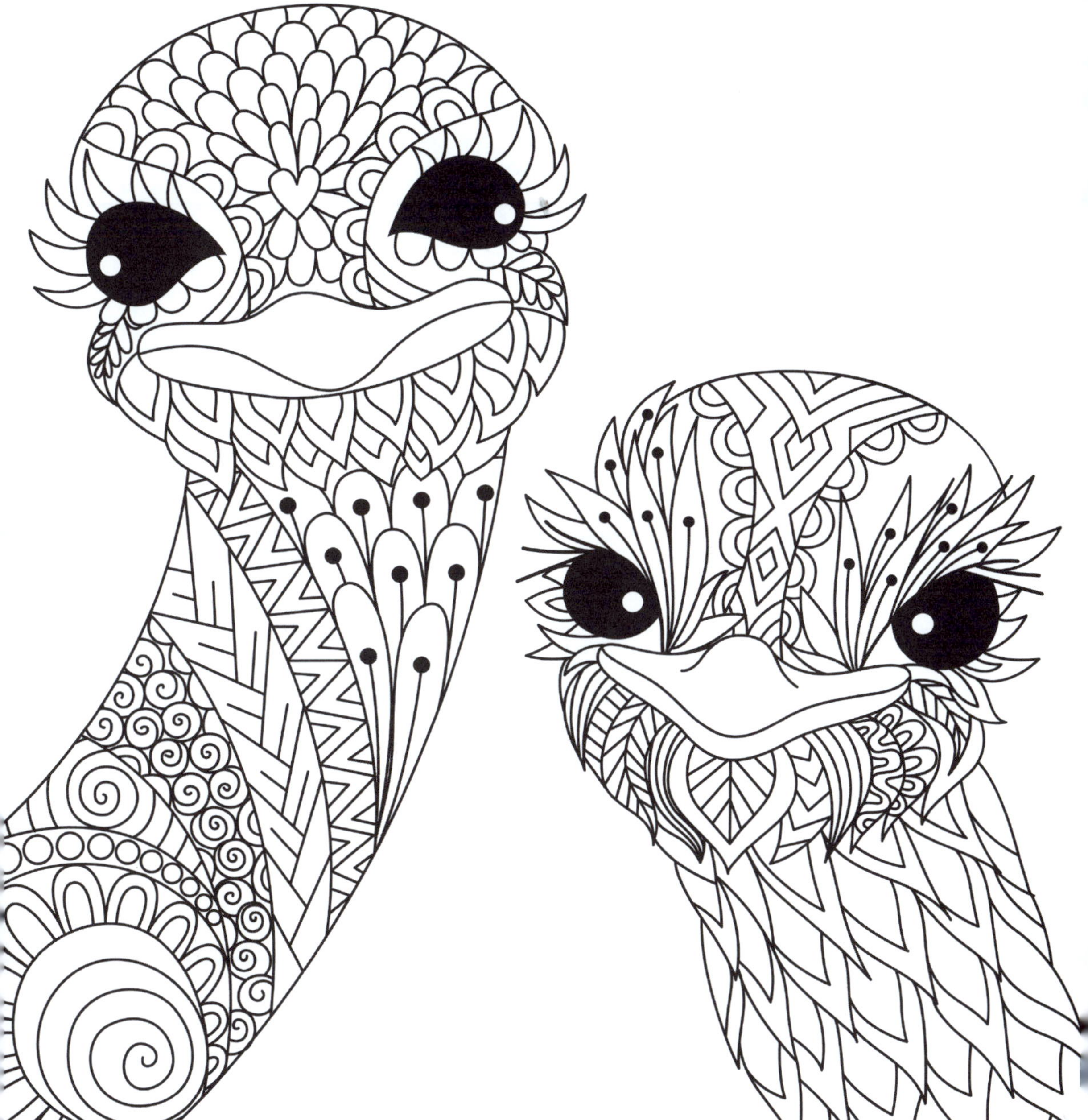

Los huevos de avestruz son los más grandes de todas las aves vivas.

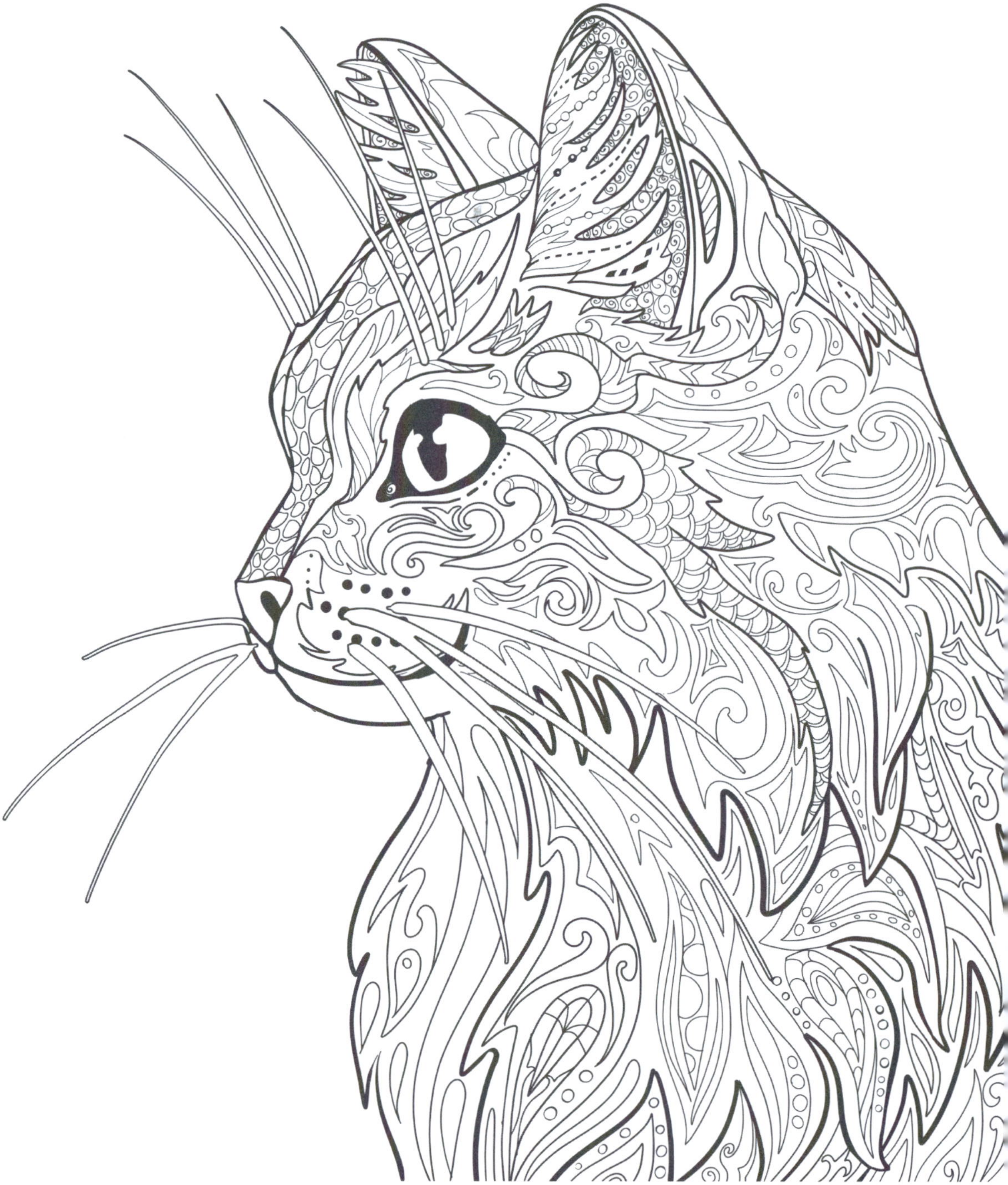

Los gatos tienen una amplia gama de vocalizaciones, que van desde maullidos y ronroneos hasta gruñidos y bufidos.

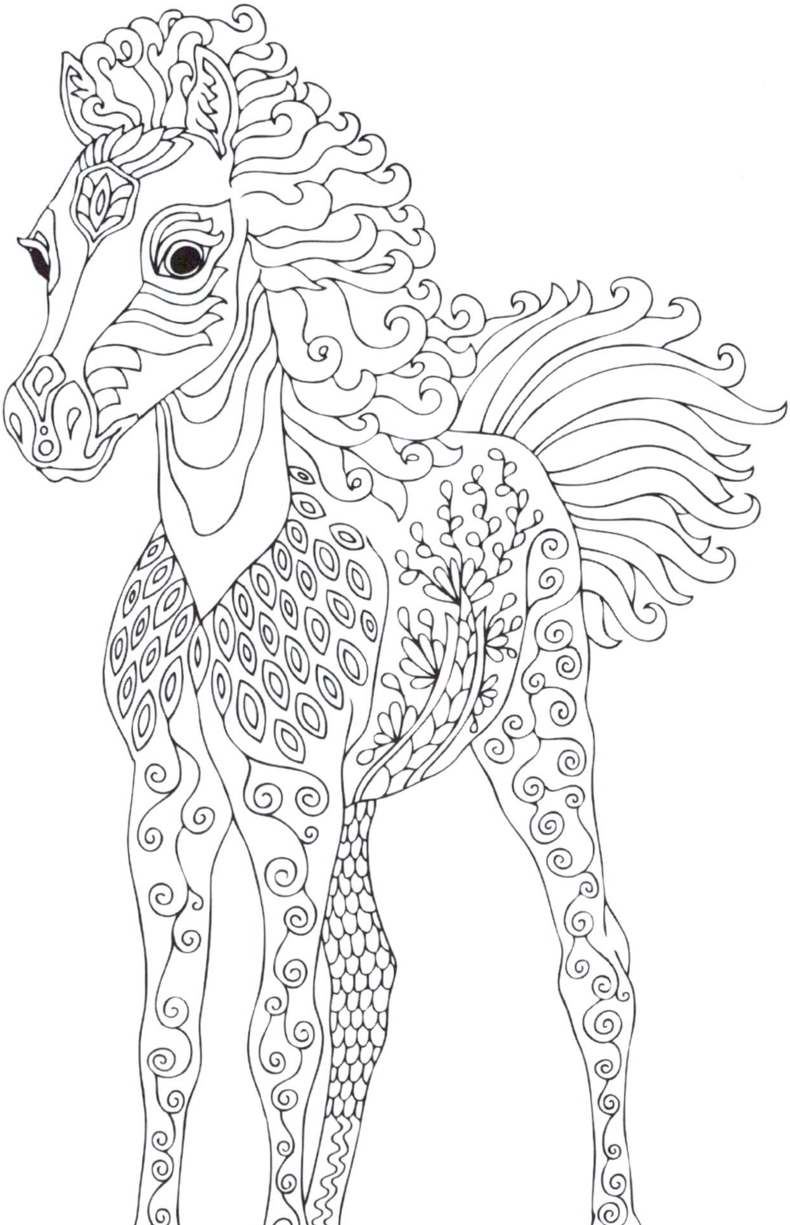

Los caballos suelen dormir de pie, aunque son capaces de acostarse o acomodarse en el suelo.

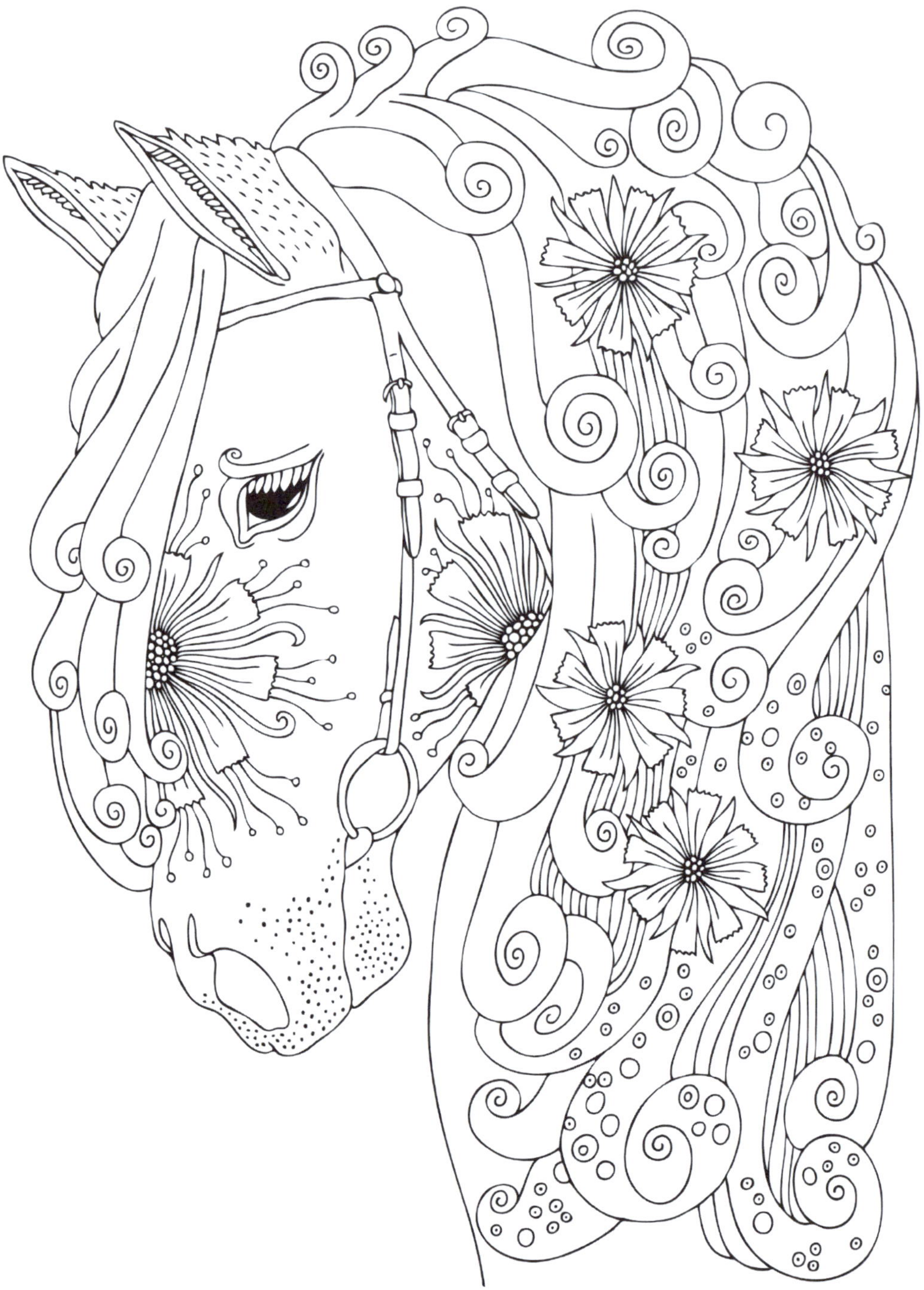

Los caballos son seres altamente sociables
por lo que no les gusta estar solos.

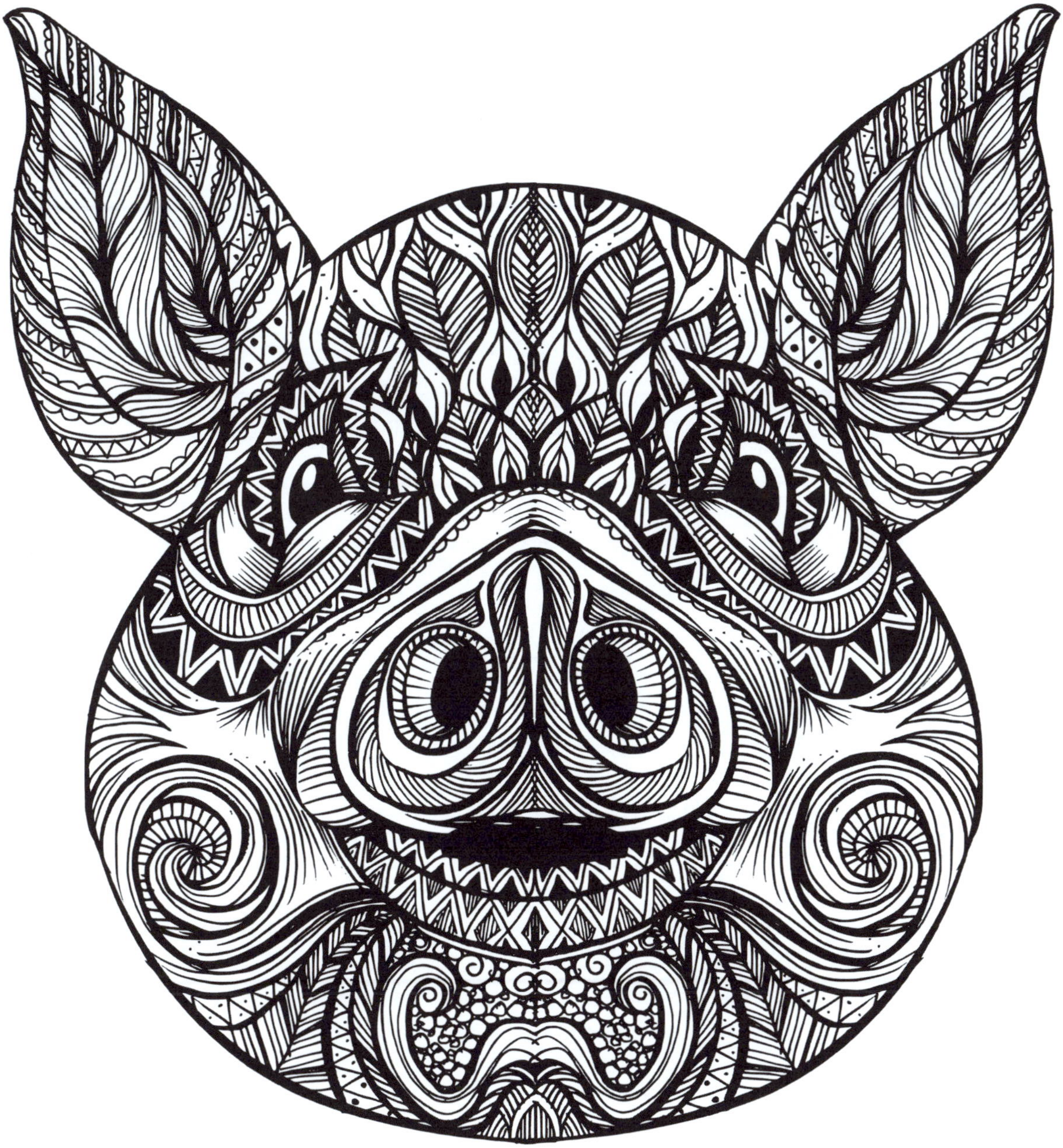

Los cerdos son curiosos, perspicaces y tienen una excelente memoria.

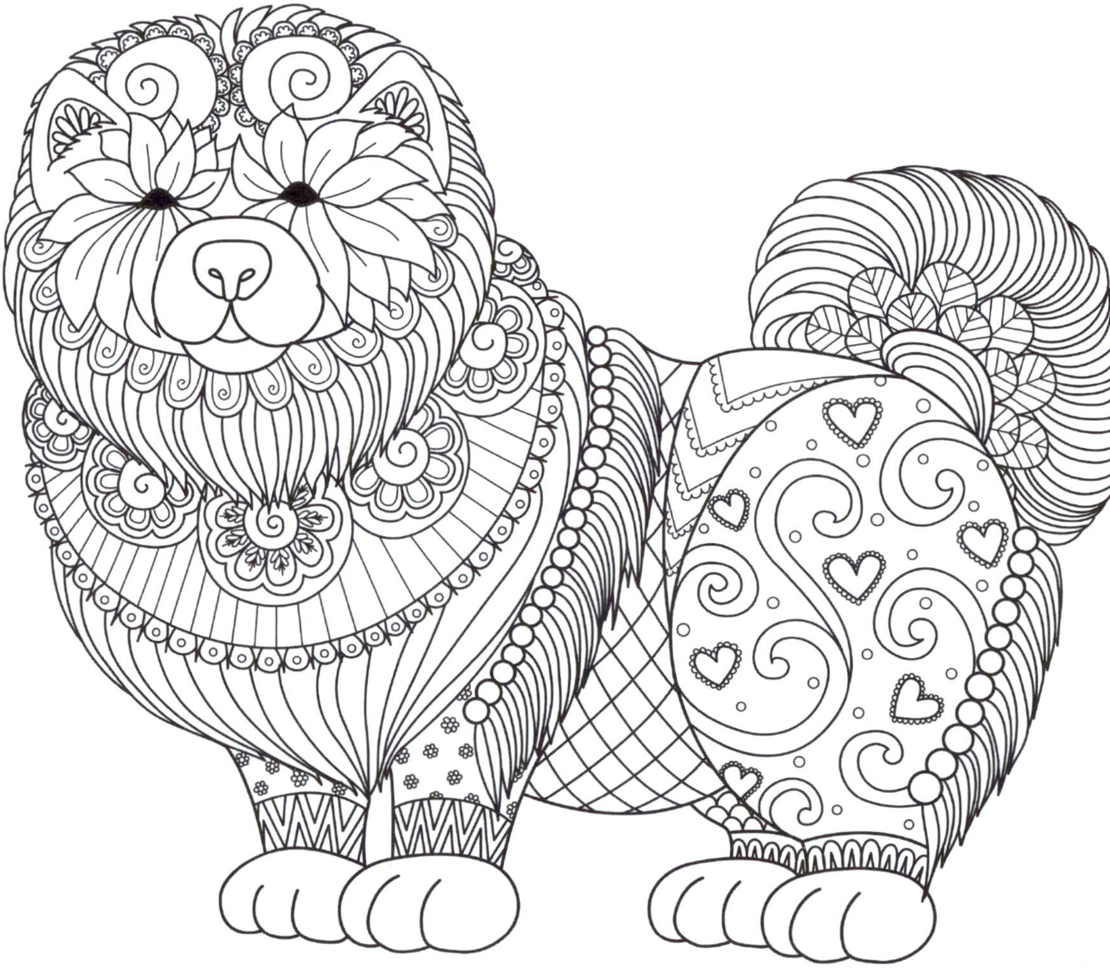

Los perros sudan por las almohadillas de sus patas y no por la piel.

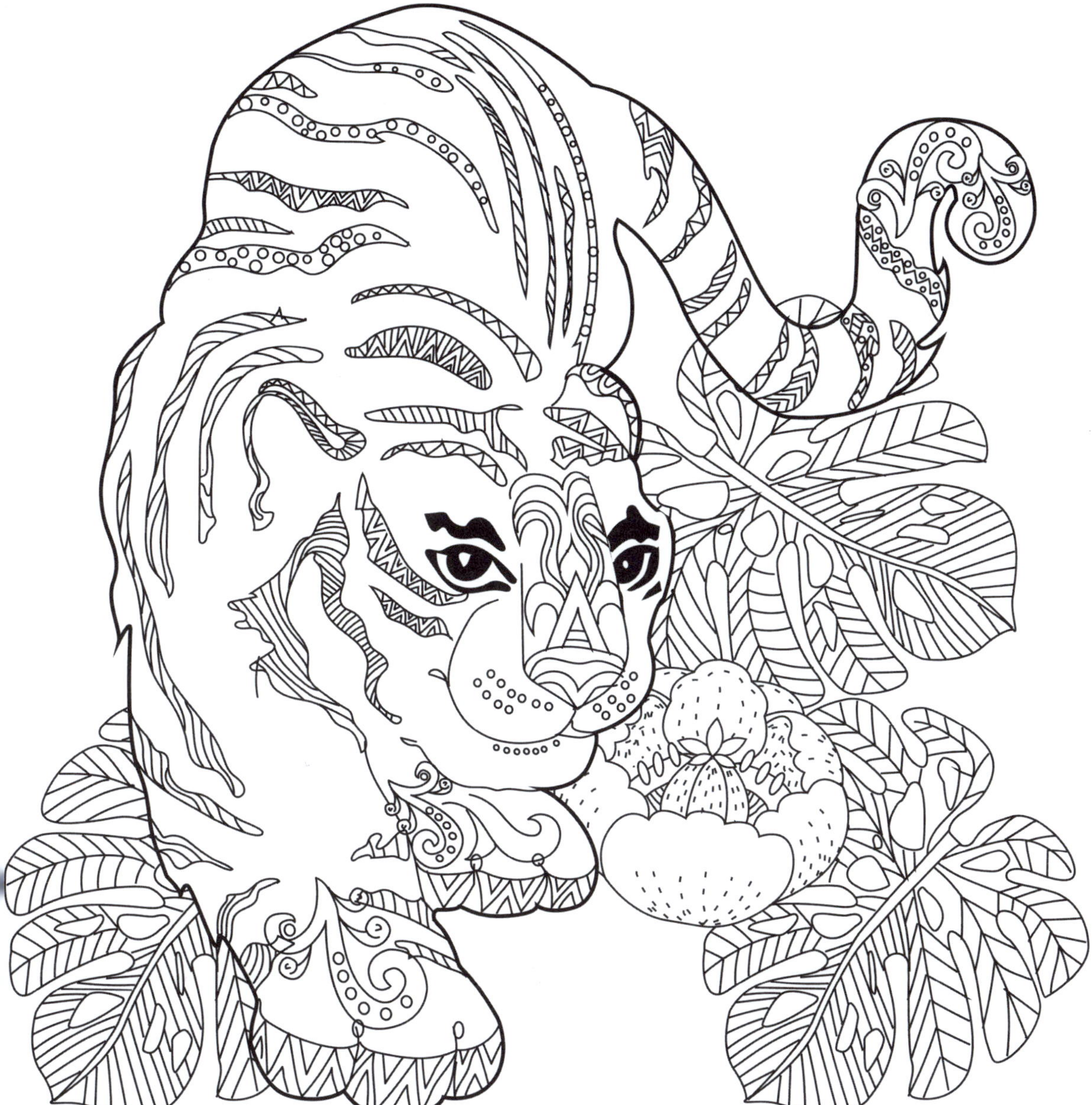

El tigre es el felino más grande del mundo.

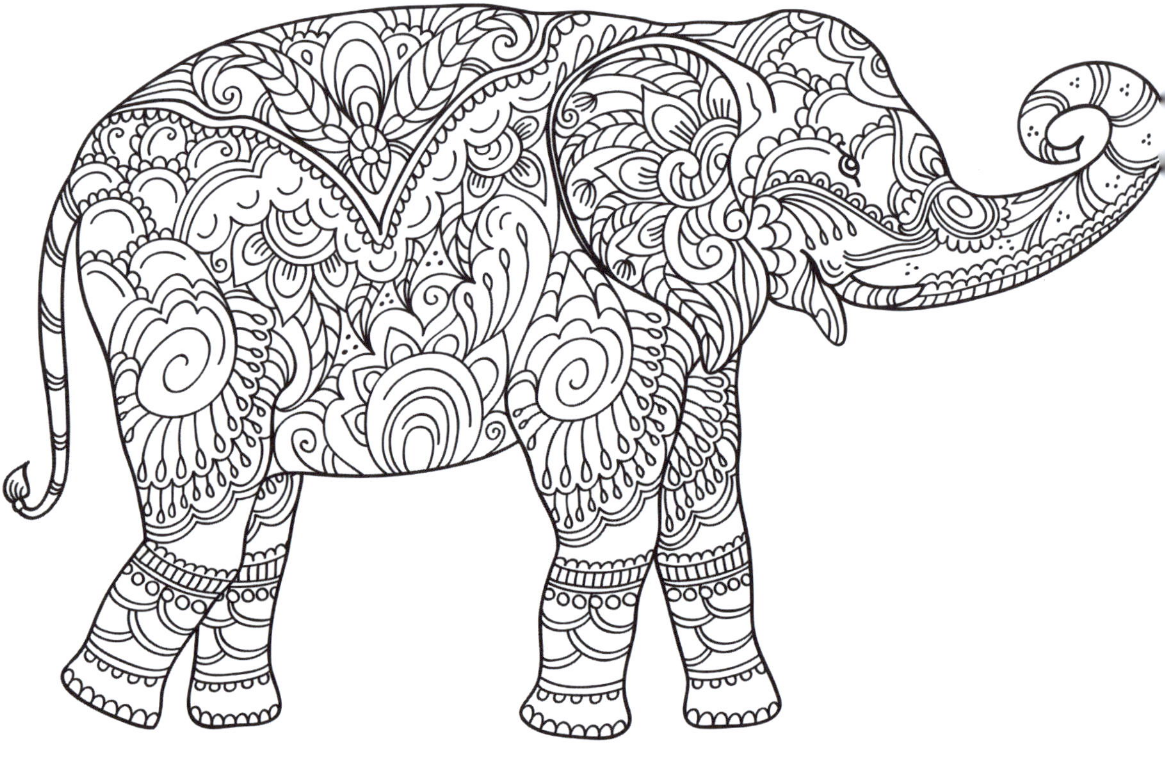

Se cree que los elefantes tienen una inteligencia avanzada y una capacidad de aprendizaje notable.

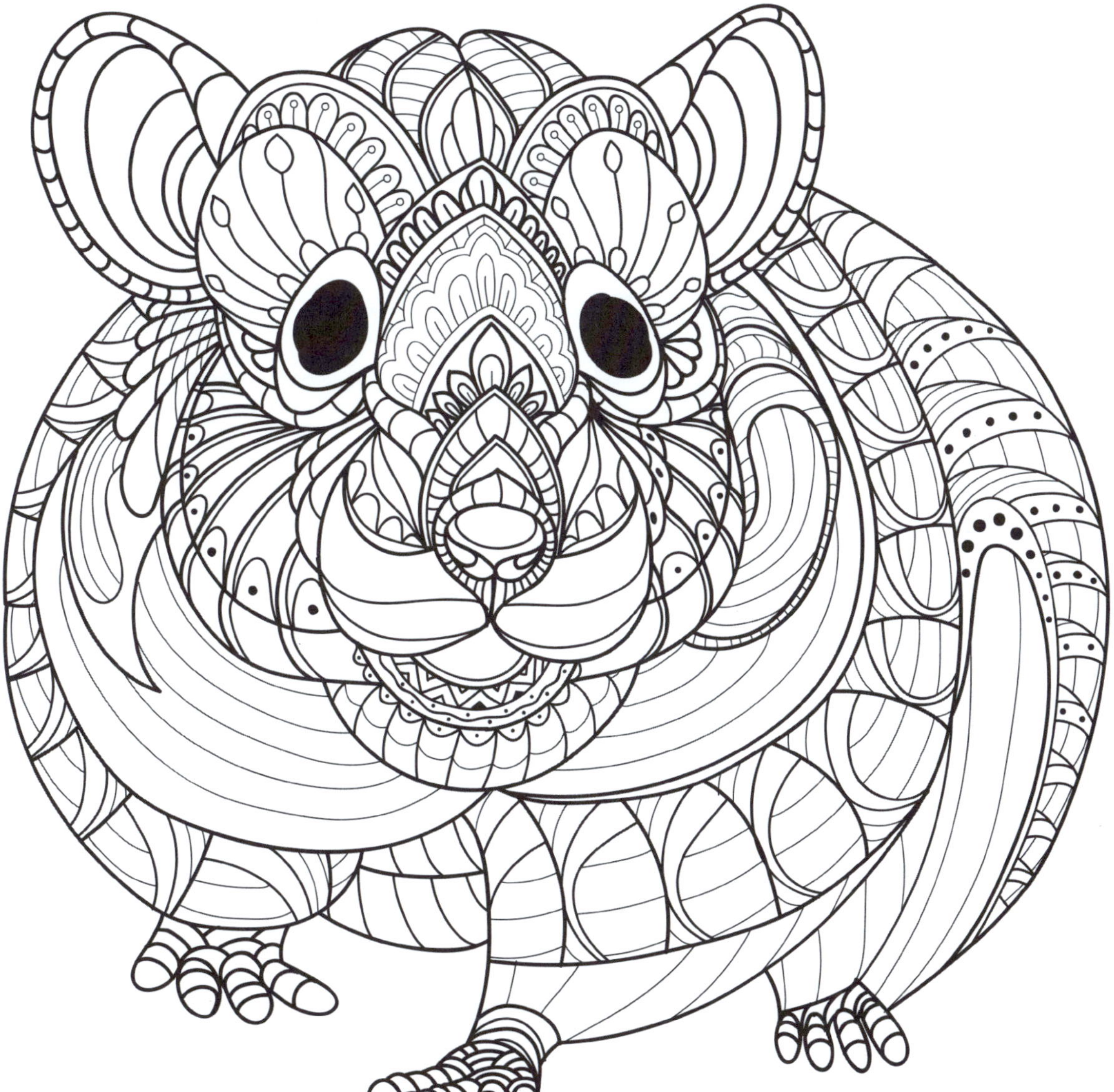

Los dientes de los ratones nunca paran de crecer.

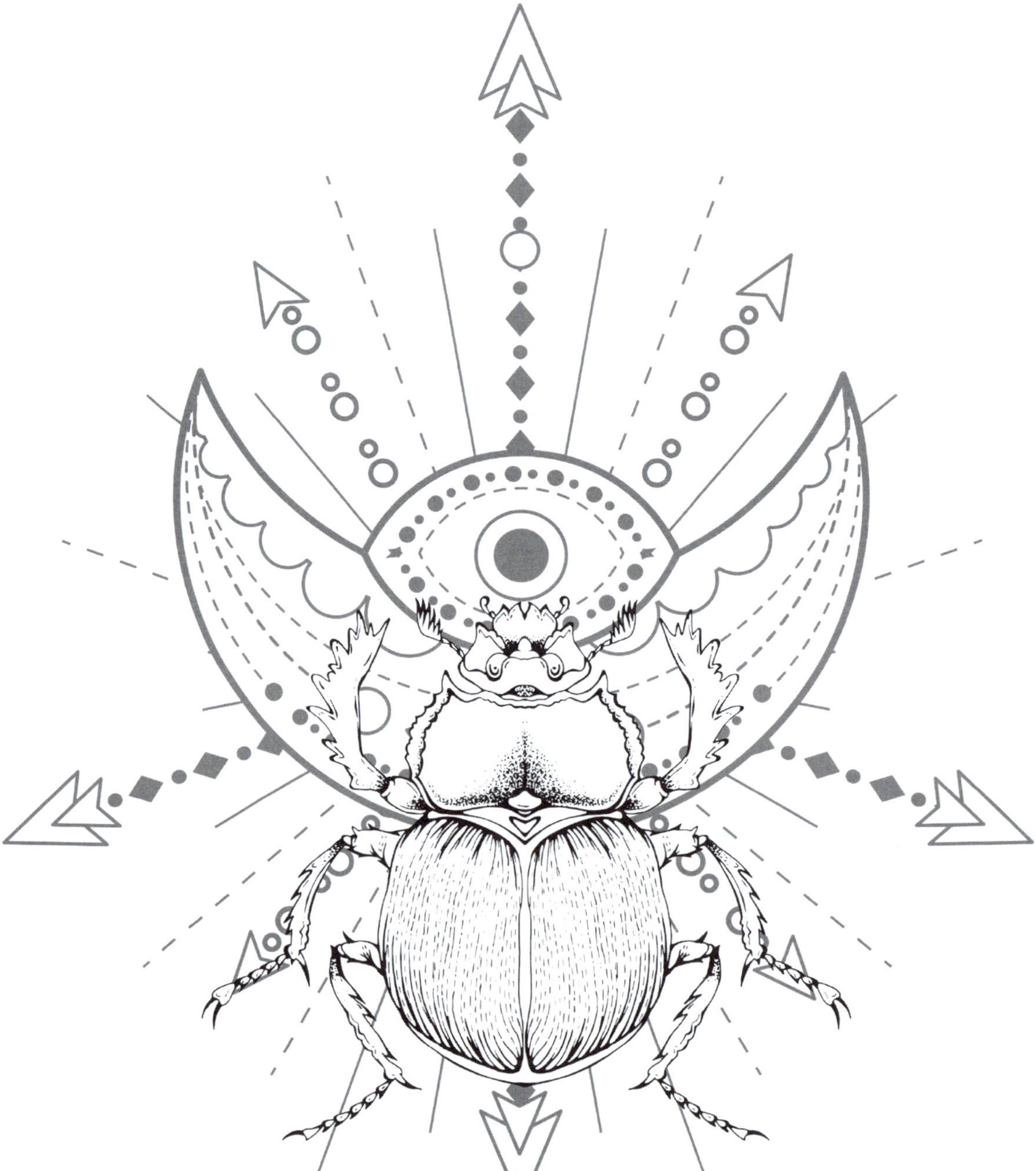

Muchos escarabajos tienen cuernos en sus cabezas que pueden ser usados para excavar un agujero o defender su alimento.

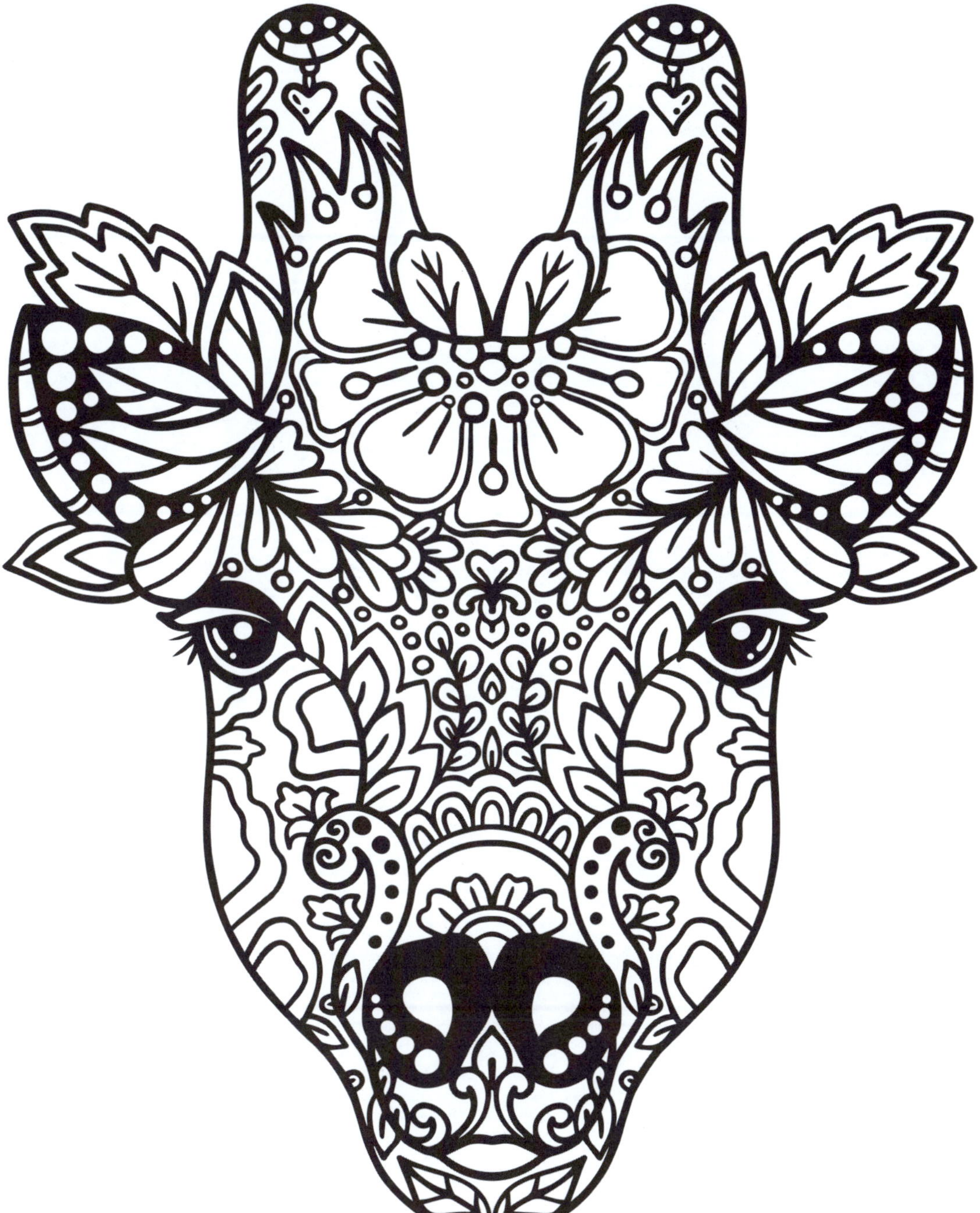

Cuanto más oscuras son las manchas de la jirafa, más anciana es.

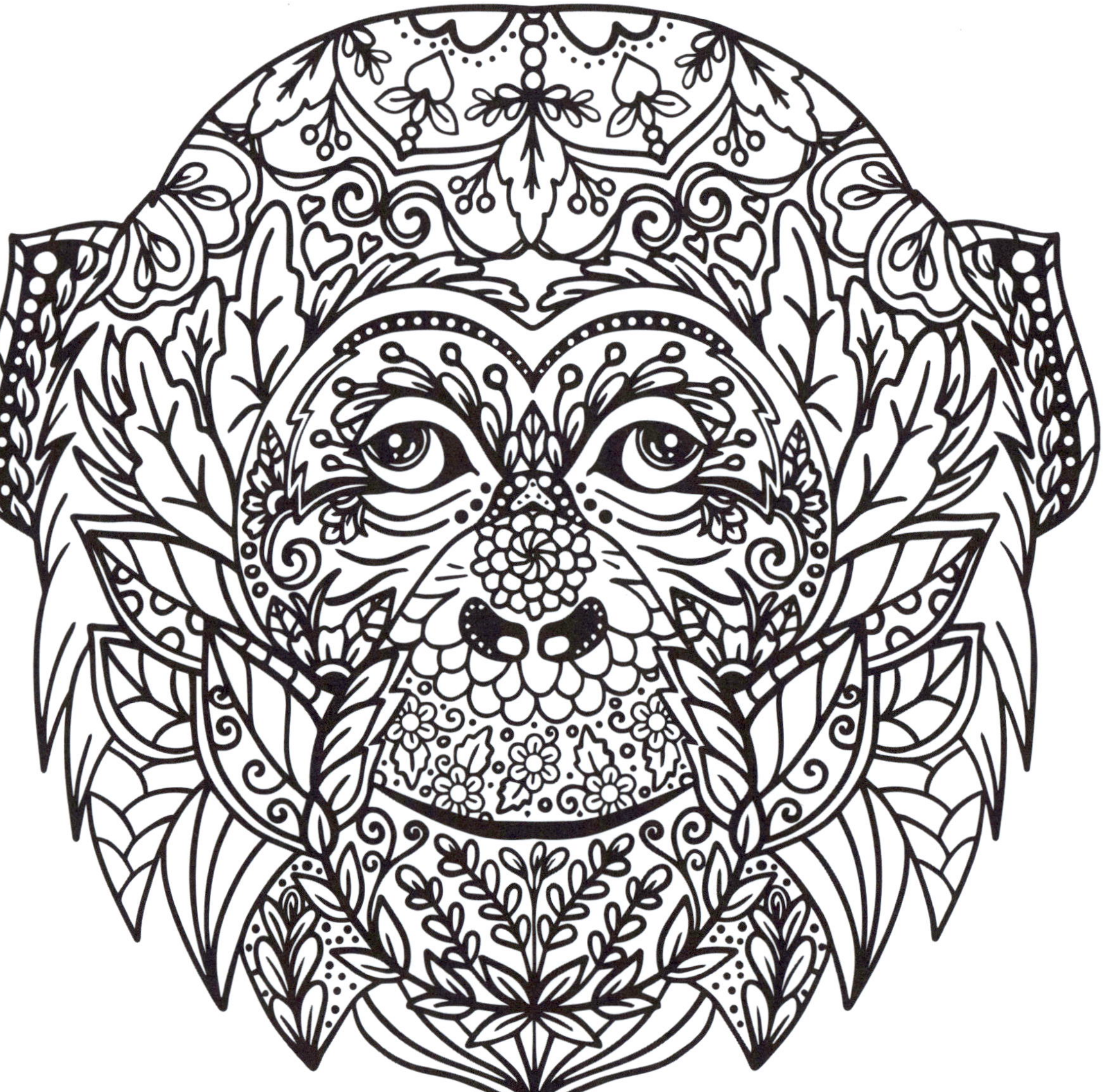

Los chimpancés comparten el 98,7 por ciento de su ADN con los humanos.

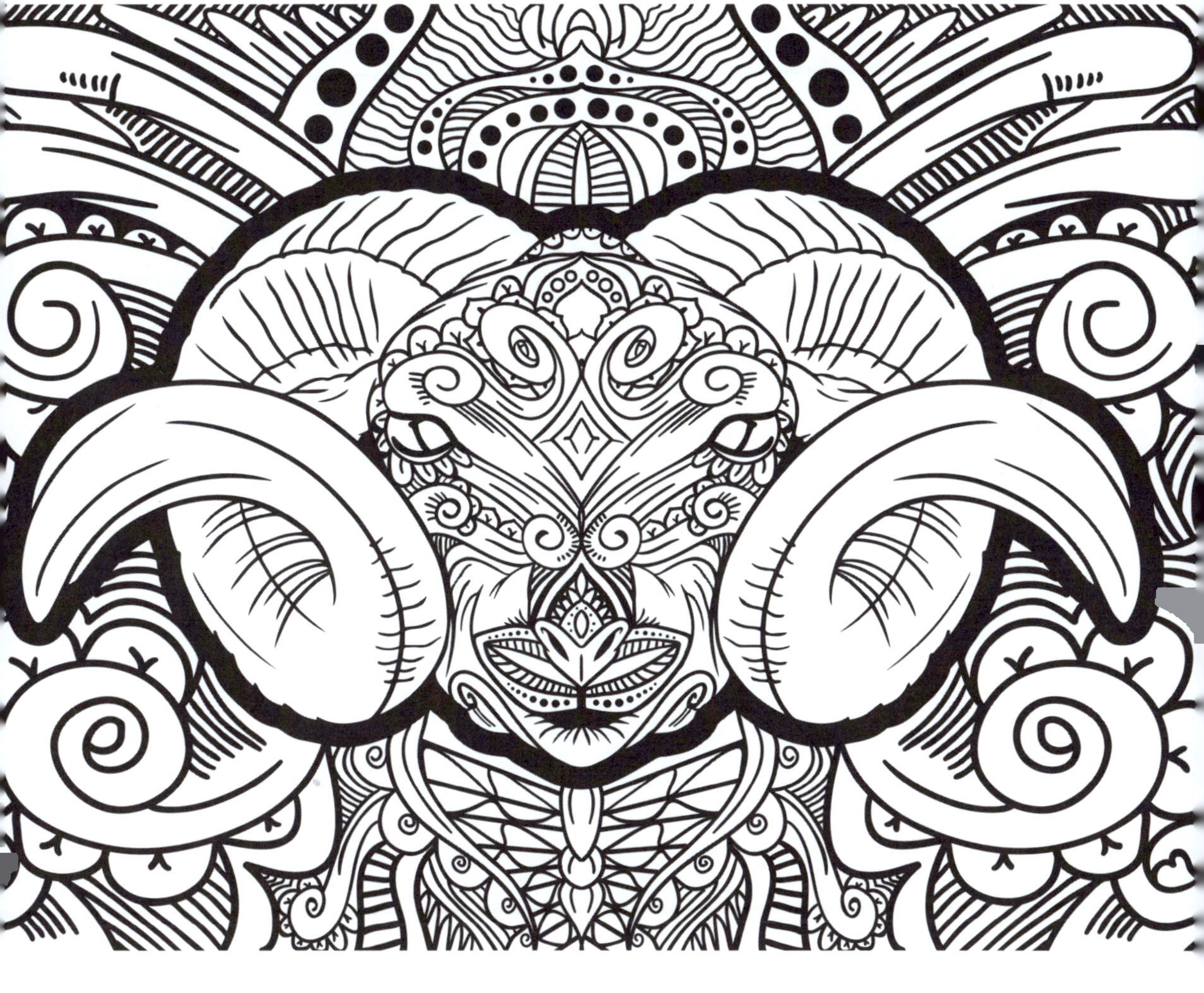

Las ovejas de grandes cuernos habitan en las montañas desde Canadá del sur hasta Nuevo México.

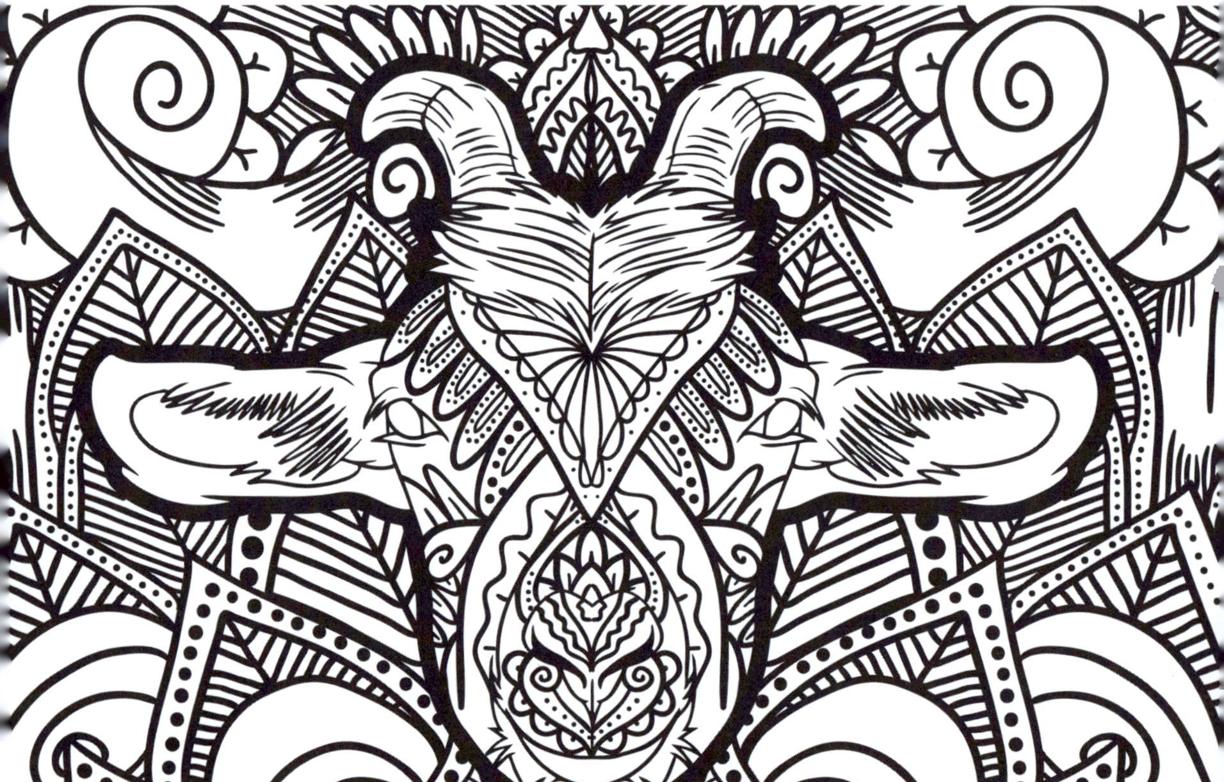

La cabra montesa es una especie que únicamente habita en la península ibérica.

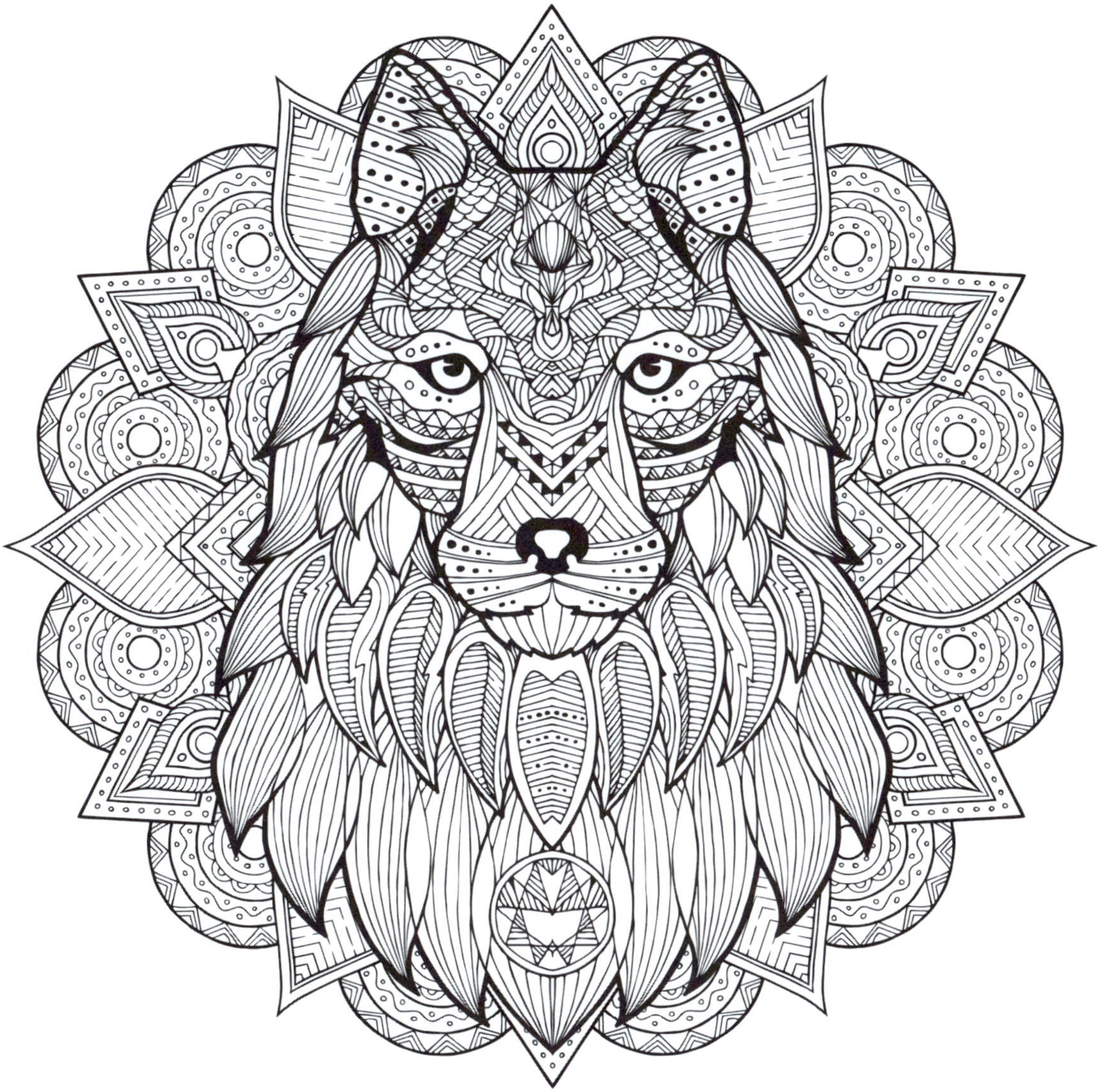

El olfato de los lobos es agudísimo, lo que
les permite cazar de noche y de día.

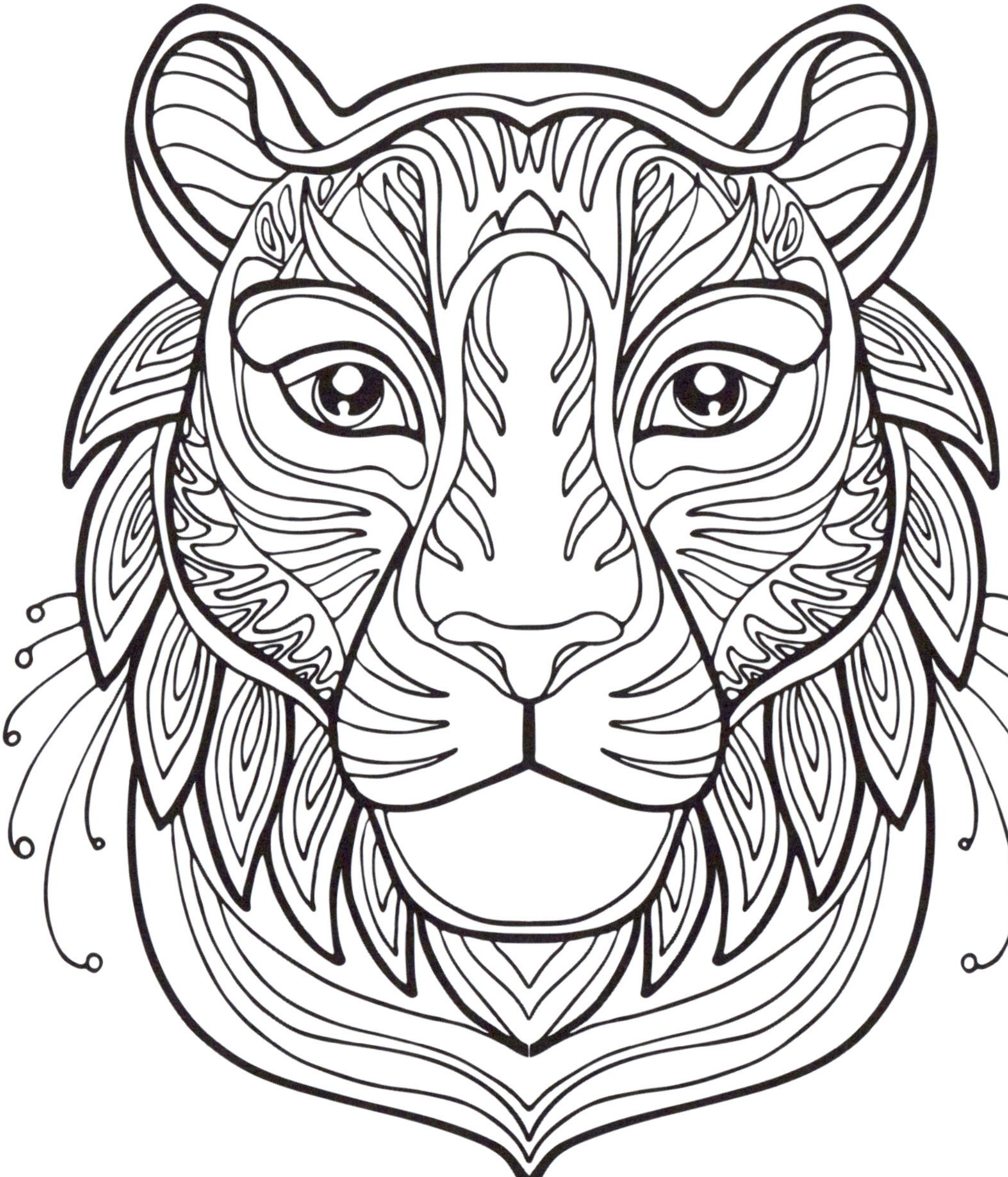

Los tigres son cazadores sigilosos y poderosos. Pueden acechar a sus presas durante largos periodos antes de lanzarse en un ataque rápido y mortal.

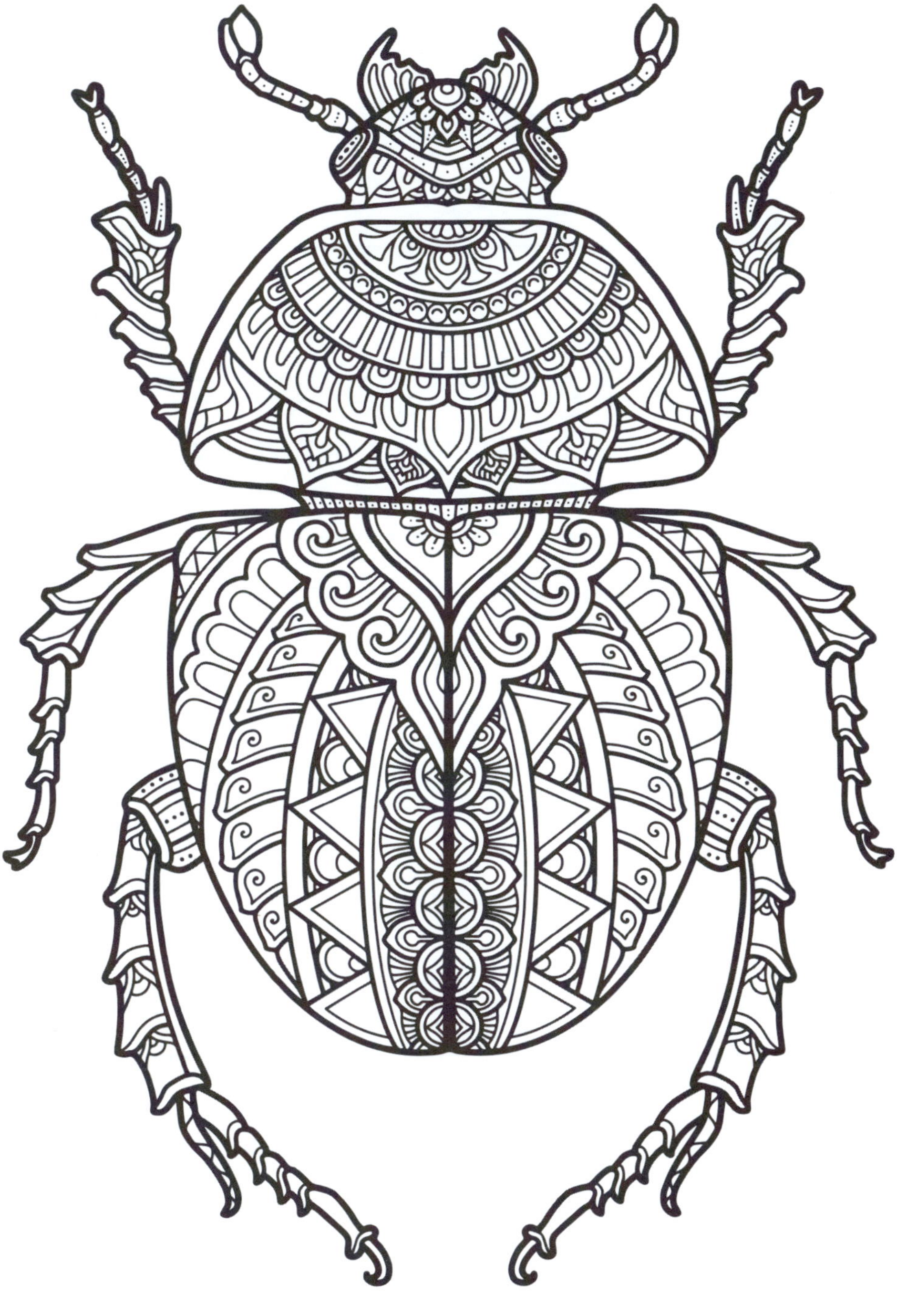

Alrededor del mundo hay más de 35.000 especies de escarabajos.

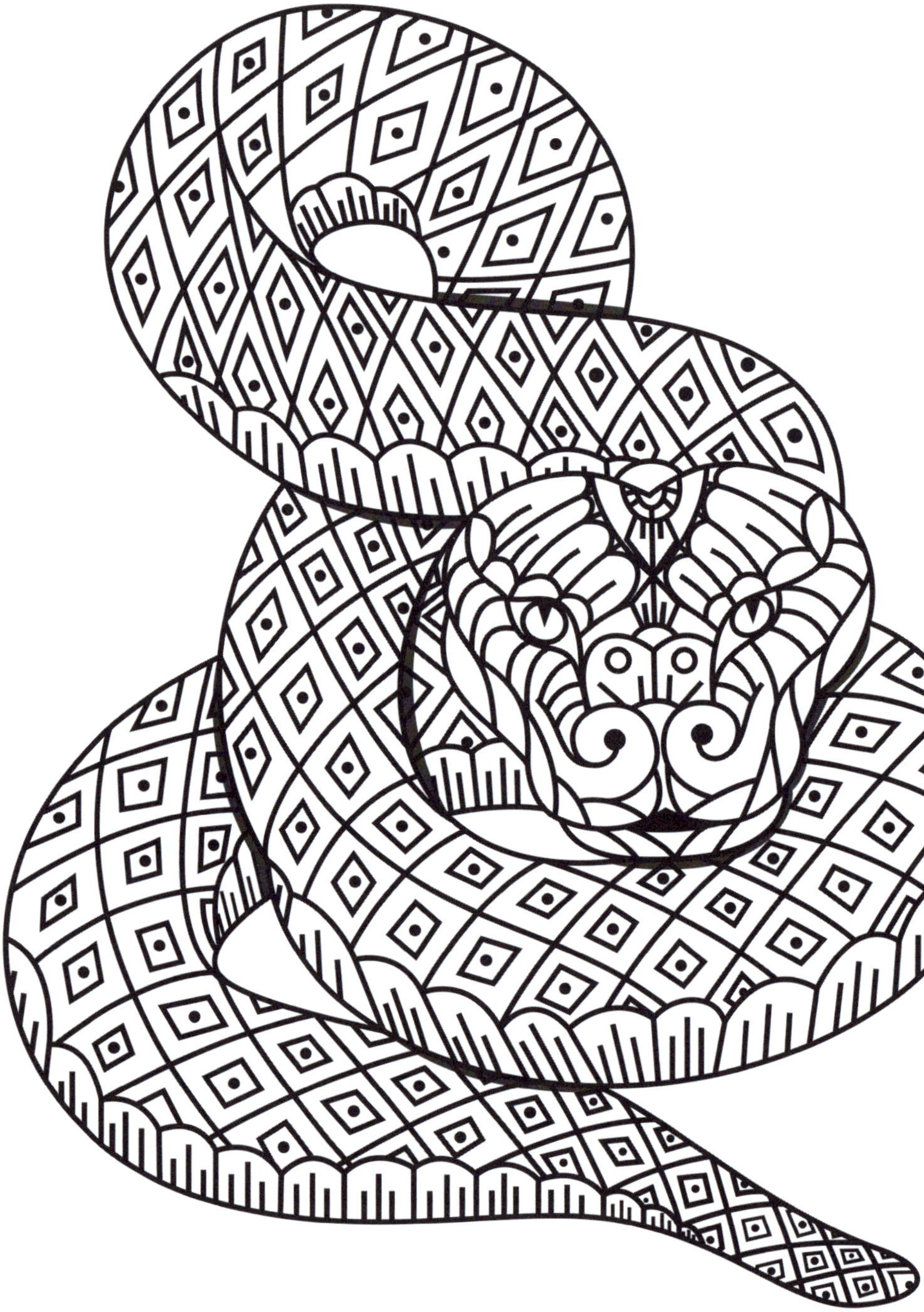

Los expertos afirman que el origen de las serpientes se produjo hace aproximadamente 115 millones de años en el hemisferio sur.

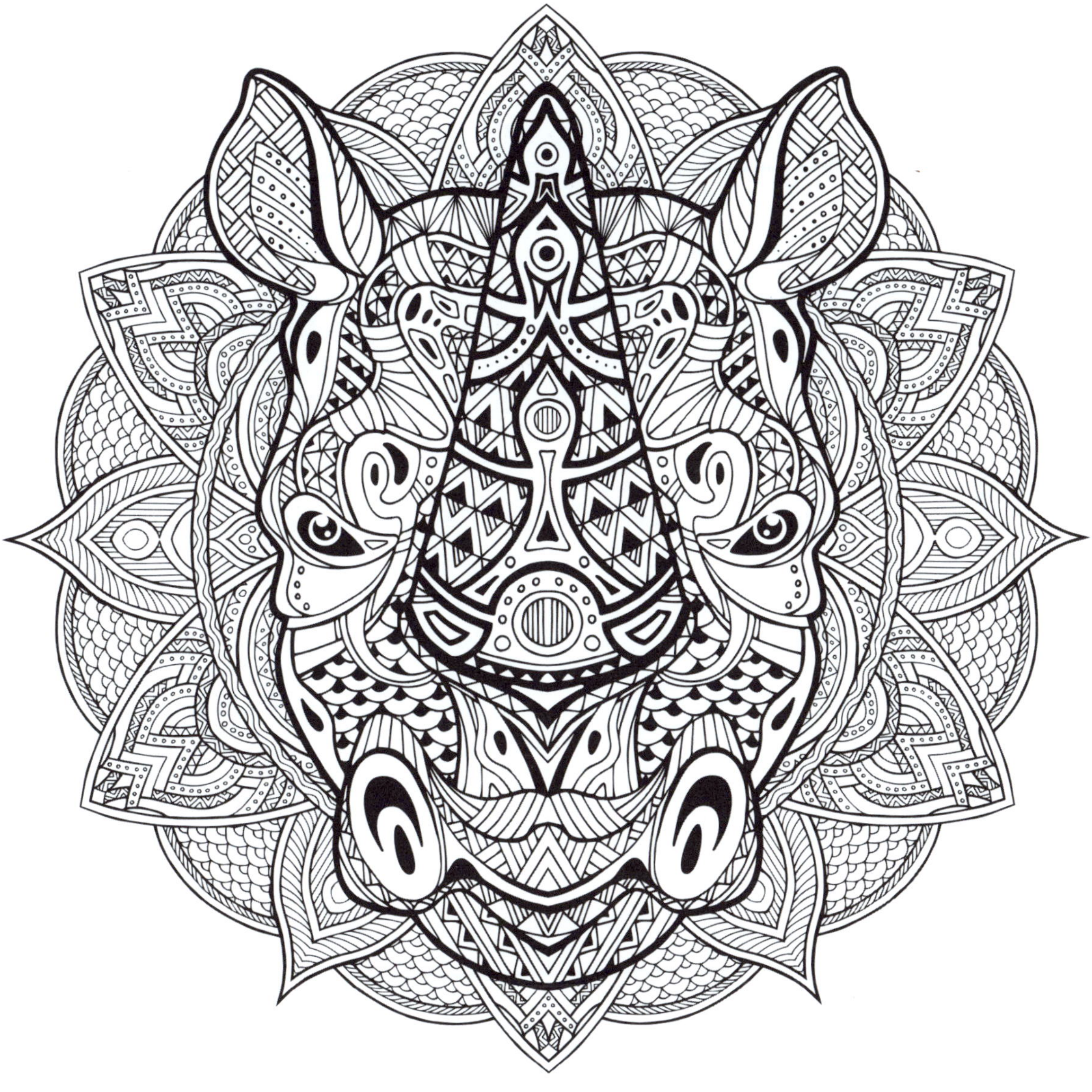

La piel de los rinocerontes es muy gruesa, lo que le mantiene protegido de los arañazos y mordiscos de otros depredadores más ágiles.

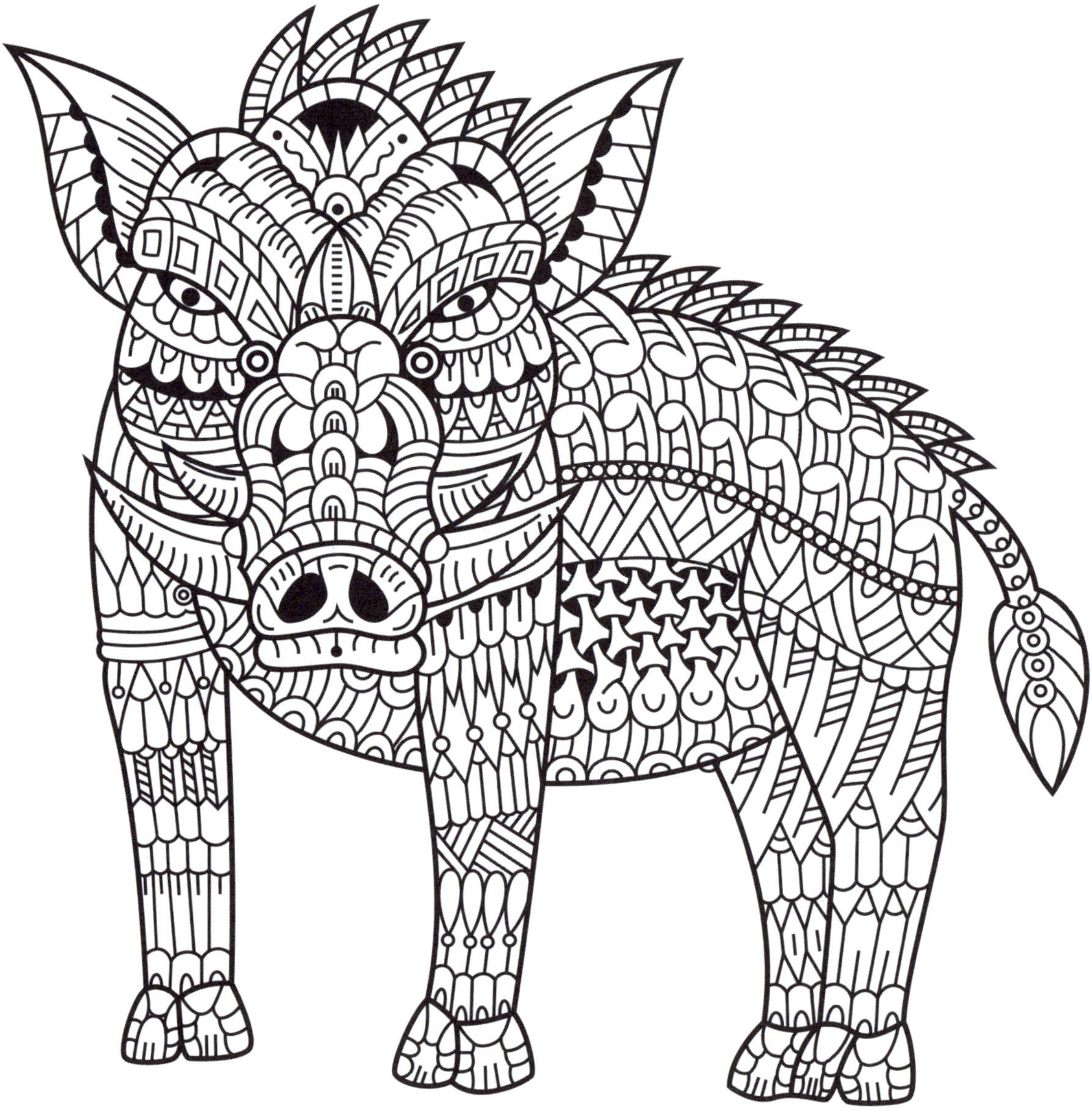

Los jabalíes pueden correr a más de 40 kilómetros por hora.

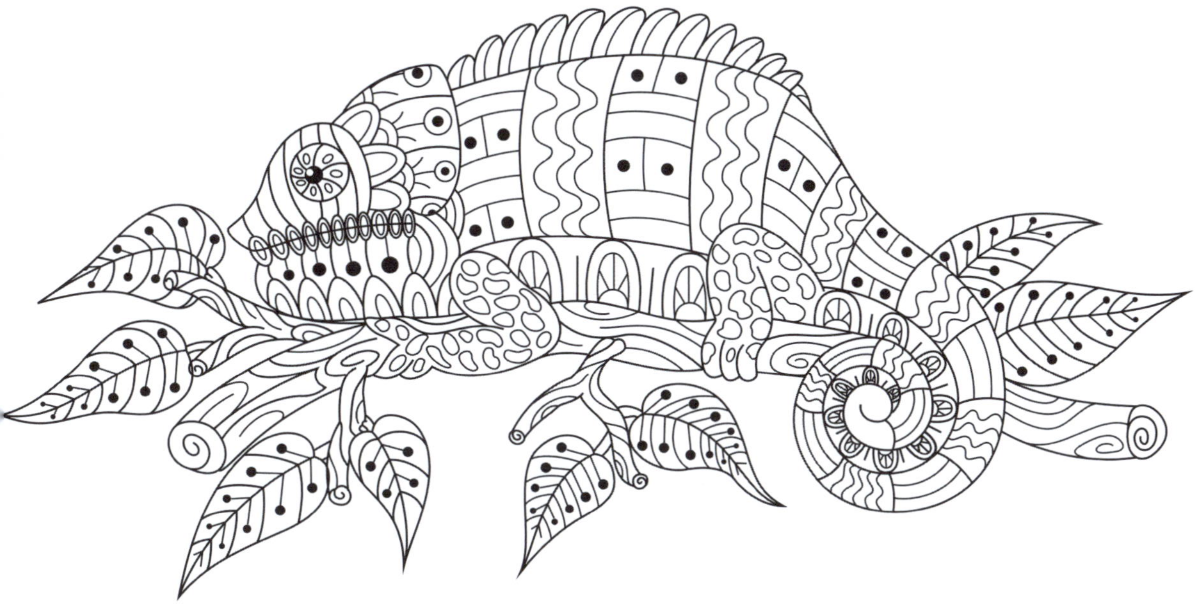

Además de utilizar su camuflaje para evitar a los depredadores, los camaleones también cambian de color como forma de comunicación.

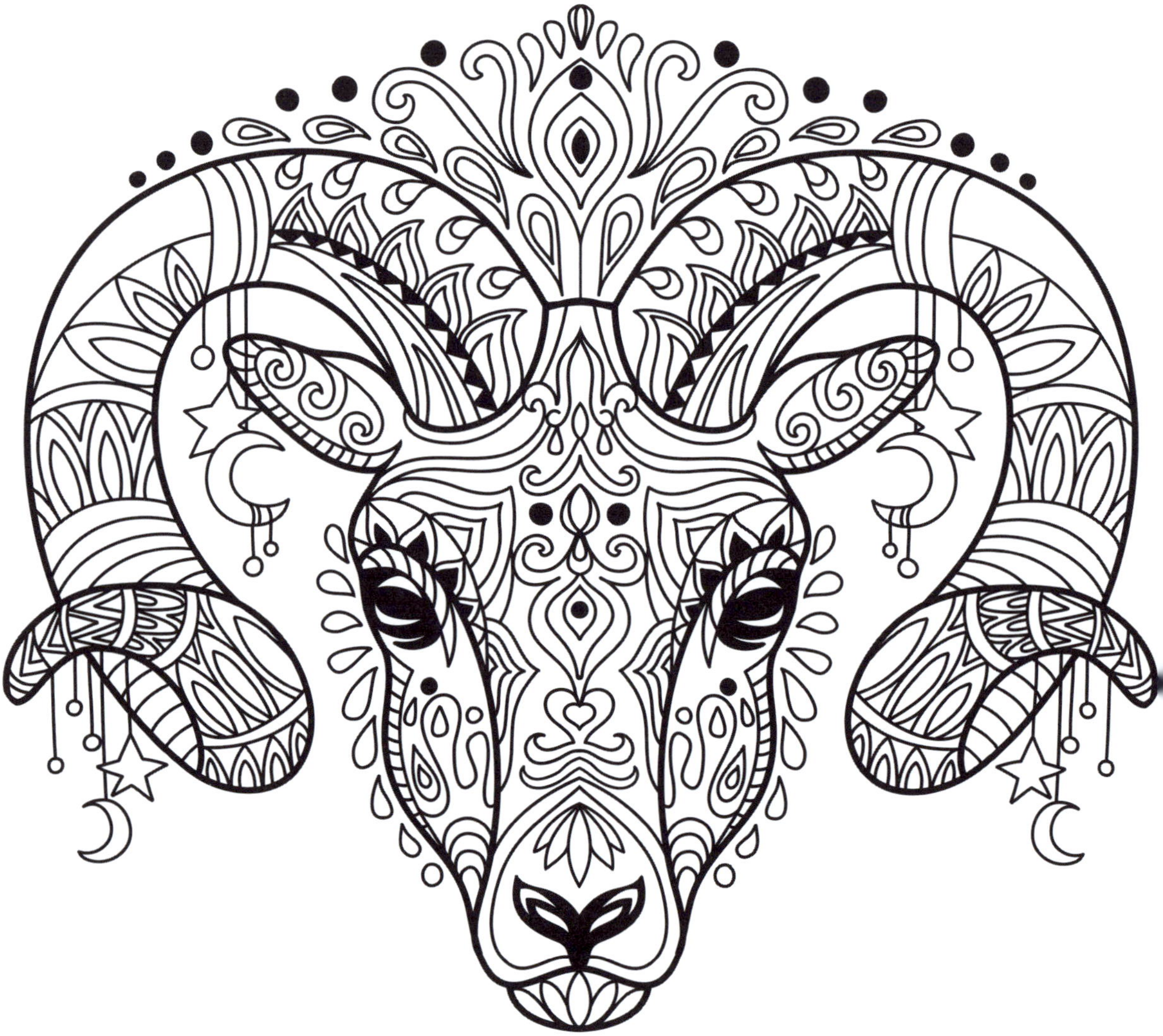

Las cabras duermen entre cuatro y seis horas al día.

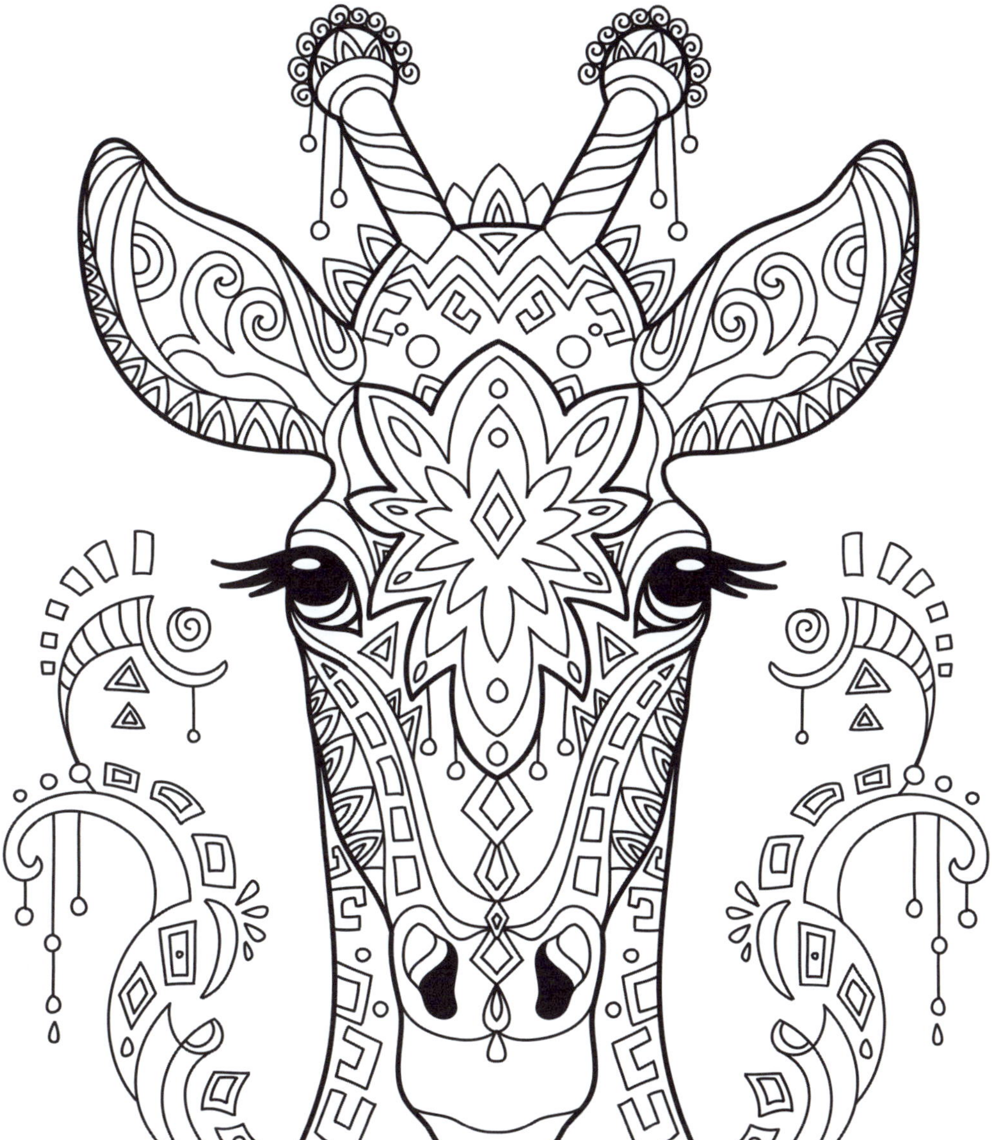

La lengua de las jirafas mide hasta 50 centímetros
y le permite alcanzar las hojas más altas.

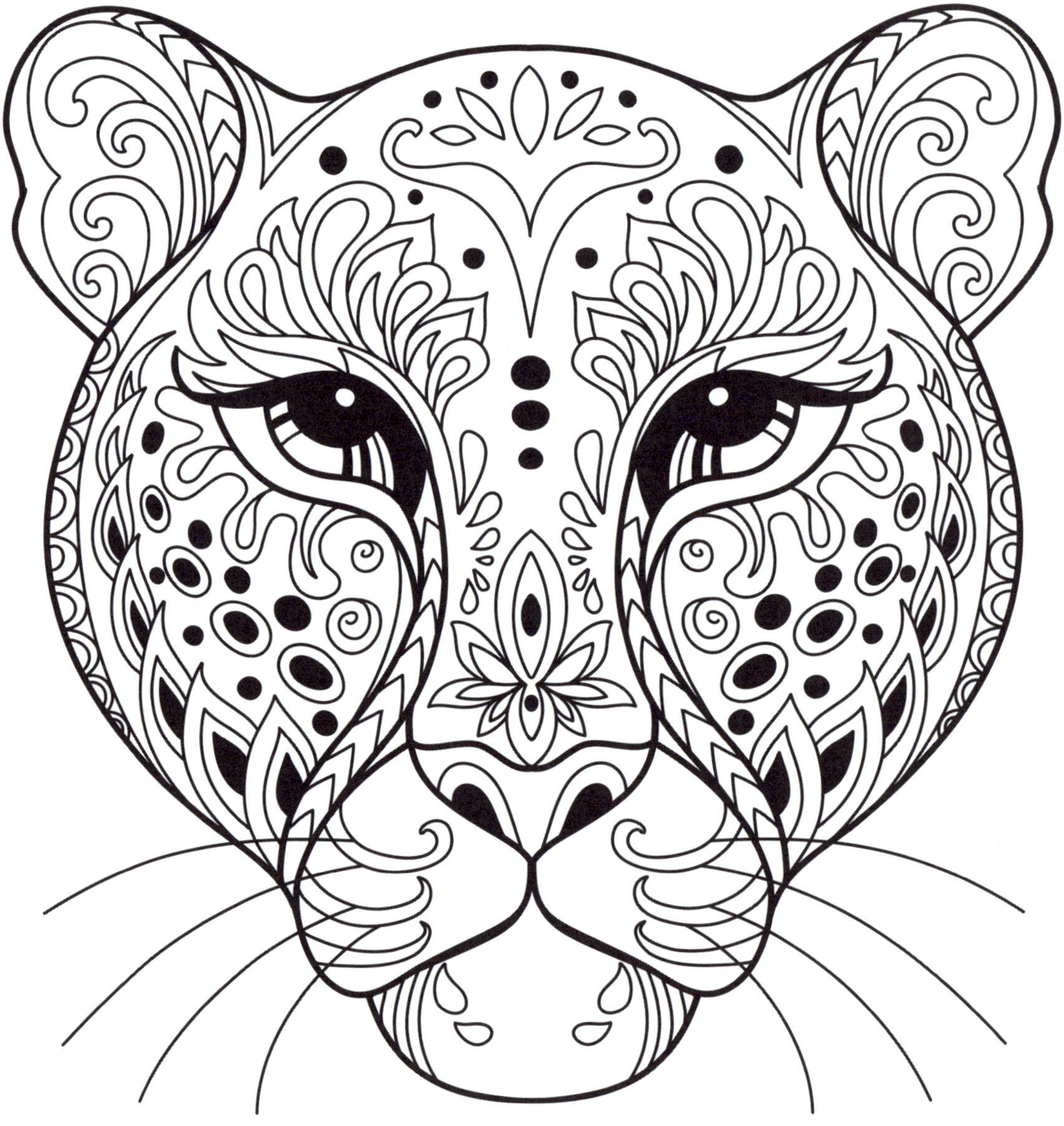

Las leonas son las encargadas de la caza y de la crianza de los cachorros.

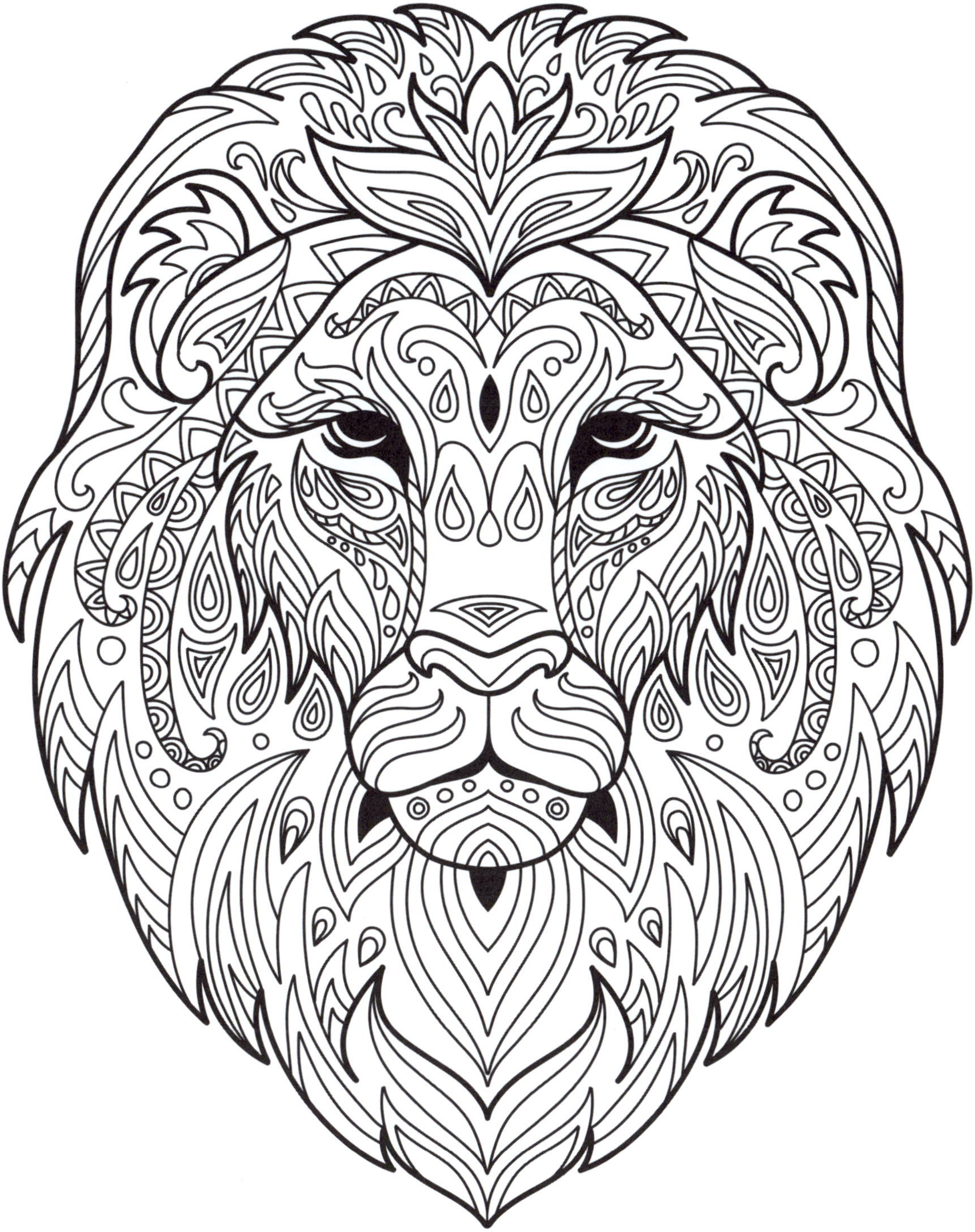

Los leones machos protegen los cachorros y marcan el territorio cuando las hembras cazan.

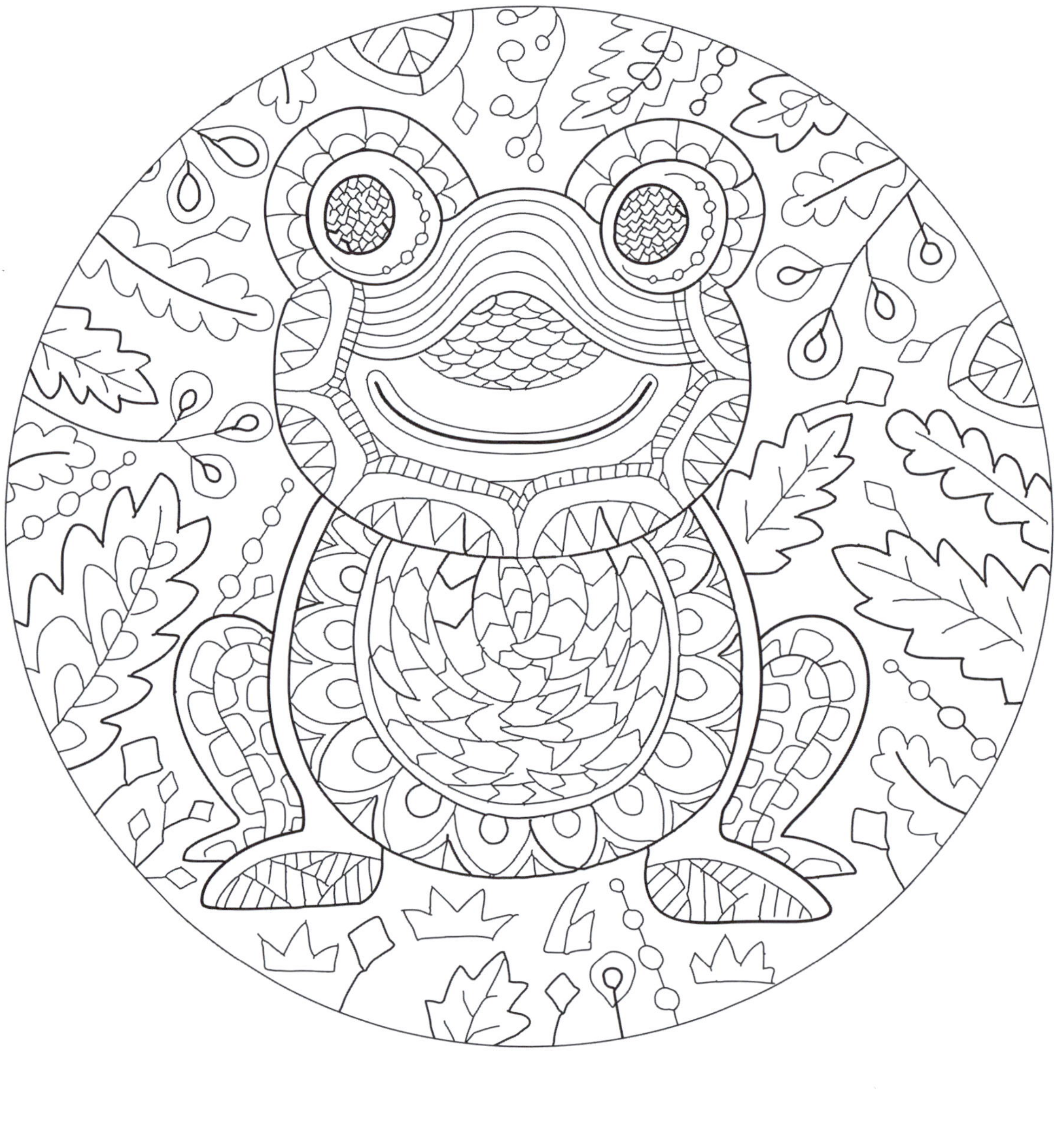

Algunas ranas tienen ojos saltones que les permiten ver en múltiples direcciones al mismo tiempo.

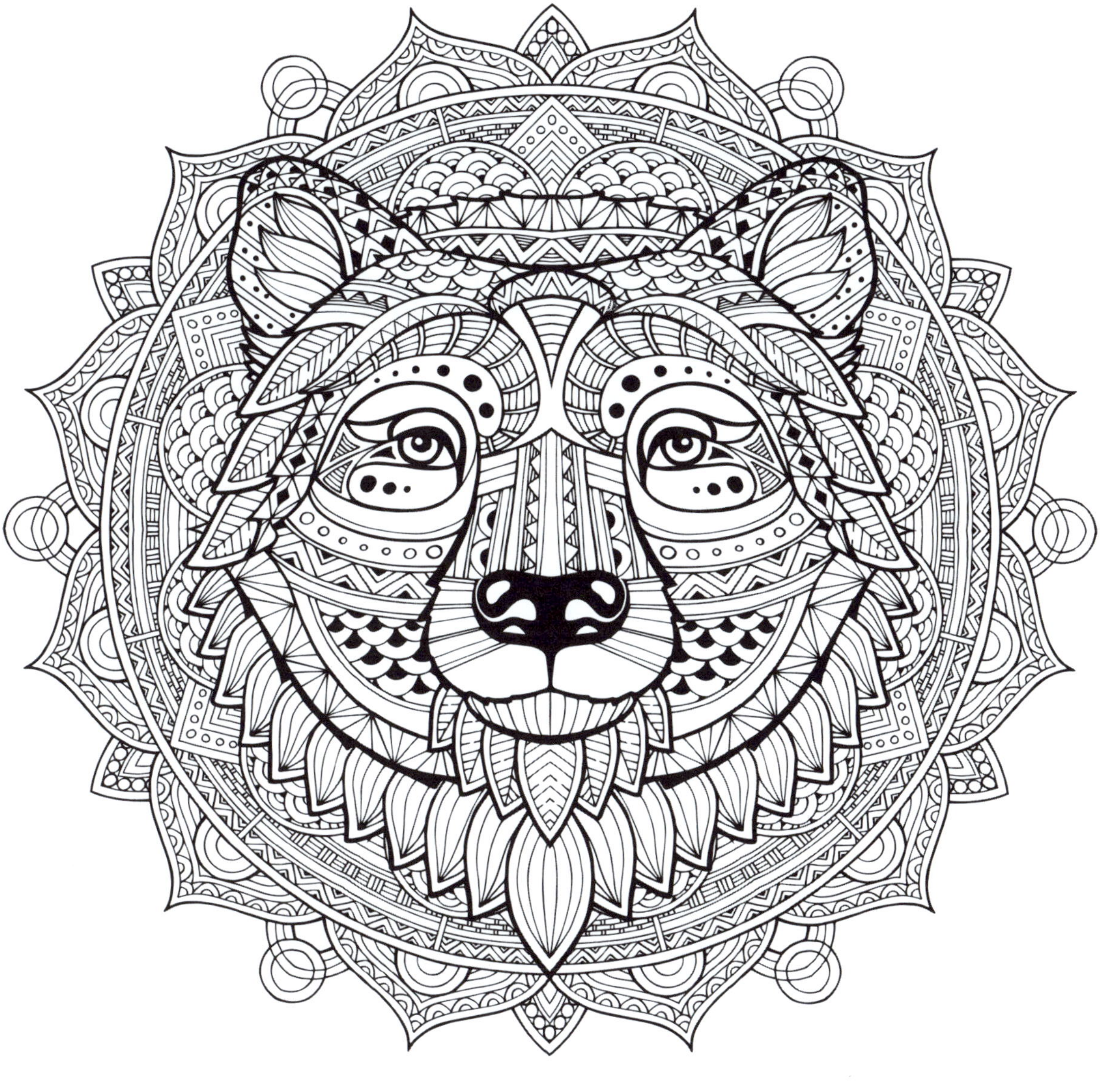

El oso es un animal solitario, excepto durante la temporada del desove del salmón.

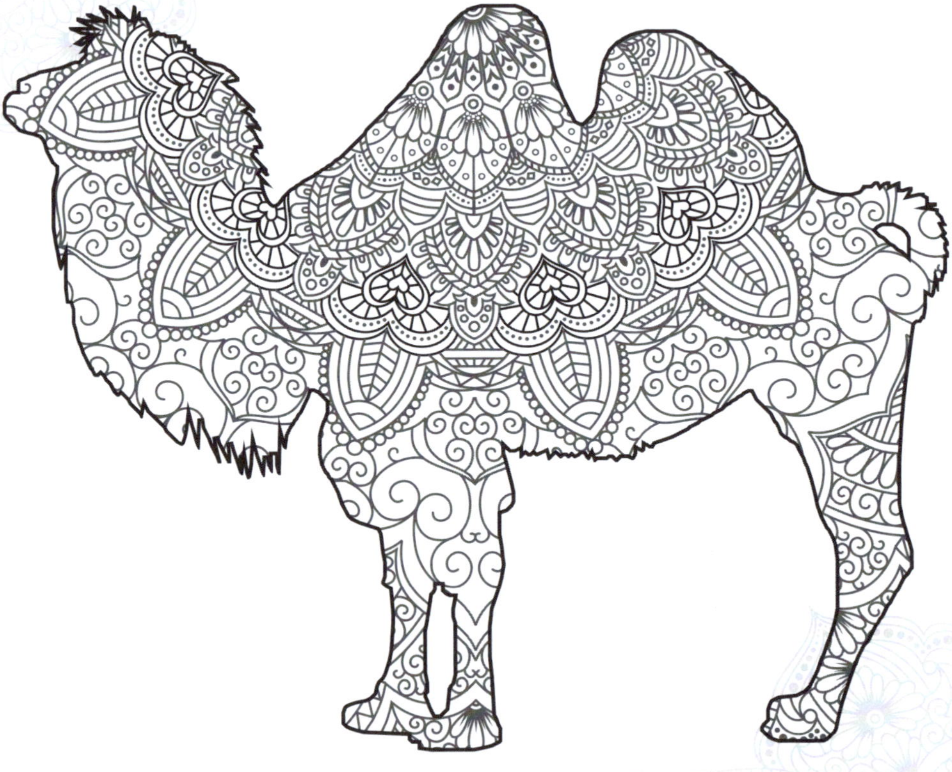

Los dromedarios tienen una joroba, en cambio los camellos, dos.

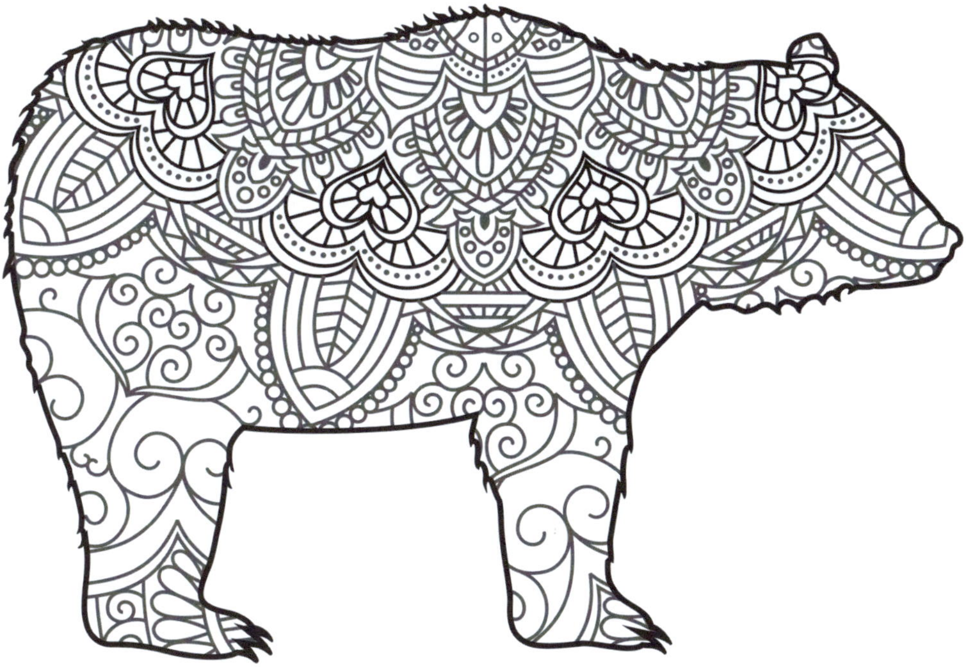

Los osos polares tienen el pelaje transparente y hueco.

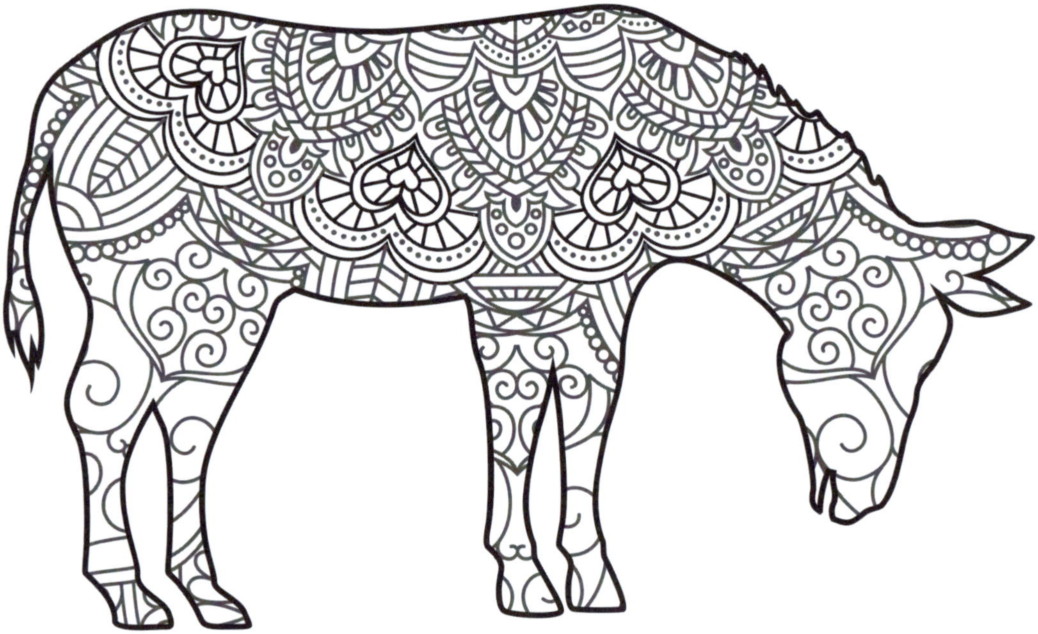

Los caballos son capaces de beber alrededor de 38 litros de agua al día.

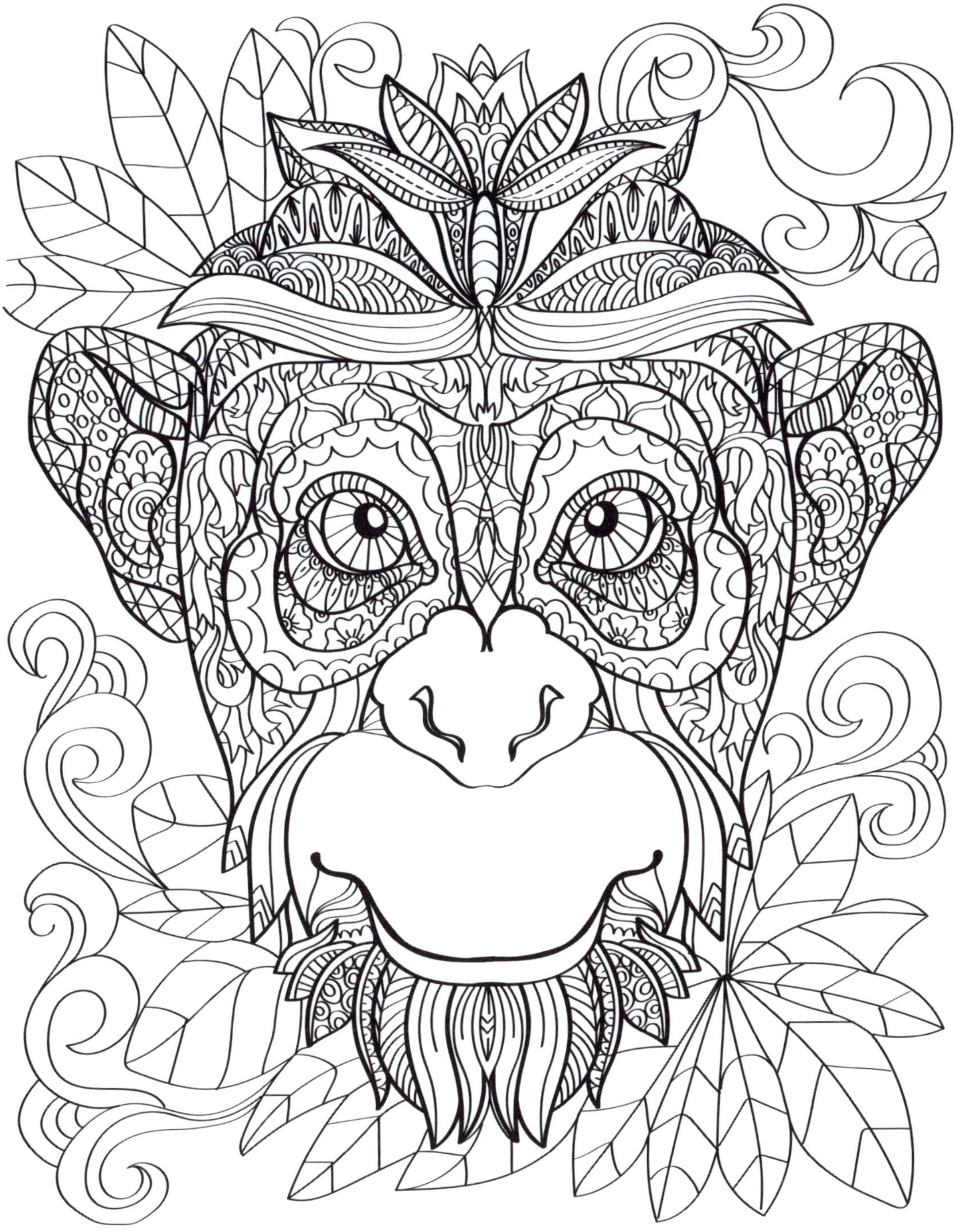

Los monos habitan una amplia variedad de hábitats, que van desde selvas tropicales y bosques hasta sabanas y montañas.

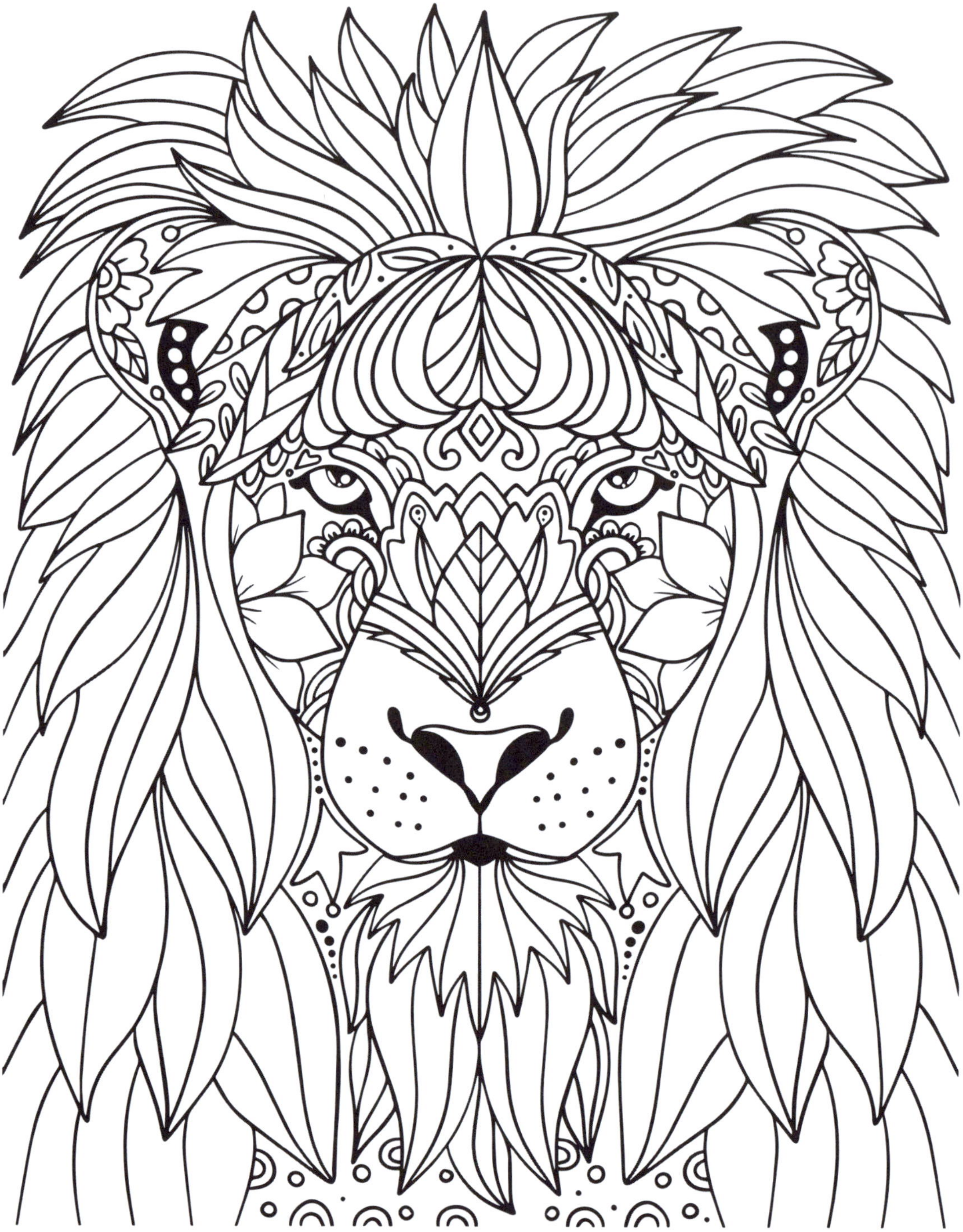

La vida de un león es más dormitar y descansar que acechar a sus presas.

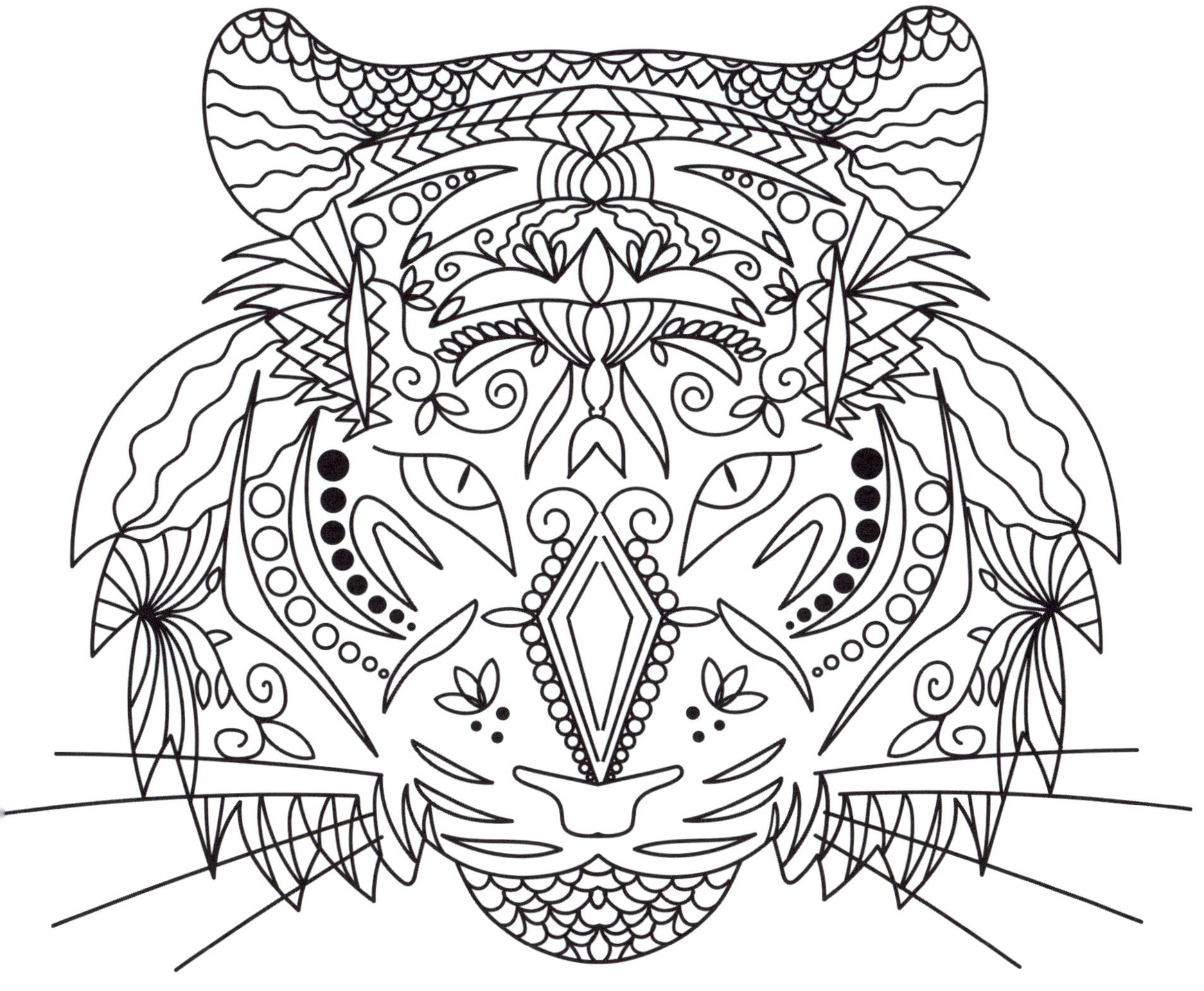

Cada tigre tiene un patrón de rayas único en su pelaje, similar a una huella digital humana.

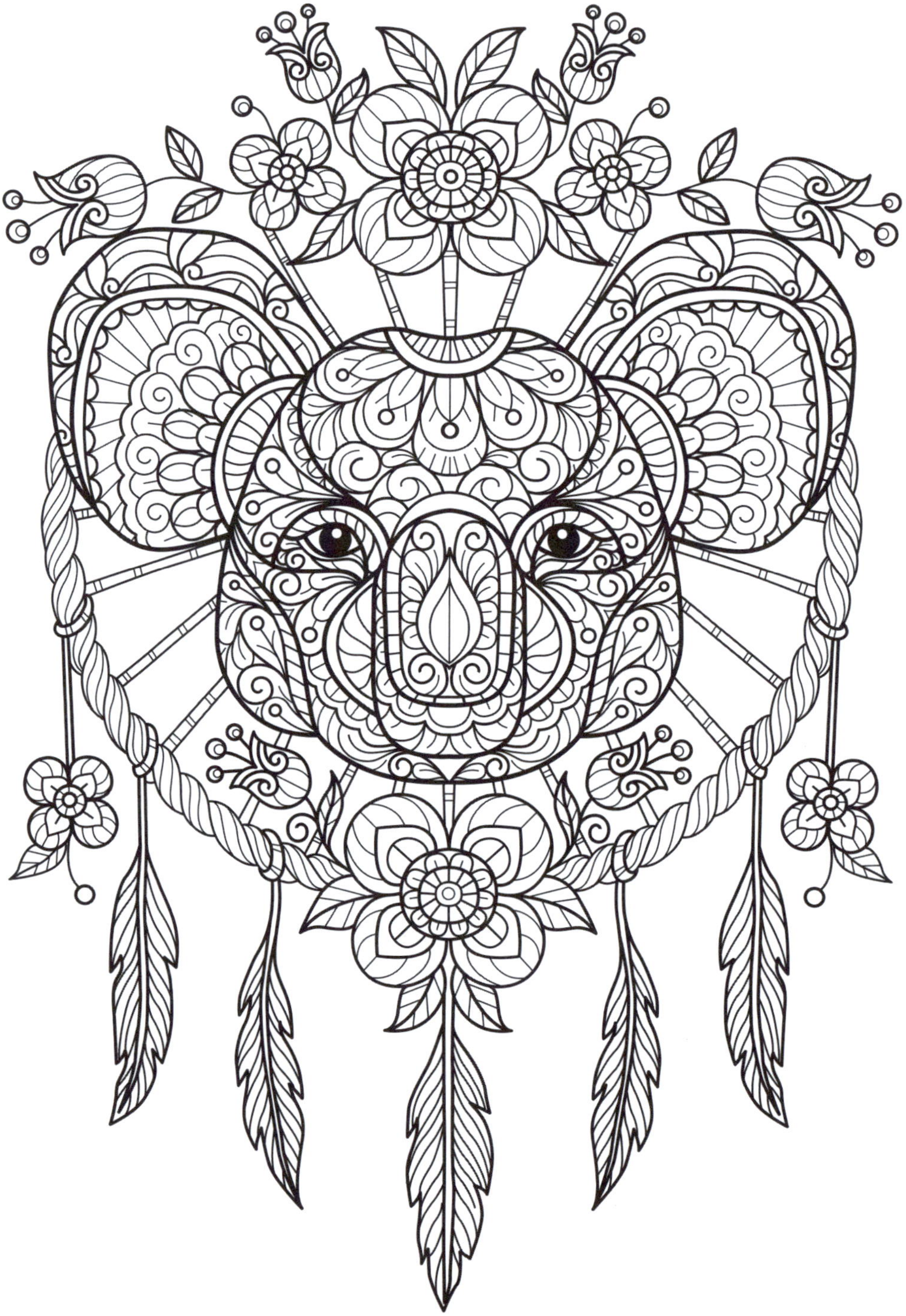

La vida de un león es más dormitar y descansar que acechar a sus presas.

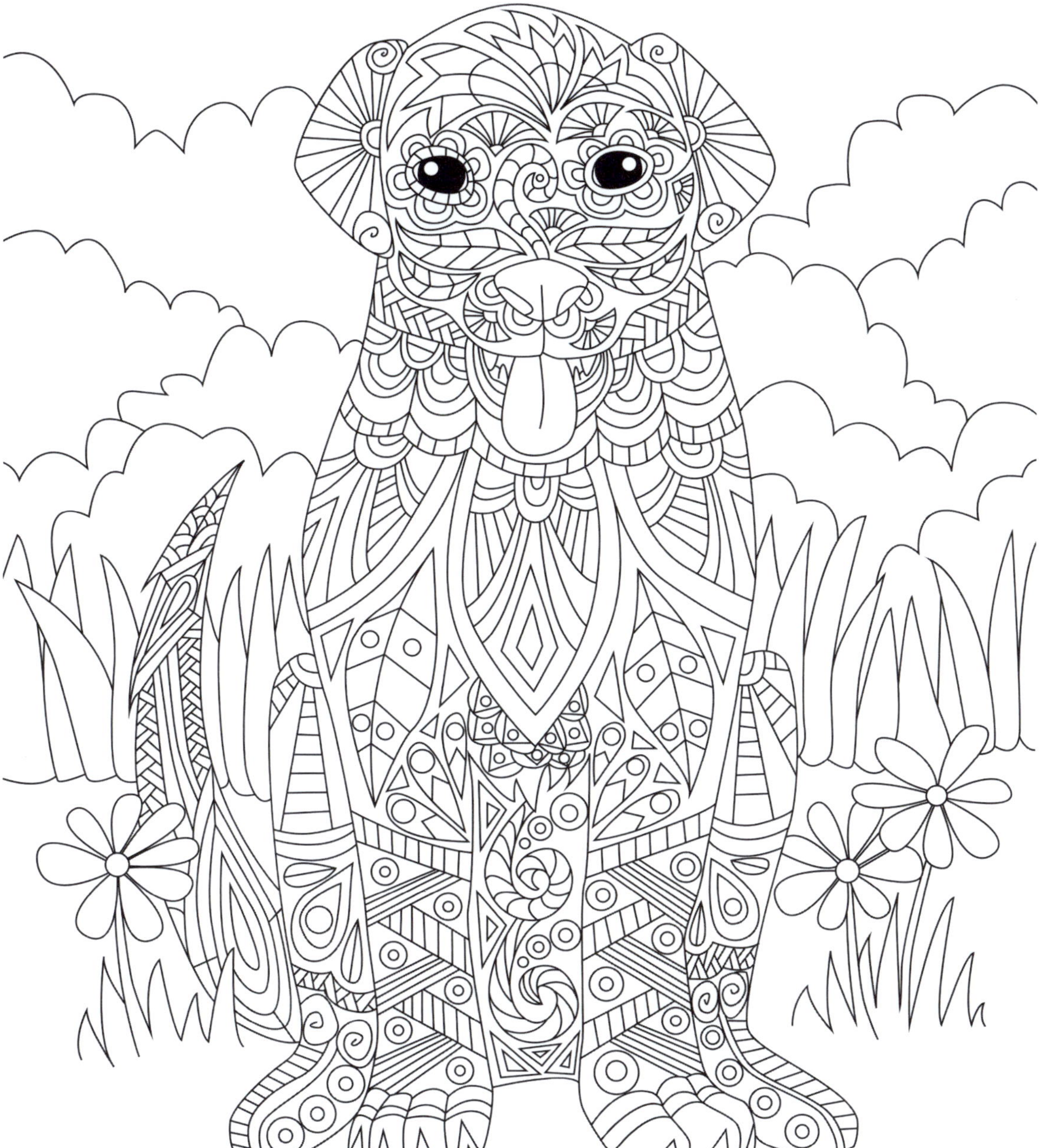

Los labradores, gracias a su agilidad mental y a su memoria, aprenden a comunicarse enseguida con las personas.

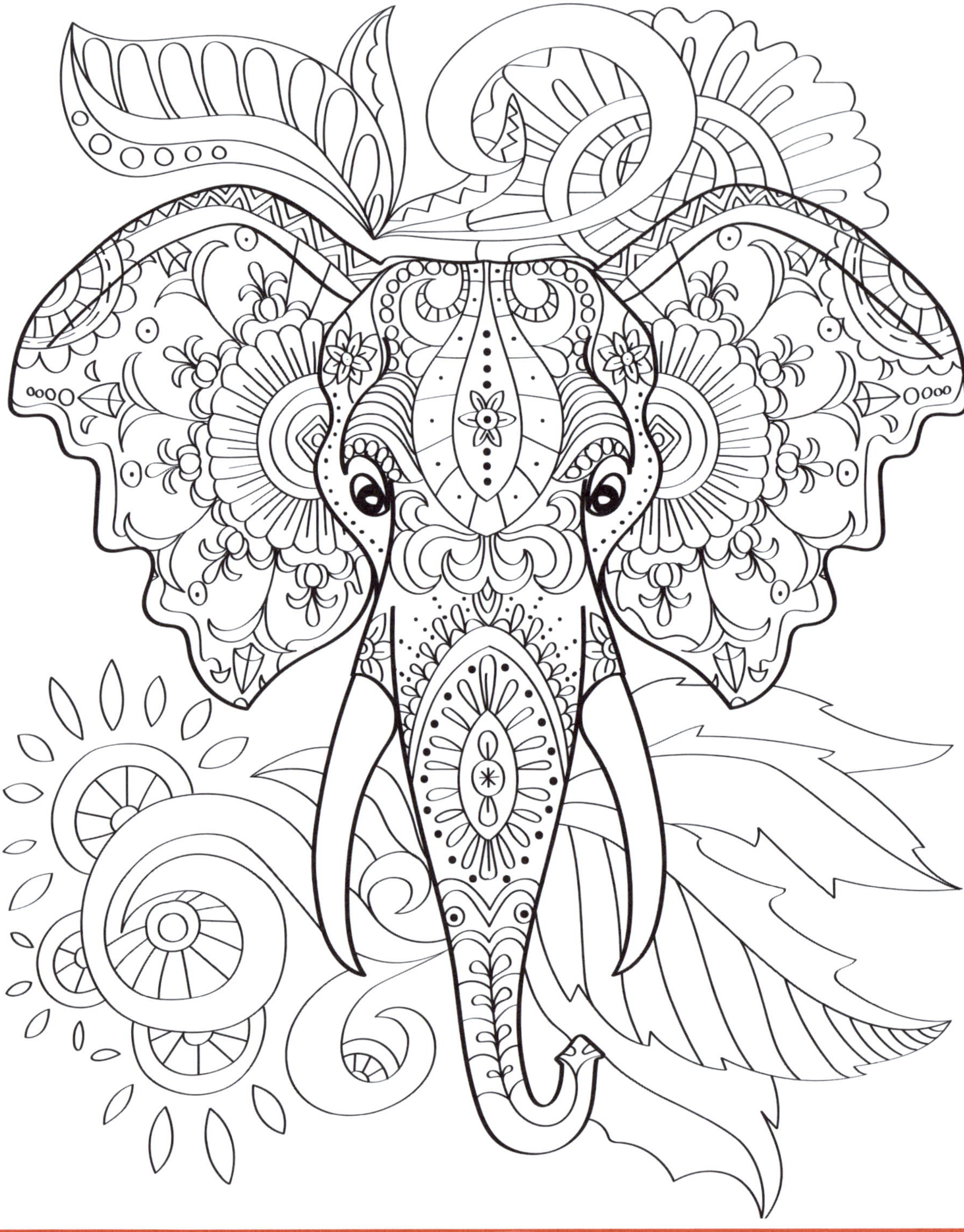

Los elefantes tienen colmillos largos, de un material similar al hueso conocido como marfil.

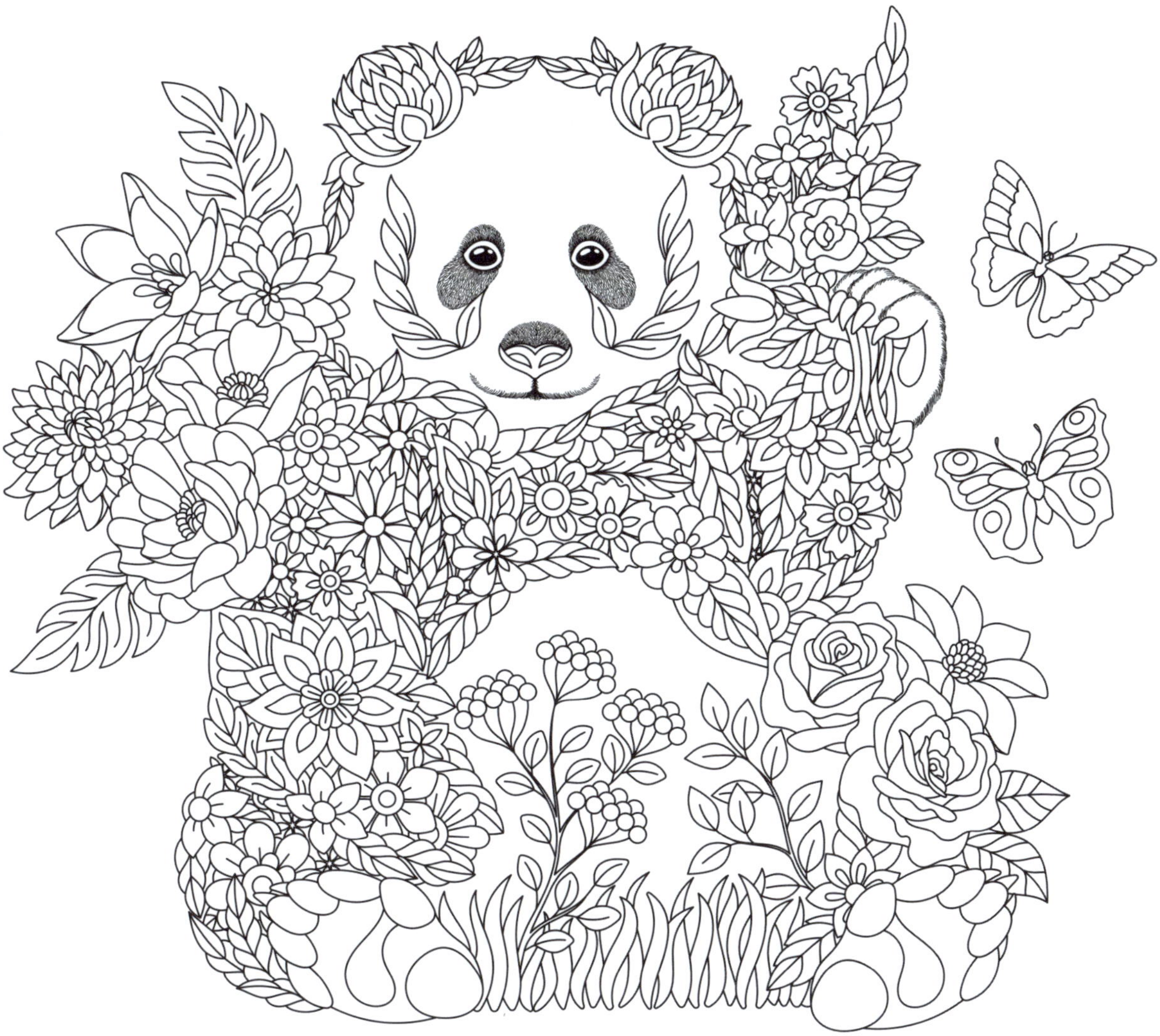

Los osos panda gigantes tienen una dieta compuesta casi exclusivamente de bambú.

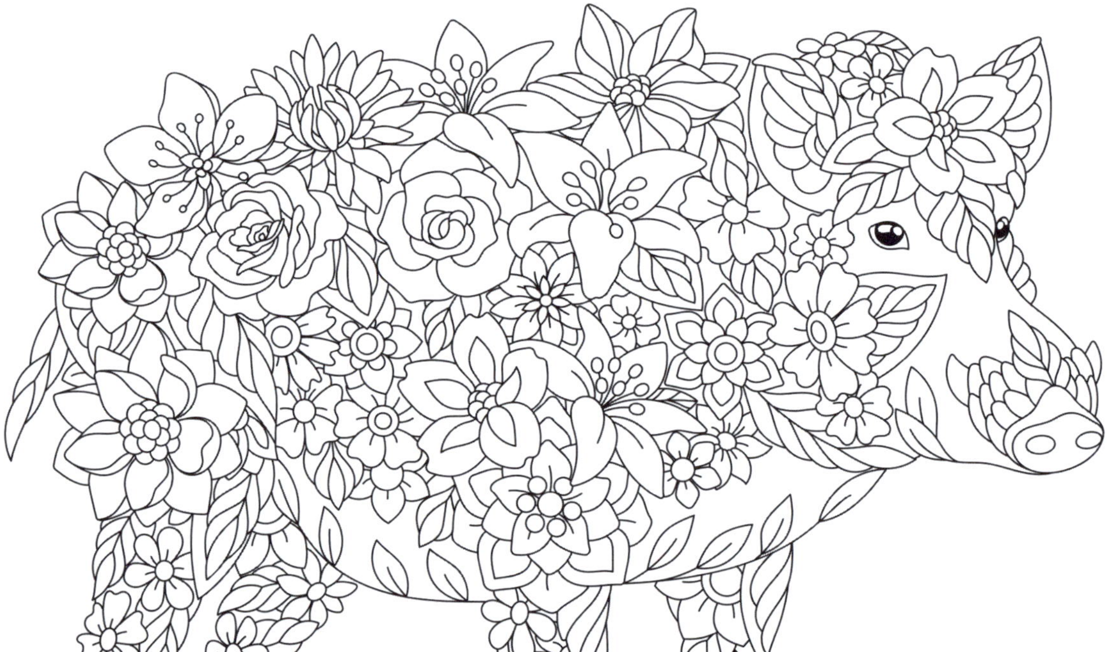

Los jabalíes pasan doce horas durmiendo
durante el día y por la noche se activan.

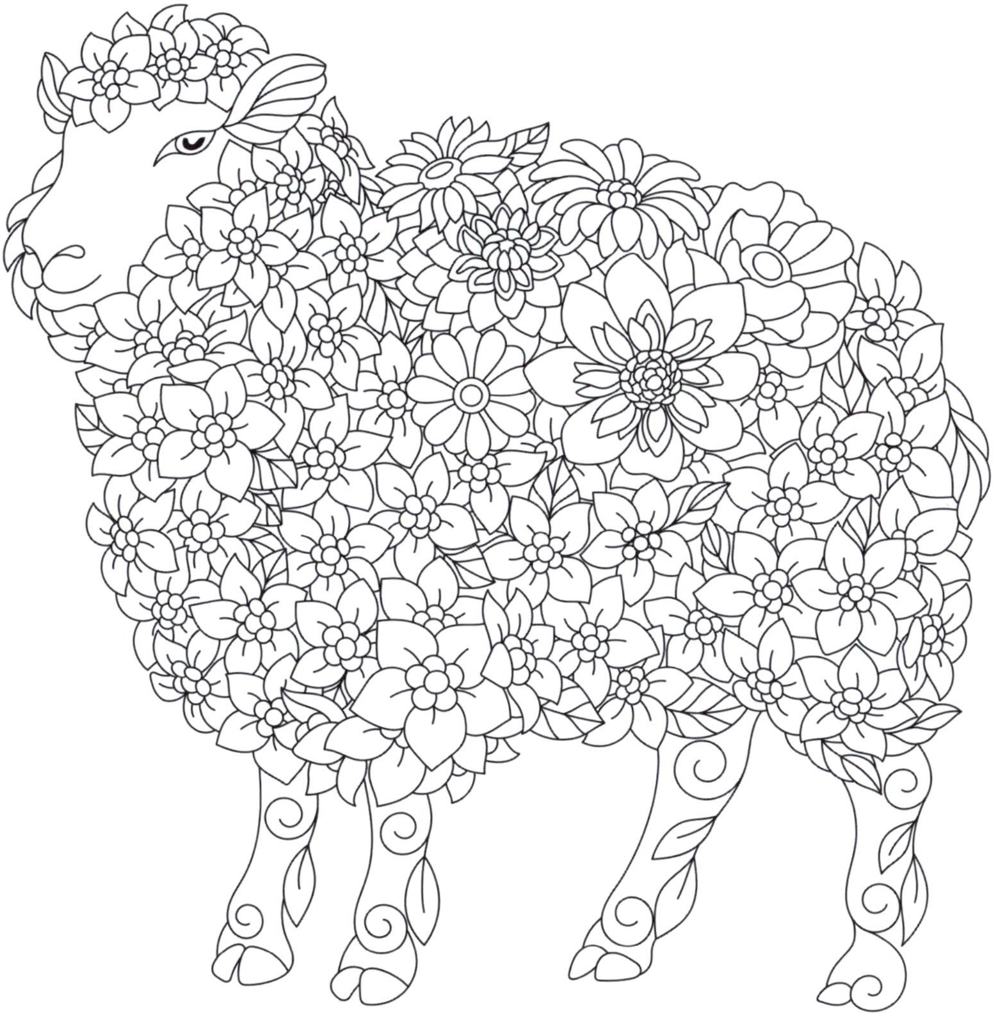

El hilado de lana de oveja empezó hace unos cinco mil años.

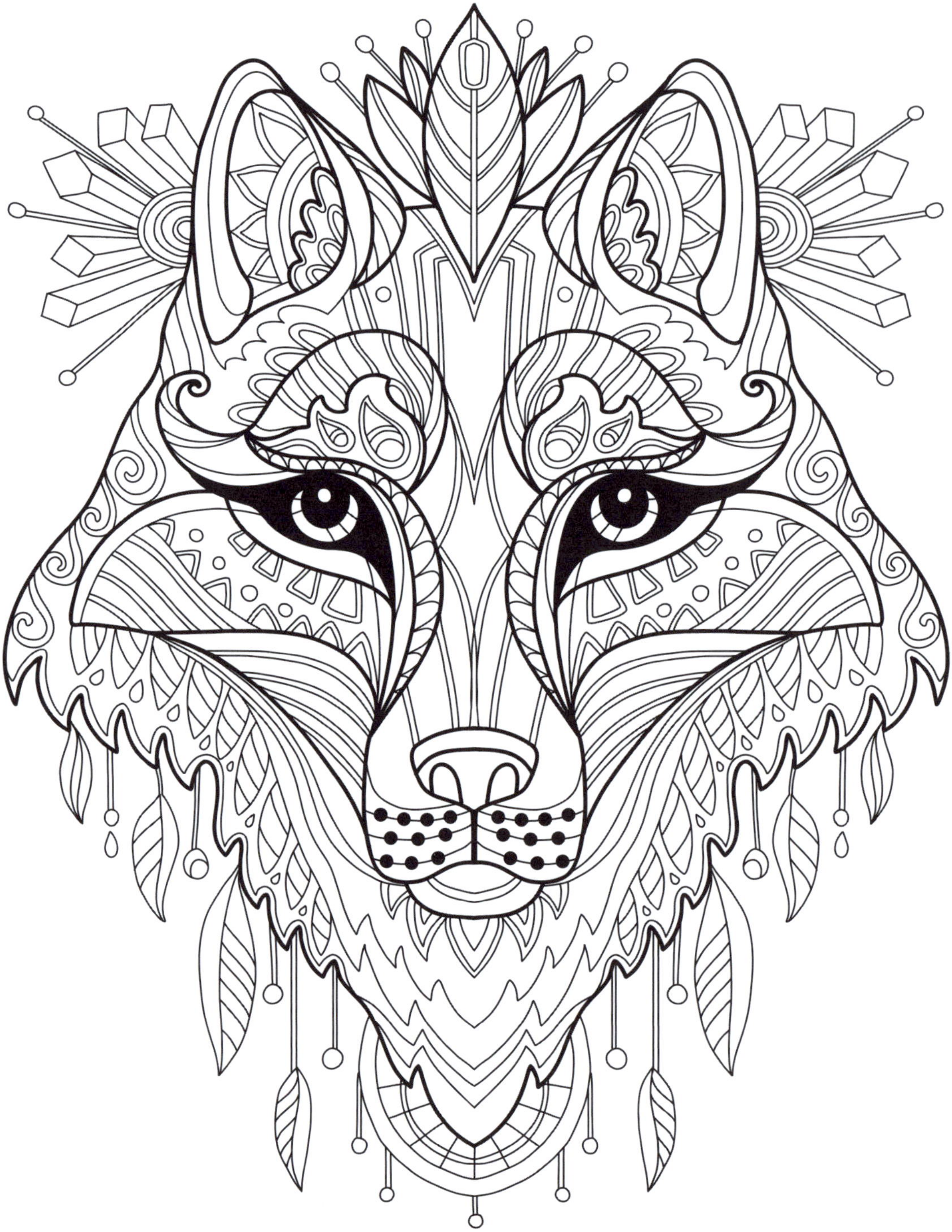

Las hembras de lobo suelen dar a luz entre cuatro y seis cachorros después de una gestación de, aproximadamente, dos meses.

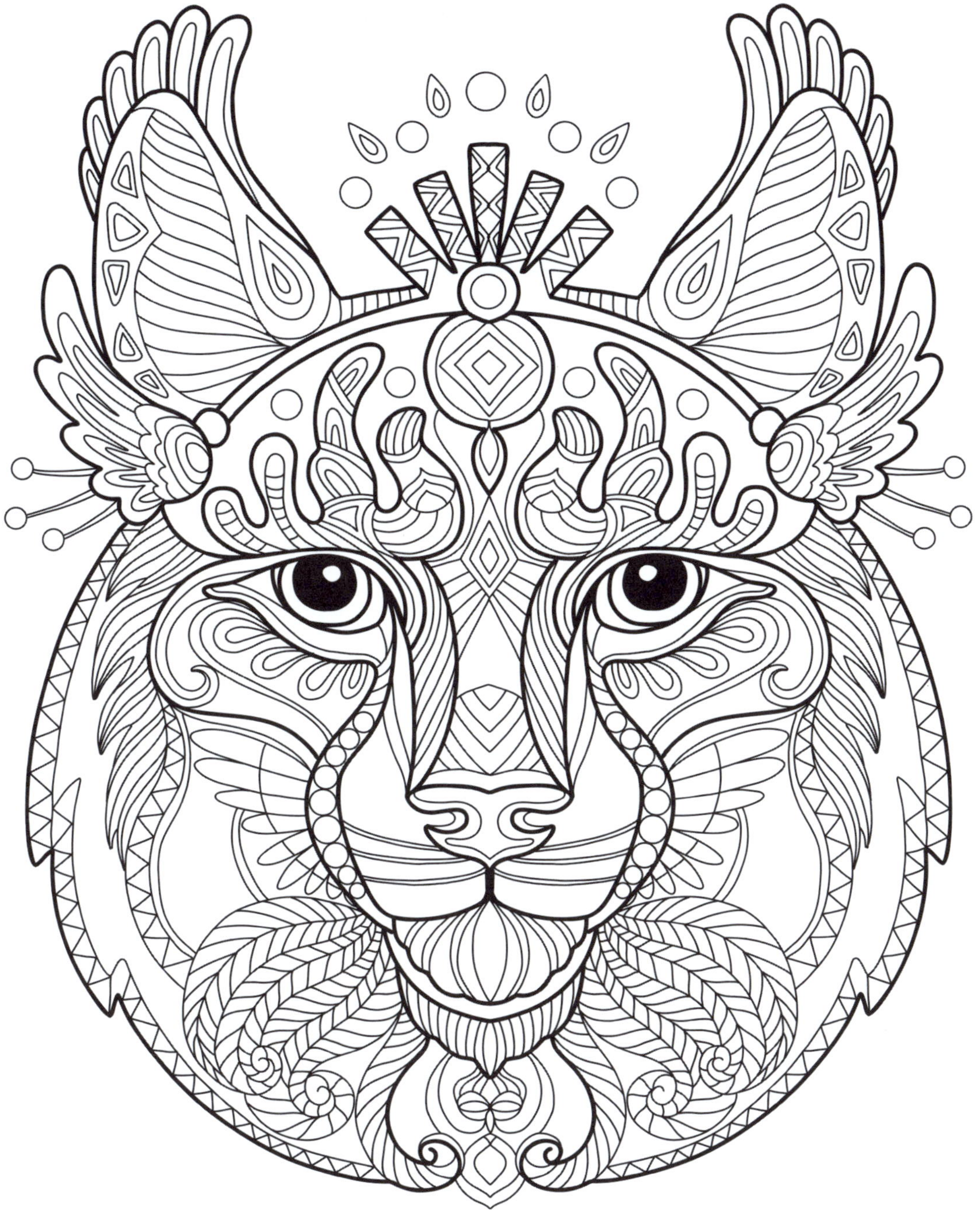

Los linces son excelentes trepadores ya que pasan la mayor parte de su vida en los árboles.

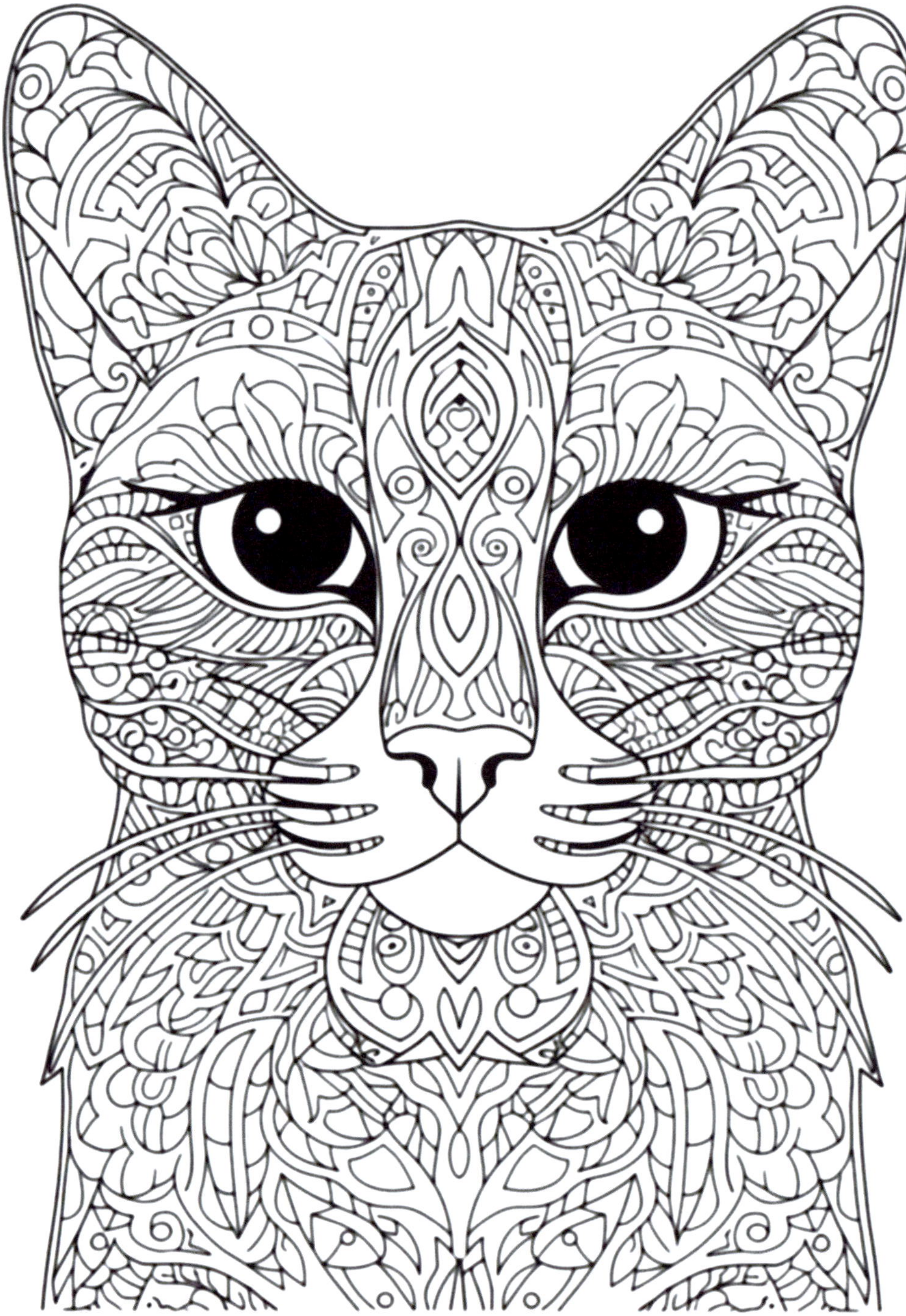

Los gatos son animales extremadamente limpios y pasan gran parte de su tiempo acicalándose.

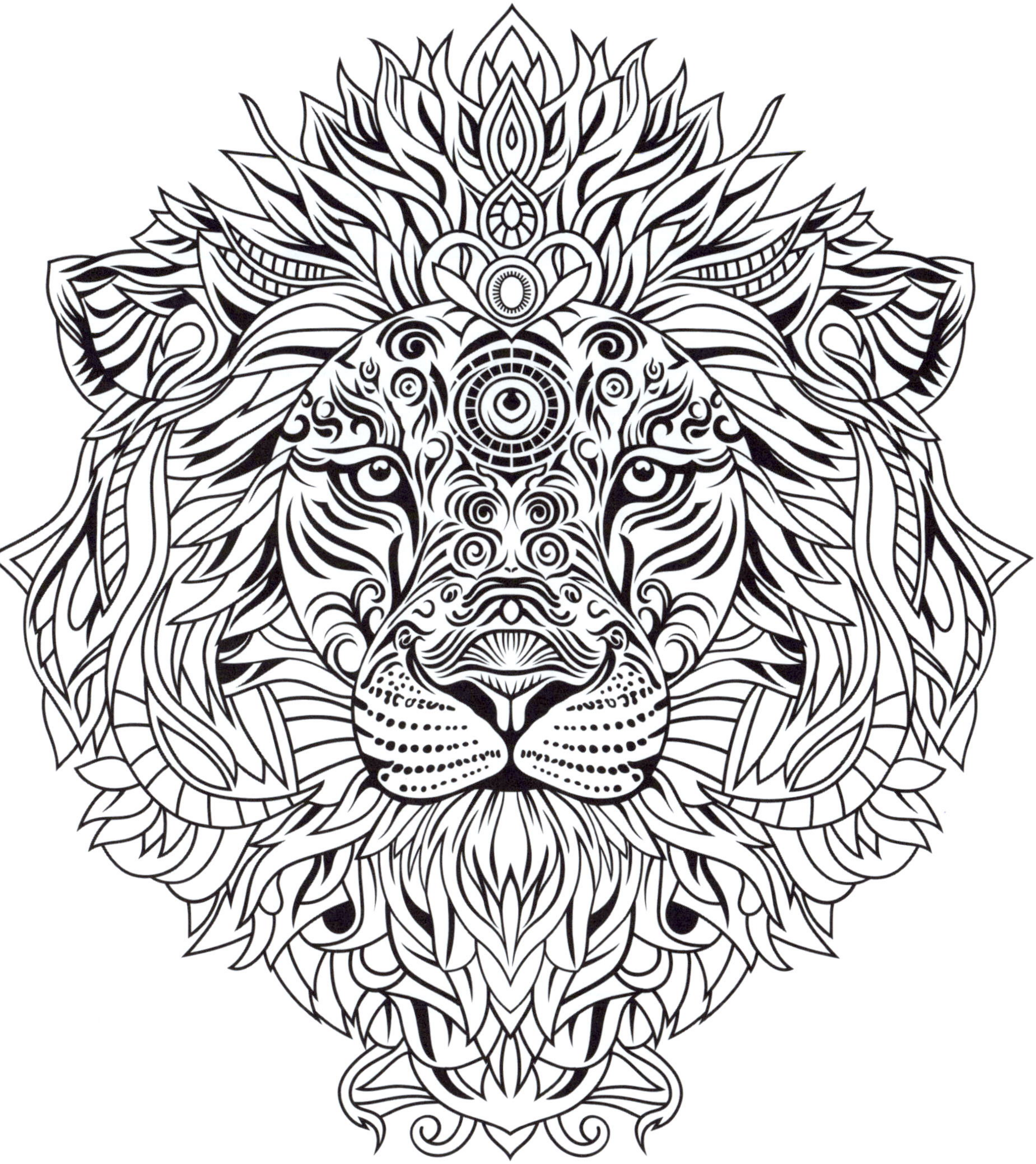

Aunque los leones son claramente carnívoros, se ha documentado que comen vegetales en algunas ocasiones.

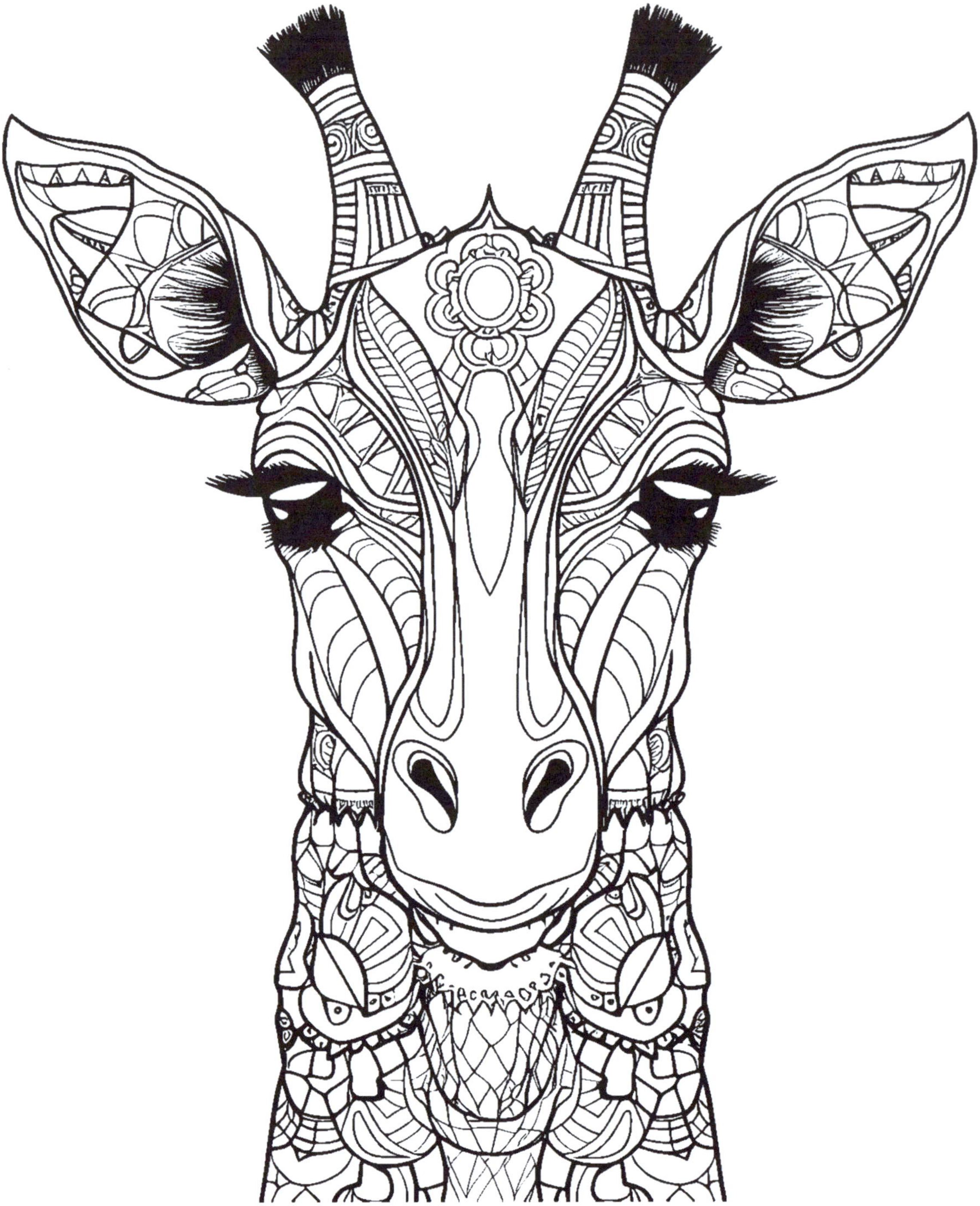

Las jirafas pueden correr a una velocidad de hasta 56 kilómetros por hora.

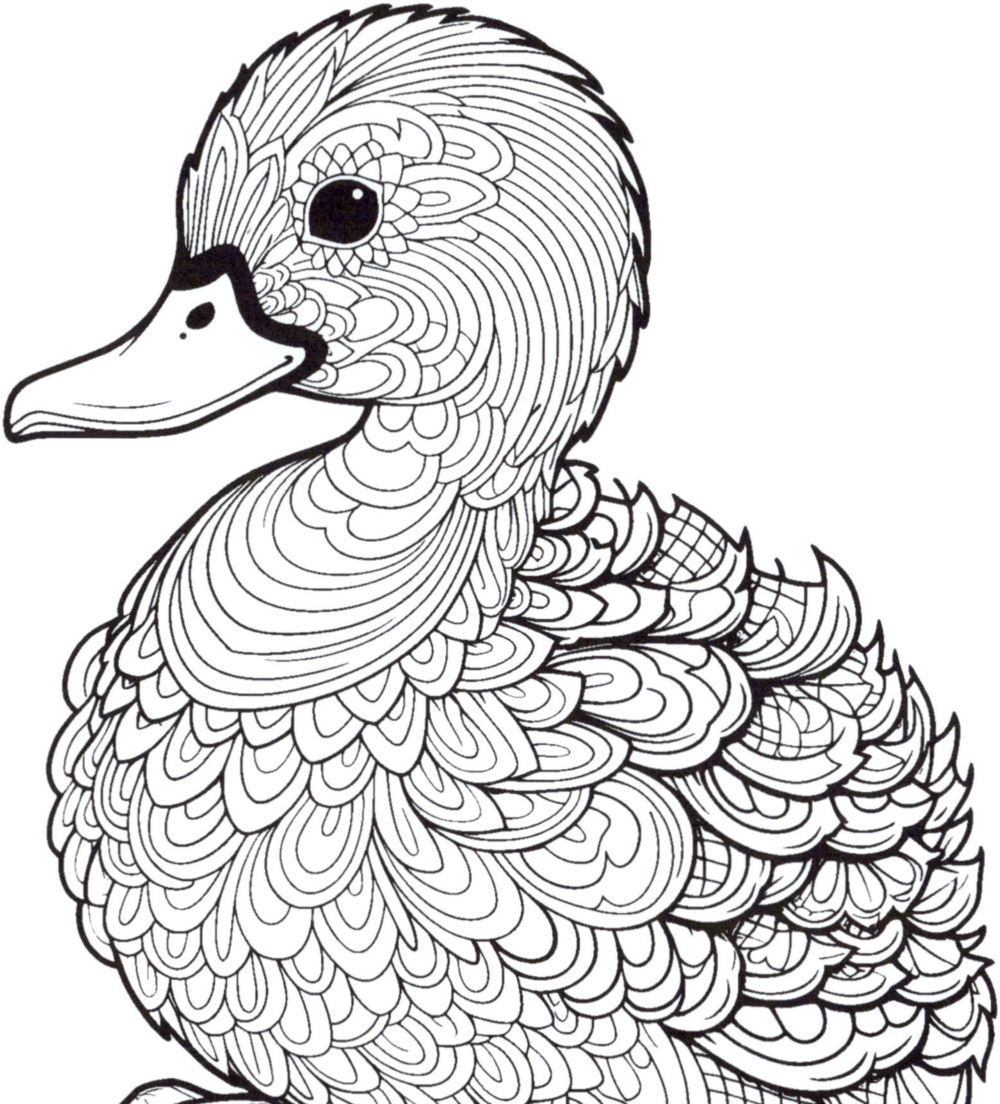

La mayoría de los patos tienen una capa de aceite especial en sus plumas, que les ayuda a repeler el agua y mantenerse secos mientras nadan.

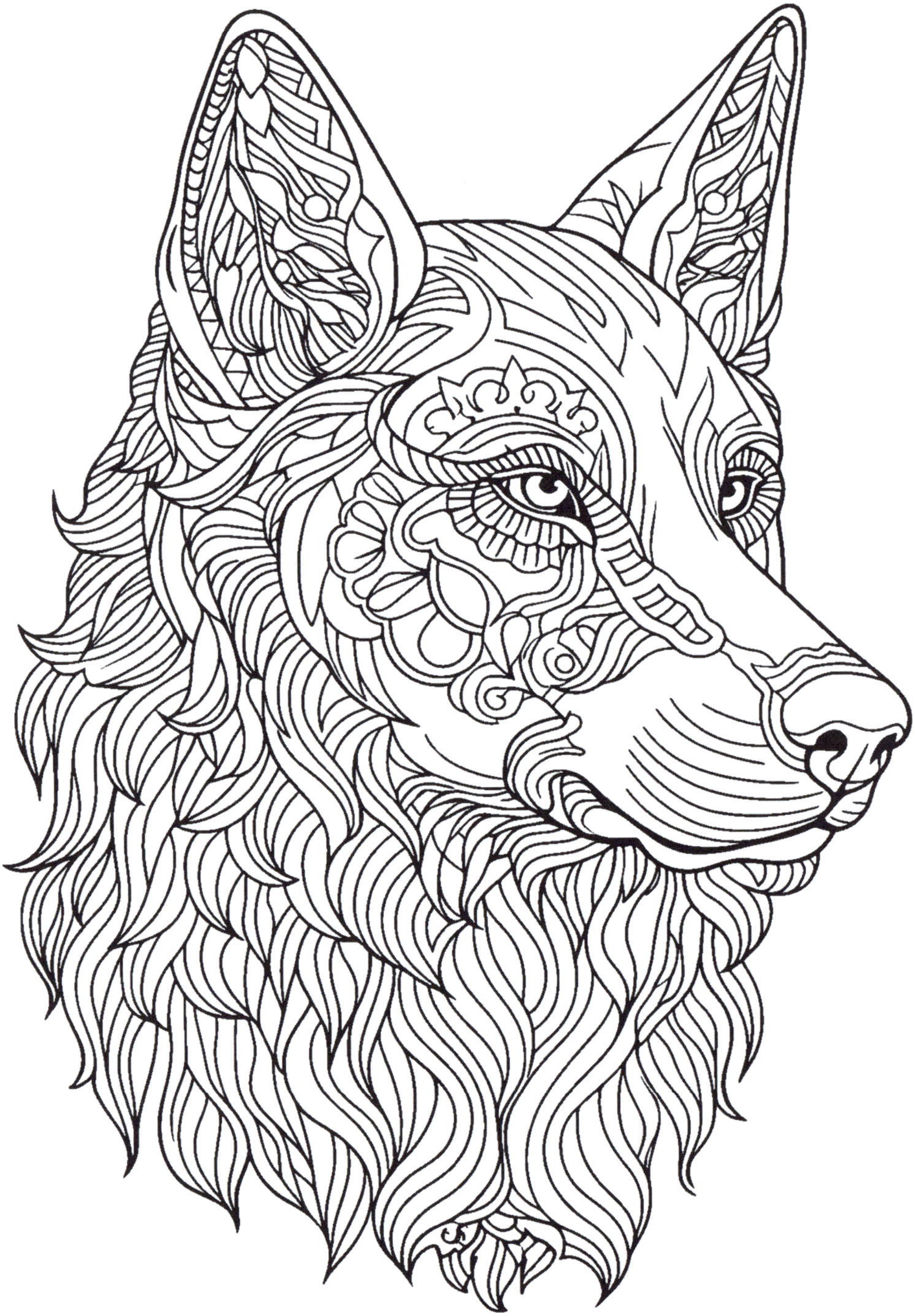

Los perros más inteligentes son el border collie,
el caniche y el pastor alemán.

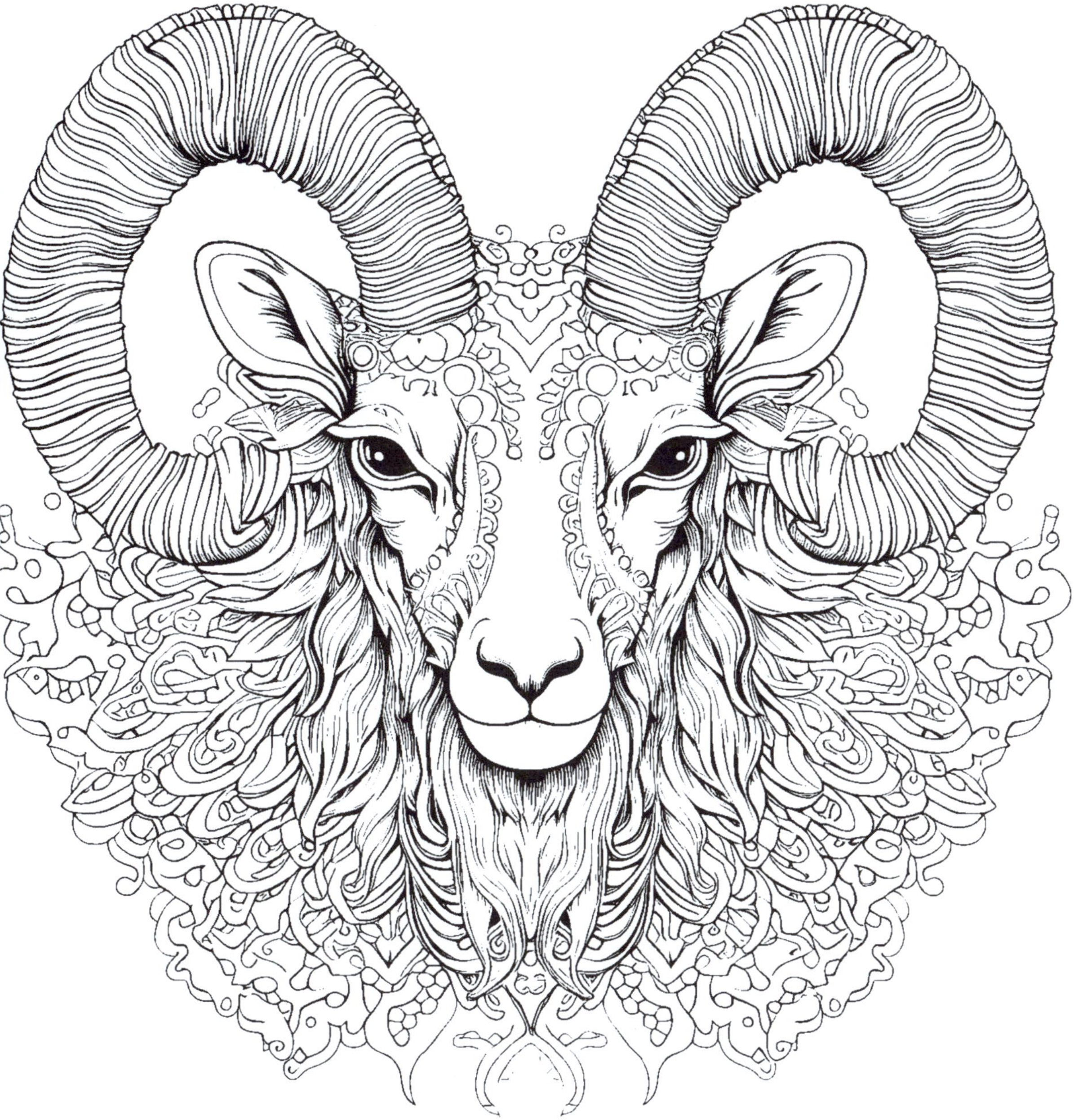

Las cabras pueden vivir hasta dieciocho años.

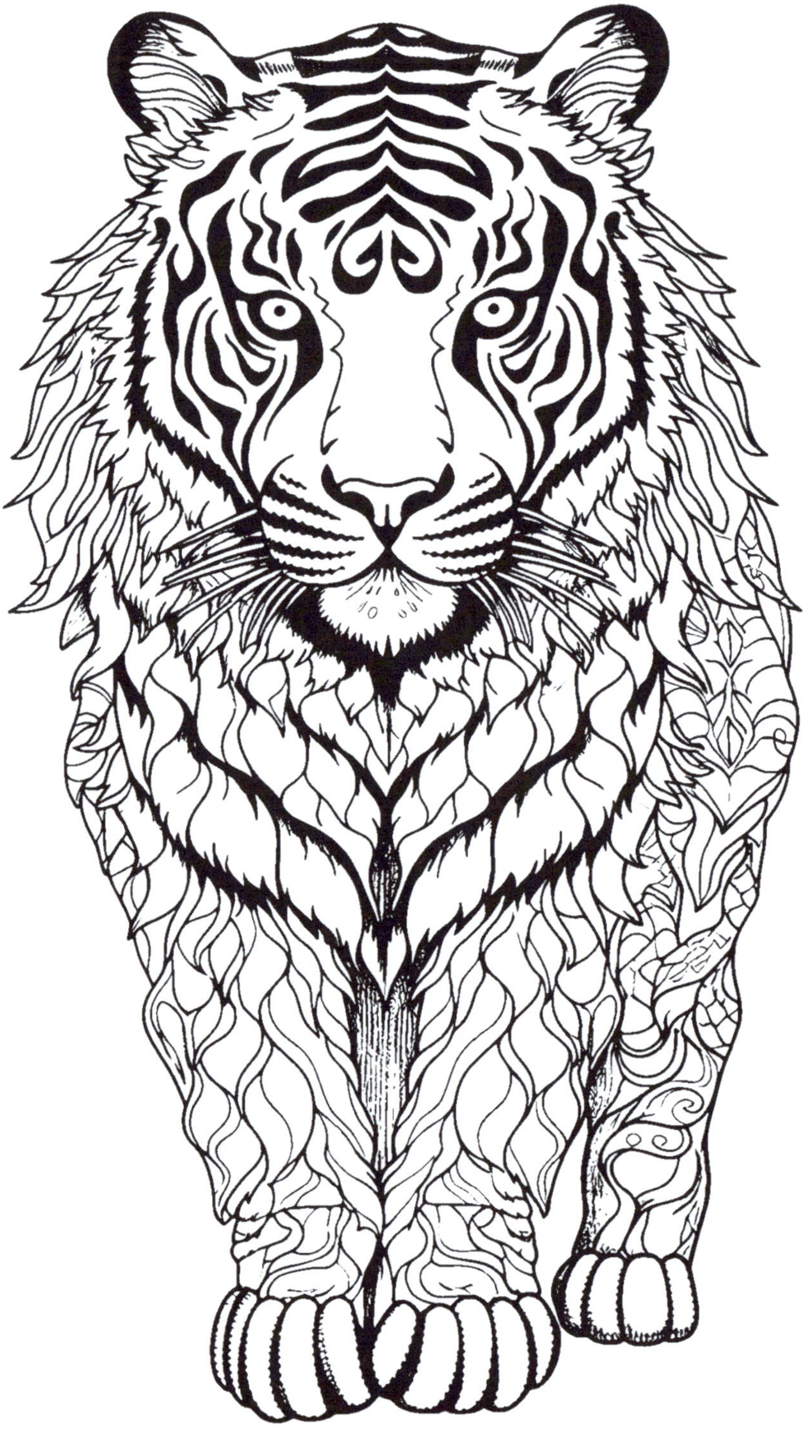

Existen seis especies de tigres en el mundo: tigre de Bengala, tigre de Indochina, tigre de Malasia, tigre de Sumatra, tigre siberiano y tigre del sur de China.

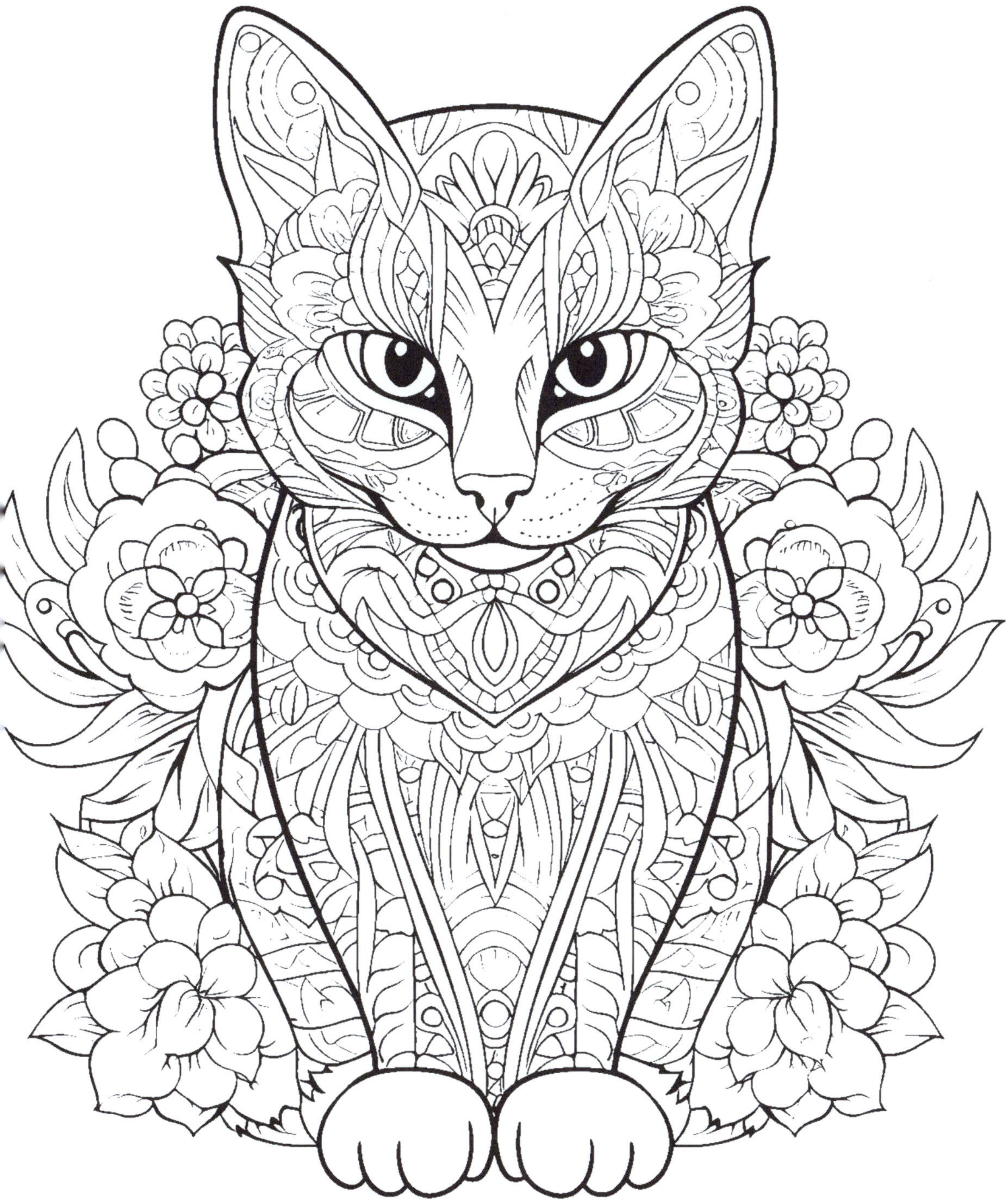

Los gatos pasan aproximadamente el 70 por ciento de su vida durmiendo.

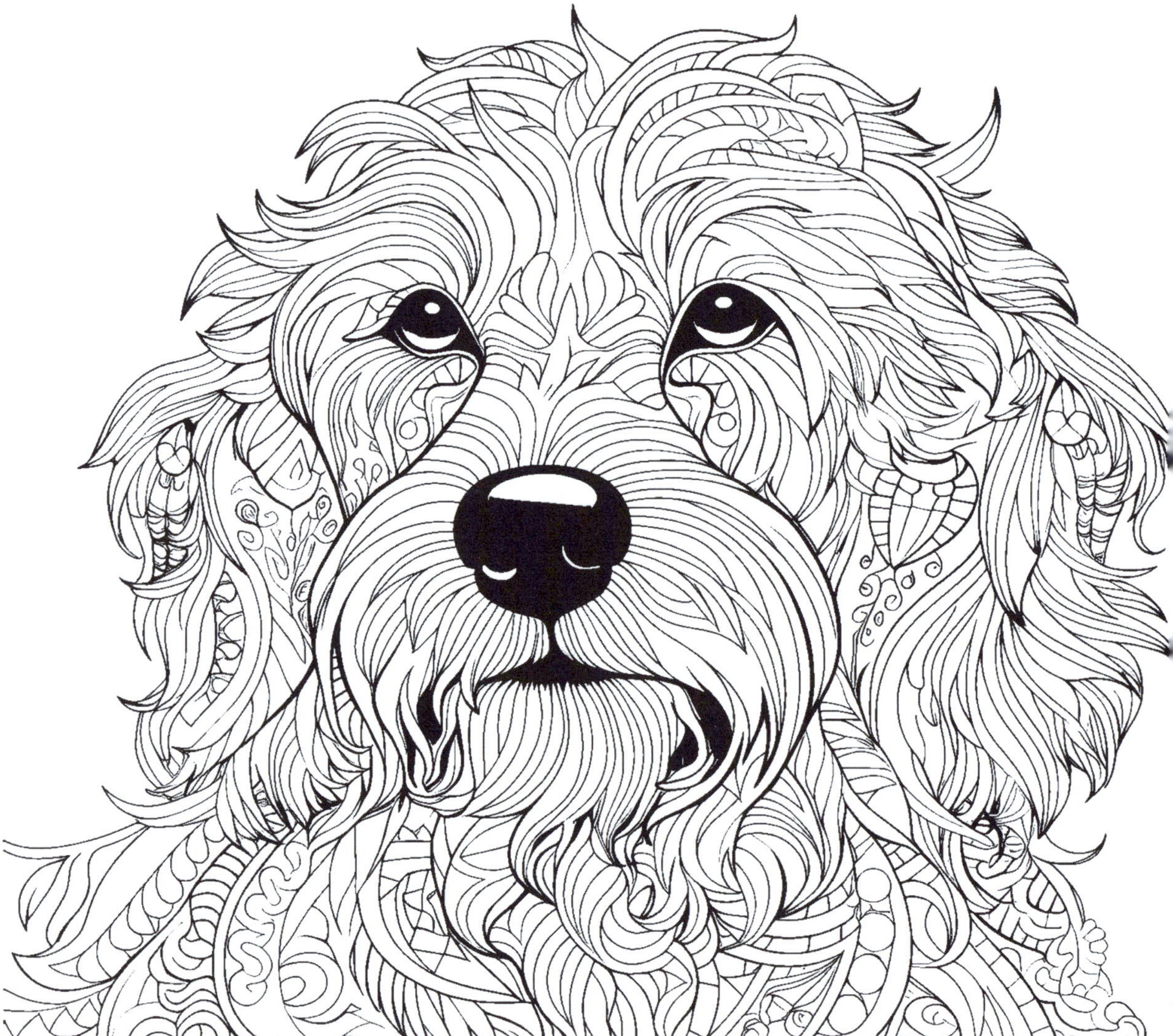

El cerebro de los perros libera oxcitocina (la hormona del amor) cuando ve a su dueño u otros perros.

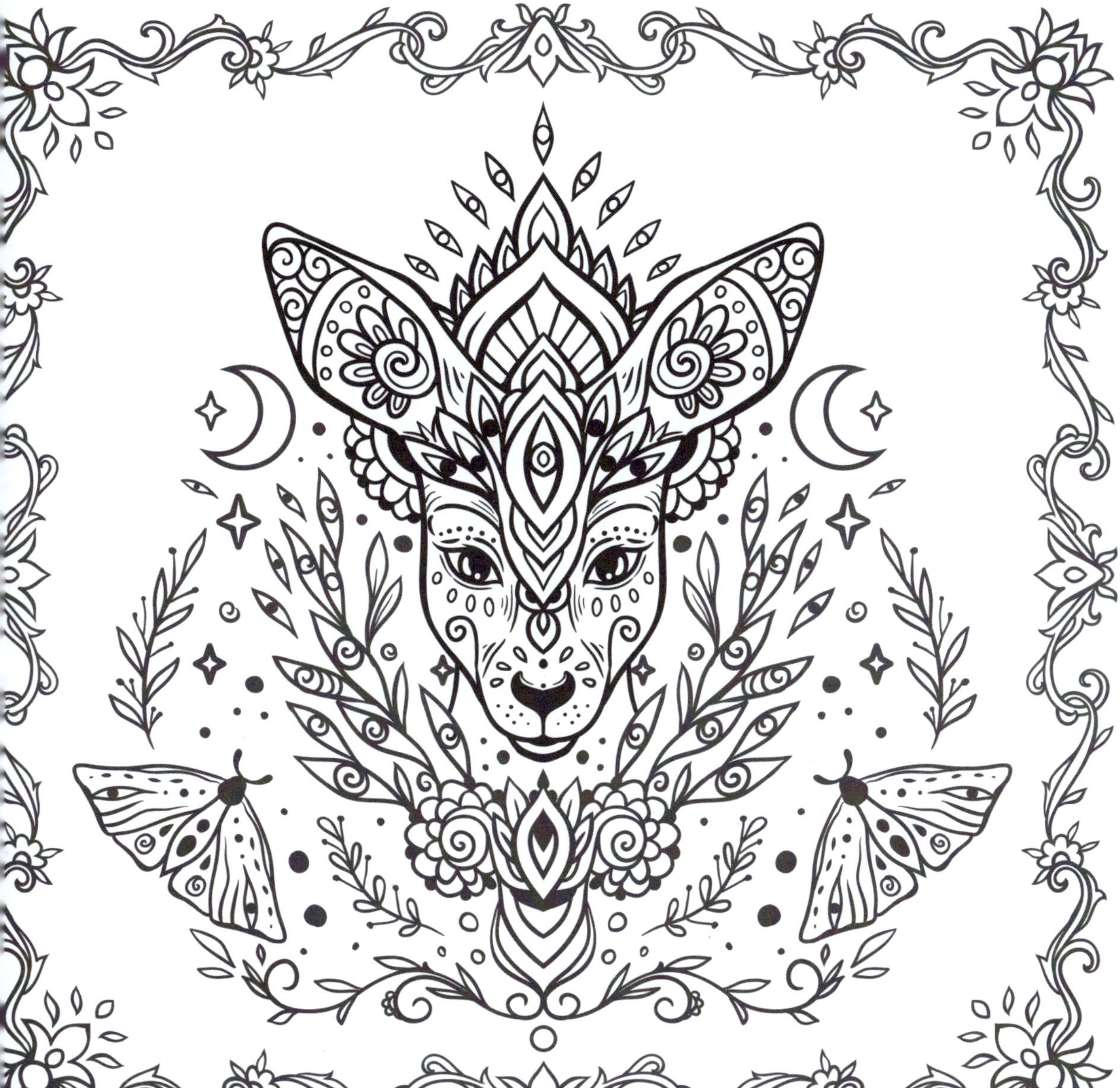

Solo los machos de ciervos tienen cornamentas, que se desprenden y vuelven a crecer cada año.

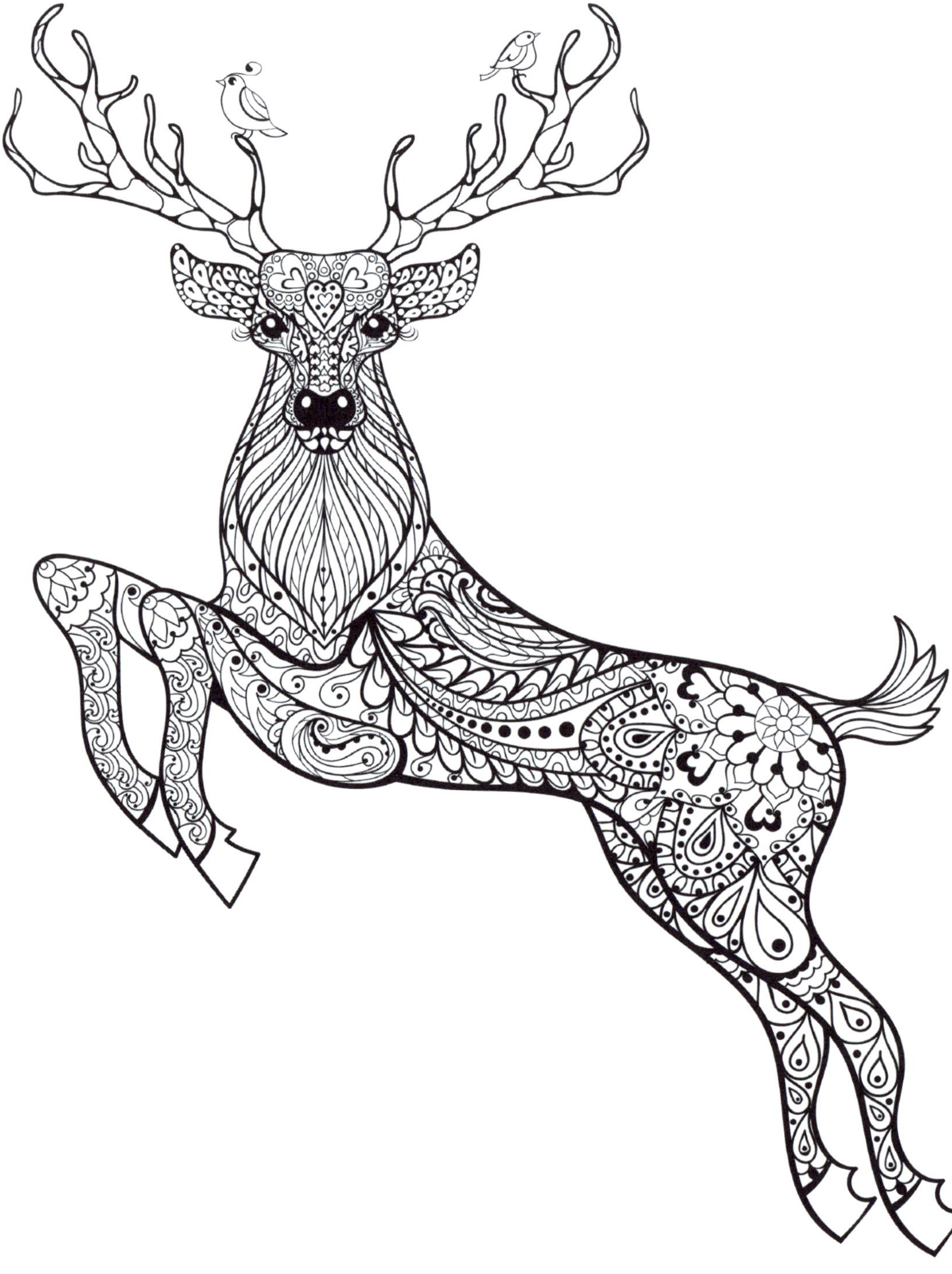

La cornamenta de un alce puede pesar hasta 36 kilos.

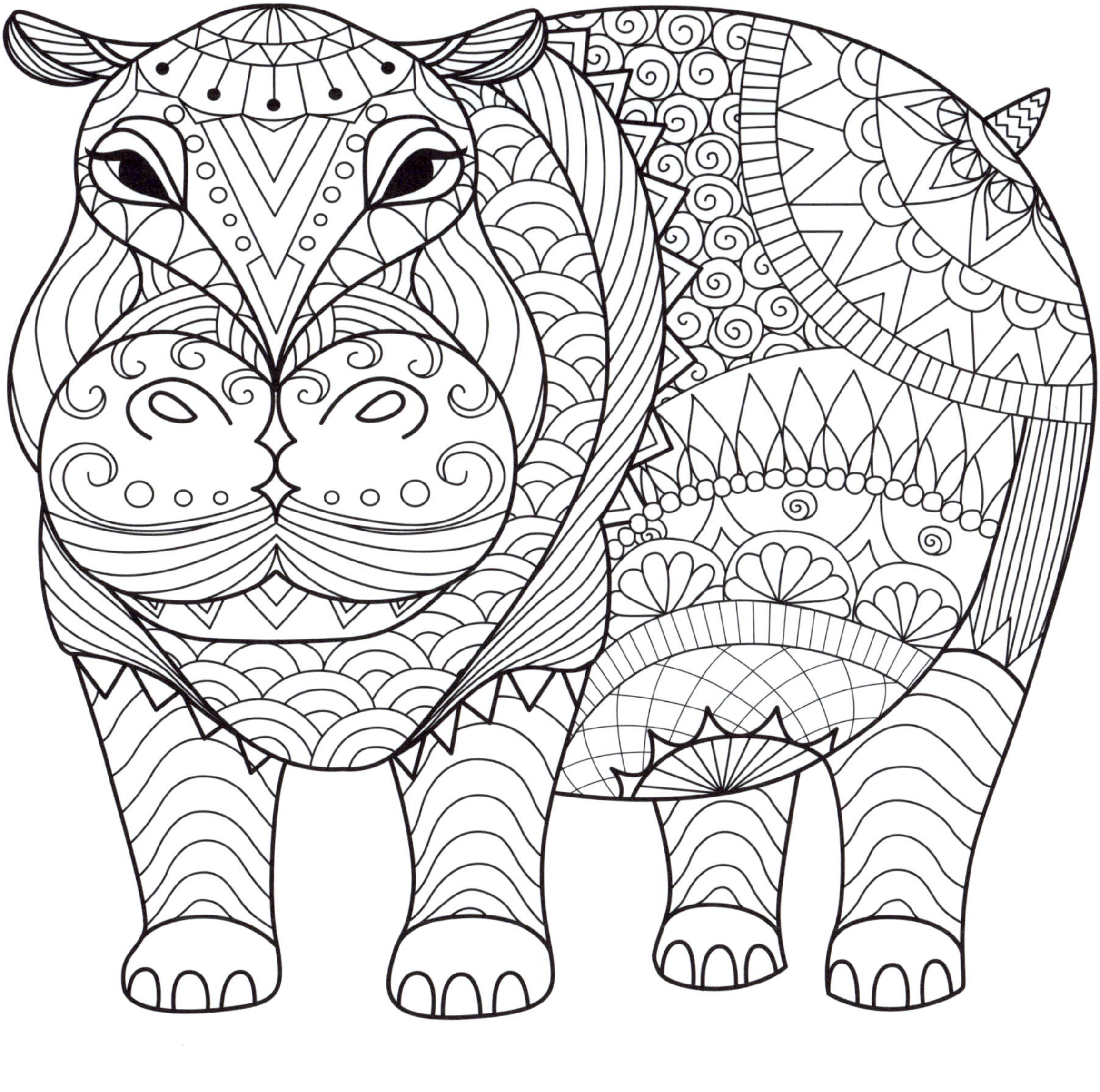

Los hipopótamos, en tierra, pueden moverse a velocidades de hasta 30 kilómetros por hora.

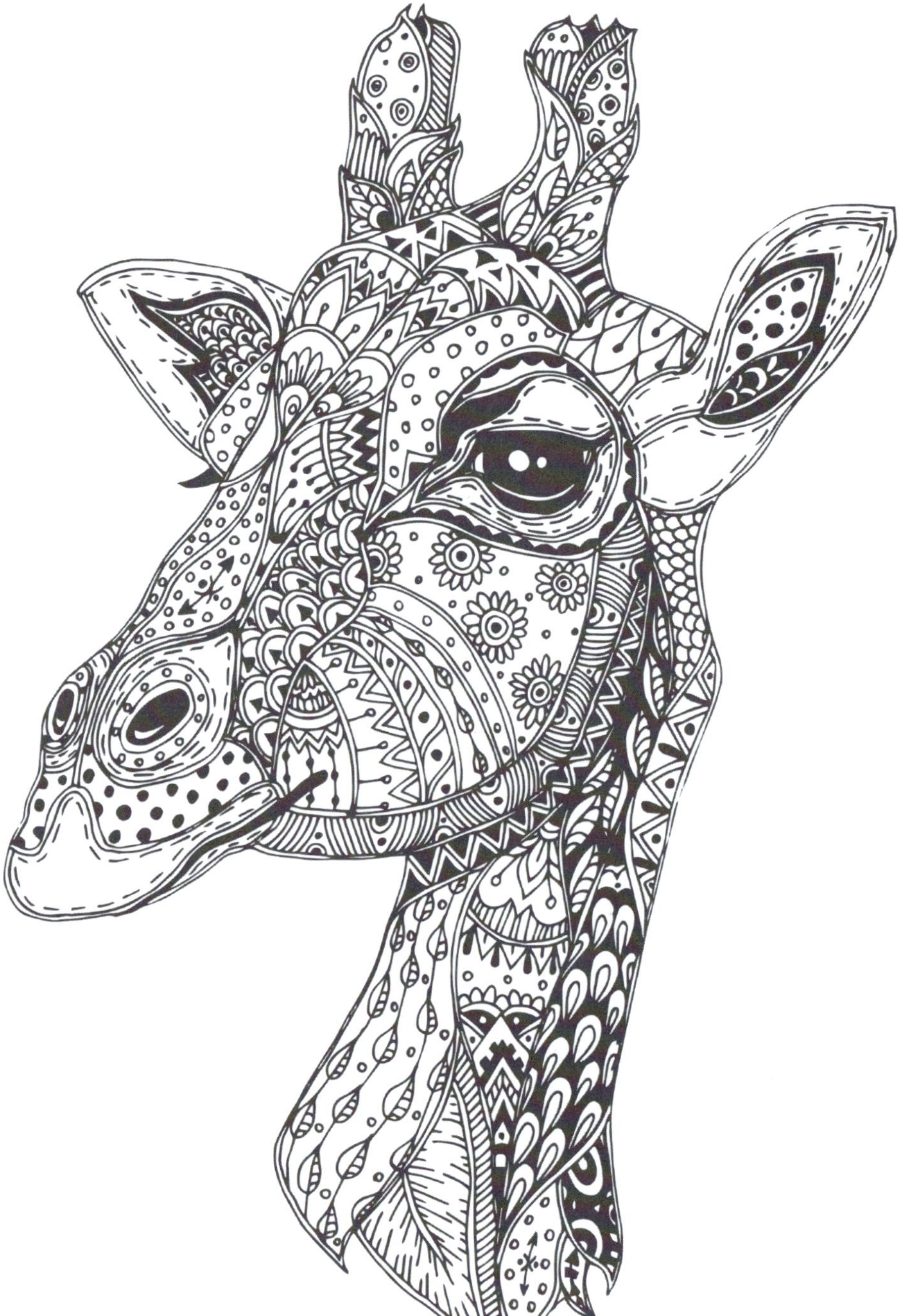

Una jirafa vive un promedio de veinticinco años.

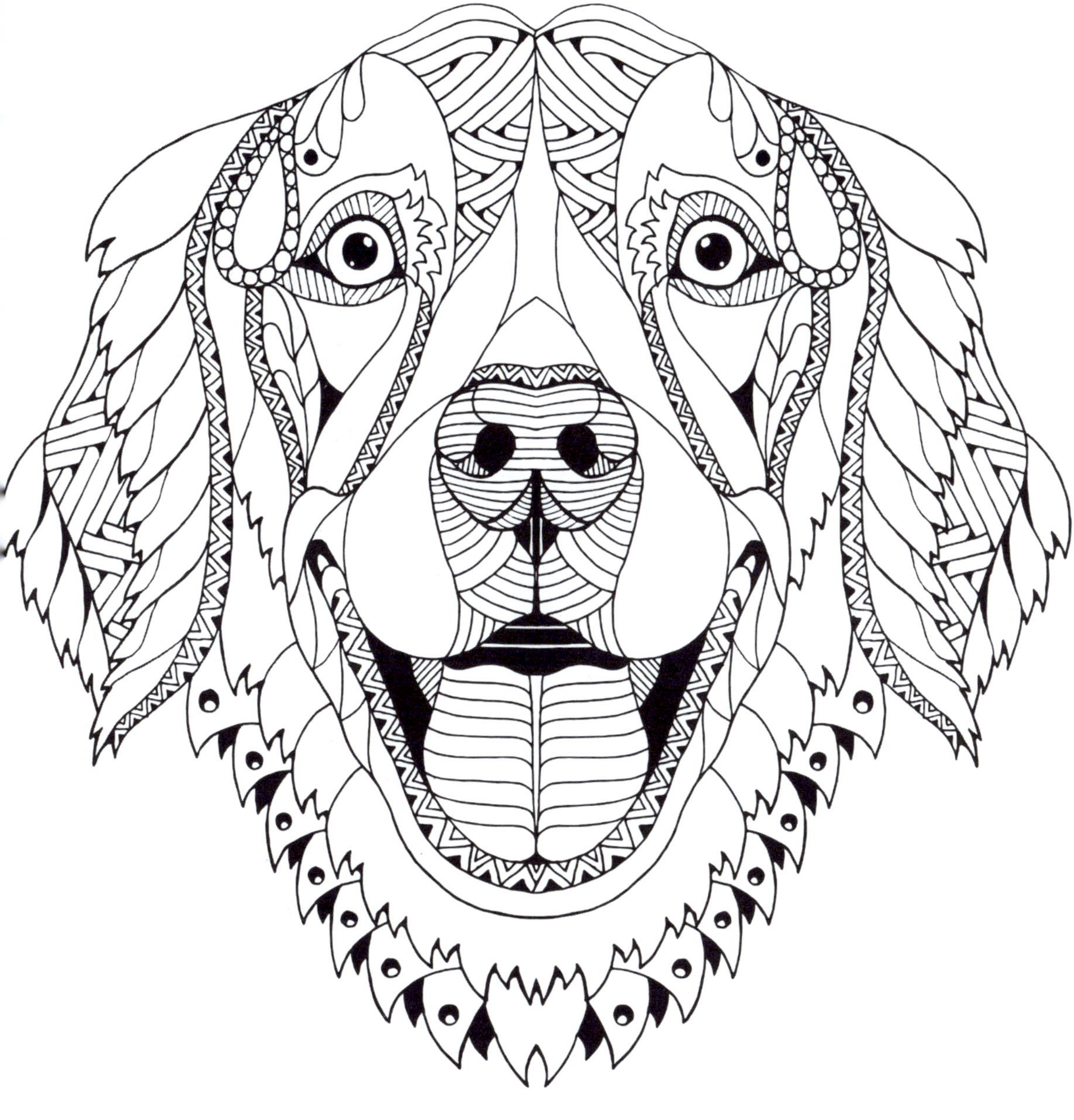

Los perros pueden aprender hasta 250 palabras.

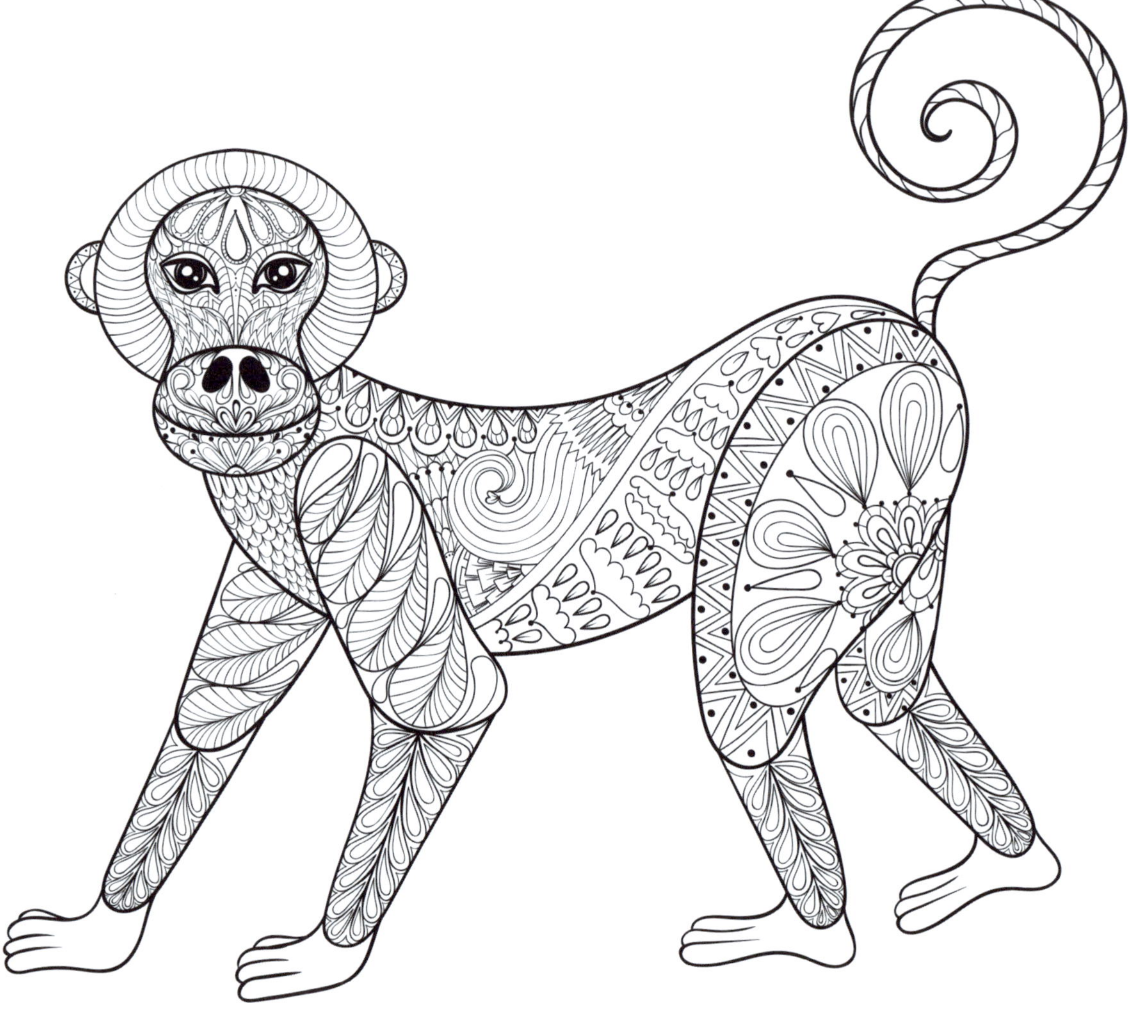

Los expertos creen que los chimpancés y los seres humanos compartieron un antepasado común que existió hace, al menos, unos 4 millones de años.

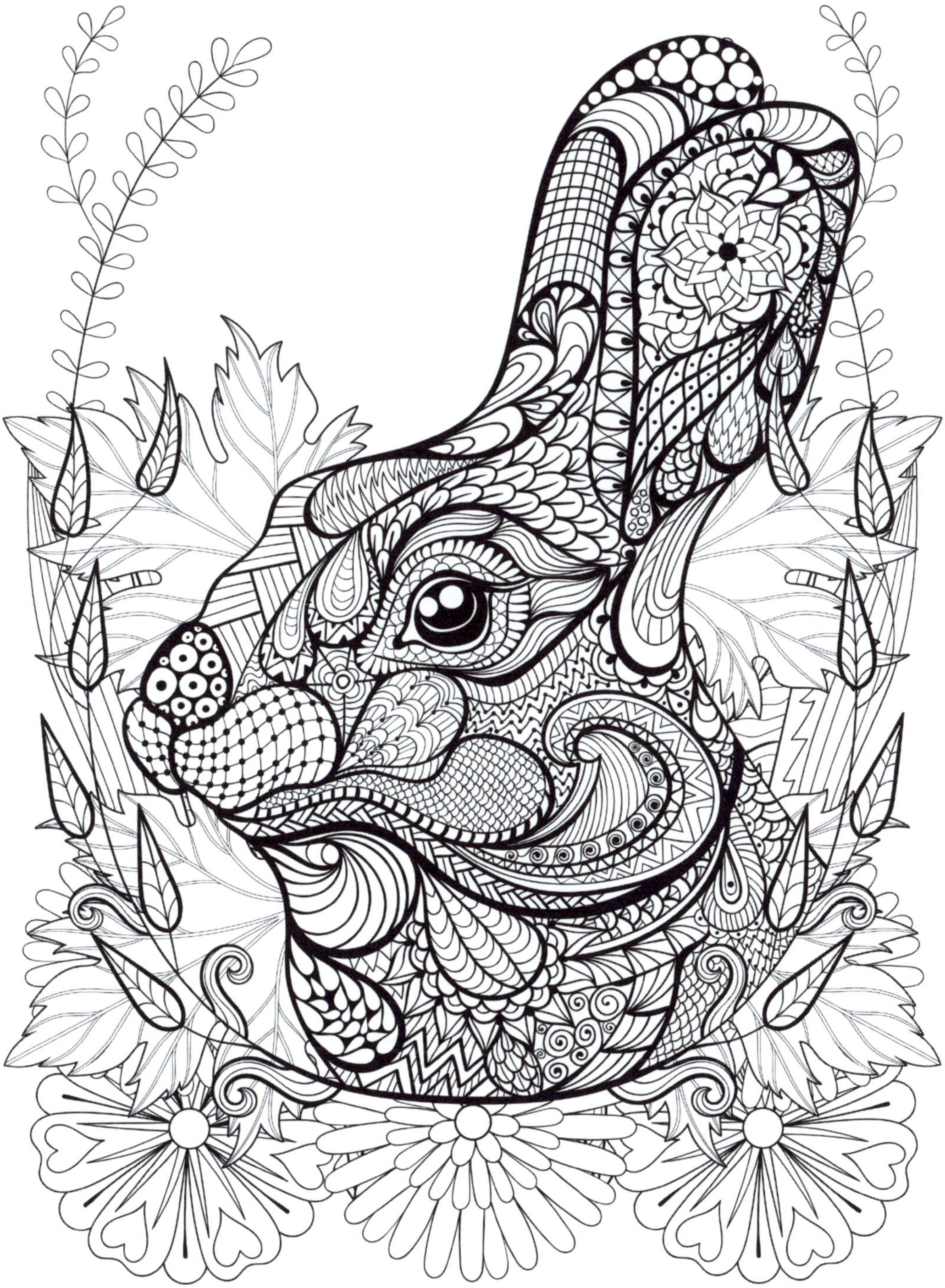

Los conejos son excelentes excavadores y construyen complejas madrigueras subterráneas para refugiarse y criar a sus retoños.

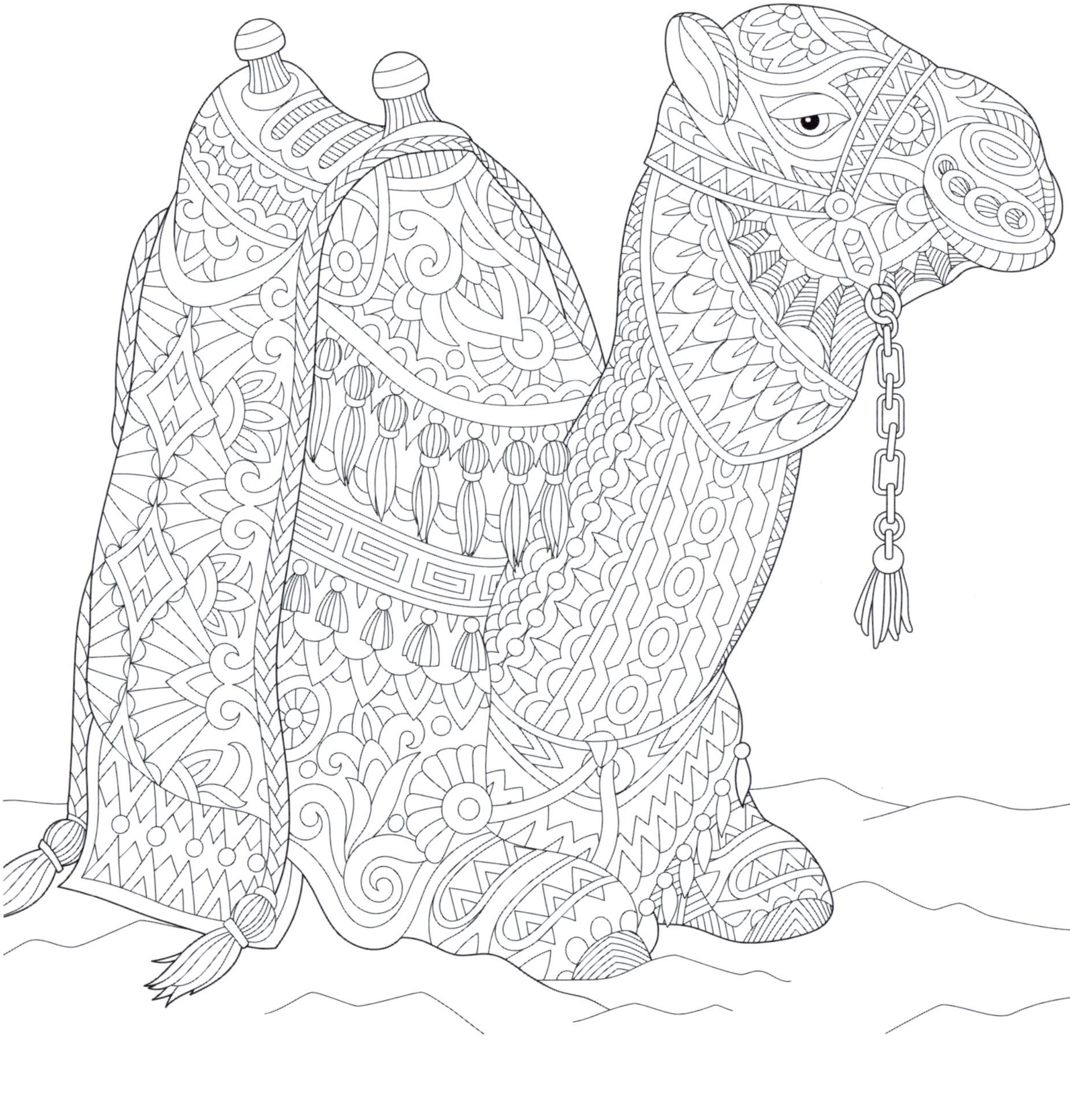

En el siglo XIX, se introdujeron los camellos en Australia
y ahora es el país que más tiene del mundo.

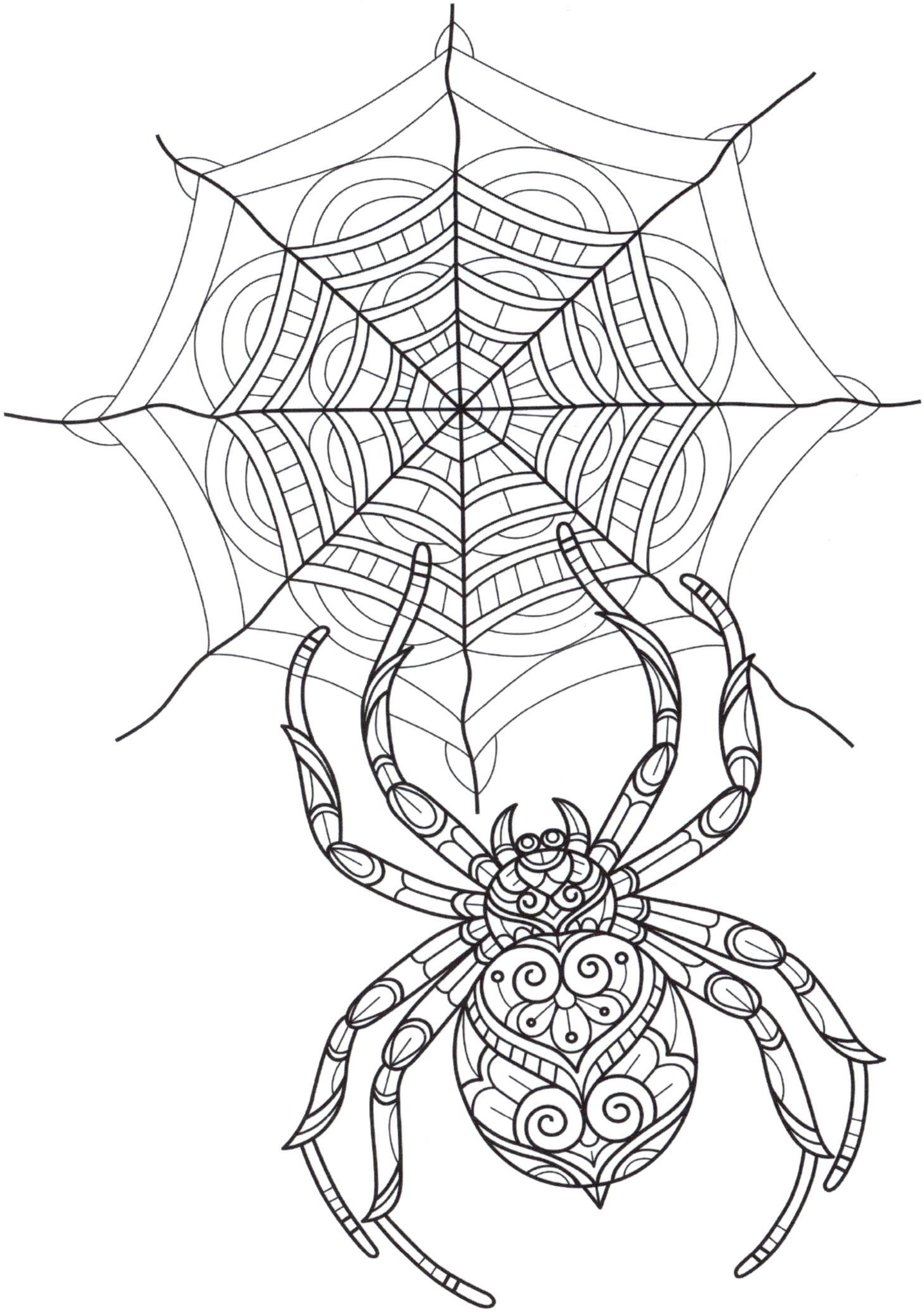

Las arañas desempeñan un papel importante en los ecosistemas al controlar las poblaciones de insectos y otros artrópodos.

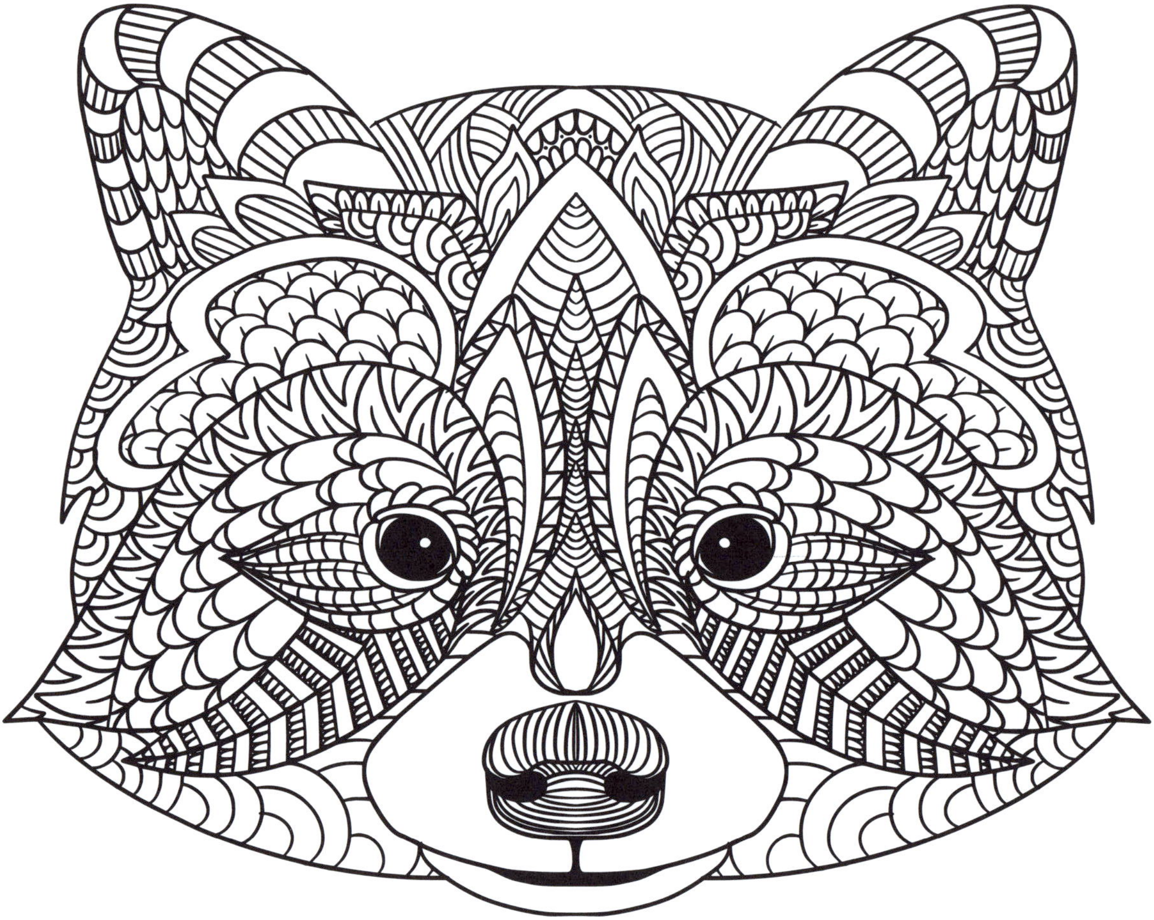

Los osos son conocidos por su fuerza y tamaño impresionantes,
así como por su capacidad para hibernar durante el invierno.

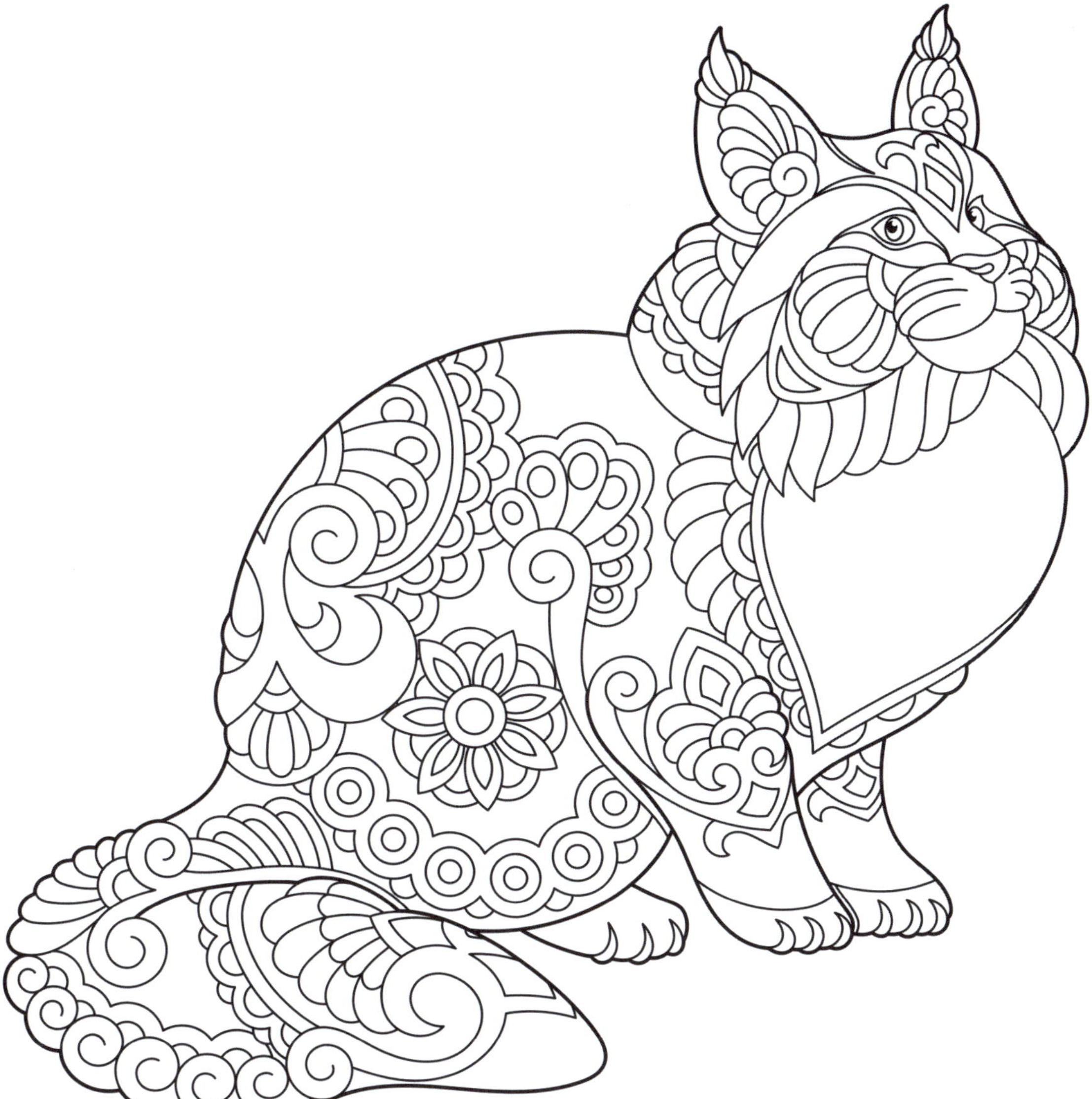

Los gatos son animales nocturnos que tienen unos reflejos rápidos y una excelente visión en la oscuridad.

Has llegado al final de este hermoso viaje de color y creatividad. A lo largo de estas páginas, has explorado el mundo de los mandalas de animales, sumergiéndote en la serenidad de los océanos, elevándote con las aves en el cielo y conectando con la vitalidad de la tierra.

Esperamos que este libro haya sido más que una simple experiencia de colorear; que haya sido un momento de relajación, autodescubrimiento y conexión con la naturaleza que nos rodea. Cada trazo de color que has añadido ha sido un paso más hacia la expresión de tu propia creatividad y de la exploración de tu mundo interior.

Recuerda que la belleza de la vida se encuentra en cada detalle, en cada línea que dibujas y en cada matiz de color que eliges. Sigue explorando, sigue creando y sigue encontrando inspiración en el mundo que te rodea.

A medida que cierres este libro, lleva contigo la tranquilidad y la energía positiva que has cultivado aquí. Que estos mandalas de animales sigan recordándote la importancia de la calma, la creatividad y la conexión con la naturaleza en tu día a día.

Gracias por acompañarnos en este viaje. Que tus colores sigan llenando el mundo de belleza y armonía.

¡Hasta pronto!